Bildungsgangdidaktik – Perspektiven für Fachunterricht und Lehrerbildung

Für

Jan Poerschke

mit herzlichen Gruß

von [signature]

Hamburg 31. 10. 01

Uwe Hericks/Josef Keuffer/
Hans Christof Kräft/Ingrid Kunze (Hrsg.)

Bildungsgangdidaktik –

Perspektiven für Fachunterricht und
Lehrerbildung

Leske + Budrich, Opladen 2001

Die Herausgeber

Uwe Hericks, Dr. phil., Jg. 1961, Lehrer für die Fächer Mathematik und Physik, ist wissenschaftlicher Assistent am Institut für Schulpädagogik und Pädagogische Psychologe am Fachbereich Erziehungswissenschaft der Universität Hamburg; Arbeitsschwerpunkte: Allgemeine Didaktik, Lehrerforschung, Schulpädagogik, Fachdidaktik Physik.

Josef Keuffer, Dr. phil., Jg. 1958, Wissenschaftlicher Direktor, ist Referent für die Entwicklung von Konzepten der Lehrerbildung in der Behörde für Schule, Jugend und Berufsbildung der Freien und Hansestadt Hamburg; Publikationen zur Schul- und Unterrichtsforschung, Didaktik, Schulkultur und Lehrerbildung.

Hans Christof Kräft, Jg. 1963, ist Studienreferendar für die Fächer Philosophie und Biologie am Staatlichen Studienseminar der Freien und Hansestadt Hamburg.

Ingrid Kunze, Dr. päd., Jg. 1962, Lehrerin für die Fächer Deutsch und Geschichte, ist Vertretungsprofessorin für Erziehungswissenschaft mit dem Schwerpunkt Allgemeine Didaktik an der Universität Essen; Arbeitsschwerpunkte: Allgemeine Didaktik, Lehrerforschung, Schulpädagogik, Fachdidaktik Deutsch.

Gedruckt auf säurefreiem und alterungsbeständigem Papier.

Die Deutsche Bibliothek – CIP-Einheitsaufnahme
Ein Titeldatensatz für die Publikation ist bei
Der Deutschen Bibliothek erhältlich

ISBN 3-8100-3345-6

© 2001 Leske + Budrich, Opladen

Druck: DruckPartner Rübelmann, Hemsbach
Printed in Germany

Meinert Meyer zum 60. Geburtstag

Inhalt

Einleitung

Die Bildungsgangdidaktik hat ihren Ursprung in der Wissenschaftlichen Begleitung der nordrhein-westfälischen Kollegschule in den siebziger und achtziger Jahren des zu Ende gegangenen Jahrhunderts. Ausgehend von seinen eigenen bildungstheoretischen und bildungsorganisatorischen Überlegungen, die sich pointiert in der so genannten *Konvergenzhypothese* bündelten, d.h. in der These von der mittelfristig unausweichlichen Konvergenz der allgemeinbildenden und berufsbildenden Teilsysteme der Sekundarstufe II, hatte Herwig BLANKERTZ als Vorsitzender der Planungskommission „Kollegstufe NW" an der Konzeption des Schulversuchs bzw. der neuen Schulform einen erheblichen Anteil. Die Aufgabe der anschließenden Evaluation wurde einer Arbeitsgruppe um Herwig BLANKERTZ übertragen, in der neben Andreas GRUSCHKA, Hagen KORDES, Dieter LENZEN, Hilbert MEYER und Barbara SCHENK, um nur einige Mitglieder zu nennen, auch Meinert MEYER für einige Jahre bis zu BLANKERTZ' frühem Tod (1983) mitgearbeitet hat.

GRUSCHKA (1985: 21ff.) zeichnet den Weg der Wissenschaftlichen Begleitung der Kollegschule, die als handlungsorientierte Begleitforschung angelegt war, rekonstruierend nach. Er beschreibt und begründet die zentralen theoretischen Kategorien der Evaluation und zugleich der damit in Umrissen erkennbar werdenden Bildungsgangdidaktik: *objektiver* und *subjektiver Bildungsgang, Kompetenz-* und *Identitätsentwicklung, Entwicklungsaufgabe.* Die einfache, doch bis heute überzeugende Grundidee der Wissenschaftlichen Begleitung bestand darin, nicht wiederum auf die konzeptionelle Ebene zurückzugehen, das Konzept der Kollegschule sozusagen hinsichtlich Schlüssigkeit und Umsetzbarkeit zu evaluieren, sondern zu prüfen, ob die Schülerinnen und Schüler in doppeltqualifizierenden Bildungsgängen der Kollegschule tatsächlich besser und nachhaltiger lernten als vergleichbare Lerner an herkömmlichen Schulen. Würden die Schülerinnen und Schüler tatsächlich eine tragfähigere Lernmotivation, einen stärkeren „subjektiven Sinn" hinsichtlich fachunterrichtlicher Lerngegenstände aufbauen durch deren konsequenten Bezug auf eine berufliche Perspektive? Würden sich die rekonstruierbaren Prozesse fachlicher Kompetenz- und Identitätsentwicklung signifikant positiv von denen an anderen Schulen unterscheiden?

Die Bildungsgangdidaktik wurde also ursprünglich als Evaluations- und Analyseinstrument für die unterrichtliche und schulische Wirklichkeit entwickelt. Die zentrale These, unter der diese Wirklichkeit in den Blick genommen wird, lautet, dass die Lernenden Gestalter ihrer eigenen subjektiven Bildungsgänge *sind.* Indem sie „objektive" Anforderungen ihrer sozialen Umwelt als Entwicklungsaufgaben deuten und bearbeiten und das schulische Lernangebot in diesem Zusammenhang als mehr oder weniger hilfreich und

„passend" wahrnehmen, entwickeln die Schülerinnen und Schüler ihre fach-lichen Kompetenzen weiter – oder tun eben genau dies nicht.

Mittlerweile, fast zwanzig Jahre nach Abschluss der Wissenschaftlichen Begleitung der Kollegschule, hat sich die Bildungsgangdidaktik längst aus ihrem ursprünglichen Kontext gelöst und verselbständigt. Ihr deskriptiver Ansatz hat sich unserer Ansicht nach in der Beschreibung und Rekonstrukti-on *fachlicher* Lern- und Bildungsprozesse mehrfach bewährt. Dasselbe gilt für Rekonstruktionen individueller Bildungsgänge berühmter oder nicht-berühmter Personen. Der erste Sammelband zur Bildungsgangdidaktik von MEYER/REINARTZ (1998) liefert hierfür eine Fülle von Beispielen. Versuche, die Wirklichkeit realen Unterrichts mit Hilfe bildungsgangdidaktischer Kon-zepte zu beschreiben, gibt es ebenfalls (etwa MEYER/SCHMIDT 2000), doch sind diese Versuche bislang wenig systematisiert. Unserer Ansicht nach nur ansatzweise bearbeitet wurde bis jetzt dagegen die Frage, ob und wie die Bildungsgangdidaktik im Sinne einer didaktischen *Handlungstheorie* für Lehrerinnen und Lehrer weiterentwickelt werden kann. Noch vollständig ungeklärt erscheint uns die Rolle der Bildungsgangdidaktik in Prozessen von Schul- und Unterrichtsentwicklung sowie in der Lehrerbildung. Ist es bei-spielsweise möglich und sinnvoll, die Professionalitätsentwicklung von Leh-rerinnen und Lehrern bildungsgangdidaktisch zu beschreiben bzw. bildungs-gangdidaktisch zu begleiten? Welche Konsequenzen hat für die Konzeption der Bildungsgangdidaktik die Tatsache, dass die Schule eine gesellschaftliche Institution mit spezifischen strukturellen Problemen ist, in der das Handeln der Lehrenden wie Lernenden sich in antinomischen Spannungsfeldern be-wegt?

Der hier vorgelegte zweite Sammelband versucht, an den genannten Fehlstellen anzusetzen und das Paradigma der Bildungsgangdidaktik in theo-retischer wie schulpraktischer Hinsicht weiter auszuschärfen. Der Band, der sich als eine Zwischenbilanz auf dem Wege zur Bildungsgangdidaktik ver-steht, ist in drei Teile gegliedert.

Im *ersten Teil* soll es darum gehen, die Bildungsgangdidaktik durch Beiträge aus unterschiedlichen theoretischen Perspektiven schärfer zu umreißen, ihre besonderen Möglichkeiten, Grenzen und „blinden Flecke" zu verdeutlichen und sie zugleich kritisch gegenüber anderen didaktischen und pädagogischen Theorien abzugrenzen.

So fordert Arno COMBE in seinem Beitrag, der pädagogischen Fallarbeit, d.h. der Rekonstruktion konkreter Szenen und Gespräche, die im Feld mitge-schnitten oder protokolliert wurden, ein stärkeres Gewicht in der Lehrerbil-dung einzuräumen. Pädagogisches Handeln ist ein Handeln in Situationen, die nur begrenzt planbar und prognostizierbar sind. Durch Fallarbeit, so die

These, lässt sich pädagogische Urteilskraft bilden und das Handeln in offenen und potenziell krisenhaften Situationen anbahnen. Zwischen Bildungsgang-didaktik und Fallarbeit besteht eine „innere Korrespondenz". Bildungsgang-didaktik kann den Blick für den in der Gestaltung habitusprägender Lernum-welten fundierten „Ernstcharakter" von Fallarbeit schärfen. Dabei kommt dem Konzept der *Entwicklungsaufgabe* eine besondere Bedeutung zu.

Mit diesem Konzept setzt sich der zweite Beitrag von Uwe HERICKS und Eva SPÖRLEIN auseinander. Die Autorin/der Autor bemühen sich um eine terminologische Ausschärfung und Ausdifferenzierung des Begriffes, die für eine Weiterentwicklung der Bildungsgangdidaktik in Richtung einer didakti-schen Handlungstheorie hilfreich und notwendig erscheinen. Entwicklungs-aufgaben fallen demnach eben nicht mit den höchst individuellen Entwick-lungszielen und Interessen der einzelnen Schülerinnen und Schüler zusam-men, sondern formulieren, was sich in einer gegebenen Gesellschaft für alle Heranwachsende überindividuell als verbindliche Aufgaben stellt. Der Schule kommt aus bildungsgangdidaktischer Perspektive die Aufgabe zu, den Schü-lerinnen und Schülern die „objektive Anforderungsstruktur" der Gesellschaft und zugleich die Handlungsspielräume auch für unkonventionelle Bearbei-tungsstrategien und Lösungen angemessen transparent zu machen.

Aus der Sicht der Interkulturellen Erziehungswissenschaft, das wird im anschließenden Beitrag von Ingrid GOGOLIN deutlich, bleibt dieses bildungs-gangdidaktische Programm der Aufgabenbestimmung von Schule defizitär, solange der Aspekt sprachlicher und kultureller Heterogenität nicht explizit reflektiert wird. GOGOLIN zeigt am Beispiel einer portugiesischen Migrantin in Hamburg die ungebrochene und im Rahmen der Bildungsgangdidaktik bisher nicht reflektierte Wirksamkeit eines *monolingualen Habitus* von Schu-le und ihrer Repräsentanten. Für die besagte Schülerin hat dies zur Folge, dass sie von ihren spezifischen sprachlichen und kulturellen Kompetenzen nicht profitieren und ihren subjektiven Bildungsgang nur neben, aber nicht in der Schule verwirklichen kann.

Einen anderen blinden Fleck der Bildungsgangdidaktik zeigt der Beitrag von Hannelore FAULSTICH-WIELAND auf. Die Konzentration auf die subjek-tiven Bildungsgänge von Einzelnen blendet deren habituelle Prägungen und Begrenzungen aus. Obgleich die Teilhabe an höherer Bildung in den letzten Jahrzehnten insgesamt kontinuierlich zugenommen hat, ist der Abstand zwi-schen der obersten und der untersten Bildungsgruppe doch ebenfalls größer geworden. Der von BOURDIEU und PASSERON schon 1971 beschriebene Zu-sammenhang, dass Lehrkräfte durch ihr Verständnis von Bildung eben dieses Verständnis immer wieder reproduzieren und dadurch gesellschaftliche Un-gleichheit zementieren, gilt bis heute. FAULSTICH-WIELAND fordert daher von der Bildungsgangdidaktik, neben einer Orientierung an Entwicklungsaufgaben auch den *Habitus* der Beteiligten in das Zentrum der Analyse zu stellen.

Werner HELSPER beschäftigt sich kritisch mit dem Anspruch der Bildungsgangdidaktik, eine praktische Handlungswissenschaft sein zu wollen. Er erkennt in dem Unterfangen, die Allgemeine Didaktik radikal aus der Perspektive der Lernenden zu reformulieren, eine einseitige Auflösung antinomischer Grundstrukturen pädagogischen Handelns. HELSPER entfaltet die Antinomien des Lehrerhandelns in der Tradition struktur- und professionstheoretischer Theoriebildung. Unter der Prämisse dieses theoretischen Bezugsrahmens kritisiert HELSPER die von ihm diagnostizierte Auflösung antinomischer Spannungen in der Bildungsgangdidaktik und stellt sie in die Denktradition idealer, an Selbsttätigkeit und Selbstbildung orientierter Erziehungswissenschaft. HELSPER analysiert als Kernproblem der Bildungsgangdidaktik die nicht gelöste Entscheidung, ob Bildungsgangdidaktik reflexiv-rekonstruktive Erziehungswissenschaft sein will oder ob sie sich als praktische Handlungswissenschaft und –lehre begreift.

Im *zweiten Teil* des Buches wird der Ansatz der Bildungsgangdidaktik aus der Sicht verschiedener Fachdidaktiken beleuchtet bzw. auf konkreten Fachunterricht bezogen.

Bodo VON BORRIES unternimmt einen Gang durch die Geschichtsdidaktik und den Geschichtsunterricht in Deutschland seit 1945. Er geht der Fragestellung nach, ob sich bildungsgangdidaktische Konstrukte und Fragestellungen auf die Fachdidaktik Geschichte beziehen lassen. Für seine Darstellung wählt er als wesentliche Symboldaten drei markante Stationen des Wandels: der unterlassene Neubeginn 1948/49, die nachgeholte Kulturrevolte 1968/69 und die unverarbeitete Herausforderung 1989/90. An den mit diesen Daten verbundenen Wandel von Geschichtsdidaktik und Geschichtsunterricht knüpft er die Frage des Verhältnisses von Geschichtsbewusstsein und Bildungsgangdidaktik. Er nimmt kritisch dazu Stellung, dass Bildungsgangdidaktik das Problem um Normen (Präskription) und Fakten (Deskription) nicht zureichend expliziert hat. Eine Nähe der Geschichtsdidaktik zur Bildungsgangdidaktik erkennt er in der Neigung zu Fallstudien und zum Exemplarischen.

Petra BOSENIUS berichtet für den Bereich des Englischunterrichts, wie die „subjektive Perspektive mittlerweile selbst Teil des objektiven Programms geworden" ist. Der 1999 in Kraft getretene nordrhein-westfälische Lehrplan für die gymnasiale Oberstufe sieht ausdrücklich die „Beteiligung der Lernenden an der Evaluation ihres Lernstandes" vor. Die Lernenden sollen zur Reflexion ihrer Lernprozesse in der Fremdsprache angeleitet und ermutigt werden. Dies bietet die Chance, die Schülerinnen und Schüler innerhalb des Unterrichts zu ihrem eigenen Lernen und zum Stellenwert der Fremdsprache für die eigene Lern- und Lebensgeschichte zu Wort kommen zu lassen und mit ihnen darüber ins Gespräch zu kommen.

Joachim MINNEMANN berichtet ausführlich über zwei Unterrichtsreihen zum Thema „Lebenskunst" im Philosophieunterricht der Oberstufe eines Hamburger Gymnasiums. Ausgangspunkt ist der philosophische Lebenskunst-Begriff von Wilhelm SCHMID. MINNEMANN zeigt auf, warum Bildungsgang und Lebenskunst seiner Ansicht nach „einander verschwistert" sind. Das Hauptbetätigungsfeld von Lebenskunst ist demnach die „Ausformung wohlverstandener Bildungsgänge", wie diese umgekehrt prozessualer Ausdruck angewandter Lebenskunst sind.

Silke JESSEN bezieht sich in ihrem Beitrag auf die von Hagen KORDES so bezeichnete *transaktionale Struktur* von Bildungsgängen. Demnach ist jeder Unterricht, allgemeiner: jeder Bildungsprozess, durch Prozesse der Aushandlung und des Wandels von Bedeutungen bestimmt. JESSEN zeigt dies exemplarisch am Fall einer Sequenz aus einem Religionsunterricht in der Grundschule und bedient sich dazu des Ansatzes der „Rahmungen" von GOFFMAN in der Fassung von KRUMMHEUER.

Im *dritten Teil* des Buches wird der Ansatz der Bildungsgangdidaktik aus dem Blickwinkel der Ausbildung und Professionalisierung von Lehrerinnen und Lehrern beleuchtet.

Witlof VOLLSTÄDT und Josef KEUFFER stellen im Kontext der Lehrerbildung Fragen an die Bildungsgangdidaktik. Der Bildungsgang von Lehrerinnen und Lehrern ist der „bildende Gang" von der Schule über die Hochschule zurück in die Schule. Während in bisherigen Studien zur Bildungsgangdidaktik stärker der Bildungsgang von Schülerinnen und Schülern im Zentrum stand, fragen die Autoren nach möglichen Ausweitungen im Hinblick auf den tertiären Bereich. Witlof VOLLSTÄDT referiert anhand der Aussagen von Studierenden die Kritik an der universitären Lehrerausbildung. Er diskutiert die notwendigen Sollbruchstellen und die unnötigen Durststrecken. Seine Vorschläge zur Veränderung der Lehrerausbildung formuliert er unter der Perspektive einer Bildungsgangdidaktik künftiger Lehrerinnen und Lehrer.

Josef KEUFFER knüpft an dem Anspruch der Bildungsgangdidaktik, Handlungswissenschaft sein zu wollen, an. Er erläutert die Differenz von Rekonstruktion und Konstruktion und behauptet eine Komplementarität fallrekonstruktiver und didaktisch-konstruktiver Ansätze in der universitären Lehrerbildung. KEUFFER skizziert den bildungspolitischen Diskurs um die Reform der Lehrerbildung am Beispiel der Bundesländer Hamburg und Nordrhein-Westfalen. Er sieht die Gefahr, dass angehende Lehrerinnen und Lehrer zukünftig ohne Bezug auf die Notwendigkeiten ihres Bildungsgangs an neue Studiengänge und Abschlüsse gebunden werden. Für ihn ist der Ausgangspunkt der Lehrerbildungsreform die Frage nach den Bedingungen des Erwerbs pädagogischer Professionalität. In der Formulierung von Standards und im Einsatz von Kerncurricula sieht er die größten Chancen für die anstehende Reform der Lehrerbildung.

Christian F. GÖRLICH und Ludger HUMBERT beschäftigen sich in ihrem Beitrag mit der Frage, inwieweit durch eine konsequente Berücksichtigung der Grundannahmen der Bildungsgangdidaktik bei der Gestaltung des Ausbildungsprozesses eine qualitative Verbesserung der 2. Phase der Lehrerbildung erreicht werden kann. Dazu stellen sie den zur Zeit am Studienseminar Hamm (Nordrhein-Westfalen) laufenden Modellversuch „Virtuelle Lernstationen" und dessen Evaluation vor. Diskutiert werden die durch den Versuch eröffneten Möglichkeiten, objektive und subjektive Bildungsgänge aufeinander zu beziehen bzw. „individuelle und kollaborative Lernbiographien zumindest partiell und unter Berücksichtigung der Persönlichkeitsrechte nachzuvollziehen und so Rückschlüsse für eine Weiterentwicklung der Ausbildungsdidaktik zu gewinnen".

Mit dem Bereich des Referendariats beschäftigt sich auch der Beitrag von Kerstin Sabine HEINEN-LUDZUWEIT. Anhand zweier Fallstudien fragt sie nach den Entwicklungsaufgaben und subjektiven Sinnzuschreibungen von Referendaren sowie nach Möglichkeiten, diesen in der Seminarausbildung gerecht zu werden.

Reinhard GOLECKI greift in seinem Beitrag noch einmal intensiv den Begriff der Entwicklungsaufgaben auf und äußert aus der Sicht der Lehrerfortbildung kritische Rückfragen an das Konzept. Dabei kommt er zu ähnlichen Schlussfolgerungen wie GOGOLIN oder FAULSTICH-WIELAND. Erfahrungen von Heterogenität und sozialer Ungleichheit führen zu dem „dringenden Wunsch nach einer Präzisierung des theoretischen Konzepts der Entwicklungsaufgaben in Zusammenarbeit und in Auseinandersetzung mit den Nachbardisziplinen der Kinder- und Jugendsoziologie und der Entwicklungspsychologie".

Matthias TRAUTMANN stellt in seinem Beitrag dar, welche Probleme er als praktizierender Lehrer mit der Bildungsgangdidaktik hat. Lehrkräfte stehen vor dem Problem, so könnte man seine Ausführungen pointiert zusammenfassen, nicht einzelne Schülerinnen und Schüler, sondern *erstens* Klassen und Kurse und *zweitens* Inhalte unterrichten zu müssen. Das bildungsgangdidaktische Programm erscheint angesichts dessen als eine normative Überforderung. TRAUTMANN mahnt an, zu einer Ausbalancierung von Schülerorientierung einerseits und Sachorientierung andererseits im Unterrichtsalltag zu gelangen. Die implizite bildungsgangdidaktische Unterstellung, dass mehr

Schülerorientierung quasi automatisch zu mehr Sachorientierung führe, ist empirisch noch lange nicht erwiesen.

Uwe HERICKS und Barbara SCHENK belegen in ihrem Beitrag anhand einer Unterrichtsszene, dass die zentralen Aussagen der Bildungsgangdidaktik ihrer Struktur nach *deskriptive* Aussagen sind. Lernende *sind* Gestalter ihrer eigenen Bildungsgänge und *deuten* unterrichtliche Anforderungen im Lichte von Entwicklungsaufgaben; ob der Lehrer dies weiß oder nicht, ist sekundär. Alle diese Aussagen werden vollständig missverstanden, wenn man sie *normativ* interpretiert, als ob die Lehrerin oder der Lehrer dies alles zu machen habe. Eine solche Interpretation aus der „Macherperspektive" heraus entspricht allerdings typischem Lehrerhabitus. Eine wünschenswerte Forschungsperspektive besteht infolgedessen darin, die Bildungsgangdidaktik zu einer *Handlungstheorie* fortzuentwickeln, die es Lehrenden ermöglicht, Unterricht zu gestalten, ohne zum Macher zu werden.

Die kritisch-konstruktiven Rückfragen der Autorinnen und Autoren des Bandes aufnehmend, beschäftigt sich Barbara SCHENK in ihrem Nachwort mit dem Verhältnis von Bildungsgangdidaktik und Bildungsgangforschung. Unter letzterer wird die Rekonstruktion der subjektiven Bildungsgänge der Schülerinnen und Schüler und der sie prägenden Faktoren verstanden. Bildungsgangforschung geht vom Konstrukt der „Entwicklungsaufgaben" als dem „Motor" des Lernens aus. Ob und wie weit dieses Konstrukt tragfähig ist und sich in ein didaktisches Modell – „Bildungsgangdidaktik" – umsetzen lässt, bleibt auch nach der hier vorgelegten Zwischenbilanz eine zugleich offene wie spannende Frage.

Wir freuen uns, dass in diesem Band Autorinnen und Autoren mit sehr unterschiedlichen pädagogischen Perspektiven dazu beigetragen haben, den Diskurs über die Bildungsgangdidaktik weiterzuführen und zu vertiefen. Dabei sind wir besonders für die kritischen Stimmen dankbar. Es ist allen Autorinnen und Autoren ein Anliegen gewesen, mit ihren Beiträgen einen Menschen zu ehren, dem die Bildungsgangdidaktik seit ihren Anfängen besonders am Herzen liegt und der in seiner Person zugleich die besten Tugenden des wissenschaftlichen Diskurses überzeugend repräsentiert. Der Band ist Meinert MEYER zum 60. Geburtstag im Oktober dieses Jahres gewidmet.

Meinert MEYER versteht es, Menschen unterschiedlichster Bildungswege, Interessen, Standpunkte und Perspektiven zusammenzubringen und sie zur Arbeit an einer Sache zu gewinnen, ohne dass die unverkennbaren Eigenarten der Einzelnen in dieser Sache aufgehen würden. Die Bildungsgangdidaktik, so wie Meinert MEYER sie versteht, ist bis heute im Entstehen begriffen. Sie ist keine durchgeplante und „durchgestylte" Theorie, sondern zeigt sich als Palette von unterschiedlichen Beiträgen und Ideen, Proben aufs Exempel und kritischen Neuansätzen, die immer auch etwas von der Persönlichkeit der jeweiligen Autorinnen und Autoren widerspiegeln. Meinert MEYER steht für eine Gesprächskultur, in der sich das Bemühen um die Sache mit der Achtung des Anderen, seiner Erfahrungen, Möglichkeiten und Grenzen, und nicht zuletzt mit menschlicher Verbindlichkeit und Zugewandtheit verbindet. Exemplarisch erfahrbar wird uns, seinen Schülerinnen und Schülern, diese Gesprächskultur im Hamburger Kolloquium zur Bildungsgangdidaktik, dessen Wurzeln ebenfalls schon in Meinert MEYERs Zeit in Münster liegen. Sie prägt ebenso den Stil seiner universitären Lehrveranstaltungen, in denen nicht zuletzt ein profunder Kenner der Geschichte seines Faches zum Mit- und Weiterdenken einlädt. Dass Wissenschaft wie Bildung im Gespräch entsteht, das kann man in der Zusammenarbeit mit Meinert MEYER erleben.

Hamburg, im Juli 2001

Uwe Hericks, Josef Keuffer,
Hans Christof Kräft, Ingrid Kunze

Literatur

GRUSCHKA, Andreas: Wie Schüler Erzieher werden. Studie zur Kompetenzentwicklung und fachlichen Identitätsentwicklung in einem doppelt-qualifizierenden Bildungsgang des Kollegschulversuchs NW. Wetzlar 1985.
MEYER, Meinert A./REINARTZ, Andrea (Hrsg.): Bildungsgangdidaktik. Denkanstöße für pädagogische Forschung und schulische Praxis. Opladen 1998.
MEYER, Meinert A./SCHMIDT, Ralf (Hrsg.): Schülermitbeteiligung im Fachunterricht. Englisch, Geschichte, Physik und Chemie im Blickfeld von Lehrern, Schülern und Unterrichtsforschern. Opladen 2000.

Teil 1

Bildungsgangdidaktik als didaktische Theorie

Würdigung und Kritik

Arno Combe

Fallgeschichten in der universitären Lehrerbildung und die Rolle der Einbildungskraft

1. Die Anbahnung der eigenen Urteilskraft

An Konzeptionen und Vorschlägen zur Lehrerbildung besteht kein Mangel. Aber nach wie vor wirft die Frage nach dem Beitrag der Erziehungswissenschaft zum Kompetenzaufbau im Lehrberuf erhebliche theoretische wie empirische Probleme auf. Verlangt ist eine theoretisch explizierte Dimensionierung eines Kompetenzbegriffs und zugleich eine Spezifizierung der Bedingungen, unter denen diese Fähigkeitsdimensionen im Handeln zum Ausdruck kommen sollen.

Den Beitrag der Erziehungswissenschaft zu diesem Kompetenzaufbau sehe ich in zwei zentralen Bereichen: Einmal in der ordnenden und diagnostizierenden Kraft des Wissens und der Theorie, die allerdings auf einer lebendigen, habitusprägenden universitären Wissens- und Forschungskultur aufruhen müsste (vgl. hierzu ARNOLD/BASTIAN/COMBE u.a. 2000). Zum anderen stellt das, was TERHART die „Anbahnung der eigenen Urteilskraft im Blick auf konkrete pädagogische Problemlagen" (2000: 85) nennt, einen weiteren basalen Professionalisierungsbereich dar (vgl. hierzu COMBE/BUCHEN 1996). Ich versuche in diesem Beitrag zu klären, was Fallarbeit zur „Anbahnung der eigenen Urteilskraft im Blick auf konkrete pädagogische Problemlagen" beitragen kann.[1]

Jedenfalls kommt im Vergleich zu anderen Professionen in der Erziehungswissenschaft ein „Lernen am Fall" derzeit noch viel zu kurz (vgl. etwa OLHAVER/WERNET 1999; BECK u.a. 2000). Auch unter Lehrerinnen und Lehrern besteht bislang eine eigentümliche Zurückhaltung, konkretes Fallmaterial zum Rohstoff der Auseinandersetzungen mit Handlungserfahrungen, Handlungsbedingungen und Interventionschancen zu machen. Diese Zurückhaltung, der ein eigentümlicher Platonismus der Erziehungswissenschaft ent-

---

1   Die als Basis für die Begründung von Lehrerbildungskonzeptionen erforderliche grundbegriffliche Klärung des Gesamtzusammenhangs und des Verhältnisses von Wissen, Handeln und Können und die damit verbundene Frage einer Theorie der pädagogischen Wissensformen (VOGEL 1997; HORN 1999) wird an anderer Stelle aufgenommen (COMBE 2001).

spricht, geht dabei von der irrtümlichen Vorstellung aus, dass es sich hier um eine psychologische Durchleuchtung der einzelnen Lehrpersonen handle. Einen solchen vermessenen Anspruch brauchen wir, wenn wir „kasuistisch" argumentieren und denken, nicht zu erheben.

Eine starke Begründung für die Arbeit mit Fällen, das heißt sowohl mit Szenen und Gesprächen, die im Feld mitgeschnitten oder protokolliert worden sind, als auch mit selbst produzierten Erfahrungsberichten und Texten, die sehen lassen, worum es bei diesem Geschäft geht, sehe ich in der besonderen Charakteristik pädagogischen Handelns. Pädagogisches Handeln ist ein Handeln in Situationen, die nur begrenzt planbar sind und deren Entwicklung nur begrenzt prognostizierbar ist. Alle im Erziehungsbereich Tätigen sind belastet von der Verarbeitung dieser krisenhaften Situationen (COMBE/BUCHEN 1996).

Meine Behauptung ist nun, dass sich durch eine fallexemplarische und fallbezogene Aufschließung von Materialien bzw. durch „Fallarbeit" in einem weiteren Sinne (s.u.) die Urteilskraft bilden und der Umgang mit offenen Situationen anbahnen lässt. Dabei kommt dem schöpferischen Vorstellungsvermögen eine besondere Rolle zu, wenn es darum geht, sich im eigenen Denken und Handeln zu orientieren.

Im Folgenden skizziere ich zunächst die Rolle der Urteils- und Einbildungskraft bei KANT. Zu unterscheiden sind bestimmende und reflektierende Urteilskraft. Gezeigt werden soll, dass die Arbeit mit Fällen dem von KANT mit dem Begriff bestimmende Urteilskraft umschriebenen Typus der Erkenntnis- und Erfahrungsbildung nicht folgt, so einflussreich dieser auch war und ist (Abschnitt 2). Bilder, Vorstellungen, Ideen, Schemata und Begriffe sind nicht einzig das Produkt eines sich selbst transparenten Bewusstseinszentrums. Sinn und Bedeutung sind erst fassbar, wenn sich der Mensch einem Ausdruckskörper anvertraut. Davon gehen sprach- und handlungsbezogene Ansätze aus, in denen die Rolle der Einbildungskraft anders als bei KANT verstanden wird (Abschnitt 3). Überlegungen zum Erkenntnisstil fallorientierten Arbeitens schließen sich an. Geklärt werden soll dabei die Frage der praxisvorbereitenden Relevanz der Fallarbeit. Eine solche Diskussion lässt sich nicht ohne ein Lernmodell führen (Abschnitt 4). Eine erste Argumentationsfigur konfrontiert Fallarbeit mit der üblichen Dauerfixierung aufs Sollen (4.1). Sodann erörtere ich im Rückblick auf KANT und WITTGENSTEIN die Frage, was in einem komplexen Handlungskontext hinreichende pragmatische Orientierung verspricht (4.2). Zum Schluss geht es um innere Korrespondenzen zwischen Bildungsgangdidaktik und Fallarbeit. Dass mit der praxisvorbereitenden Bedeutung der Fallarbeit im Bereich der Universität ihr „Ernstcharakter" zur Debatte steht, darf vermutet werden. Was das aber heißen kann, das erschließt uns die Bildungsgangdidaktik (4.3).

2. KANTs Suche nach dem Allgemeinen der Erkenntnis

KANTs immer wieder zitierte Definition der Einbildungskraft als „das Vermögen, einen Gegenstand auch ohne dessen Gegenwart in der Anschauung vorzustellen" (KrV, B151) findet sich in der „Kritik der reinen Vernunft" (zitiert als KrV). Dieses Werk kann u.a. als Suche nach dem Allgemeinen der Erkenntnis verstanden werden. Eine der zentralen Ausgangsfragen war, wie wir unsere gegenstandsbezogenen Einsichten überhaupt vermehren und erweitern können – angesichts der vielfältigen äußeren Eindrücke der Dinge auf die Sinne und das Wahrnehmungsvermögen. KANTs Antwort war: Es muss für alle Menschen zu allen Zeiten und an allen Orten Prinzipien („Kategorien") geben, derer sich die Subjekte auf die nämliche Weise bedienen können, um aus der Mannigfaltigkeit der Sinneseindrücke durch Operationen der Zusammenfassung („Synthesis") eine einheitliche und systematische Gegenstandsvorstellung aufbauen zu können. Zwar würde Erkenntnis ohne die äußere Materie und die von ihr erzeugten Sinneseindrücke leer laufen. Aber „objektive", das heißt zutreffende, intersubjektiv allgemeinverbindliche Urteile über die Gegenstandswelt seien nur dadurch denkbar, dass der Einzelne von der Konkretheit der Sinneseindrücke wiederum auch unabhängig sei. Bewusstseinsoperationen mittels der Schemata der Einbildungskraft machten schließlich erklärlich, dass „alles in einer Anschauung gegebene Mannigfaltige in einem Begriff vom Objekt vereinigt wird" (KrV, B139).

KANTs Erkenntnistheorie ist also um konstitutive Leistungen des Bewusstseins und in bestimmter Weise auch des Selbstbewusstseins zentriert. Die Zusammenfassung der mannigfaltigen Sinneseindrücke muss als Bewusstseinsleistung und vom Standpunkt der Subjektivität aus gedacht werden. Alle Akte des Vorstellens sind, so KANT sinngemäß, Akte eines Subjekts, dessen Vermögen vor allem auch darin besteht, im Vorgang der Gegenstandserkenntnis sich zugleich auf sich selbst beziehen zu können.

Die Bewusstseinsakte, die das Subjekt zum Zwecke der Bildung eines Zusammenhangs der Erscheinungen untereinander zu vollziehen hat, bestehen nach KANT darin, mittels Vorstellungen abzubilden und zu ordnen, was die Sinne anspricht („Apprehension") – was keineswegs als bloß passiver Vorgang gesehen werden kann. KANT nennt „Assoziationen", das heißt Prozesse des Verknüpfens, sowie die „Rekognition der Erscheinungen" (KrV, A124/125), das heißt die Herstellung einer Einheit durch Begriffe, als konstitutive Leistungen der Einbildungskraft. Vor allem Begriffe sind es, die Allgemeinheit und „alle objektive Gültigkeit (Wahrheit) der empirischen Erkenntnis möglich machen" (KrV, A124/125).

KANT bricht hier mit der alten Metaphysik, das heißt mit der Lehre vom Seienden als solchem, des wahren Seins und des Wesens der Dinge. Das Subjekt wird als Konstrukteur von Welt und Selbst betrachtet. Die Aufgaben der Einbildungskraft werden zunächst durch ihren Nutzen für so genannte *bestimmende* Urteile definiert. Das heißt, das Interesse KANTs gilt hier der Frage der Synthesis (Zusammenfassung) der Einzelerscheinungen zu einem festen und einheitlichen Format. Das hauptsächlichste Umsetzungsprinzip ist „Subordination", das heißt eine ordnende, klassifizierende, subsumierende Bewegung. „Urteilskraft überhaupt ist", so KANT, „das Vermögen, das Besondere als enthalten unter dem Allgemeinen zu denken" (KU, Einleitung IV, BXXV).

Diese „Subordination" verdient zunächst keineswegs pauschale Kritik. Sie erlaubt, wie MAKKREEL in seiner Arbeit über KANT betont, eine „Antizipation der Bedeutung von Objekten, die durch Schematisierung (das heißt zum Beispiel durch semantische Regeln der Zuweisung von Prädikaten zu einem Gegenstand, A. C.) möglich gemacht wird". Aber zugleich ergibt sich hieraus auch ein „restringierender" Zugang zur Gegenstandswelt: „Die Schemata lehren uns, selektiv zu lesen, insofern die Einbildungskraft im Vorhinein bestimmte der Mannigfaltigkeiten des Sinnes auswählt, die wissenschaftlich bedeutsam gemacht werden können" (MAKKREEL 1997: 62 und 61).

Merken wir hier nur an, dass die Fallrekonstruktion *zunächst* nicht der begrifflichen Bestimmung des Allgemeinen dient, sondern der Erkenntnis des Einzelnen und Besonderen. Der Fall fungiert nicht nur als Illustration allgemeiner Erwägungen. Das schließt keineswegs aus, dass schließlich in methodisch kontrollierter Form allgemeine Aussagen über die Verfassung des Ganzen formuliert werden, die sich nach und nach aus der Rekonstruktion und Kontrastierung einzelner Fälle ergeben. Kurz: Die Vertiefung in die konkrete „Konstellation von Seiendem" (ADORNO 1973: 399) und die begriffliche Verallgemeinerung, die man sich in Analogie zur musikalischen Kompositionstätigkeit denken kann (WEBER 1981: 39; ADORNO 1973: 167), stehen in einem wechselseitigen Implikationsverhältnis. Die Verallgemeinerungsebene ist das „Typische". Und das besondere Kennzeichen des Typischen ist, dass es das Besondere *und* das Allgemeine besser verstehen lässt.

Somit ist aus der Sicht eines fallrekonstruktiven Zugangs Zurückhaltung gegenüber den von KANT ins Feld geführten subsumtiven, klassifizierenden Operationen geboten, weil die Möglichkeit nicht auszuschließen ist, dass nur erkannt wird, was in begrifflichen Schemata präformiert vorliegt. Die einzelnen Verfahrensschritte der Rekonstruktion (vgl. als Beispiel etwa WERNET

2000) sind so angelegt, dass sie gerade der Gefahr der vorschnellen Verfestigung von Kategorien wehren sollen, was wiederum nicht heißt, dass theoretische und begriffliche Stützpunkte keine Rolle spielen. Das Verhältnis von Theorie und Fall lässt sich vielmehr mit dem Stichwort der „Gegeneinanderführung" (COMBE 1992: 55f.) fassen.

Die Zusammenstellung einiger Prinzipien der Fallrekonstruktion mag genügen, um deutlich zu machen, dass hier dem von KANT eingeführten und in der Geschichte der Philosophie, Erkenntnistheorie und Methodenlehre äußerst einflussreichen Erkenntnisweg nicht gefolgt wird. Nun war das oben Ausgeführte nicht KANTs letztes Wort zum Thema der Urteils- und Einbildungskraft. Bevor ich darauf zurückkomme, möchte ich die Rolle des schöpferischen Vorstellungsvermögens in den sprach- und handlungsbezogenen Ansätzen von MEAD und OEVERMANN skizzieren.

3. Von der bewusstseinsphilosophischen Tradition zum sprach- und handlungsbezogenen Paradigma. Zur Bedeutung innerer Bilder bei MEAD und OEVERMANN

KANT ging es bei der Frage, welche Rolle Vorstellungen in den Bewusstseinsakten des Subjekts spielen, um elementare Erkenntnisbedingungen. Vielleicht lässt sich die von KANT herrührende Linie abendländischen Denkens kurz als ein „Denken aus der Einheit des Subjekts" (FRANK 1984) charakterisieren. In dessen äußerster Ausprägung, etwa bei Fichte, erscheint „das Subjekt dann als die Macht über das Seiende, als dasjenige, welches sich selbst und die Welt setzt" (FRANK 1984: 248). In der Fluchtlinie von HEIDEGGER und des Pragmatismus von DEWEY und MEAD bis hin zu TAYLOR und OEVERMANN wird nun argumentiert, dass das auch von der Philosophie des Deutschen Idealismus so glanzvoll gefeierte Subjekt zunächst einmal in einer Sprach- und Handlungspraxis „befangen" und „engagiert" ist. Es ist zwar bei MEAD ebenfalls Spontaneitätsinstanz und potentielle Strukturstelle des Neuen. Zunächst aber existiert dieses „I" in praktizierter Positionalität bzw. im jeweils gelebten Selbst- und Weltverhältnis. Erst angesichts bestimmter Erfahrungskrisen, nämlich „der Konstellation eines zerbrochenen Handlungskreises ... tritt das ‚I' manifest in Aktion als die Instanz, die mit der Krise fertig werden muß" (OEVERMANN 1991: 314).

OEVERMANN beschreibt nun, wie innere Bilder (*images*) eine wichtige Vermittlungsinstanz auf dem Weg zur Verarbeitung der Krise sind. Diese kann schließlich in einem „*me*", in einem verinnerlichten bzw. erkannten Erfahrungsaspekt der sozialen Welt ihr vorläufiges Ende finden – sofern man, so wäre der OEVERMANNschen Beschreibung hinzuzufügen, diese inneren Bilder überhaupt aufkommen lässt, ihnen Zeit und Raum lässt, ihnen vertraut und sie nicht vorschnell begrifflich „subordiniert" (KANT). Das heißt aber: Die imaginative Dimension ist nun nicht auf das vorstellungsvermittelte Aufbewahren, Hervorrufen und Synthetisieren von Eindrücken beschränkt und beruht nicht auf einem Vermögen, das in einem Bewusstsein „verkapselt" wäre – so, als würde das Subjekt seiner Erfahrung im Sinne eines unmittelbar gegebenen und präsenten Wissens inne, bevor es sich einem Ausdruckskörper anvertraut. Kurz: Es gibt kein „ursprüngliches" Substrat von Sinn. Sondern Sinn ist immer die „Umschrift" (FREUD) einer als solcher nicht fassbaren Gegebenheit, deren Original nicht mehr direkt zu bekommen ist.

Fassen wir zusammen: „Innere Bilder" werden offenkundig nicht bewusstseinstheoretisch, sondern als vermittelnde Ausdrucksgestalten im Zuge der Verarbeitung problematischer Handlungssituationen und Phasen der Handlung gefasst. Sie treten als objektivierende und „textförmige" Gebilde zwischen das „I" als psychischer Instanz und dem „me" als der sozialisierten Instanz des Selbst (OEVERMANN 1991: 329).

Nun resultiert OEVERMANNs Interesse am MEADschen Theorem u. a. aus dem Problem der „Entstehung des Neuen", das heißt aus der Suche nach einer genaueren Vorstellung darüber, wie der Einzelne bei der Verarbeitung von Erfahrungskrisen zu einer veränderten Sicht seines Verhältnisses zur Welt und zu sich selbst kommen kann. Die Betonung textförmiger Ausdrucksgestalten in ihrer Vermittlungsfunktion soll anzeigen, dass dabei von keiner mentalistisch aufgeladenen Kategorie der Kreativität ausgegangen werden muss. Die neueren Ansätze führen uns die Bedeutung der Sprache vor Augen. Kreativität bleibt allemal gebunden an Spracharbeit, Sprachkritik und Nutzung der immanenten Reflexivität der Sprache – eine Konstruktions- und Rekonstruktionstätigkeit, die vom Bilderdenken lebt, wie schon FREUD mit dem Begriff „Traumsprache" andeutet (GW VIII: 403f.). Mit der Sprache kann gegen die Sprache gedacht werden, wie beim Witz oder in der Poesie. FREUD hat solche Umwege, die den Raum des symbolisch Denkbaren erweitern, als „Wiederherstellungen alter Freiheiten" charakterisiert (GW VI: 143).

Damit haben wir den Punkt erreicht, an dem wir zu der Frage des Erkenntnis- und Erfahrungspotentials übergehen können, das die Arbeit mit Fällen Studierenden wie praktizierenden Lehrern und Lehrerinnen ermöglichen könnte: Die Arbeit mit Fällen wäre im Anschluss an OEVERMANN als gedankenexperimentelle Simulation praktischer Erfahrungskrisen zu verstehen (vgl. OEVERMANN 1991: 325). Dennoch folgt gerade dann die Frage nach der praxisvorbereitenden Relevanz sofort auf dem Fuße. Ich mache hierzu im Folgenden drei Anläufe. Ich setze die Konkretheit des gedankenexperimentel-

len Ausbuchstabierens von Lesarten gegen einen in der universitären Lehrerbildung notorischen Überschuss an Sollensforderungen (4.1). Ich versuche
die analogisierende Übertragung von Beispielen (4.2) zu erschließen. Und
schließlich skizziere ich den Begriff „Ernstcharakter", der lerntheoretische
Implikationen enthält, die ja wiederum im Begriff der Erfahrungskrise anklin-
gen (4.3).

4. Zum Problem des Ernstcharakters einer hermeneutischen Lektüre und ihrer praxisvorbereitenden Relevanz

4.1 Der gedankenexperimentell-konkrete Entwurf konkurrierender Lesarten und die Lösung von der Dauerfixierung aufs Sollen

Der Entwurf konkurrierender Lesarten darf – trotz aller Unterschiede im
Einzelnen – als gemeinsame Basis der Interpretation von Fällen betrachtet
werden (vgl. hierzu KOLLER 1999).[2] Dadurch, dass man den Ablauf einer
Handlung oder eines Gesprächs auch anders denken kann, wird dieser zum
Problem. Das Probehandeln ist also darauf angelegt, die Vertrautheiten allen
vorschnellen Bescheidwissens zu durchbrechen und gerade dem entgegenzu-
wirken, was Zweck aller praktischen Gewohnheitsbildung ist: nämlich stabili-
sierte Räume mit hoher Voraussehbarkeit, Sicherheiten, Übereinstimmungen
und wechselseitige Erwartbarkeiten zu schaffen. Jedenfalls verweisen erste
methodisch kontrollierte Versuche (BECK u.a. 2000; WERNET 2000) darauf,
dass im Zuge dieses gedankenexperimentellen Entwurfs von Lesarten bei den
Beteiligten Dispositionen und oft alte Bilder der schulischen Wirklichkeit
manifest und damit potenziell der Kommunikation und der rationalen öffentlichen Diskussion erst zugänglich werden. Um dieses schöpferische Vorstellungsvermögen im Medium von „Sprachkritik" zu befreien, müssen Angst
und eigene Befangenheiten überwunden werden. Aber die hermeneutische
Lektüre von Texten und Fällen spricht ja in der Regel von anderen Menschen,
nicht von einem selber. Trotzdem weiß man, dass diese Figuren auch in ihrem
Anderssein zu einem selbst gehören – als Möglichkeit, Widerspruch,
Wunsch- oder Angstbild, als Erkundungs- oder Pilotfiguren.

Doch machen wir es uns gerade an dieser Stelle bezüglich des Problems
der praxisvorbereitenden Relevanz nicht zu leicht (vgl. etwa die Einwände
von RADTKE 1996). Ich möchte deshalb zusätzlich die Konkretion und die

---

2   Natürlich sind, wie KOLLER plausibel machen kann, die Unterschiede im weiteren Umgang
    mit einer systematisch entstandenen Differenz von Lesarten nicht unerheblich. Das wäre
    eine Diskussion, die ich hier leider nicht führen kann.

Vertiefung in die „Konstellation von Seiendem" (ADORNO, s.o.) hervorheben. Dabei stimme ich mit der Beobachtung von WERNET überein, dass sowohl die zeitlupenhafte Vergegenwärtigung und gedankliche Simulation eines berufspraktischen Problems als auch das hohe Maß an Konkretion hinsichtlich der alltäglichen Wirklichkeit Reaktionen bei den beteiligten Interpreten hervorrufen, als wären sie Zeugen des Geschehens (2000: 292f.). Hinzufügen lässt sich, dass sich der gedankenexperimentelle Entwurf von Anschlusshandlungen – nimmt man die Objektive Hermeneutik als Beispiel – nicht in erster Linie im Bereich des Sollens und der normativen Bewertung abspielt. Einer solchen würde immer etwas Willkürliches anhaften. Entscheidend ist vielmehr, dass sich die Interpreten gerade beim sequenzanalytischen Zugang zunächst mit nichts anderem als mit der konsequenten Entfaltung von Implikationen und Folgen von Gewohnheiten, Handlungsabläufen und Interaktionsformen in ihrer empirischen und sinnlogischen Evidenz konfrontiert sehen. Natürlich ist der Vorgang nicht frei von Bewertungen. Aber diese haben sich nicht von der Sache gelöst. Und insofern täte der Umgang mit Fällen der Pädagogik gut, um ihr etwas von der Dauerfixierung auf das Sollen abzugewöhnen, deren Tendenz es ist, sich auf konkrete praktische Konstellationen ungern genauer einzulassen.

Nunmehr möchte ich im Zusammenhang mit der Frage der praxisvorbereitenden Relevanz der Fallarbeit eine weitere Möglichkeit kurz prüfen, die Frage nämlich, ob nicht gerade ein solches material gesättigtes konkretes Ausbuchstabieren eines berufspraktischen Handlungsproblems besonders im operativen und reproduktiven Gedächtnis haftende Referenzbeispiele hervorbringt. Dieser Argumentationsgang knüpft an ein seit der Renaissance bekanntes Theorem der Ähnlichkeit und Analogie (FOUCAULT 1971) an, das wir heute mit der Figur der „Gestalt" und mit einem anderen Sprachverständnis neu beschreiben könnten. Meine Vermutung dabei ist, dass sich das so genannte Praxiswissen über den kummulativen Aufbau von Fallerfahrung aufbaut, indem wir Situationen in analogisierender und szenisch-gestalthafter Weise erfassen. Diese gestaltförmige analogisierende, szenisch-figürliche Übertragung von prototypischen Beispielen könnte u. U. ein durch die Fallarbeit zu entwickelnder Bereich gerade in solchen Handlungsfeldern darstellen, in denen wir uns unter den Bedingungen praktischer Handlungs- und Entscheidungszwänge und ohne viel Besinnungszeit orientieren müssen. Dieser Gedanke findet auch Unterstützung bei der experimentellen Lernpsychologie (vgl. SEEL 2000: 192ff.), auf die ich allerdings nicht weiter eingehen werde. Ich betone hier eher die Rolle einer phantasiebestimmten und vor allem auch körperlich-emotional „engagierten" Wahrnehmungs- und Erfahrungsweise.

4.2 KANT und die Rolle der analogisierenden Übertragung von Referenzbeispielen

Nun lässt sich bezüglich der zuletzt angeschnittenen Frage wiederum auf KANT zurückgreifen. Die Rolle der Einbildungskraft ändert sich nämlich im ästhetischen Bezugsrahmen seiner „Kritik der Urteilskraft" (zitiert als KU) und im Zusammenhang einer ihr zugeordneten so genannten *reflektierenden* Urteilskraft, die nun nicht mehr die Zusammenfassung („Synthese") des Mannigfaltigen im Begriff eines Objektes anstrebt. Ganz im Gegenteil. Im Falle der reflektierenden Urteilskraft verhält es sich so, dass von der Eigenart des Besonderen aus die Suche nach einem Allgemeinbegriff erst motiviert wird. Die Einbildungskraft vermittelt hier nicht in einer zeitlich-sequentiellen und diskursiven Bewegungsform, sondern sie operiert „holistisch", das heißt sie ermöglicht eine augenblickshafte Zusammenschau, von der die von KANT hier so sehr betonte Wirkung eines sinnlichen Angerührtseins ausgeht. Dabei ist es gerade der Verlust an Bestimmtheit, der die antwortende Bewegung der Urteilskraft auf den Erfahrenden selbst zurückbringt und eine besondere „Empfänglichkeit" für den Zustand des Subjekts selbst auslöst. Zwar dient das Spiel der Einbildungskraft dazu, die „Erkenntniskräfte" zu beleben und das „Lebensgefühl" zu intensivieren (KU, A4, 31, 36, 74). Aber der Versuch, die „ästhetische Idee" auf den Begriff zu bringen, bleibt letztlich unbestimmt wie nie endend, gleichwohl sie „viel zu denken veranlaßt" (KU § 49, A195). Damit bestimmt KANT die Sonderexistenz der ästhetischen Einbildungskraft in einer Weise, die es schwierig zu machen scheint, diese in ein „prosaisches" Handlungsfeld zu übertragen.

Dennoch zeigt die KANT-Interpretation MAKKREELs (1997), der ich an dieser Stelle folge, eine Möglichkeit auf, ästhetische und praktische Ideen aufeinander zu beziehen. MAKKREEL verweist auf eine Abstufung, die KANT selbst vornimmt. Vor allem im Falle der so genannten ästhetischen Normalideen, die so heißen, weil sie direkter auf die gewöhnliche Erfahrung bezogen werden, könne die Einbildungskraft „ein Bild gleichsam auf das andere fallen ... lassen" (KU, § 17 B57/A56-57). Das Urteil stützt sich hier auf ein von der Einbildungskraft hervorgebrachtes „Musterbild" (KU § 17, B56/A56), das eine exemplarische Funktion hat und durch „Vergleichungen" variiert werden kann. Selbst im Falle der ästhetischen Idee stößt also die Verstehenserwartung – bei aller Unabschließbarkeit – nicht völlig ins Unfassliche. „Ästhetische Ideen", so schreibt MAKKREEL schließlich, „tragen zu unserer Interpretation der Erfahrung bei, indem sie bedeutungsvolle Verwandtschaften nahe legen, auch wenn direkte begriffliche Verknüpfungen fehlen" (1997: 19).

MAKKREEL verweist also auf das, was analogisierende Übertragung von Referenzbeispielen genannt werden kann. Das Problem hat auch WITTGENSTEIN im Zusammenhang mit dem Theorem der „Familienähnlichkeit" ausgeführt. Er zeigt an zahlreichen Beispielen, etwa am Beispiel des Spiels, dass die Einheit eines Begriffs eben nicht im gemeinsamen Auftreten einer oder mehrerer Eigenschaften bestehen muss. Es genügt vielmehr eine pragmatisch hinreichende Sicherheit, mit der sich etwas als Spiel bezeichnen lässt. Ob „etwas" die Bezeichnung Spiel verdient, „wissen" wir sehr viel häufiger, als wir sagen könnten, was genau ein Spiel als solches auszeichnet (WITTGENSTEIN 1971: 166f.).

Nutzen wir auch einen Hinweis KANTs (s. o.) auf eine „holistische", eine durch eine augenblickshafte Zusammenschau gekennzeichnete und von affektiven Resonanzen begleitete Erfahrung der Ähnlichkeit (KANT: „Empfänglichkeit"). Hier lässt sich eine Brücke zu einer Erkenntnisweise schlagen, die uns die Psychoanalyse beschreibt. Sie nähert sich dieser Erfahrung mit dem Begriff des „szenischen Verstehens" (vgl. LORENZER 1971). LORENZER geht davon aus, dass hier Einzeldaten insofern eine Sinngestalt gewinnen, als sie durch eine Reihe von Kontexten hindurch als ähnlich wahrgenommen und sodann in andeutender Rede zur Sprache gebracht werden können – ein „Prozeß, der eine fixierende 'Klischees' unterlaufende" innere Dialogfähigkeit zugleich voraussetzt und – bei entsprechender Übung – auch erzeugen kann. Ausgegangen wird dabei gleichsam von einem stets auch körperlich situierten Akteur, der zu seiner Handlungsumwelt in einer unmittelbaren Beziehung der Spannung, der Aufmerksamkeit und der Sorge steht. Und diese Ähnlichkeit szenischer Gestaltungen muss allemal phantasiert, in Bildern oder in sprachlich-figürlichen Konstruktionen ausgedrückt werden. Es ist eine Form des Ausdrucks, in der nicht bewiesen, aber verwiesen wird, die etwas sehen lassen und zeigen kann und die sich nicht ohne weiteres in so genanntes propositionales Wissen überführen lässt (GAMM 1994: S. 374).

Damit sind – wenn auch nur im Sinne einer ersten Skizze – Gesichtspunkte gesammelt, die den Blick darauf lenken, dass eine bislang in der Lehrerbildung wenig beachtete kulturelle Fähigkeit in der Arbeit mit Fällen entwickelt werden kann und eine übertragende Analogisierung von Situationskonstellationen einen wichtigen Abkürzungseffekt im alltäglichen Handeln haben kann.

4.3 Fallbezug, Lernumwelt und „Ernstcharakter": Hinweise der Bildungsgangdidaktik

Die oben gestellte Frage nach der praxisvorbereitenden Bedeutung von Fallarbeit lautet, um nochmals eine Zuspitzung vorzunehmen, ob universitäre Veranstaltungen in Form einer hermeneutischen Lektüre von Texten überhaupt eine ernsthafte Provokation darzustellen vermögen, wie sie oben zum Beispiel im Begriff der Erfahrungskrise im Anschluss an MEAD und OEVERMANN angedeutet wurde. Dies setzte ja einen besonderen Ernstcharakter der Konfrontation voraus und möglicherweise nicht bloß einen vom Anprall so genannter realer Situationen entlasteten Raum. Denn offenkundig geht es im Falle der Erfahrungskrise nicht nur um „Informationserweiterung", sondern, auf den zur Rede stehenden Handlungsbereich bezogen, um den „Umbau" eines einsozialisierten Verständnisses von Schule und Unterricht (zu den Abstufungen dieses Lernmodells vgl. KOKEMOHR 1992 und 2001; MAROTZKI 1990).

Gedacht werden könnte zuallererst an reale Begegnungen im Handlungsfeld, in dem Pädagogen und Pädagoginnen die entsprechenden Handlungsprobleme an sich selbst erleben und reflektieren können. Nichts steht im Wege, den Begriff der Fallarbeit schon im Studium breiter zu fassen. Als Beispiel darf ich eine universitäre Veranstaltung mit dem Titel „Lernbegleitung" anführen. Hierbei sollen Studierende aller Lehrämter sowie ausdrücklich auch des Diplomstudiengangs über einen Zeitrahmen von einem halben Jahr in eine pädagogische Aufgabe mit „Ernstcharakter", die Lernbegleitung eines Kindes, verbindlich „eingestrickt" sein. Entsprechende Formen der Aufarbeitung der Erfahrung sollen ermöglichen, dass die Studierenden über mannigfaltige eigene Irritationen Zugang u.a. zum Denken und Verhalten der Kinder und Jugendlichen finden.[3]

Aber ich will auch hier grundbegrifflich argumentieren. Meine Annahme ist, dass die Bildungsgangdidaktik (MEYER/REINARTZ 1998) den Blick für einen Begriff des Ernstcharakters öffnet, der in der Gestaltung einer bestimmten habitusprägenden Lernumwelt fundiert ist.

Ich umreiße knapp einige Linien der Bildungsgangdidaktik. Im Begriff der „Entwicklungsaufgabe" wird die sinnhafte Bezogenheit alles Lernens betont. Diese entfaltet sich in einer relationalen, ja dialektischen Struktur, die dann entsteht, wenn es der einzelne Lerner vermag, sich von den sachlichen Anforderungen einer Gesellschaft und zugleich vom Stellenwert und der

---

3   Die Veranstaltung wird von Dr. Susanne VON GLASENAPP, der Dipl.-Pädagogin Ursula KLAGES, Esther ZINNAU und mir durchgeführt.

eigenen Perspektive in ihr ein sinnhaftes Bild zu machen (MEYER 2000; vgl. auch HERICKS/SPÖRLEIN in diesem Band). Nur diejenigen Anforderungen können – so die normative Implikation – für das konkrete Handeln orientierend und motivierend wirken, die ein Individuum ihrem Inhalt nach auch für sich anerkennen und vertreten kann. Es geht also meines Erachtens um nichts anderes als um die Entwicklung eines als authentisch empfundenen Fähigkeitsfundus einer Lernerpersönlichkeit. Dies aber setzt voraus, dass Raum für die Akzeptanz einer Realität als Aufgabe vorhanden ist, die mehr ist als eine eigene Projektion. Sogleich kann angenommen werden, dass diese Realität nicht aufgezwungen, sondern bis zu einem gewissen Grade – in der Gegenwart unaufdringlicher anderer – *selbst entdeckt* werden kann. Genau an dieser Stelle aber wird eine spezifische Nuance des Begriffs Ernstcharakter eingespielt. Im Zusammenhang mit dem Entwurf eines Lernmodells formuliert KOKEMOHR bei der Unterscheidung von Lern- und Bildungsprozessen – in einem Zusammenhang, der keineswegs auf die Bildungsgangdidaktik abstellt – den Sachverhalt so: „Ein pragmatisch wirksames Fraglichwerden des Selbst- und Weltverhältnisses scheint eher durch Erfahrungen möglich zu werden, die von Studierenden selbst organisiert sind und sie zu verantwortlich Handelnden machen" (KOKEMOHR 2001). Damit wird aber der Blick weg von der Fiktion des Faktischen und hin auf das epistemische und kulturelle Milieu der Wissenserzeugung gelenkt.

In dieser Linie gedacht ist es zunächst nur konsequent, dass die Bildungsgangdidaktik Beteiligung zu einem zentralen Untersuchungsfeld macht (MEYER/SCHMIDT 2000). Bildungsgangdidaktisch motiviert erscheint mir etwa die Idee – und ich sage das, um den Begriff der Fallarbeit breiter zu fassen – Forschungspraktika mit Studierenden durchzuführen, die einen ähnlich eigenverantwortlichen und fallweisen Zuschnitt haben, wobei im Kontext der Universität als besondere Chance festzuhalten bleibt, dass sich hier Wünsche, Realitätseinschätzungen und Ideale in einem „intermediären Erfahrungsbereich" (WINNICOTT 1973) und in einem spielerisch-realitätsprüfenden Modus (KOKEMOHR 1985) entwickeln können. Die Gestaltungsprinzipien solcher „Lernumwelten", wie die Bildungsgangdidaktik im Rückgriff auf DEWEY sagt, beruhen auf der Einbindung von Lernenden in untersuchungsähnliche Aktivitäten, der Bildung von Lerngemeinschaften, also der Ko-Konstruktion von Wissen und der Auseinandersetzung mit anderen Lernenden und deren spezifischen „Bedeutungswelten". Zwar brauchen Lerner auch Unterstützung, um im Dickicht der komplexen Lernumgebung nicht verloren zu gehen. Dennoch bilden solche untersuchungsähnlichen Aktivitäten „communities of practise" aus, in denen Novizen und Experten gemeinsam an der Entwicklung einer Sache partizipieren.

Damit sind Begründungen wie Beispiele, Spielsteine und Möglichkeiten entfaltet, die zeigen, dass die Phantasie zukünftiger Lehrer und Lehrerinnen nicht einfach befreit, sondern im Medium sich kumulierender Fallerfahrung gebildet werden muss und kann. Die Bildungsgangdidaktik verweist uns im Rückgriff auf DEWEY theoretisch wie empirisch auf entsprechende Rahmungen.

Literatur

ADORNO, Theodor W.: Negative Dialektik. In: Gesammelte Schriften, Band 6. Frankfurt 1973.

ARNOLD, Eva/BASTIAN, Johannes/COMBE, Arno/SCHELLE, Carla/REH, Sabine: Schulentwicklung und Wandel der pädagogischen Arbeit. Hamburg 2000.

BECK, Christian/HELSPER, Werner/HEUER, Bernhard/STELMASZYK, Bernhard/ULLRICH, Heiner: Fallarbeit in der universitären Lehrerbildung. Opladen 2000.

COMBE, Arno: Bilder des Fremden – Romantische Kunst und Erziehungskultur. Opladen 1992.

COMBE, Arno: Pädagogische Professionalität, Hermeneutik und Lehrerbildung. In: COMBE, Arno/HELSPER, Werner (Hrsg.): Pädagogische Professionalität. Frankfurt 1996, S. 501-520.

COMBE, Arno: Lehrerprofessionalität: Wissen, Können, Handeln. Unveröffentlichtes Manuskript 2001. (Erscheint in: HELSPER, Werner/BÖHME, Jeanette (Hrsg.): Handbuch der Schulforschung, Opladen 2001.)

COMBE, Arno/BUCHEN, Sylvia: Belastung von Lehrerinnen und Lehrern. Fallstudien zur Bedeutung alltäglicher Handlungsabläufe in unterschiedlichen Schulformen. Weinheim, München 1996.

FOUCAULT, Michel: Die Ordnung der Dinge. Frankfurt 1971.

FRANK, Manfred: Was ist Neostrukturalismus? Frankfurt 1984.

FREUD, Sigmund: Gesammelte Werke. London 1940 ff.

GAMM, Gerhard: Flucht aus der Kategorie. Frankfurt 1994.

HORN, Klaus-Peter: Wissensformen, Theorie-Praxis-Verhältnis und das erziehungswissenschaftliche Studium. In: Pädagogischer Blick 7 (1999) H. 4, S. 215-221.

KANT, Immanuel: Werke in sechs Bänden, hrsg. von Wilhelm WEISCHEDEL, Wiesbaden 1956.

KOKEMOHR, Rainer: Modalisierung und Validierung in schulischen Lehr- und Lernprozessen. In: KOKEMOHR, Rainer/MAROTZKI, Winfried (Hrsg.): Interaktionsanalysen in pädagogischer Absicht. Frankfurt 1985, S. 177- 235.

KOKEMOHR, Rainer: Zur Bildungsfunktion rhetorischer Figuren. Sprachgebrauch und Verstehen als didaktisches Problem. In: ENTRICH, H./STAECK, L. (Hrsg.): Sprache und Verstehen im Biologieunterricht. Alsbach 1992, S. 16-30.

KOKEMOHR, Rainer: Eine Konzeption der praxisbezogenen Einführung. Unveröffentlichtes Manuskript. Hamburg 2001.

KOLLER, Hans-Christoph: Lesarten. Über das Geltendmachen von Differenzen im Forschungsprozess. In: Zeitschrift für Erziehungswissenschaft 2 (1999) H. 2, S. 195-209.

LORENZER, Alfred: Sprachzerstörung und Rekonstruktion. Frankfurt 1971.

MAKKREEL, Rudolf: Einbildungskraft und Interpretation. Paderborn, München, Wien, Zürich 1997.

MAROTZKI, Winfried: Entwurf einer strukturalen Bildungstheorie. Weinheim 1990.

MEYER, Meinert A./REINARTZ, Andrea (Hrsg.): Bildungsgangdidaktik. Opladen 1998.

MEYER, Meinert A.: Didaktik für das Gymnasium. Berlin 2000.

MEYER, Meinert A./SCHMIDT, Ralf (Hrsg.): Schülermitbeteiligung im Fachunterricht. Opladen 2000.

OEVERMANN, Ulrich: Genetischer Strukturalismus und das sozialwissenschaftliche Problem der Erklärung der Entstehung des Neuen. In: MÜLLER-DOOHM, Stefan (Hrsg.): Jenseits der Utopie. Frankfurt 1991, S. 267- 338.

OHLHAVER, Frank/WERNET, Andreas (Hrsg.): Schulforschung. Fallanalyse. Lehrerbildung. Opladen 1999.

RADTKE, Frank-Olaf: Wissen und Können. Grundlagen wissenschaftlicher Lehrerbildung. Opladen 1996.

SEEL, Norbert M.: Psychologie des Lernens. München, Basel 2000.

TERHART, Ewald: Lehrerbildung und Professionalität. In: BASTIAN, Johannes/HELSPER, Werner/REH, Sabine/SCHELLE, Carla (Hrsg.): Professionalisierung im Lehrerberuf. Opladen 2000, S. 73-86.

VOGEL, Peter: Vorschlag für ein Modell erziehungswissenschaftlicher Wissensformen. In: Vierteljahresschrift für wissenschaftliche Pädagogik 73 (1997), S. 415-427.

WEBER, Max: Protestantische Ethik I. Hrsg. von J. Winkelmann. Gütersloh 1981.

WERNET, Andreas: „Wann geben Sie uns die Klassenarbeit wieder?" Zur Bedeutung der Fallrekonstruktion für die Lehrerbildung. In: KRAIMER, Klaus (Hrsg.): Die Fallrekonstruktion. Frankfurt 2000, S. 275-300.

WINNICOTT, Donald W.: Vom Spiel zur Kreativität. Stuttgart 1973.

WITTGENSTEIN, Ludwig: Philosophische Untersuchungen. Frankfurt 1971.

Uwe Hericks / Eva Spörlein

Entwicklungsaufgaben in Fachunterricht und Lehrerbildung – Eine Auseinandersetzung mit einem Zentralbegriff der Bildungsgangdidaktik

1. Einleitung

Für die Bildungsgangdidaktik ist der Begriff der *Entwicklungsaufgabe* zentral. Eine Ausschärfung und Präzisierung dieses Begriffes kann unserer Ansicht nach wirksam dazu beitragen, bestimmte Missverständnisse, die es bezüglich des Ansatzes der Bildungsgangdidaktik gibt, aufzuklären. Wir sehen darin einen Beitrag sowohl zu einer weiteren Etablierung der Bildungsgangdidaktik als Grundlagentheorie für didaktische Forschung wie auch zu ihrer Weiterentwicklung in Richtung einer didaktischen Handlungstheorie für praktizierende Lehrerinnen und Lehrer.

Mit dem vorliegenden Beitrag nehmen wir den aktuellen Diskussionsstand im Hamburger Doktoranden- und Habilitandenkolloquium zur Bildungsgangdidaktik (Meinert MEYER und Barbara SCHENK) auf und führen ihn weiter. Wir werden im Abschnitt 2 zunächst zwei Modelle von Entwicklungsaufgaben vorstellen und darlegen, warum uns eines davon für bildungsgangdidaktische Forschungen tragfähiger erscheint. Im dritten Abschnitt wird dies am Beispiel eines Forschungsprojektes aus dem Bereich des Chemieunterrichts illustriert. Die Ausführungen werden anschließend im vierten und fünften Abschnitt zu einer generellen Aufgabenbestimmung von Schule aus bildungsgangdidaktischer Sicht verallgemeinert. Der Beitrag schließt mit einigen Bemerkungen über die Anwendung des Konzeptes der Entwicklungsaufgaben in einem aktuellen Forschungsprojekt zur Professionalisierung von Lehrerinnen und Lehrern.

2. Begriffsklärung

Bei allen Autoren, die den Entwicklungsaufgabenbegriff im Rahmen der Bildungsgangdidaktik verwenden, besteht unserer Ansicht nach Einigkeit über die folgenden Aspekte (vgl. hierzu HERICKS 1998: 178f.).

- Entwicklungsaufgaben formulieren einerseits objektive, d.h. gesellschaftliche Anforderungen an Menschen in jeweils ähnlichen biographischen Lebenssituationen (z.B. an Jugendliche). Damit solche Anforderungen biographisch wirksam werden, müssen sie andererseits individuell als Aufgaben eigener Entwicklung gedeutet und ausgeformt werden.

- Entwicklungsaufgaben sind „unhintergehbar", d.h. sie müssen wahrgenommen, angegangen und bewältigt werden, wenn es zu einer Progression in der Kompetenzentwicklung und zur Konstitution von Identität kommen soll (vgl. KORDES 1989: 46).

Mit dem ersten Punkt ist das Problem der genaueren Bestimmung des Verhältnisses zwischen den objektiven Ansprüchen und der subjektiven Wahrnehmung und Bearbeitung solcher Ansprüche verbunden. Genau in dieser Frage besteht unserer Ansicht nach Klärungsbedarf. HAVIGHURST, auf dessen Begriff von Entwicklungsaufgabe sich die Bildungsgangdidaktik ursprünglich bezogen hat, siedelt Entwicklungsaufgaben unbefangen *„midway between an individual need and a societal demand"* an (1948/1972: IV), ohne über das Verhältnis beider Seiten weiter zu reflektieren. Meinert MEYER schreibt:

„Unter Entwicklungsaufgaben verstehe ich ... die Ziele, die die lernenden ‚Subjekte' in der Deutung gesellschaftlicher Anforderungen auf Grund ihrer aktuellen Kompetenzen, ihrer Identität und ihrer Entwicklungswünsche aufbauen. Ich gehe davon aus, dass diese Entwicklungsziele zugleich gesellschaftlich und individuell konstruiert sind." (MEYER 2000: 245)

Auf den ersten Blick scheint es so, als hätte MEYER mit dieser Definition lediglich die bei HAVIGHURST fehlende Reflexion des Verhältnisses von objektiver und subjektiver Seite nachgeholt. Bei genauerem Hinsehen fällt indes auf, dass der Entwicklungsaufgabenbegriff hier zugleich deutlich zur subjektiven Seite hin verschoben wurde. Entwicklungsaufgaben werden gemäß dieser Definition mit den *Zielen der lernenden Subjekte* identifiziert. Sie werden in einem Prozess der Vermittlung gesellschaftlicher Anforderungen mit der eigenen Persönlichkeitsstruktur, gewissermaßen als deren Synthese, herausgebildet – und zwar von den Subjekten selbst unter Einsatz ihrer Kompetenzen und ihrer Identität. Erst die Subjekte verleihen den Entwicklungsaufgaben ihre besondere Gestalt und Färbung. Entwicklungsaufgaben stellen gesellschaftliche Anforderungen in einer immer schon individuell aufbereiteten und transformierten Form dar. Erst in dieser Form sind diese Anforderungen biographisch zugänglich und bearbeitbar.

Wir wollen die Definition von Meinert MEYER als *„Synthese-Modell"* von Entwicklungsaufgaben bezeichnen. Es lässt sich schematisch wie folgt darstellen:

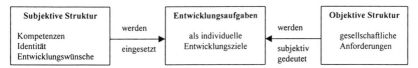

Subjektive Struktur		Entwicklungsaufgaben		Objektive Struktur
Kompetenzen Identität Entwicklungswünsche	werden eingesetzt →	als individuelle Entwicklungsziele	← werden subjektiv gedeutet	gesellschaftliche Anforderungen

Abb. 1: Schematische Darstellung des „Synthese-Modells"

Das „Synthese-Modell" liegt beispielsweise dem Promotionsvorhaben von Sabine HEINEN-LUDZUWEIT zu Grunde (vgl. dazu ihren Beitrag in diesem Band). Seine Stärke liegt in der Betonung eines zentralen Grundgedankens der Bildungsgangdidaktik, dass nämlich die Lernenden als Gestalter ihrer eigenen Bildungsgänge aufzufassen seien. Lernende gestalten ihre Bildungsgänge, indem sie individuell geformte Entwicklungsaufgaben herausbilden und bearbeiten. Das Anliegen ist wichtig, sollte unserer Ansicht nach jedoch nicht am Begriff der Entwicklungsaufgabe festgemacht werden. Denn ein anderer wichtiger Aspekt geht in diesem Modell verloren. Aus forschungs- wie aus handlungspraktischen Gründen muss die Bildungsgangforschung daran interessiert sein, die biographische Fülle individueller Lerngeschichten zum Zwecke der Theoriebildung zu reduzieren. Genau dies sollte das Konzept der Entwicklungsaufgaben eigentlich ermöglichen. In ihnen sollte sich finden lassen, was in Biographien – speziell in Lernerbiographien als Teilaspekt von Gesamtbiographien – für eine bestimmte historische Epoche *verallgemeinerungsfähig* und eben gerade nicht wegen seiner Einzigartigkeit von Interesse ist. Die Kritik von Werner HELSPER an der Bildungsgangdidaktik (in diesem Band) bezieht sich ebenfalls u.a. auf das Synthese-Modell.

Wir bevorzugen daher ein anderes Modell, das sich zur Zeit in den Diskussionen im Hamburger Kolloquium zur Bildungsgangdidaktik unter Mitwirkung von Meinert MEYER als konsens- und tragfähig abzeichnet und das wir als *„Kanon-Modell"* bezeichnen wollen. In diesem Modell wird der Entwicklungsaufgabenbegriff sozusagen zur objektiven Seite hin verschoben. Der Ausgangspunkt ist die einfache Feststellung, dass sich die von verschiedenen Autoren identifizierten Entwicklungsaufgaben des Jugendalters synoptisch in einer Tabelle darstellen lassen. HAVIGHURST (1948/1972) etwa nannte acht Entwicklungsaufgaben; DREHER & DREHER (1985), die diesen Katalog Mitte der achtziger Jahre zusammen mit Jugendlichen in Deutschland aktualisierten und neu gewichteten, kamen auf zehn Entwicklungsaufgaben, die sie zudem mittels Superzeichen prägnant kennzeichneten. Die Tabelle spiegelt Kontinuität und Wandel von der amerikanischen Mittelstandsgesellschaft der vierziger bis in die bundesdeutsche Gesellschaft der achtziger Jahre wider. Worauf es uns hier ankommt, ist die Feststellung, dass eine solche Tabelle sich nur aufstellen lässt, wenn man die subjektive Komponente des Entwicklungsaufgabenbegriffes zunächst vollständig ausblendet.

Tabelle 1: Entwicklungsaufgaben des Jugendalters bei HAVIGHURST und DREHER & DREHER

HAVIGHURST 1948/1972	DREHER & DREHER 1985	Kurzform
Neue und reifere Beziehungen zu Altersgenossen beiderlei Geschlechts aufbauen.	Aufbau eines Freundeskreises: Zu Altersgenossen beiderlei Geschlechts werden neue, tiefere Beziehungen hergestellt.	PEER
Übernahme der männlichen/ weiblichen Geschlechterrolle	Sich das Verhalten aneignen, das man in unserer Gesellschaft von einem Mann bzw. von einer Frau erwartet.	ROLLE
Akzeptieren der eigenen körperlichen Erscheinung und effektive Nutzung des Körpers	Akzeptieren der eigenen körperlichen Erscheinung: Veränderungen des Körpers und des eigenen Aussehens annehmen.	KÖRPER
Emotionale Unabhängigkeit von den Eltern und von anderen Erwachsenen	Von den Eltern unabhängig werden bzw. sich vom Elternhaus loslösen.	ABLÖSUNG
Vorbereitung auf Ehe und Familienleben	Vorstellungen entwickeln, wie der Ehepartner und die zukünftige Familie sein sollen.	PARTNER/ FAMILIE
	Aufnahme intimer Beziehungen zum Partner (Freund oder Freundin)	INTIM
Vorbereitung auf eine berufliche Karriere	Wissen, was man werden will und was man dafür können (lernen) muss	BERUF
	Entwicklung einer Zukunftsperspektive: Sein Leben planen und Ziele ansteuern, von denen man glaubt, dass man sie erreichen kann.	ZUKUNFT
Werte und ein ethisches System erlangen, das als Leitfaden für Verhalten dient. Entwicklung einer Ideologie	Entwicklung einer eigenen Weltanschauung: Sich darüber klar werden, welche Werte man hoch hält und als Richtschnur für eigenes Verhalten akzeptiert.	WERTE
Sozial verantwortliches Verhalten erstreben und erreichen.	*(Sozial verantwortliches Verhalten ist hier Komponente der Weltanschauung.)*	
	Über sich selbst im Bild sein: Wissen, wer man ist und was man sein will.	SELBST

In dieser Sicht erscheinen Entwicklungsaufgaben als ein begrenzter „Kanon" von Aufgaben, die in einer gegebenen Gesellschaft für alle Heranwachsenden als mehr oder weniger verbindlich angenommen werden können. Davon abzugrenzen sind die *subjektiven Deutungen* der Entwicklungsaufgaben. Diese spiegeln die Vielfalt der individuellen Aneignungen und Bearbeitungen wider, die im „Synthese-Modell" im Begriff der Entwicklungsaufgabe selbst enthalten ist. Subjektive Deutungen sind notwendige Voraussetzung und zugleich erster Schritt zur Bearbeitung und Lösung von Entwicklungsaufgaben. Eine Möglichkeit der subjektiven Deutung ist die gekoppelte Bearbeitung von Entwicklungsaufgaben. Beispielsweise wird ein Jugendlicher, der sich im Rahmen der Entwicklungsaufgabe WERTE in der Deutschen Lebensrettungsgesellschaft (DLRG) engagiert, darüber möglicherweise auch „neue, tiefere Beziehungen zu Altersgenossen beiderlei Geschlechts herstellen", also zugleich die Entwicklungsaufgabe PEER bearbeiten können.

Methodisch gesehen gleicht der Prozess der Rekonstruktion eines subjektiven Bildungsganges (beispielsweise mit Hilfe von lernbiographischen Interviews) einem *hermeneutischen Zirkel*. Um bestimmte Äußerungen und Tätigkeiten eines Menschen als subjektive Deutung bzw. subjektive Strategie der Bearbeitung einer Entwicklungsaufgabe rekonstruieren zu können, muss man schon über so etwas wie einen Kanon von Entwicklungsaufgaben verfügen, d.h. eine Vorstellung vom „Ganzen" haben. Umgekehrt wird man mit der Möglichkeit rechnen müssen, dass sich dieser Kanon mit der Zeit als Konsequenz intensiver Rekonstruktionsversuche erweitert, stabilisiert oder neu strukturiert.[1]

Die Seite der objektiven Anforderungen ist mit diesem Kanon im Übrigen noch nicht vollständig beschrieben. Man muss sich vielmehr zu jeder Entwicklungsaufgabe noch eine offene, aber nicht unbegrenzte Menge von grundsätzlich möglichen Lösungen dieser Aufgabe vorstellen, wovon die gesellschaftlich anerkannten Lösungen wiederum eine Teilmenge sind. Heranwachsende, die eine Aufgabe bearbeiten, tun dies nämlich immer mit impliziten Vorstellungen darüber, was als gesellschaftlich „normal" oder „nicht-normal", „erwünscht" oder „nicht-erwünscht" gilt. Es besteht jedoch die Möglichkeit und tatsächlich passiert es auch, dass Individuen subjektiv tragfähige Lösungen von Entwicklungsaufgaben generieren, die den Rahmen des gesellschaftlich Anerkannten überschreiten. Auf diese Weise gibt es also auch im „Kanon-Modell" eine Rückwirkung der subjektiven Struktur auf die Entwicklungsaufgaben, jedoch nicht in dem individualistischen Sinne wie im „Synthese-Modell", sondern eher in einem evolutionären Sinne. Barbara SCHENK schreibt:

> „Da die Kinder und Jugendlichen aber nicht nur die Adressaten der objektiven gesellschaftlichen Anforderungen, sondern zugleich Mitglieder der Gesellschaft sind, die ihnen diese Anforderungen vorgibt, formen sie mit ihren subjektiven Lösungen zugleich die Dynamik der ‚objektiven' Anforderungen. Sie arbeiten mit an der Entwicklung der soziokulturellen Normen und Werte, mit denen sie anfangs von außen konfrontiert wurden. So sedimentieren die gelungenen Lö-

---

1 Dies führt uns später dazu, den Kanon um eine weitere Entwicklungsaufgabe, nämlich um die Entwicklungsaufgabe SCHULE, zu erweitern (vgl. die Abschnitte 4 und 5).

sungen von Entwicklungsaufgaben in die gesellschaftlichen Anforderungen, mit denen die nachwachsenden Generationen konfrontiert werden." (SCHENK 1985)

Jede gelungene, d.h. subjektiv tragfähige Lösung einer Entwicklungsaufgabe erhält in dem Sinne Vorbildcharakter, dass sie für nachfolgende Jugendliche als Lösungsmöglichkeit vorstellbar wird und das heißt, dass durch sie die bestehende Teilmenge der gesellschaftlich anerkannten Lösungen zunächst einfach erweitert wird. Mit der Zeit können andere Lösungen, die lange Zeit als „normal" galten, ihr gegenüber an Attraktivität verlieren, so dass sich die Mengen insgesamt verschieben. Schließlich werden sich mehr und mehr auch die Entwicklungsaufgaben selber bzw. der Gehalt dessen, was mit den Superzeichen prägnant erfasst wird, verändern. Dieser Prozess wird in Einzelfällen sehr viel schneller vonstatten gehen, als es der an geologische Prozesse erinnernde Begriff der Sedimentation suggeriert.

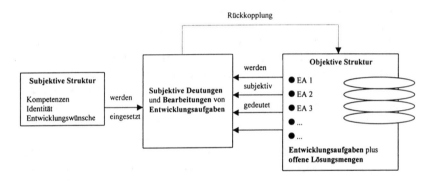

Abb. 2: Schematische Darstellung des „Kanon-Modells"

Das skizzierte Modell erlaubt übrigens einen Anschluss an die pragmatische Handlungstheorie von Ulrich OEVERMANN und an das dort formulierte Problem der sozialwissenschaftlichen Erklärung der Entstehung des Neuen (vgl. OEVERMANN 1991). Aus dieser Perspektive stellen die Mengen der gesellschaftlich akzeptierten und erwarteten Lösungen von Entwicklungsaufgaben gewissermaßen die Normalitätsfolie dar, während die neuen und unkonventionellen Lösungen als Handlungsoptionen erscheinen, die von der Lebenspraxis bisher systematisch *nicht* ausgewählt wurden, ihr aber prinzipiell immer schon offen standen. Das Neue entsteht in der individuellen Überschreitung des Üblichen und liegt dennoch im Kreis der bisher ausgeschlossenen Optionen. Transformation und Reproduktion einer Lebenspraxis sind zwei Seiten derselben Medaille.

Als Beispiel für die Wirksamkeit dieses Mechanismus sind die deutlichen Veränderungen im Bereich der Entwicklungsaufgaben PARTNER/ FAMILIE und INTIM im Verlauf der letzten Jahrzehnte zu nennen. Partnersuche und Erfahrungen im Intimleben werden von heutigen Jugendlichen deutlich von der Vorbereitung auf Ehe und Familienleben getrennt. Heirat und Geburt von Kindern liegen oft Jahre auseinander. Feste Paarbindungen und traditionelle Familienrollen werden immer individueller, auch homosexuelle Partnerschaften werden zunehmend gesellschaftlich akzeptiert (vgl. HURRELMANN 1995: 48). Für die Generation der Großeltern oder sogar Eltern noch undenkbare Bearbeitungen wie das Zusammenwohnen unverheirateter junger Paare, sexuelle Freizügigkeit oder die provokante Demonstration von Unangepasstheit wie bunte Haare oder schrille Bekleidung werden heute gesellschaftlich kaum noch beachtet oder werden im Modebereich sogar *en vogue*.

Ein gutes Beispiel stellt auch der Beitrag von GOGOLIN (in diesem Band) dar. Dass „Claudia" ihren Bildungsweg so gestalten kann, wie sie es tut, zeigt, dass sich die objektive Anforderungsstruktur, zumindest für eine Jugendliche in der Großstadt Hamburg, bereits in Richtung eines „transnationalen Raumes" verändert hat. „Claudia" gelangt zu einer subjektiv tragfähigen Lösung ihrer beruflichen Entwicklungsaufgabe, die vor zwanzig Jahren vielleicht noch nicht denkbar gewesen wäre. Umgekehrt könnte man sagen, dass sie mit ihrer Lösung zugleich einen Beitrag zu einer solchen Veränderung leistet.

3. Entwicklungsaufgaben und fachliche Bildungsgänge am Beispiel des Faches Chemie

Fragt man nach den Konsequenzen der Bildungsgangdidaktik für die Gestaltung von Schule und Unterricht, so zeigt sich die Überlegenheit des „Kanon-Modells" gegenüber dem „Synthese-Modell" deutlich. Dies soll am Beispiel des Chemielernens in der Sekundarstufe I gezeigt werden.

Die Chemiedidaktik ist anhaltend mit dem Problem konfrontiert, dass die meisten Jugendlichen, sobald sie die Möglichkeit dazu haben, Chemie als Schulfach abwählen. In Klassenstufen, in denen der Chemieunterricht obligatorisch ist, erfreut er sich neben der Physik der größten Unbeliebtheit. Es gibt für diese Haltung gegenüber dem Fach viele Erklärungsversuche von Seiten der Forschung. Immer wieder wird das Argument genannt, dass die Inhalte des Chemieunterrichts an den *Interessen* der Schülerinnen und Schüler vorbeigingen. Doch woran könnte sich eine Lehrkraft, die den Interessen der Jugendlichen entgegenkommen möchte, orientieren? Gibt es nicht vermutlich ebenso viele verschiedene Interessen wie lernende Subjekte im Klassenraum? Ergebnisse aus der Interessenforschung geben Hinweise darauf, dass man die

Interessen von Jugendlichen als von diesen konzeptionalisierte Lern- und Bildungsziele auffassen kann (z.B. TODT 1987). Legt man solchen Zielen das „Synthese-Modell" zu Grunde, so zeigt es sich durch seine geringe Verallgemeinerungsfähigkeit als wenig hilfreich bei der Suche nach Unterrichtsinhalten, die geeignet erscheinen, möglichst vielen Lernenden Anschlussmöglichkeiten an eigene Entwicklungsziele anzubieten.

Das „Kanon-Modell" grenzt die Möglichkeiten dagegen von vornherein stark ein und erweist sich damit dem „Synthese-Modell" in handlungspraktischer Hinsicht überlegen. Die zehn beschriebenen Entwicklungsaufgaben des Jugendalters, denen sich alle Jugendlichen, mit welchen subjektiven Deutungen auch immer, stellen müssen, können als Eckpfeiler für Lernangebote im Chemieunterricht aufgefasst werden, von denen unterstellt werden kann, dass sie von den Jugendlichen bei der Herauskristallisierung und Bearbeitung eigener Entwicklungsziele als hilfreich empfunden werden können. Ein entsprechendes Bildungsangebot im Fach Chemie könnte verhindern, dass die Jugendlichen ihre Identitätsentwicklung vom schulischen Lernen abspalten. Es könnte darüber hinaus auch die fachliche Kompetenzentwicklung fördern, da die Jugendlichen in dem Maße, in dem sie das chemische Bildungsangebot – und sei es im Sinne einer erfahrbaren Diskrepanz – auf ihre eigenen Entwicklungsziele beziehen können, in einen Prozess der Auseinandersetzung mit diesem eintreten werden. Die kompetenztreibende Wirkung von Entwicklungsaufgaben wurde in der Bildungsgangforschung mehrfach nachgewiesen (vgl. GRUSCHKA, KORDES, MEYER, SCHENK jeweils in BLANKERTZ 1986; HERICKS 1993). Dabei zeigte sich auch, dass das „Kanon-Modell" nicht nur bei der Suche nach geeigneten Lernaufgaben hilfreich ist, sondern sich auch als Forschungsfolie in der Evaluation von Bildungsgängen bewährt. Da die Jugendlichen ihre Entwicklungsaufgaben zwar individuell lösen, sie es alle jedoch mit der gleichen objektiven Struktur zu tun haben, ist die Zahl der möglichen Lösungen nicht unbegrenzt. Daher kann evaluiert werden, in welchem Maße der Fachunterricht bestimmte Entwicklungsaufgaben aufgreift und dazu beiträgt, die von den Lernenden gewählten Bearbeitungsstrategien zu strukturieren und zu unterstützen.

Das Modell wurde zuletzt in einer Begleituntersuchung eines Schulversuchs angewendet (SPÖRLEIN 2001). Eine Hamburger Gesamtschule erbat sich Aufschluss über die Wirksamkeit eines Unterrichtskonzepts, bei dem in der 9. und 10. Klasse eine „Profilbildung", also eine Zusammensetzung der Klassen nach Arbeitsschwerpunkten, eingeführt wurde. Da sich die Schule durch das Projekt neben einer Förderung der Persönlichkeitsentwicklung der Jugendlichen auch eine Verbesserung des fachlichen Lernens erhoffte, wurde exemplarisch in einer Klasse mit naturwissenschaftlichem Schwerpunkt das Lernen im Fach Chemie mit Hilfe des beschriebenen Ansatzes evaluiert. Dazu wurden die Fortschritte der Jugendlichen in der Entwicklung ihrer chemischen Fachkompetenz untersucht. Das Hauptaugenmerk lag auf der Frage, welche Theorien (so genannte *Lernertheorien*) Lernende zu den Bereichen „Stoffe", „Stoffumbildungen" und „Aufbau der Materie" in den Unterricht mitbringen und wie sie diese weiterentwickeln. Dazu wurde in der untersuchten Klasse, neben vergleichenden, standardisierten Tests zum naturwissenschaftlichen Lernen, insbesondere das Instrument der Evaluationsaufgaben eingesetzt.[2] Im praktischen und theoretischen Nachvollzug eines chemischen Phänomens zeigten die Lernenden dabei nicht nur, welchen Stand ihre naturwissenschaftliche Theoriebildung erreicht hat, sondern auch, mit welchen Fragen und Erwartungen sie sich dem Fach nähern. So konnte nicht nur der Kompetenzstand festgestellt, sondern es konnten auch die Lernerwartungen an das Fach rekonstruiert werden, die wiederum Rückschlüsse auf die Entwicklungsziele des Lernenden zuließen. Darüber hinaus wurden die Lernenden in Einzelinterviews befragt, was sie an Chemie interessiert, was sie von ihrem Chemielernen erwarten und wie sie ihre Fachkompetenz nutzen wollen. Mit einem hermeneutischen Verfahren wurden die hinter den Äußerungen erkennbaren Entwicklungsaufgaben rekonstruiert. In Zusammenschau mit der Kompetenzentwicklung wurde geprüft, wo sich Lernaufgaben und Entwicklungsaufgaben berühren und wo die schulischen Anforderungen von den Lernenden als hilfreich oder als zusätzliche Zumutung empfunden wurden.

Es zeigte sich, dass von den Jugendlichen insbesondere vier Entwicklungsaufgaben mit dem Chemielernen in Verbindung gebracht werden, zugleich aber, dass der evaluierte Chemieunterricht die Chancen, die darin für die chemische Kompetenzentwicklung liegen, weitgehend ungenutzt lässt.

Zum Ersten ist die Entwicklungsaufgabe BERUF zu nennen. Besonders für Mädchen, die einen „chemischen" Beruf nur schwer in Einklang mit ihrer Geschlechterrolle bringen können, wäre es hilfreich, die Bedeutung chemischer Kenntnisse in verschiedenen Berufen aufzuzeigen. Selbst wenn dies dazu führen sollte, dass dadurch die Anzahl der für sie vorstellbaren Berufe weiter eingeschränkt würde, hätte die Schule einen Beitrag zur Entwicklungsaufgaben BERUF geleistet, weil die Jugendlichen dann genauer wüssten, was sie *nicht* wollen.

Zum Zweiten ignoriert der Chemieunterricht weitgehend die Lernchancen, die mit der Entwicklungsaufgabe WERTE verbunden sind. Deren individuelle Deutungen reichen vom ausgeprägten politischen Engagement

---

2 Diese Methode wird ausführlich beschrieben in BLANKERTZ et al. 1986, HERICKS 1993, SPÖRLEIN 2001.

eines Punks über ehrenamtliche Tätigkeiten für einen „guten Zweck" bis zum radikalen Umweltschützer, der dogmatisch alles ablehnt, was Natur und Umwelt gefährden könnte. Die Darstellung der Chemie, nicht nur als Unterrichtsfach und Fachwissenschaft, sondern auch als Technologie mit großer Bedeutung und zugleich großen Risiken für Konsum, Gesellschaft und Politik könnte für die Schülerinnen und Schüler in diesem Zusammenhang subjektiv bedeutungsvoll werden.

Auch zu den Entwicklungsaufgaben KÖRPER und ROLLE könnte das Fach, gerade für die Mädchen, hilfreiche Lernangebote machen, auch wenn die Zusammenhänge hier nicht ganz so deutlich sind. Über Themen wie Gesundheit, Ernährung und Körperpflege ließe sich zeigen, wie chemische Kenntnisse auch mit einer traditionell gedeuteten Frauenrolle in Einklang gebracht werden und zur Gesunderhaltung des eigenen Körpers von Vorteil sein könnten.

Dass die Anforderungen des Faches Chemie als hilfreich für die Bearbeitung von Entwicklungsaufgaben empfunden werden können, zeigte das Beispiel des Schülers Bernd, der später gern einen naturwissenschaftlichen Studiengang und Beruf wählen möchte. Er sagt im Interview auf die Frage, was ihn denn besonders interessieren würde: „*Also, so was wie die Formeln in Chemie, ja? Und irgendwelche Regeln oder das Atommodell, das finde ich interessant. (...) Wenn ich so eine Regel gelernt hatte in Chemie, dann kann ich froh sein, dass ich sie weiß. Die kann ich dann halt immer wieder anwenden.*" Der ausgesprochen wissenschaftspropädeutisch ausgerichtete Chemieunterricht unterstützt ihn in seinem (nicht besonders tragfähigen) Verständnis von Chemie als dem Beherrschen von Regeln und Formeln und in Hinblick auf seine weiteren Bildungsziele. Er lernt gern Chemie und hat in den zwei Jahren, in denen die Untersuchung durchgeführt wurde, Lernfortschritte gemacht.

Von einem größeren Teil der Schülerinnen und Schüler wurden die Schule und der Chemieunterricht jedoch nicht als hilfreich, sondern als Belastung empfunden. Ulrich, ein eher leistungsschwacher Schüler, der gern einen Beruf hätte, der möglichst viele praktische und möglichst wenige kognitive Anteile hat, antwortet auf die Frage, ob es Zusammenhänge gäbe zwischen dem, was er in der Schule lernt, und dem, was er später vorhat: „*Also für mich noch nicht. Ich bin sicher, dass da irgendwo einer besteht, so 'n Zusammenhang, aber für mich noch nicht. Für mich ist das meiste in meinen Augen unwichtig, das ich später eh nicht mehr brauche.*" Außer einigen Negativbeispielen aus der Mathematik nennt er: „*Teilweise auch das, was wir in Chemie machen, der Atomaufbau, der interessiert mich überhaupt nicht, aber ich muss ihn lernen.*"

4. Entwicklungsaufgaben und die Aufgabenbestimmung von Schule

Verallgemeinert man die dargestellten Ergebnisse zum Chemieunterricht, so stellt sich die Aufgabe der Schule aus bildungsgangdidaktischer Sicht eigentlich recht unspektakulär dar.

Die Schülerinnen und Schüler sollten eine Beziehung herstellen können zwischen ihren Entwicklungsaufgaben und dem, was Schule fordert und anbietet, d.h., Schule sollte den Schülern die objektive Anforderungsstruktur der Gesellschaft angemessen transparent machen. Sie muss dazu nicht die höchst vielfältigen individuellen Entwicklungsziele der einzelnen Lernenden kennen, sondern kann sich zunächst objektivierend an dem begrenzten Kanon von Entwicklungsaufgaben orientieren. Sie wird dabei auch immer jene offenen Mengen gesellschaftlich akzeptierter oder normabweichend-innovativer Lösungen widerspiegeln – sei es, dass die Lehrer *ad personam* bestimmte Lösungstypen repräsentieren, sei es, dass im Fachunterricht (z.B. im Literatur- oder Politikunterricht) Möglichkeiten, Grenzen und „Kosten" unkonventioneller Lebenswege explizit thematisiert werden und Jugendliche ihre eigenen Spielräume für die Lösungen ihrer Entwicklungsaufgaben ausloten können. (Ein Beispiel aus dem Philosophieunterricht zeigt der Beitrag von Joachim MINNEMANN in diesem Band.) Schulische Anforderungen und Entwicklungsaufgaben werden dabei niemals eins zu eins zusammenfallen und sollten es auch nicht. Wünschenswert ist vielmehr eine leichte „systematische Verzerrung" zwischen schulischen und gesellschaftlichen Anforderungen. Nur so wird sich Schule auf dem schmalen Grat bewegen, die Lernenden einerseits

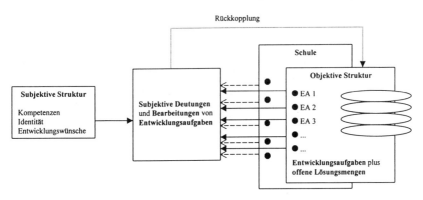

Abb. 3: Die Aufgabe der Schule in bildungsgangdidaktischer Hinsicht

fähig zu machen zu einem Leben in der gegebenen Gesellschaft, ihnen anderseits aber ein kritisches Potenzial zu eröffnen, um Entwicklungsaufgaben auch ganz anders zu bearbeiten, als es bisher üblich war, und damit vorgegebene gesellschaftliche Strukturen als veränderbar zu erkennen. Das Beispiel von „Claudia" im Beitrag von GOGOLIN zeigt den Fall, dass Schule der gesellschaftlichen Entwicklung auch hinterherhinken und veränderten Anforderungsstrukturen nicht ausreichend gerecht werden kann. Die Bildungsgangdidaktik liefert hier einen Ansatz für Schulkritik, die sich im Ergebnis mit der der Interkulturellen Erziehungswissenschaft deckt.

Nicht wünschenswert wäre ein totaler Zugriff der Schule auf den heranwachsenden Menschen; von daher ist es gut, dass es Entwicklungsaufgaben gibt, die von der Schule kaum oder gar nicht thematisiert werden (z.B. INTIM oder ABLÖSUNG). Schule hat aber mitzudenken, dass ihre Schüler an diesen Aufgaben zu bestimmten Zeiten intensiver arbeiten, was ihre Konzentration auf die unterrichtlichen Anforderungen beeinträchtigen kann.

5. Schule als Entwicklungsaufgabe?

Im bisher dargestellten Modell erscheint die Schule als eine Art Filter gesellschaftlicher Anforderungen für die Schülerinnen und Schüler. Dabei wird unterschlagen, dass die „Macht" der Gesellschaft den meisten Jugendlichen zuallererst in Gestalt der Schule bewusst wird. Die Schule setzt immer auch „Anforderungen eigenen Rechts", die von den Schülern nicht in die Bearbeitung der genannten Entwicklungsaufgaben integriert werden können, an denen sie sich gleichwohl abzuarbeiten haben.[3]

Es wäre blauäugig, die Wirkungsmacht von Schule für die Entwicklung von Jugendlichen leugnen zu wollen. Wer sich schulischen Anforderungen total verweigert, wer die Schule ohne Abschluss verlässt, der ist in der Regel für seinen weiteren Entwicklungsweg (nicht nur in beruflicher Hinsicht) stigmatisiert. Unter den Bedingung der Schulpflicht kommt an Schule niemand vorbei, ist auch Totalverweigerung nur in Form der bewussten Auseinandersetzung und „Kostenabschätzung" möglich. HURRELMANN schreibt mit Bezug auf Schule, Hochschule und Berufsausbildungseinrichtungen:

„In den Industriegesellschaften kommen Jugendliche um die Einbeziehung in diese Sozialisationsinstanzen für Bildung und Ausbildung nicht herum. Sie müssen sie zwangsweise besuchen und sind deswegen auch daran gebunden, sich auf

---

3 Nach Benner (2001: 192 ff.) sind solche Anforderungen Indizien für die Antinomik pädagogischen Handelns, das in von der Gesamtgesellschaft abgegrenzte Institutionen ausgelagert ist.

ihre Regeln und Anforderungen einzulassen, zumindest eine Minimalanpassung vorzunehmen." (HURRELMANN 1995: 105f.)

Und pointiert auf Schule bezogen:

> „Vereinfacht läßt sich sagen: Die Jugendzeit in den modernen Industriegesellschaften ist zur Schulzeit geworden. ... Die Schule ist der ‚Arbeitsplatz' der Jugendlichen, an dem sich über eine lange Spanne der Lebenszeit hinweg wichtige Gedanken und Planungsvorstellungen orientieren." (a.a.O.)

Ein Beispiel dafür, dass Schule eine Anforderung darstellt, der man sich nicht ohne weiteres entziehen kann, ist Richard aus dem laufenden Dissertationsprojekt von Eva SPÖRLEIN. Er würde lieber heute als morgen eine Ausbildung beginnen. Schule bereitet ihn in seiner Deutung nicht auf eine solche vor, sondern hält ihn im Gegenteil davon ab: *„Wir sitzen ja jetzt schon ein Jahr nach, wir versuchen jeder seinen [qualifizierten] Abschluss nachzuholen und alle warten sie meistens schon auf die Ausbildung. (...) Freunde von mir hatten ja schon nach'm 9. Schuljahr ihre Ausbildungsstelle und ich so, oh, wann ist das 10. Schuljahr endlich vorbei?"* Er hält jedoch die 10. Klasse durch und versucht, die ihm gestellten schulischen Anforderungen zu erfüllen, weil er sich darüber im Klaren ist, dass er ohne qualifizierten Hauptschulabschluss seine Zukunftschancen erheblich einschränken würde.

Yen zeigt, dass sie nicht gewillt war, die Ansprüche eines Gymnasiums zu erfüllen: *„Ich wollte unbedingt auf 'ne Gesamtschule, weil, ich war vorher auf'm Gymnasium und ich wollte einfach auch diesem Lernstress entgehen, so 'ne Flucht davor, und dann hab' ich gesagt, okay, [ich gehe an diese Schule]."* Der Lernstress, von dem sie spricht, ist eine Anforderung der Schule an sich, sie kann ihn durch den Schulwechsel abmildern, ihm aber nicht vollständig entkommen.

Bernd dient als Paradebeispiel dafür, dass Jugendliche durchaus wissen, welche Möglichkeiten und Konsequenzen schulisches Lernen hat. Sein Ziel ist die gymnasiale Oberstufe, dafür *„ruht er sich jetzt aus". „Ich sage mir jetzt, zehnte Klasse, dann habe ich die Lehrer nicht mehr und das Einzige, was ich hier erreichen muss, das ist nicht schlechter als mindestens 4B [Zensur]. Das Einzige, worauf ich jetzt noch hinaus will, ist Oberstufe. Dann strenge ich mich an. In der Oberstufe."* Er hat ein klares schulisches Ziel vor Augen und setzt seine Kräfte ökonomisch ein, um es zu erreichen.

Alle Zitate zeigen, dass die Jugendlichen die gesellschaftliche Anforderung, die Schule irgendwie „zu Ende zu machen", genau kennen. Sie nutzen die Spielräume, die ihnen diese objektive Anforderung lässt, für eigene Entwicklungsziele.[4] Die zitierten Interviewäußerungen lassen sich zudem auch schwer vor dem Hintergrund anderer Entwicklungsaufgaben (z.B. BERUF oder SELBST) deuten; sie scheinen vielmehr auf die Existenz einer eigenständigen Entwicklungsaufgabe SCHULE hinzuweisen. Wir gehen daher vorläufig davon aus, dass die folgende Aufgabe für alle Jugendlichen in unserer Gesellschaft verbindlich und im oben beschriebenen Sinne „unhintergehbar" ist, und fügen sie dem Kanon als „Entwicklungsaufgabe SCHULE" hinzu:

• Entwicklung einer eigenen Perspektive auf Schule. Sich darüber klar werden, was man in der Schule erreichen möchte, was man dafür tun muss und welche Konsequenzen das eigene Tun oder Nicht-Tun hat.

Weitere Forschungsarbeit wird die Tragfähigkeit dieses Konstruktes erst noch zu erweisen haben. Akzeptiert man jedoch vorläufig, dass es so etwas wie eine Entwicklungsaufgabe SCHULE gibt, so ist festzuhalten, dass der Schule gewissermaßen eine Doppelfunktion zukommt. Sie ist mehr oder weniger verlässlicher Spiegel gesellschaftlicher Anforderungen und sie ist selbst eine gesellschaftliche Anforderung, mit der sich alle Jugendlichen auseinander setzen müssen.[5] Der Schule stellt sich damit das didaktische Problem, in einer für die Schüler erfahrbaren Weise zu einer angemessenen Ausbalancierung dieser beiden Funktionen zu kommen.

6. Entwicklungsaufgaben und die Professionalisierung von Lehrerinnen und Lehrern

Bildungsgangdidaktik könnte in der Lehrerbildung im Prinzip in zweierlei Hinsicht wirksam werden. Zum einen, indem das bildungsgangdidaktische Prinzip einer Orientierung an Entwicklungsaufgaben Eingang in die inhaltliche Ausbildung von Lehrern findet, zum anderen, indem Lehrerbildung selbst als subjektiver Bildungsgang in der Lösung von berufsbezogenen Entwicklungsaufgaben aufgefasst wird. Wir werden uns hier auf einige Bemerkungen zum zweiten Aspekt beschränken, um die Plausibilität des Ansatzes für Forschungen zur Professionalitätsentwicklung von Lehrern zu zeigen. Im Rah-

---

4   Die hier gemachten Aussagen decken sich in der Tendenz mit den Ergebnissen einer groß angelegten Längsschnittstudie mit Jugendlichen zu subjektiven Einstellungen und Bewertungen der eigenen Schullaufbahn aus den achtziger Jahren (vgl. HURRELMANN/WOLF 1986).

5   Das Ganze erinnert an die Doppelfunktion, die dem Staat in der Lehrplantheorie von Erich WENIGER (1930/52) zukommt: Er ist Moderator der Bildungsmächte in deren „Ringen" um Einflussnahme auf den Lehrplan und er ist Bildungsmacht in einem.

men der Evaluation der nordrhein-westfälischen Kollegschule hat Andreas GRUSCHKA die subjektiven Bildungsgänge angehender Erzieherinnen und Erzieher begleitet und dabei den folgenden Kanon ausbildungs- bzw. berufsbezogener Entwicklungsaufgaben aufgestellt:

- EA 1: Ein Konzept für die *Berufsrolle* formulieren.
- EA 2: Ein Konzept der *pädagogischen Fremdwahrnehmung* entwickeln.
- EA 3: Ein Konzept *pädagogisch-praktischen Handelns* entwickeln.
- EA 4: Eine Strategie der *Professionalisierung* für das Berufspraktikum entwickeln (vgl. GRUSCHKA 1985).

Nach GRUSCHKA bauen diese Aufgaben aufeinander auf. Sie stellen, genauer gesagt, eine *zeitliche* Zerlegung der allgemeinen Entwicklungsaufgabe BERUF für angehende Erzieherinnen und Erzieher dar. Die Jugendlichen arbeiten sich im Verlauf ihrer Kollegschulbildungsgänge sequentiell an den genannten Teilaufgaben ab, wobei sich diese überlappen. Im Zuge der Bearbeitung einer Teilaufgabe rückt die jeweils nächste bereits mit in den Blick, gewinnt zunehmend an Bedeutung, lässt die alte in den Hintergrund treten.[6] In unserem Zusammenhang ist wichtig, dass GRUSCHKA den Verzicht auf eine weitere Untergliederung des Kanons, d.h. die zahlenmäßige Begrenzung auf vier Teilaufgaben, ausführlich begründet. Er argumentiert mit Verweis auf seine empirischen Ergebnisse unter anderem damit, dass eine Entwicklungsaufgabe die Sinnstruktur widerzuspiegeln habe, die „die konkreten Fragen des Schülers generiert, d.h. die auch erklärt, was Schüler trotz ihrer unterschiedlichen Fragen zu einem bestimmten Zeitpunkt in den Lernerwartungen einigt" (GRUSCHKA 1985: 133). Damit ist genau die Perspektive ausgedrückt, die uns in unseren terminologischen Überlegungen für den Begriff „Kanon-Modell" eingenommen hat.

Im Rahmen eines zur Zeit in Hamburg laufenden Habilitationsprojektes wird versucht, berufsbezogene Entwicklungsaufgaben von Lehrerinnen und Lehrern in der Berufseingangsphase zu rekonstruieren. Dazu wurden in einem ersten Durchgang berufsbiographische narrative Interviews mit Lehramtsan-

---

6 Dabei betont GRUSCHKA den folgenden Aspekt: „Die Annahme, die Aufgaben würden aufeinander aufbauen, [ist] nicht so zu verstehen, als ob die einmal erarbeiteten Orientierungen eine unveränderbare Grundlage für die Lösung aktueller Entwicklungsaufgaben darstellen würden. Sie werden häufig, aber nicht zwangsläufig in dieser Form für die aktuelle Aufgabe als Basis übernommen. Jede neue Entwicklungsaufgabe problematisiert als komplexere Entscheidungssituation im Prinzip die vorher gelösten. Bestätigt sich dabei auch in der neuen Situation die Tragfähigkeit bereits erarbeiteter Lösungen, so werden diese mindestens auf gleichem Niveau übernommen. Die Lösungen vorhergehender Aufgaben können und müssen sich gegebenenfalls anläßlich der Lösung der aktuellen im Sinne ihrer Präzisierung verändern bzw. weiterentwickeln." (GRUSCHKA 1985: 124)

wärtern kurz vor dem Abschluss ihres Referendariats geführt. Die Untersuchungsteilnehmer werden nun über zwei Jahre in ihre Berufseingangsphase hinein begleitet und dabei ungefähr alle sechs Monate gebeten, von ihren Erfahrungen zu erzählen. Der Fokus der Untersuchung liegt auf der Fragestellung, wie die Anforderungen der Berufseingangsphase von den Lehrerinnen und Lehrern selbst wahrgenommen und verarbeitet werden und welchen subjektiven *Sinn* sie aus dieser Phase schöpfen. Ziel ist es, Aufschluss darüber zu gewinnen, wie sich die Aufgabe der Professionalisierung in der subjektiven Deutung der Akteure darstellt. Das Projekt schließt damit an den Abschlussbericht der von der Kultusministerkonferenz eingesetzten Lehrerbildungskommission (TERHART 2000) an, in dem als durchgängiges Leitmotiv die Auffassung vertreten wird, „dass Professionalität im Lehrerberuf zuallererst ein berufsbiographisches Entwicklungsproblem" sei (a.a.O.: 14), und eine „einheitliche Sicht auf alle drei Phasen der Lehrerbildung" gefordert wird, „weil man – wie in anderen anspruchsvollen Berufen auch – nicht davon ausgehen kann, alle Anforderungen an zukünftige Lehrerinnen und Lehrer schon in den ersten beiden Phasen der Ausbildung abschließend vermitteln zu können" (a.a.O.: 15).

Auch in diesem Projekt zeigt sich der „Charme" der Überschaubarkeit des „Kanon-Modells". Würde man versuchen, alle Aufgaben, die ein Lehrer/eine Lehrerin in den ersten zwei oder drei Jahren eigenständiger Berufstätigkeit zu bewältigen hat, in einer Liste zusammenzustellen, so würde diese vermutlich mindestens 30 bis 40 Punkte umfassen. Eine Analyse der bereits vorliegenden Interviews zeigt jedoch über alle Teilnehmenden hinweg nur eine begrenzte Bandbreite subjektiv bedeutungsvoller, quasi „obenauf liegender" Themen, die in einer ersten Annäherung als Ausdruck überindividuell verbindlicher beruflicher Entwicklungsaufgaben von Lehrerinnen und Lehrern interpretiert werden können. Es sind die folgenden Aufgaben:

- KOMPETENZ: Die eigenen, biographisch verwurzelten Kompetenzen umfassend zur Bewältigung beruflicher Anforderungen einsetzen. Mit den eigenen Ressourcen an Zeit, Kraft und Fähigkeiten haushalten können, ohne sich zu überfordern.

- ANERKENNUNG: Mit den Schülerinnen und Schülern als den entwicklungsbedürftigen Anderen zurechtkommen. Zwischen „Nähe" und „Distanz", „Rollenförmigkeit" und „Diffusität" (vgl. OEVERMANN 1996) vermitteln können. Eine angemessene Lehrerautorität entwickeln und darstellen.

- VERMITTLUNG: Die eigenen Unterrichtsfächer, für die man als Lehrer *Experte* ist, den Schülern als *Laien* vermitteln, ohne dabei die eigene

(Experten-)Perspektive und (Experten-)Faszination zu verlieren. Die Vermittlungsaufgabe als Bereicherung der eigenen Fachperspektive erfahren (vgl. hierzu RAMBOW/BROMME 2000).

Anders als bei GRUSCHKA stellen diese Aufgaben keine Sequenz dar, die in einer bestimmten Reihenfolge zu bearbeiten wäre. Aufgrund der vorliegenden ersten Interviewanalysen kann jedoch vermutet werden, dass eine nicht angemessene Bearbeitung einer der genannten Aufgaben zu einer Stagnation in der beruflichen Entwicklung von Lehrern führt und dazu, sich von den eigenen Ressourcen abzuschneiden. Die langfristigen Folgen könnten sein: permanente Überforderung der eigenen Person, Abgleiten in Zynismus, Einstellung der fachlichen Weiterentwicklung. Professionalisierung im Sinne der genannten Aufgaben hat also viel mit Gesundheit der Person und weniger mit der Abarbeitung eines Anforderungskataloges zu tun.

Es wird zu prüfen sein, ob mit den genannten beruflichen Entwicklungsaufgaben tatsächlich alle Anforderungen erfasst werden, die man der Lehrertätigkeit typischerweise zurechnen würde, oder ob der Kanon um eine oder mehrere Aufgaben erweitert werden muss. So stellt sich unter dem Eindruck der Aktualität des Themas *Schulentwicklung* zum Beispiel die Frage, ob es so etwas wie die berufliche Entwicklungsaufgabe „KOOPERATION" gibt, die objektive Anforderung, an den Lern- und Arbeitsbedingungen in der eigenen Schule aktiv mitzuarbeiten, der sich Lehrer nur um den Preis beruflicher Stagnation entziehen können.[7] Diese und ähnliche Fragen werden im weiteren Fortgang des Projektes zu klären sein.

Literatur

BENNER, Dietrich: Allgemeine Pädagogik – Eine systematisch-problemgeschichtliche Einführung in die Grundstruktur pädagogischen Denkens und Handelns. Weinheim, München [4]2001.

BLANKERTZ, Herwig (Hrsg.): Lernen und Kompetenzentwicklung in der Sekundarstufe II. Abschlußbericht der Wissenschaftlichen Begleitung Kollegstufe NW. Teil 1 und 2. Landesinstitut für Schule und Weiterbildung (Hrsg.). Soest 1986.

DREHER, Eva/DREHER, Michael: Wahrnehmung und Bewältigung von Entwicklungsaufgaben im Jugendalter. In: OERTER, Rolf (Hrsg.): Lebensbewältigung im Jugendalter. Weinheim 1985, S. 30-60.

GRUSCHKA, Andreas: Wie Schüler Erzieher werden. Studie zur Kompetenzentwicklung und fachlichen Identitätsentwicklung in einem doppeltqualifizierenden Bildungsgang des Kollegschulversuchs NW. Wetzlar 1985.

---

7   Das Thema Schulentwicklung erscheint im Abschlussbericht der Hamburger Kommission Lehrerbildung (KEUFFER/OELKERS 2001: 164ff.) als ein so genanntes „prioritäres Thema".

HAVIGHURST, R.J.: Developmental Tasks and Education. New York ³1972 (erste Auflage 1948).

HERICKS, Uwe: Über das Verstehen von Physik. Physikalische Theoriebildung bei Schülern der Sekundarstufe II. Münster 1993.

HERICKS, Uwe: Der Ansatz der Bildungsgangforschung und seine didaktischen Konsequenzen – Darlegungen zum Stand der Forschung. In: MEYER, Meinert A./ REINARTZ, Andrea (Hrsg.): Bildungsgangdidaktik. Denkanstöße für pädagogische Forschung und schulische Praxis. Opladen 1998, S. 173-188.

HURRELMANN, Klaus: Lebensphase Jugend. Einführung in die sozialwissenschaftliche Jugendforschung. Weinheim, München ⁴1995.

HURRELMANN, Klaus/WOLF, Hartmut K.: Schulerfolg und Schulversagen im Jugendalter. Fallanalysen von Bildungslaufbahnen. Weinheim 1986.

KEUFFER, Josef/OELKERS, Jürgen (Hrsg.): Reform der Lehrerbildung in Hamburg. Abschlussbericht der Hamburger Kommission Lehrerbildung. Weinheim, Basel 2001.

KORDES, Hagen: Didaktik und Bildungsgang. Münster 1989.

MEYER, Meinert A.: Didaktik für das Gymnasium. Grundlagen und Perspektiven. Berlin 2000.

OEVERMANN, Ulrich: Genetischer Strukturalismus und das sozialwissenschaftliche Problem der Erklärung der Entstehung des Neuen. In: MÜLLER-DOOHM, St. (Hrsg.): Jenseits der Utopie – Theoriekritik der Gegenwart. Frankfurt 1991, S. 267–336.

OEVERMANN, Ulrich: Theoretische Skizze einer revidierten Theorie professionalisierten Handelns. In: COMBE, Arno/HELSPER, Werner (Hrsg.): Pädagogische Professionalität. Untersuchungen zum Typus pädagogischen Handelns. Frankfurt 1996, S. 70–182.

RAMBOW, Riklef/BROMME, Rainer: Was Schöns „reflective practitioner" durch die Kommunikation mit Laien lernen könnten. In: NEUWEG, Georg Hans (Hrsg.): Wissen – Können – Reflexion. Ausgewählte Verhältnisbestimmungen. Innsbruck, Wien, München 2000, S. 245–263.

SCHENK, Barbara: Bildungsgang. Unveröffentlichtes Manuskript, 1985.

SPÖRLEIN, Eva: „Natrium ist ein Element mit einem so 'nem Ding im äußeren Kreis." Chemielernen in der Sekundarstufe I – am Beispiel des Schulversuchs „Profilklassen". Dissertationsprojekt, Universität Hamburg 2001 (in Vorbereitung).

TERHART, Ewald (Hrsg.): Perspektiven der Lehrerbildung in Deutschland. Abschlussbericht der von der Kultusministerkonferenz eingesetzten Kommission. Weinheim, Basel 2000.

TODT, Eberhard: Elemente einer Theorie naturwissenschaftlicher Interessen. In: LERKE, Manfred/HOFFMANN, Lore: Schülerinteressen am naturwissenschaftlichen Unterricht. Didaktik der Naturwissenschaften Bd. 12, Köln 1987, S. 111-126.

WENIGER, Erich: Theorie der Bildungsinhalte und des Lehrplans. 1930/52. In: Ausgewählte Schriften zur geisteswissenschaftlichen Pädagogik, hrsg. v. B. SCHONIG, Weinheim, Basel 1975, 199-294.

Ingrid Gogolin
Heterogenität und Bildungsgang

Vorbemerkung

Verschiedenheit der Lebenslagen und Erfahrungen, der Fähigkeiten und Neigungen von Menschen, die lernen sollen oder wollen, beschäftigt die Pädagogik seit jeher. Zu den Modalitäten des pädagogischen Umgangs mit Verschiedenheit, die seit der Etablierung des öffentlichen Bildungswesens in unserem Verständnis besonders geläufig geworden sind, gehört es, Gleichheiten zu konstruieren. Ein Beispiel für die Anwendung dieses Modus ist unser gegliedertes allgemeinbildendes Schulsystem. In seiner Konstruktion wird die Grundüberzeugung manifest, dass die Aufteilung in drei – oder, bezieht man das Sonderschulwesen mit ein, ein paar mehr – Organisationsformen, deren jede einem Typus gleicher Fähigkeit und Eignung entspreche, eine geeignete Lösung des Verschiedenheitsproblems sei.

Dieser Modus der Reduktion von Heterogenität durch das Konstruieren von Gemeinsamkeiten und die Gruppierung nach diesen war zwar erfolgreich, denn er bestimmt sowohl die Strukturen als auch die innere Gestaltung unseres Bildungswesens in weiten Teilen. Er war gleichwohl nie unumstritten; die diversen Ansätze beispielsweise, Kindzentriertheit für sich zu reklamieren, bezeugen dies. Eine jüngere Variante der Kritik daran, mit Heterogenität in der Schülerschaft auf die hergebrachte Weise – nach dem monistischen Paradigma (RANG 1993) – zu verfahren, stammt aus der Interkulturellen Erziehungswissenschaft. Ihr Beobachtungsfeld ist sprachliche und ethnisch-kulturelle Verschiedenheit, der – so die These – in ihren gegenwärtigen Erscheinungsformen mit dem Mittel der Konstruktion von Gleichheiten nicht beizukommen ist. Im Effekt, so lautet die weitere Argumentation, verschließen sich durch diese Verfahrensweise Bildungschancen, statt dass sie in einem öffentlichen allgemeinbildenden Schulwesen – wie dies eigentlich im Sinne der Erfinder wäre – systematisch eröffnet werden.

Im ersten Teil meines Beitrags zu Ehren von Meinert MEYER wird die Sicht- und Argumentationsweise der Interkulturellen Erziehungswissenschaft genauer vorgestellt. Sodann präsentiere ich Material aus der Forschungswerkstatt als Beispiel dafür, welche Fragen aus interkultureller Perspektive an eine individuelle Bildungsgeschichte – einen Bildungsgang? – gestellt werden können. Abschließend beschäftigt mich vor diesem Hintergrund, ob und in welchen Hinsichten die Bildungsgangdidaktik, zu deren hauptsächlichen Protagonisten Meinert MEYER gehört, und die Interkulturelle Erziehungswissenschaft Partnerinnen sein können. Auf den ersten Blick ist das Angebot einer Allgemeinen Didaktik, deren Absicht es ist, sich für die Gestaltung des Lehr-Lernprozesses auf den bildenden Gang der Heranwachsenden zu konzentrieren (so MEYER/REINARTZ 1998: 9), aus interkultureller Perspektive vielversprechend. Daher lohnen sich zweite, dritte Blicke und dieser Beitrag bietet den willkommenen Anlass, die an anderer Stelle (vgl. GOGOLIN/KRÜGER-POTRATZ/MEYER 1998) gemeinsam begonnene Skizze eines möglichen neuen Verhältnisses von Didaktik und Heterogenität fortzuzeichnen.

1. Grundlinien der Interkulturellen Erziehungswissenschaft

Ausgangsbeobachtung für die Entwicklung interkultureller Ansätze in der Erziehungswissenschaft war der Anstieg sprachlicher und kultureller Heterogenität auf dem Territorium des Nationalstaats, veranlasst durch das Phänomen der zunehmenden internationalen Migration, welche seit Beginn der 1950er Jahre in den entwickelten nord- und westeuropäischen Industriestaaten verzeichnet wurde. Zunächst galt das Interesse von (nur wenigen) Pädagog(inn)en den Kindern der Migranten, seinerzeit „Gastarbeiter" genannt und bis heute im allgemeinen Sprachgebrauch meist als „Ausländer" bezeichnet. Untersucht wurden sie als „fremde" Schülerschaft, vor allem ihre sprachlichen Besonderheiten und die aus der Region der Herkunft mitgebrachten Traditionen oder Glaubensüberzeugungen. Diese Besonderheiten wurden als Quellen für Defizite gegenüber den Verhaltensweisen, Kenntnissen und Fähigkeiten interpretiert, die von einem Kind oder Jugendlichen als „normale" Ausrüstung in den Bildungsprozess mitgebracht werden. Es entstanden programmatische didaktische Entwürfe und schulorganisatorische Konzepte, die dafür dienlich sein sollten, die Unnormalität jener „Fremden" zu überwinden, ergo die „Defizite" auszuräumen, welche Zugewanderte gegenüber dem im Bildungssystem als „normal" Gesetzten aufwiesen (vgl. Überblick in THRÄNHARDT 1999).

Seit jenen Anfängen hat sich das Feld der mit sprachlicher und kultureller Heterogenität Befassten stark ausdifferenziert. Ein bedeutender Anlass dafür war die kritische Auseinandersetzung mit den eigenen „Normalitäten" – jenen normativen Setzungen also, von denen aus die Identifizierung der (des) Fremden als fremd vorgenommen wurde. Ein Beispiel dafür ist die bis heute unabgeschlossene Auseinandersetzung mit dem Kulturbegriff, die in der Interkulturellen Erziehungswissenschaft geführt wird. „Kultur" – so ergibt die rückblickende Analyse – war in den ersten pädagogischen Auseinandersetzungen mit Heterogenität durch Zuwanderung stillschweigend als Nationalkultur aufgefasst worden, als das kulturelle Erbe also, welches die auf einem Staatsgebiet geborenen und lebenden Menschen fraglos gemeinsam hätten.[1] Beobachtet wurden die Traditionen und Praktiken, die Ausdrucksweisen, Glaubensüberzeugungen und Weltauffassungen der Zuwandernden, soweit sie an den Staat oder die Sprache (des Staates) der Herkunft rückgebunden waren oder schienen. Die Praxis des Einzelnen wurde wie das Abbild der im Nationalen liegenden tradierten Merkmale bzw. Eigenschaften und Produkte aufgefasst. Verhaltensweisen, Auffassungen oder Sprachpraxis wurden durch die fremde staatliche Herkunft und ergo „fremde Kultur" von Kindern oder Jugendlichen im Bildungsprozess erklärlich und somit der pädagogischen Behandlung zugänglich. „Schulschwierigkeiten" konnten auf die „kulturellen Erbschaften" der Kinder aus zugewanderten Familien zurückgeführt werden, deren Lebensumstände durch das Faktum eines radikalen Wechsels des Lebensorts ohnehin als belastet galten.

Diese anfängliche – und im übrigen, ungeachtet der Ausdifferenzierung in der Interkulturellen Erziehungswissenschaft, nach wie vor zuweilen vertretene – Auffassung trägt die deutlichen Spuren der monistischen Tradition. Das Schulwesen in seinen Strukturen und Formen gerät noch nicht in den Blick. Die Aussagen über die „Fremden" basieren auf der Schöpfung von Gemeinsamkeiten, die für bildungsrelevant erachtet werden: gemeinsame nichtdeutsche Staatsbürgerschaft, gemeinsame Zugehörigkeit zu einer nach dem Pass ermittelten „fremden" Kultur, Ethnie, Sprache.

Im selbstkritischen Diskurs „der Interkulturellen" entwickelte sich allmählich eine Revision der ersten Näherungen an die Frage nach den Folgen, die die wachsende innergesellschaftliche kulturelle Heterogenität für Bildung und Erziehung besitzt. In dieser Neuorientierung kam in den Blick, dass der staatsbürgerrechtliche Status eines Menschen zwar auf der Ebene der Rechte und Berechtigungen höchste Relevanz für seine Lebenspraxis besitzt, nicht aber Erklärungswert in pädagogischen Zusammenhängen.[2] Was aber hat es

---

1   Nationalkultur nach dem „klassischen", zentraleuropäischen Verständnis von Nation also; vgl. z.B. HOBSBAWM 1991.

2   Bei dieser Feststellung ist allerdings davon abgesehen worden, dass der staatsbürgerliche Status eines Kindes oder Jugendlichen unter bestimmten Umständen dafür entscheidend ist, ob ihm überhaupt Zugang zu schulischer Bildung gewährt wird. So sind in einigen Ländern der Bundesrepublik Deutschland Kinder aus Familien von Asylbewerbern oder minderjährige unbegleitete Flüchtlinge, deren Aufenthaltsrecht auf deutschem Boden eingeschränkt oder ungeklärt ist, der Schulpflicht nicht unterworfen. Das hat die komplementäre Seite, dass sie kein uneingeschränktes Anrecht darauf besitzen, in eine Schule aufgenommen zu werden. (Vgl. hierzu NEUMANN/REUTER 1997.)

dann mit dem Verweis auf Kultur im Kontext dieser erziehungswissenschaftlichen Ansätze noch auf sich?

Die Variante der Interkulturellen Erziehungswissenschaft, die ich selbst mitentwickelt habe und in deren Rahmen ich forsche, richtet sich zunächst darauf, materielle, strukturelle und inhaltliche Merkmale von Bildungs- und Erziehungsinstitutionen oder -prozessen freizulegen, die der prinzipiell gleichberechtigten Existenz verschiedener Sicht- und Lebensweisen in heterogenen Gesellschaften entgegenstehen.[3] Sie beruht damit auf einer normativen Prämisse über die Geltung von Praktiken, Auffassungen und Glaubensüberzeugungen, die davon *absieht*, wo ein Mensch geboren wurde und ob er den Status eines Staatsbürgers des Hoheitsgebiets besitzt, auf dem er lebt (vgl. BENHABIB 1999).

Bei der Untersuchung des Bildungssystems oder von Bildungsprozessen aus dieser Perspektive fungiert der Kulturbegriff als Wegweiser. Geachtet wird auf Anlässe und Zwecke, unter denen von ihm oder seinen Verwandten Gebrauch gemacht wird (vgl. z.B. HAMBURGER 1999: 176). Eine besondere Herausforderung dabei ist es, „Kulturalisierung" zu vermeiden, also kulturelle von politischen, rechtlichen, sozio-ökonomischen oder anderen institutionellen Anlässen für gesellschaftliche Schlechterstellung bzw. Benachteiligung im Bildungssystem zu unterscheiden.

Mit Hilfe des Kulturbegriffs können näherungsweise Beschreibungen überindivdueller Unterschiede in den Weltansichten, Glaubensüberzeugungen, Ausdrucksformen und Lebenspraktiken von Menschen erzeugt werden. Eine für den Erziehungs- und Bildungszusammenhang relevante Frage lautet, welche Überzeugungen, Ansichten, Sprach- und Lebenspraktiken im Erziehungs- und Bildungssystem bevorzugt werden, welche ignoriert und welche negativ sanktioniert werden. In den Blick geraten also Normalitätsannahmen, die im Bildungswesen explizit oder unausgesprochen Geltung haben und der Maßstabsbildung für das Urteil darüber zugrunde liegen, was eine angemessene Bildungsvoraussetzung sei und welche Kenntnisse, Fähigkeiten, Anschauungen und Haltungen das Privileg des Bildungswerten zuerkannt bekommen. Aus dieser Sicht sind nicht die „dem Migranten" zugeschriebenen kulturellen Manifestationen die Objekte der Betrachtung. Vielmehr geht es um ein umfassenderes Verstehen der Konstellationen und Institutionen, in denen Gewanderte und Nichtgewanderte agieren bzw. interagieren. Kulturelle und sprachliche Pluralität in einer Gesellschaft wird als Grundtatsache aufge-

---

3 Die Differenzierungen bzw. Nuancierungen der Fragestellungen, Vorgehensweisen und Standpunkte, die innerhalb der Interkulturellen Erziehungswissenschaft vorfindlich sind, sind ausführlicher geschildert in GOGOLIN 1998a; dies. 2001; vgl. auch JUNGMANN 1995; NIEKE 2000.

fasst, die es notwendig macht, tradierte Festlegungen dessen zu prüfen und zu revidieren, was warum als „normale Bildungsvoraussetzung" oder „von Bildungswert" anerkannt ist.[4] Hier sind sich Bildungsgangdidaktik und Interkulturelle Erziehungswissenschaft nahe: Beide führen zu Schulkritik.

2. Zum Beispiel: „Monolingualer Habitus"

Zu den „Normalitätsannahmen", deren Geltung aus interkultureller Sicht in Frage steht, gehört die Überzeugung, dass Individuen und Staaten „normalerweise" einsprachig seien. Aus dieser Grundüberzeugung heraus – ich habe sie als „monolingualen Habitus" bezeichnet (vgl. GOGOLIN 1994) – werden die Maßstäbe dafür gewonnen, Sprachkönnen und Sprachpraxis von Menschen zu beurteilen sowie den "Marktwert" eines sprachlichen Vermögens zu bestimmen. In der historischen Lage, in der wir sind, ist die hierzulande als legitim geltende Sprache das Deutsche, und ein Leben, das in der einen Sprache Deutsch geführt wird, gilt als das normale. Andere Sprachen, die auf deutschem Boden existieren, bekommen unter bestimmten Umständen und mit Einschränkungen Legitimität zuerkannt. Dies kann durch staatliche Akte geschehen, wie etwa im Falle der in einigen Landesverfassungen anerkannten nationalen Minoritätensprachen Dänisch, Friesisch und Sorbisch; die Bedingung ist hier die „Altansässigkeit" einer Sprache und ihrer Sprecher, verbunden mit der deutschen Staatsbürgerschaft, und die Einschränkung betrifft die Region, für die das Anerkenntnis Geltung hat (vgl. Länderberichte Schleswig-Holstein, Brandenburg und Sachsen in GOGOLIN/NEUMANN/REUTER 2001). Verbreiteter ist der Modus, dass Sprachen in den offiziell gültigen Kanon der Schulfremdsprachen aufgenommen werden, so dass ihre Aneignung vom Bildungswesen gesteuert, evaluiert und zertifiziert wird. Diese Mechanismen, so BOURDIEU (1990), verleihen einer Sprache Legitimität; ihre Beherrschung gilt als Bildungswert.

Das persönliche Verfügen über mehr als eine Sprache wird keineswegs unter allen Umständen gesellschaftlich anerkannt. Die für das Anerkenntnis notwendigen Bedingungen können speziell von Zuwanderern, die in mehreren Sprachen leben, nicht ohne weiteres erfüllt werden. Deren Sprachen unterliegen hierzulande üblicherweise nicht den genannten traditionell legitimierenden, zugleich markwerterhöhenden Mechanismen. Sie besitzen weder einen besonderen rechtlichen Status, der ihnen Legitimität verleihen würde, noch

---

4 Vgl. als einen nicht empirisch-analytischen, sondern konstruktiven Ansatz hierzu die Überlegungen zum Thema Allgemeinbildung, an denen sich auch Meinert Meyer beteiligt hat (z.B. in GOGOLIN/KRÜGER-POTRATZ/MEYER 1998; MEYER 2000).

haben sie eine Aufwertung durch Aufnahme in den schulischen Kanon erfahren. Das öffentliche deutsche Bildungswesen hat für den Ausbau und die Pflege dieser Sprachen in der Gemeinschaft ihrer Sprecher nicht in der Form Verantwortung übernommen, dass sie zum Teil des regulären Kanons erklärt wurden. Sie sind nur in ausgewählten Regionen sowie einigen Schulformen und -typen überhaupt als Unterrichtsangebot vorfindlich und fungieren in diesen Fällen meist als geringwertiges "schulisches Sonderangebot" – als ein Angebot, das unter anderem deshalb als minderwertig gilt, weil es sich prinzipiell nicht an alle, sondern nur an Nichtdeutsche richtet. Es erfolgt auf diese Weise nicht die Erhebung in den Rang eines allgemeinen Bildungsguts; die Legitimierung durch ein offizielles, allgemein gültiges Zertifikat bleibt versagt. Die Sprachen Zugewanderter auf deutschem Boden sind in diesem Sinne illegitime Sprachen; die Praxis, sie alltäglich neben dem Deutschen oder zusammen mit ihm zu gebrauchen, gilt als illegitimer Sprachgebrauch (vgl. GOGOLIN 1994; GOGOLIN/NEUMANN 1997).

Die zunehmende Mobilität der Menschen lässt diese Konstruktionen von Normalität und ihre Konsequenzen für Bildung und Erziehung fragwürdig werden. Die Fragwürdigkeit erhöht sich angesichts der folgenden Entwicklung:

Grenzüberschreitende Wanderung wird immer seltener als ein einmaliger, abschließbarer Prozess vollzogen. Vielmehr halten Migranten auf vielfältige Weise die Verbindungen zur Region der Herkunft, zu Menschen und Institutionen dort offen. Dies schließt auch eine wiederholte zeitweise Lebensführung im Gebiet der ursprünglichen Auswanderung ein. Gewiss ist dies keine völlig neue Praxis von Migranten. Ihre Bedeutung für die alltägliche Lebensführung wächst aber dadurch, dass sich inzwischen die Fülle und die Qualität der Möglichkeiten zum vergleichsweise mühelosen wechselseitigen Kontakt verändert haben. Hauptursache dafür ist die rasante Entwicklung der Transport- und technischen Kommunikationsmöglichkeiten. Zusätzlich gefördert wird diese Entwicklung dadurch, dass einige der Rechtsregelungen, die den Menschen prinzipiell die Sesshaftigkeit in einem Nationalstaat nahe legen, in Veränderung begriffen sind. Für den hiesigen Kontext sind die Bestimmungen zur Freizügigkeit der Niederlassung im Rahmen der (größer werdenden) Europäischen Union besonders bedeutsam, die den Wechsel des Lebensorts erleichtern, ja geradezu dazu ermuntern sollen.

Als Folge der von den Gewanderten gepflegten, von Veränderungen in der öffentlichen Sphäre unterstützten Praktiken entstehen „transnationale soziale Räume", in denen sich dauerhafte Formen der sozialen Positionierung entwickeln können. Diese sozialen Räume weisen Elemente – soziale Strukturen und Institutionen – auf, wie man sie üblicherweise den ortsgebundenen

sozialen Räumen zurechnet (vgl. PRIES 1997). Die „transnationalen" Lebenspraktiken und Formen der Vergesellschaftung beziehen ihre Referenzen nicht
aus den mehr oder weniger geschlossenen Systemen der jeweiligen Her-
kunfts- oder der Aufnahmegesellschaft, sondern transformieren Elemente von
beiden zu etwas Neuem. „Integration" in die aufnehmende Gesellschaft und
das Offenhalten einer Rückkehr- oder Weiterwanderungsperspektive sind, so
betrachtet, keine unvereinbaren Gegensätze, sondern Ausdrucksformen einer
neuen „normalen" Lebenswirklichkeit für eine wachsende Zahl von Menschen. Für diese Menschen ist die Pflege von mehr als einer alltäglichen Le-
benssprache nicht nur üblich, sondern geradezu eine unabdingbare Voraussetzung für gesellschaftliche Teilhabe.

3. Lebensweltliche Sprachkompetenz ≠ legitime Sprachkompetenz

In unserer Forschung interessiert uns unter anderem, wie Kinder und Jugendliche aus zugewanderten Familien in Deutschland diese sprachlich-kulturelle
Lage meistern. Sie erfahren die Zeichen der Illegitimität ihrer durch die Familie mitgebrachten Sprache(n) früh, denn sie erleben, dass diese Sprachen
hierzulande vielfach gering geschätzt werden, dass ihrem öffentlichen
Gebrauch mit Abwehr begegnet wird. Untersuchungen ihrer Sprachpraxis
zeigen, dass sie sich an diesen Erfahrungen orientieren, aber ungeachtet dessen enge Bindungen an die Sprache(n) der Familie entwickeln und sie so, wie
es den Umständen entsprechend möglich ist, pflegen (vgl. GOGOLIN/
NEUMANN 1997). Die Vitalität der Mehrsprachigkeit Zugewanderter in den
europäischen Einwanderungsstaaten steht nach den einschlägigen Forschungsergebnissen außer Zweifel (vgl. BROEDER/EXTRA 1999). Wir fragen
uns deshalb, ob es Anzeichen für Prozesse der Legitimierung mehrsprachiger
Lebenspraktiken in den von zunehmender sprachlich-kultureller Heterogenität
gekennzeichneten europäischen Gesellschaften gibt.[5]
Von besonderer Nähe zur bildungsgangdidaktischen Sichtweise sind nach
meinem Verständnis Untersuchungen, in denen wir der Frage nachgehen, wie
die aus familialer sprachlicher Praxis mitgebrachte Mehrsprachigkeit von
Jugendlichen aus zugewanderten Familien zu materieller Verwertbarkeit für
den persönlichen Lebensweg gelangen kann. Die Dissertation von Sara
FÜRSTENAU[6], aus der die nachfolgend vorgestellten Äußerungsbeispiele

---

5   Auf der Ebene bildungsrelevanter Rhetoriken – vor allem der Gesetz- und Erlasslage sowie
    von Richtlinien und Lehrplänen – haben wir den Stand der entsprechenden Entwicklungen
    in allen deutschen Bundesländern aufgearbeitet (vgl. GOGOLIN/NEUMANN/REUTER 2001).
6   Das verwendete Material entstammt dem Korpus an Interviews, die Sara FÜRSTENAU für
    ihre Dissertation unter portugiesischsprachigen Jugendlichen in Hamburg erhoben hat

stammen, verfolgt diese Frage am Beispiel von Jugendlichen portugiesischer Herkunft, die in Hamburg leben. Im Fokus der Aufmerksamkeit steht die Schwelle von der Schule in den Beruf. Jugendliche an dieser Schwelle wurden nach ihren Erfahrungen mit den und Erwartungen an die Möglichkeiten befragt, aus ihrer portugiesisch-deutschen Zweisprachigkeit beim Übergang in das Berufsleben Kapital zu schlagen (FÜRSTENAU 2001). Die Erinnerungen, Hoffnungen und Wünsche der befragten Jugendlichen werden unter der Perspektive untersucht, ob die an den Nationalstaat gebundenen Formen der Legitimierung von Sprachen und Sprachpraxis, die uns bislang geläufig sind, Konkurrenz erhalten durch das Entstehen von „transnationalen sozialen Räumen" (PRIES 1997), das eine Begleiterscheinung der zunehmenden Mobilität der Menschen in den Zeiten der Globalisierung ist.

Betrachten wir das Beispiel der jungen Hamburgerin „Claudia" – bei dem Namen handelt es sich selbstverständlich um ein Pseudonym. Claudia ist eine der 27 von Sara FÜRSTENAU befragten Jugendlichen aus zugewanderten Familien portugiesischer Herkunft. Bei Durchführung des Interviews ist Claudia 16 Jahre alt; sie ist – wie auch ihre beiden älteren Geschwister – in Hamburg geboren und aufgewachsen. Ihre Sommerferien hat die Familie regelmäßig in Portugal verbracht. Neben der „normalen" Schule, also der deutschen Regelschule, hat Claudia zehn Jahre lang einen portugiesischen Nachmittagsunterricht besucht. Dazu ist zu erläutern, dass Hamburg zu den Bundesländern gehörte, die solchen Unterricht für Kinder aus Migrantenfamilien bislang nicht in eigener Regie anboten, sondern den Konsulaten der ursprünglichen Herkunftsländer überließen. Dieser Grundsatz wurde erst im Jahr 1999 geändert; seither trägt das Land Hamburg stärker die formale und materielle Verantwortung für diesen Unterricht (vgl. NEUMANN 2001).

Claudia schildert im Interview ihr sprachliches Aufwachsen. Demnach waren für sie von Anfang an sowohl das Deutsche als auch die portugiesische Sprache der Familie von Bedeutung. Ihre Eltern haben in der frühen Spracherziehung beide Sprachen verwendet; parallel zum Eintritt in die „deutsche" Schule wurde auch der portugiesische Nachmittagsunterricht aufgenommen. Für den hohen Stellenwert, den Claudia dem Portugiesischen beimisst, spricht der kontinuierliche Besuch dieses Unterrichts; ihre Bereitschaft, dafür während der gesamten Schulzeit zwei ganze Nachmittage in der Woche zu investieren, deutet auf eine hohe Wertschätzung der mitgebrachten Sprache der Familie hin. Nach Claudias Auskunft stieg die Wertschätzung dieses zusätzli-

---

(FÜRSTENAU 2001). In einem gemeinsamen Beitrag (vgl. FÜRSTENAU/GOGOLIN 2001) haben wir eine ausführlichere Analyse eines von FÜRSTENAU ausgearbeiteten Fallbeispiels vorgestellt. Ich danke ihr für die Erlaubnis, das Material auch für diesen Beitrag zu verwenden.

chen Unterrichts im Laufe ihres Schülerinnenlebens – nicht zuletzt, weil er die wichtige Funktion erfüllte, einen Rahmen für Verbundenheit und Geselligkeit mit den anderen portugiesisch lernenden Jugendlichen zu bieten.

Claudia hat also zwei Sprachbildungsbiographien aufzuweisen: eine für die legitime Sprache Deutsch und eine zweite, parallel dazu durchlaufene, für die in Deutschland nur eingeschränkt legitime Sprache Portugiesisch. Gewiss ist das Portugiesische in Deutschland auch mit Anteilen von Legitimität ausgestattet, da es durchaus zum Kanon der „erlaubten" Schulfremdsprachen gehört, wenn es auch nur sehr wenig angeboten wird. Von diesem Status aber profitiert Claudia zunächst einmal nicht. Sie ist „geborene" Sprecherin dieser Sprache; ihre Fähigkeit ist also nicht dadurch geadelt, dass sie sie als Fremdsprache unter strenger schulischer Kontrolle erworben hat. Ihr sprachlicher Alltag zeichnet sich zudem durch "sprachliches Grenzgängertum" aus – durch "unreine" sprachliche Praktiken (vgl. GOGOLIN 1997: 336ff; dies. 1998b), in denen das Portugiesische und das Deutsche einander begegnen, ergänzen, durchdringen. Beide Sprachen können bei der Realisierung kommunikativer Absichten zusammenwirken; sie vermischen sich und erzeugen neue, "hybride" Ausdrucksformen, deren hauptsächlicher Geltungsbereich die Gemeinschaft der Gewanderten ist. Dies aber sichert ihnen nicht, sondern es behindert eher die Zuerkennung von Legitimität.

Für Claudia erfüllen ihre beiden Lebenssprachen unterschiedliche Kommunikationswünsche. Sie schildert ihre Präferenzen beim Sprachgebrauch; sie benutze am liebsten das Deutsche,

> C: ... wenn ich herumschreie, also wenn ich richtig aggressiv bin und so. Dann spreche ich lieber Deutsch, weil das viel schneller geht. [...] Bloß denken tue ich auf Portugiesisch, es ist total lustig. Denken auf Portugiesisch und portugiesisch reden tue ich eigentlich nur innerhalb der Familie. Unter Freunden spreche ich lieber Deutsch.[7]

Dass Claudia sich der begrenzten Legitimität ihres Sprachvermögens durchaus bewusst ist, zeigt sich in vielen ihrer Äußerungen. Ein Beispiel ist der Vergleich ihres eigenen Portugiesisch mit dem ihrer Schwester, die seit zwei Jahren in Portugal lebt:

> C: Also meine Schwester hört sich schon so ein bisschen intellektueller an [lacht]. Manchmal sagt sie irgendwelche Begriffe und ich weiß nicht, was sie jetzt meint. Also das merkt man auf jeden Fall, weil sie jetzt schon zwei Jahre dort lebt. Ich kenne das ja nur unter den Portugiesen hier, und da spricht man halt das, was man kennt.

---

7   Dieses und die weiteren Zitate aus dem Interview mit Claudia sind dem Beitrag
    FÜRSTENAU/GOGOLIN 2001 entnommen.

Die spezifischen Umstände des Erwerbs und Gebrauchs des Portugiesischen als "Migrantensprache" haben für ihren portugiesischen Sprachbesitz also klare Konsequenzen. Die ihr geläufige Variante des Portugiesischen ist funktional anerkannt und angemessen „unter den Portugiesen hier". Damit ist zwar eine Grundlage für die Aneignung einer Variante des Portugiesischen vorhanden, die auf dem „angestammten Territorium" dieser Sprache anerkannt wäre. Aber die Erwartung ist, dass das Portugiesische dort ein anderes Niveau aufzuweisen habe – eine „intellektuellere Sprache" sei, wie die, über die die große Schwester zwei Jahre nach ihrer Übersiedelung nach Portugal verfügt. Claudia kann die Registerunterschiede zwischen dem Portugiesisch, das sie in Hamburg erworben hat und gebraucht, und dem Portugiesisch in Portugal gut einschätzen, und sie kennt die unterschiedliche Reichweite der Register. So sagt sie beispielsweise von sich, sie spreche fließend, aber beim Lesen portugiesischer Bücher habe sie manchmal Schwierigkeiten mit dem Wortschatz. Insgesamt zeigt Claudia ein gutes sprachliches Selbstbewusstsein und eine positive Einstellung gegenüber der eigenen lebensweltlichen Mehrsprachigkeit; sie würde sich eine ähnliche sprachliche Entwicklung auch für ihre eigenen Kinder wünschen, denen sie „auf jeden Fall beide Sprachen beibringen [würde], das ist klar, und wenn es geht, noch eine dritte, das wäre toll".

Im Hinblick auf Funktionalität ist ihre lebensweltliche Mehrsprachigkeit also wichtig und ohne Zweifel positiv für Claudia. Wie aber verhält es sich mit der Legitimität ihrer Spracherfahrung? In ihrer Schulkarriere – zum Zeitpunkt des Interviews hatte sie soeben die Realschule erfolgreich abgeschlossen – erfuhr sie freundliche und positive Bewertungen ihrer Mehrsprachigkeit durch Lehrerinnen und Lehrer:

I: Haben sich deine Lehrer dafür interessiert, dass du eigentlich zweisprachig bist?

C: Ja, doch, also was heißt interessiert? Die reden schon darüber, weil ich ja halt auch im Französischen und Englischen gut bin. Und dann sagen sie: 'Oh, ist toll, wenn man so viele Sprachen so gut beherrscht.' Das ist bei den meisten Portugiesen, also überhaupt bei den meisten Ausländern so, die mehrere Sprachen und nicht nur ihre eigene Sprache gut beherrschen. Besser als die Deutschen, das ist irgendwie so. Also im Englischen zum Beispiel bin ich momentan die Beste aus der Klasse. Ich weiß auch nicht, aber der Lehrer meint, dass ich halt auch Portugiesisch kann und so auf Deutsch sprechen kann. Und die finden das einfach toll.

Claudia fühlte sich also von ihren Lehrkräften als Mehrsprachige anerkannt und hat sogar den Eindruck gewonnen, vor Jugendlichen aus nicht gewanderten Familien einen Vorteil zu haben, denn sie beherrsche Sprachen "besser als die Deutschen". Bei genauerem Hinsehen allerdings hat sie die Anerkennung ihrer sprachlichen Fähigkeiten anscheinend nur unter ganz bestimmten Bedingungen erhalten. Sie erzielt gute Leistungen auch in den "legitimen" Schulfremdsprachen Englisch und Französisch. Ihre Formulierung impliziert, dass darin vielleicht sogar der eigentliche Grund für die positive Bewertung ihrer von zu Hause mitgebrachten sprachlichen Fähigkeiten durch Lehrerinnen und Lehrer zu sehen sein könnte: "Die reden schon darüber, *weil* ich ja halt auch im Französischen und Englischen gut bin."

Eine der Bedingungen dafür, wie es zur Wertschätzung der lebensweltlichen Mehrsprachigkeit Zugewanderter – mindestens im schulischen Raum – kommen könnte, liegt also anscheinend im Lernerfolg in den "legitimen Schulsprachen"; spekulieren könnte man, dass das Anerkenntnis überdies davon abhängt, ob jemand ein „guter Schüler" ist oder nicht. Zaghafte Hinweise auf andere Bedingungen dafür, dass in den Augen von Lehrkräften auch die Kompetenzen in einer "illegitimen" Sprache wertgeschätzt werden, sind in weiteren Erinnerungen Claudias zu finden. So denkt sie z.B. gern an einen Lehrer zurück,

> C: ... der hat Portugiesisch gelernt, und der hat dann auch mit uns im Unterricht immer Portugiesisch gesprochen. Momentan ist der ein Jahr in Portugal, der hat sich halt ein Jahr Urlaub genommen. Und der fand das dann immer so toll, und das war auch immer schön, mit dem in Pausen Portugiesisch zu schnacken. [...] Es war ganz schön, weil man ihm selbst auch noch ein bisschen beibringen konnte, weil er das nicht perfekt beherrscht.[...] Ja, das hat Spaß gebracht, ihm Portugiesisch beizubringen.

Das eigene Bestreben des Lehrers, die portugiesische Sprache zu lernen, hat eine Aufwertung von Claudias Sprachkönnen mit sich gebracht. Betrachtet man den Kontext seines Interesses noch genauer, so scheinen weitere Gesichtspunkte auf, die für die Legitimierung der Migrantensprache sorgen könnten. Für den Lehrer scheint Portugal ein attraktives Urlaubsziel gewesen zu sein; möglicherweise konnte er sogar angenehme Erinnerungen und einen praktischen Verwertungszweck mit seinen eigenen – und dadurch vermittelt – mit Claudias Kompetenzen verbinden. Die praktische Verwertbarkeit für die Angehörigen der Majorität, womöglich noch in positiv besetztem Kontext, könnte also eine weitere Bedingung für die Legitimierung der lebensweltlichen Mehrsprachigkeit von Migranten sein.

Vielleicht haben solche Erfahrungen Claudias Berufswünsche stark beeinflusst; jedenfalls interessierte sie sich zunächst vor allem für die Ausbildungsberufe Hotelfachfrau und Reisebürokauffrau. Es steht zu vermuten, dass ihre persönliche Berufsorientierung durch die offizielle Berufsberatung unterstützt wurde. Materialien, die das Hamburger Arbeitsamt zur Verfügung stellt, legen es Jugendlichen aus zugewanderten Familien unter Hinweis auf ihre sprachlich-kulturellen Fähigkeiten nahe, sich für die Tourismusbranche zu entscheiden. Aufgrund ihrer Herkunft werden die Jugendlichen mithin als "Experten" für das Land angesehen, das als ihr Herkunftsland gilt (auch wenn sie es selbst, wie Claudia, nur aus Urlauben kennen) und das ein attraktives Urlaubsland ist. Ihre mögliche Kapitalisierung der familialen sprachlich-kulturellen Kompetenzen beruht in diesem Fall auf einer "ethnischen Ressource", die speziell Migranten zur Verfügung steht (vgl. HAUG/PICHLER 1999).

Vorerst aber hatte Claudia noch keinen Erfolg mit dem Einsatz dieser Ressource; sie macht im Bewerbungsgespräch die Erfahrung, dass ihre lebensweltlichen Sprachkompetenzen zwar mit Wohlwollen betrachtet werden, aber ihr vorerst nicht zum gewünschten Berufseinstieg verhelfen. Nach einigen vergeblichen Bewerbungen um einen Ausbildungsplatz meldet sich Claudia bei der so genannten Hamburger Fremdsprachenschule an: einer Schule, in der sie nach dem Realschulabschluss eine Ausbildung zur Fremdsprachenkorrespondentin beginnen könnte. Sie verfolgt also ihr Ziel weiter, auf ihre "ethnischen Ressourcen" gestützt einen gelungenen Berufseinstieg zu realisieren, denn mit dieser weiterführenden Schulausbildung besitzt sie auch die Chance auf ein Zertifikat für ihre mitgebrachten Kenntnisse des Portugiesischen.

Bei der Verfolgung dieses Ziels hatte sie Vorbilder durch ihre Einbindung in ein transnationales Migrantennetzwerk. Jeder Sommerurlaub in Portugal bedeutete für sie, Freunde und Verwandte zu treffen, für die die Mobilität zwischen Portugal und anderen Ländern ebenfalls zur Lebensnormalität gehört. Claudia pflegt nicht nur Kontakte mit portugiesischen Migrantinnen und Migranten, die irgendwo in Deutschland wohnen, sondern auch mit solchen aus der Schweiz, aus Frankreich und Brasilien. Unter ihren in Portugal lebenden Kontaktpersonen waren reichlich Menschen, die anderswo gelebt hatten, aber wieder nach Portugal zogen. In Claudias Umgebung ist es also durchaus üblich, einen oder mehrere Wechsel des Lebensorts zu vollziehen. In diesem Rahmen nun rückt eine „Kapitalisierung" ihrer Mehrsprachigkeit dicht an den Horizont. Allerdings setzt dies unter den herrschenden Umständen möglicherweise voraus, an einem anderen Ort leben zu müssen. Claudia wünscht sich,

C: [...] Fremdsprachenlehrerin in Portugal [zu] werden. Ich würde gerne Französisch und Deutsch und Englisch unterrichten. Das wäre mein Ziel.

I: Und warum dann in Portugal?

C: Ich weiß nicht, ich habe es ja noch nicht ausprobiert, dort zu leben. Aber ich denke, es ist einfach schön. Und vor allem habe ich da mehr Möglichkeiten als hier. Auch wegen dem Deutschen hat man da in Portugal viele Möglichkeiten, auch mit dem Englischen. Da ich da auch sehr gut bin, im Englischen, habe ich da sehr große Chancen, denke ich. [...] Ja, doch, Deutsch unterrichten, das wäre schön, das wäre wirklich schön.

Mit dem Wechsel des Lebensorts würden sich für Claudia die sprachlichen Marktverhältnisse ändern, in denen sie ihr sprachliches Kapital einsetzt. Das Ansehen des Deutschen in Portugal überragt das des Portugiesischen in Deutschland. Es ist die Sprache eines reicheren, einflussreichen Landes, wichtig für die Geschicke der Europäischen Union – und so weiter. In Portugal also wäre ihr Deutsch ein wertvolles zusätzliches Sprachkapital, umso mehr, als es mit dem Status der Legitimität durch das Zertifikat der Schule in Deutschland gesegnet ist. Zugleich wäre in Portugal ihr Portugiesisch, ungeachtet des vorerst nicht verfügbaren Zertifikats, in den Status der legitimen Sprache gehoben; es ist schließlich die herrschende Nationalsprache. Falls Claudia ihre Schulbesuchswünsche realisieren kann, wird sie zusätzlich eine offizielle Legitimierung ihrer lebensweltlich erworbenen Portugiesischkenntnisse erhalten. Damit erhält sie die Chance, dass ihr Meistern des Portugiesischen auch an Wert für ein (Arbeits-)Leben außerhalb Portugals gewinnt: falls sie es als formal testierte Qualifikation in einen Beruf einbringen kann. Ihre Englisch- und Französischkenntnisse würden in dem Falle gewiss nicht an Wert verlieren – aber wohl eher an die dritte und vierte Stelle rücken, als Sprachen, die sie „nur" gelernt hat, aber in denen sie nicht gelebt hat. Die Vorzeichen beim Bemessen des Werts der Sprachen ändern sich also, wenn sie den Lebensort wechselt.

Soweit Claudias Erinnerungen, Hoffnungen, Wünsche, gelesen aus interkultureller Perspektive. Die Investitionen, die sie in den Ausbau ihrer Migrantensprache getätigt hat, besitzen bislang den Status des Inoffiziellen – sei es die beharrliche Teilnahme am extracurricularen Portugiesischunterricht oder die Kontaktpflege mit Mitgliedern der portugiesischsprachigen *communities* in Hamburg und an anderen Orten der Welt. Nun bemüht sich Claudia darum, dass eine öffentlich anerkannte Schule, eine staatlich autorisierte Instanz eine förmliche "Beglaubigung" des Erreichten vornimmt. Unter den gegebenen Umständen, die Claudia sehr klug beobachtet hat, wird eine Kompetenz erst mit dem Zertifikat zur legitimen Kompetenz. Der bloße Gebrauchswert einer Sprache, verstanden als praktischer Nutzen für die Kommunikation, spielt für ihren Tauschwert und für die allgemeine Akzeptanz, die ihr entgegengebracht wird, nur eine untergeordnete Rolle.

4. Claudia – ein Bildungsgang?

Was wäre, so sei hier abschließend gefragt, wenn Claudias Sprachgeschichte und ihre Investitionen in die Zukunft aus einer bildungsgangdidaktischen oder bildungsgangforscherischen Perspektive heraus untersucht worden wären? Ich sehe mich nicht fähig, diese Frage zu beantworten – aber durchaus dazu, Fragen zu stellen, deren Beantwortung vielleicht interessant wäre. Ergo: ein Versuch.

Den Versuch beginne ich mit der Wiedergabe von Botschaften, die ich als zentral für Ansprüche der Bildungsgangdidaktik interpretiere. Sie lauten:

> „Uns interessieren deshalb primär die Lerner als Subjekte, als Gestalter ihrer eigenen Lern- und Lebensgeschichte; uns interessiert, wie Lerner ihre Lebens- und Lerngeschichte so übernehmen und gestalten können, dass sie die werden, die sie sein wollen. Wir fragen nach Lernen, Erziehung und Bildung, insofern die Heranwachsenden dieses [...] selbst in Gang bringen. Bildungsgangdidaktik entwirft deshalb einen didaktischen Rahmen für die Beschreibung der subjektiven Aneignung objektiver Lernangebote [...]." (MEYER/REINARTZ 1998: 10)

Ort dieses Lernens, dieser Erziehung und Bildung ist – wenn auch nicht allein – die Schule. In ihr vollzieht sich der Versuch, „im Medium der Institutionalisierung *Ordnung* in die Prozesse zu bringen, die die De-, Re- und Neukonstruktion von Ich und Welt in der intergenerationellen Vermittlung ausmachen" (MEYER 1998: 72). Die Ergänzung dessen im Hinblick auf eine Forschungsperspektive findet sich bei Uwe HERICKS (1998: 178). Da heißt es, Lerngeschichten von Jugendlichen seien

> „zwar einmalig, jedoch aus Sicht der Bildungsgangforschung keineswegs beliebig. Lernerbiographien entfalten sich in einem Rahmen, der durch objektive, d.h. gesellschaftliche Anforderungen abgesteckt ist, die für alle Menschen in jeweils ähnlichen Situationen weitgehend verbindlich sind."

Diese „objektiven Anforderungen" stünden keineswegs unverrückbar fest; vielmehr müsse

> „jeder Mensch die objektiven Anforderungen erst als Anforderungen an die eigene Person interpretieren und aus ihnen Aufgaben eigener Entwicklung formen, damit sie in seiner Biographie wirksam werden können. Die Bildungsgangforschung versucht deshalb, die Entfaltung von Lerngeschichten in der Zeit als Abfolgen von Entwicklungsaufgaben zu beschreiben und zu rekonstruieren." (a.a.O.)

Auch für die „Entwicklungsaufgaben" werde keine universelle Geltung beansprucht. Vielmehr unterschieden sie sich, wie Ingrid KUNZE ausführt, „von

Kultur zu Kultur" und seien historischem Wandel unterworfen (vgl. dies. 1998: 252).

Werden diese Gedanken auf Claudias Sprachbildungsgeschichte gewendet, so wird hier zunächst das Vielversprechende sichtbar. Es scheint, dass die Herstellung des Bezugs zum Individuum es erlaubt, anders zu verfahren als nach dem monistischen Paradigma. Die Konzentration auf die Lernwege des einzelnen Menschen, ihre Beachtung für den Bildungserfolg und das Zulassen von Kontingenz im Verhältnis zwischen Lehrkraft und Schüler (MEYER 1998) bedeutet eine Öffnung zur Berücksichtigung von Pluralität in der Schülerschaft. Claudias Geschichte könnte aus bildungsgangdidaktischer Perspektive vermutlich wie eine Erfolgsgeschichte gelesen werden, denn sie hat sich ungewöhnlichen Anforderungen gestellt und ihre eigenen Wege gefunden, wie sie diese bewältigen kann.

Auf den zweiten Blick bin ich mir der Nähe zur bildungsgangdidaktischen Perspektive weniger sicher. Claudia muss sich, um „die zu werden, die sie sein will", strategisch mit dem Problem abplagen, dass ihren sprachlich-kulturellen Kompetenzen Legitimität zuerkannt wird. In dieser Sache hat sie keine Entscheidungsfreiheit, denn ihre Form der Bilingualität hat hierzulande (noch?) keine Geltung erlangt, sie ist in die „Ordnung", die im schulischen Prozess stattfindet, nicht mit aufgenommen. „Akteurin ihres Bildungsprozesses" (SCHENK 1998: 270) kann Claudia daher in dieser Hinsicht nicht im Rahmen des „üblichen" institutionellen Ganges werden, sondern nur, wenn sie eine Zusatzkarriere danebenstellt oder aufsattelt; und auch in dem Falle kann noch erforderlich werden, dass sie den Lebensort wechseln muss, um von ihren Kompetenzen weniger eingeschränkt profitieren zu können. Im Rahmen „des Üblichen" kann sie nur auf Duldung ihrer Fähigkeiten hoffen; also etwa darauf, dass ihre Lehrkraft gute persönliche Gründe hat, ihre lebensweltlichen Sprachfähigkeiten anzuerkennen, wobei sicher hilfreich ist, dass sie – als ansonsten gute Schülerin – nicht allzu viel Anlass dafür gibt, ihr diese Fähigkeiten als Defizit anzukreiden.

Es scheint, als stelle sich die Frage der offiziellen Anerkenntnis einer lebensweltlich angeeigneten sprachlich-kulturellen Kompetenz aus bildungsgangdidaktischer Perspektive bis dato nicht. Der Verweis auf Objektivität, verstanden als „Anforderungen und Ansprüche, welche die engere soziale Umwelt und die Gesellschaft als Ganze an Menschen richtet, die sich wie er in der jeweiligen typischen Lebenssituation befinden" (HERICKS 1998: 179), deutet auf ein Gesellschaftsverständnis, in dessen Hintergrund ein hohes Maß an Gemeinsamkeitsvorstellung mitschwingt. Der Hinweis auf die Unterscheidung von Entwicklungsaufgaben „von Kultur zu Kultur" legt die Assoziation nahe, dass sprachliche und kulturelle Pluralität nicht als Grundtatsache innerhalb einer Gesellschaft gesehen, sondern in voneinander abgrenzbaren Räumen – Nationen? – verortet wird.

Verliert damit, so frage ich mich weiter, die Art und Weise der Fokussierung auf das Individuum, die geschieht, wenn Bildung bildungsgangdidaktisch in den Blick genommen wird, nicht einen erheblichen Teil ihres Charmes? Ist es unter anderen Umständen – also wenn nicht ausgerechnet aus interkultureller Sicht auf Bildungsprozesse geblickt wird – tatsächlich entbehrlich, sich mit dem Problem der Legitimität von Fähigkeiten explizit zu befassen, sei es im Hinblick darauf, was als „normale" Bildungsvoraussetzung Geltung hat oder im Hinblick darauf, welche Resultate einer Schülerkarriere nicht nur für die private Zufriedenheit wertvoll sind, sondern darüber hinaus gesellschaftlich anerkannt? Meinert MEYER ist es schon gewöhnt, dass unsere Dialoge vorerst in solchen Fragen aneinander enden; das, unter anderem, hält sie – was mich freut – lebhaft in Gang.

Literatur

BENHABIB, S.: Kulturelle Vielfalt und demokratische Gleichheit. Frankfurt/M. 1999.

BOURDIEU, P.: Was heißt sprechen? Die Ökonomie des sprachlichen Tausches. Wien 1990.

BROEDER, P./EXTRA, G. (eds.): Language, Ethnicity and Education. Case Studies on Immigrant Minority Languages. Clevedon 1999.

FÜRSTENAU, S.: Mehrsprachigkeit als „Kapital" im transnationalen sozialen Raum. Berufs- und Zukunftsorientierungen von Jugendlichen portugiesischer Herkunft. Inaugural-Dissertation, in Vorbereitung. Hamburg (Universität Hamburg) 2001.

FÜRSTENAU, S./GOGOLIN, I.: Sprachliches Grenzgängertum. Zur Mehrsprachigkeit von Migranten. In: LIST, G./LIST, G. (Hrsg.): Quersprachigkeit. Tübingen 2001 (im Erscheinen).

GOGOLIN, I.: Der monolinguale Habitus der multilingualen Schule. Münster 1994.

GOGOLIN, I.: "Arrangements" als Hindernis & Potential für Veränderung der schulischen sprachlichen Bildung. In: GOGOLIN, I. /NEUMANN, U. (Hrsg.): Großstadt-Grundschule. a.a.O. 1997, S. 311-344.

GOGOLIN, I.: „Kultur" als Thema der Pädagogik der 1990er Jahre. In: STROß, A.M./ THIEL, F. (Hrsg.): Erziehungswissenschaft, Nachbardisziplinen und Öffentlichkeit: Themenfelder und Themenrezeptionen der allgemeinen Pädagogik in den 1990er Jahren. Weinheim, München 1998, S. 125-150. (1998a)

GOGOLIN, I.: Sprachen rein halten – eine Obsession. In: GOGOLIN, I./LIST, G./GRAAP, S. (Hrsg.): Über Mehrsprachigkeit. Tübingen 1998, S. 71-96. (1998b)

GOGOLIN, I.: Interkulturelle Bildungsforschung. In: TIPPELT, R. (Hrsg.): Handbuch Bildungsforschung. Opladen 2001 (in Vorbereitung).

GOGOLIN, I./KRÜGER-POTRATZ, M./MEYER, M.A.: Auslautende Bemerkungen zu Pluralität und Bildung. In: GOGOLIN, I./KRÜGER-POTRATZ, M./MEYER, M.A.

(Hrsg.): Pluralität und Bildung. Opladen 1998, S. 251-276.

GOGOLIN, I./NEUMANN, U. (Hrsg.): Großstadt-Grundschule. Eine Fallstudie über sprachliche und kulturelle Pluralität als Bedingung der Grundschularbeit. Münster, New York 1997.

GOGOLIN, I./NEUMANN, U./REUTER, L. (Hrsg.): Schulbildung für Minderheiten in Deutschland (1989-1999). Münster, New York 2001.

HAMBURGER, F.: Zur Tragfähigkeit der Kategorien „Ethnizität" und „Kultur" im erziehungswissenschaftlichen Diskurs. In: Zeitschrift für Erziehungswissenschaft (ZfE), 2. Jg, H. 2/1999, S. 167-178.

HAUG, S./PICHLER, E.: Soziale Netzwerke und Transnationalität. Neue Ansätze für die historische Migrationsforschung. In: MOTTE, J./OHLINGER, R. (Hrsg.): 50 Jahre BRD – 50 Jahre Einwanderung. Frankfurt/ New York 1999, S. 259-284.

HERICKS, U.: Der Ansatz der Bildungsgangforschung und seine didaktischen Konsequenzen – Darlegungen zum Stand der Forschung. In: MEYER/REINARTZ (Hrsg.) 1998, S. 173-188.

HOBSBAWM, E.J.: Nationen und Nationalismus. Mythos und Realität seit 1780. Frankfurt/M. 1991.

JUNGMANN, W.: Kulturbegegnung als Herausforderung der Pädagogik. Studie zur Bestimmung der problemstrukturierenden Prämissen und des kategorialen Bezugsrahmens einer Interkulturellen Pädagogik. Münster, New York 1995.

KRÜGER-POTRATZ, M.: Stichwort: Erziehungswissenschaft und kulturelle Differenz. In: Zeitschrift für Erziehungswissenschaft (ZfE), 2. Jg, H. 2/1999, S. 149-165.

KUNZE, I.: Bildungsgangdidaktik, eine Didaktik für alle Schulformen? In: MEYER/ REINARTZ (Hrsg.) 1998, S. 247-260.

MEYER, M.A.: Lehrer, Schüler und die Bildungsgangforschung. In: MEYER/REINARTZ (Hrsg.) 1998, S. 70-90.

MEYER, M.A.: Interkulturelle Allgemeine Bildung. Beitrag zur Ringvorlesung „Interkulturelle Bildung" im Wintersemester 2000/2001 an der Universität Hamburg (zit. nach dem Manuskript).

MEYER, M.A./REINARTZ, A.: Einleitung. In: MEYER/REINARTZ (Hrsg.) 1998, S. 9-13.

MEYER, M.A./REINARTZ, A. (Hrsg.): Bildungsgangdidaktik. Denkanstöße für pädagogische Forschung und schulische Praxis. Opladen 1998.

NEUMANN, U.: Länderbericht Hamburg. In: GOGOLIN, I./NEUMANN, U./REUTER, L. (Hrsg.) 2001, S. 157-186.

NIEKE, W.: Interkulturelle Erziehung und Bildung. Opladen ²2000.

PRIES, L. (Hrsg.): Neue Migration im transnationalen Raum. In: ders. (Hrsg.): Transnationale Migration. Sonderband 12 der Zeitschrift Soziale Welt. Baden-Baden 1997, S. 15-36.

RANG, A.: Pädagogik und Pluralismus. Abschiedsvorlesung. Amsterdam: Universität von Amsterdam 1993 (Eigendruck).

SCHENK, B.: Bildungsgangdidaktik als Arbeit mit den Akteuren des Bildungsprozesses. In: MEYER/REINARTZ (Hrsg.) 1998, S. 261-270.

THRÄNHARDT, D.: Ausländer im deutschen Bildungssystem. Ein Literaturbericht von 1975. Wiederabdruck in: KRÜGER-POTRATZ, M. (Hrsg.): Interkulturelle Studien. Heft 30. Münster 1999, S. 138-171.

Hannelore Faulstich-Wieland

Bildungsgangdidaktik – Ergänzungen aus gesellschaftswissenschaftlicher Perspektive

Im Zentrum der Bildungsgangdidaktik steht der Anspruch, von den lernenden Subjekten auszugehen. Dies soll gelingen, indem die „Bearbeitung von Entwicklungsaufgaben durch die Heranwachsenden" (MEYER/REINARTZ 1998: 9) in den Mittelpunkt gerückt und als gemeinsame Aufgabe betrachtet wird. Meinert MEYER schreibt dazu:

> „Unter Entwicklungsaufgaben verstehe ich ... die Ziele, die die lernenden ,Subjekte' in der Deutung gesellschaftlicher Anforderungen auf Grund ihrer aktuellen Kompetenzen, ihrer Identität und ihrer Entwicklungswünsche aufbauen. Ich gehe davon aus, dass diese Entwicklungsziele *zugleich* gesellschaftlich und individuell konstruiert sind. Schule fördert die Bearbeitung der Entwicklungsaufgaben, wenn sie zu ihrem Teil deutlich macht, was die gesellschaftlichen Anforderungen an die Heranwachsenden sind. Sie behindert die Bearbeitung, wenn sie die Schüler in Richtungen drängt, die für sie keine sinnvolle nachschulische oder außerschulische Perspektive eröffnen. Die Heranwachsenden bringen daher ihre eigene Lebensgeschichte, ihre Persönlichkeit, ihre sich entwickelnden Stärken und Schwächen in die unterrichtlichen Lernsituationen ein. Sie bereiten sich auf die zukünftige Berufstätigkeit und auf andere gesellschaftlich bestimmte Aufgaben vor. Entwicklungsaufgaben eignen sich also, eine Perspektive für das eigene Lernen zu entfalten. Sie erlauben die Verbindung persönlicher und gesellschaftlicher Interessen." (MEYER 2000: 245)

Der Rekurs auf solche Entwicklungsaufgaben beinhaltet m.E. die Gefahr, dass gesellschaftliche Bedingungen schulischer Sozialisation aus dem Blick verloren werden. Die Entwicklungsaufgaben werden zwar mit Blick auf Gesellschaft beschrieben, bleiben aber zu allgemein bzw. zu abstrakt auf „gesellschaftliche Aufgaben" bezogen. Sie vernachlässigen die Tatsache, dass schon das Bildungssystem ein gesellschaftliches Teilsystem und damit sozial eingebunden ist. Bildungsgänge müssen die konkreten sozialen Kontexte von Biografien und die dahinter stehenden Aspekte von Sozialisation berücksichtigen. In den gesammelten Beiträgen zu dem von Meinert MEYER und Andrea REINARTZ herausgegebenen Band „Bildungsgangdidaktik" zum Beispiel sucht man vergebens nach Hinweisen auf soziale Ungleichheit. Nach wie vor ist soziale Ungleichheit eines der strukturierenden Merkmale der Gesellschaft und damit auch des Bildungssystems und muss von einer didaktischen Theorie bearbeitet werden. Dies soll im Folgenden ausgeführt werden. Dazu wird zunächst unter Bezugnahme auf die Bildungsreformdebatten der 60er Jahre gezeigt, worin die Ungleichheiten bestanden. Anschließend soll am Beispiel der Ausführungen von Pierre BOURDIEU und Jean-Claude PASSERON auf den Zusammenhang von kulturellen Wertschätzungen und bildungsmäßigen Ungleichheiten eingegangen werden. In einem weiteren Schritt wird zu prüfen sein, ob sich für die heutige Bildungssituation noch soziale Ungleichheiten nachweisen lassen – oder ob die Bildungsexpansion auch ihr Ziel einer Chancengleichheit erreicht hat. Da sich – wie zu erwarten – nach wie vor Bildungs-ungleichheiten zeigen, wird man nach Bedingungsfaktoren suchen müssen. Diese finden sich zum einen in der familiären Situation, zum anderen aber auch im Bildungssystem selbst. Abschließend wird gefragt, wie bildungspolitisch, aber auch wie didaktisch auf diese Erkenntnisse zu reagieren ist.

1. Chancengleichheit als bildungspolitische Forderung der 60er Jahre

Die Herstellung von Chancengleichheit war eine der Leitideen der Bildungsreform der 60er Jahre. Die neu entstandene Bildungsökonomie trug dazu bei, die verschiedenen Aspekte von Ungleichheit überhaupt erst einmal aufzudecken. In der Figur des „katholischen Arbeitermädchens vom Lande" waren die Kriterien gebündelt: Die Teilhabe an Bildung hing von der sozialen Herkunft ab, sie war besonders gering bei Arbeiterjugendlichen. Für Mädchen galt damals eine weiterführende Bildung als wenig relevant. Bildungshinderlich konnte sich auch die Zugehörigkeit zu religiösen Gemeinschaften, vor allem zur katholischen Kirche, auswirken. Schließlich gab es deutliche regionale Unterschiede einerseits zwischen städtischen und ländlichen Regionen, andererseits aber auch zwischen den verschiedenen Bundesländern.

Groß angelegte Untersuchungen, in denen die Intelligenz der Schulkinder getestet wurde, dienten dem Aufspüren von „Begabungsreserven". Werbekampagnen sollten Eltern ermuntern, ihr „Kind länger auf weiterführende Schulen" zu schicken. Ansatzpunkte waren dabei einerseits die „Begabungen", die es auszuschöpfen galt, andererseits der ökonomische Nutzen von weiterführender Bildung, der den Eltern verdeutlicht werden sollte. Das Bildungssystem selbst sollte durch Integration – vor allem durch Gesamtschulen – verändert werden. Wie jedoch die Mechanismen von sozialer Ungleichheit und Bildungschancen zusammenhingen, blieb eher unklar (vgl. GEULEN 2000).

In Frankreich gab es dagegen bereits zu dieser Zeit eine soziologische Debatte, die sich allerdings auf die Rolle des Bildungssystems und speziell der Hochschulen an der Reproduktion von gesellschaftlicher Ungleichheit bezog. 1971 erschien dann die deutsche Übersetzung des diese Diskussion bestimmenden Buches „Illusion der Chancengleichheit" von Pierre BOURDIEU und Jean-Claude PASSERON. Sie hatten den Zusammenhang zwischen der vorherrschenden Kultur einer Gesellschaft und der von ihr produzierten Bildung analysiert. Schulbildung als solche umfasst keineswegs alles, was unter Bildung fällt – Bildung ist also mehr und zum Teil auch anderes. Der Schulbildung wird sogar nur ein „geringer Wert" als Bildung beigemessen:

> „Preist die Schule in der ‚Allgemeinbildung' nicht gerade das Gegenteil dessen, was sie als Schulbildung an jenen praktiziert, die aufgrund ihrer sozialen Herkunft auf eben diese Bildung angewiesen sind? Alle Einzelkenntnisse müssen also zugleich als Teil einer Konstellation und als Moment des Bildungsgangs in seiner Totalität betrachtet werden, da jeder Punkt der Bahn die ganze Bahn voraussetzt. Letzten Endes gilt die Individualität im Verhalten gegenüber den Bildungsinstanzen als das, was die Qualität der Bildung in diesem Verhalten ausmacht: Ironische Nonchalance, gekünstelte Eleganz oder Sicherheit des Auftretens, tatsächliche oder vorgebliche Ungezwungenheit kennzeichnen fast immer Studenten der oberen Klassen, denen sie als Zeichen ihrer Elitezugehörigkeit dienen." (BOURDIEU/ PASSERON 1971: 37f.)

Die Angehörigen der unteren sozialen Klassen erfahren zwar aufgrund der Schulpflicht eine schulische Bildung, ihr Bildungsgang mag sie sogar bis zum Abitur führen. Von ihrer familiären Herkunft her verfügen sie jedoch gerade nicht über jene Distanz zur Schule, mit der es ihnen entweder gelingt, mehr an Wissen zu demonstrieren - Kenntnisse über Klassiker, über Theater, Musik usw., die ihre Mitschülerinnen und Mitschüler aus den höheren sozialen Klassen quasi nebenbei am Frühstückstisch erworben haben –, oder mit schulischen Misserfolgen so umzugehen, dass ihr Selbstwert keinen Einbruch erlebt. Die „Illusion der Chancengleichheit" bezeichnet das Ignorieren dieses Zusammenhangs – den Glauben daran, Schule würde Bildung vermitteln, die nichts mit sozialer Herkunft zu tun habe, während sie in Wirklichkeit die soziale Herkunft reproduziert.

In der Bundesrepublik Deutschland sorgte die Bildungsexpansion Ende der 60er, Anfang der 70er Jahre dafür, dass wesentlich mehr Menschen ihre schulische Bildung mit dem Abitur abschlossen. So erwarben 1970 11,2% der 18- bis unter 21-Jährigen mit ihrem Schulabschluss die Hochschulreife, 1998 waren dies bereits 36,2% (KLEMM 2001: 333).

Das Thema Chancengleichheit geriet mit diesen allgemeinen Bildungserfolgen für eine ganze Zeit in Vergessenheit. Erst in den letzten Jahren ist es auch bildungspolitisch wieder aufgegriffen worden. Dabei steht es allerdings im Spannungsverhältnis zu anderen Themen, wie vor allem zu den im Nachgang zu TIMSS entstandenen Forderungen nach flächendeckender Leistungsüberprüfung sowie zu den Sorgen um die Wertorientierung von Jugendlichen (vgl. EDELSTEIN 2000).

2. Chancengleichheit im heutigen Bildungssystem – alte und neue Ungleichheiten

Für die Bundesrepublik Deutschland soll überprüft werden, wieweit ein Zusammenhang zwischen sozialer Herkunft und Bildungsgang nach wie vor gültig ist und in welcher Weise sich die Didaktik Erkenntnissen über derartige Zusammenhänge öffnen muss.

1996 war das erste „Jahrbuch Bildung und Arbeit" der „Wiederentdeckung der Ungleichheit" gewidmet. Beate KRAIS resümierte darin die vorliegenden Untersuchungen zur sozialen Ungleichheit und zeigte, dass die Bildungsexpansion für alle sozialen Klassen und Schichten zu einem veränderten Bildungsverhalten geführt hat, nämlich tatsächlich zu einer wesentlich stärkeren Teilhabe an weiterführender Bildung. Man bezeichnet dies als Fahrstuhleffekt: Alle sind einige Stockwerke höher gekommen bei der Bildungsbeteiligung. Die Bildungsexpansion hat also zu einer verbesserten Bildung geführt. Getrübt wird dieses Bild allerdings durch jene Untersuchungen, die in dem komplexen Feld aufzeigen, dass zwischen den sozialen Klassen, die traditionell an höherer Bildung beteiligt waren, und denen, die traditionell eher nicht über die Pflichtbeschulung hinauskamen, die Abstände größer geworden – also die Stockwerke quasi weiter auseinander gezogen – sind. So ist von 1976 bis 1989 die gymnasiale Beteiligungsquote bei den siebzehn- bis achtzehnjährigen Arbeiterkindern von 7,1 auf 11,8 Prozent und damit um knapp fünf Prozentpunkte gestiegen. Bei den Angestelltenkindern belief sich diese Steigerung im gleichen Zeitraum auf knapp zehn Prozentpunkte, nämlich von 30,7 auf 40 Prozent. Damit ist zwar die Steigerungsrate bei den Arbeiterkindern größer als bei den Angestelltenkindern, zugleich ist aber der Abstand der Beteiligungsquoten ebenfalls größer geworden, nämlich von 23,6 Prozentpunkten auf 28,2 (KRAIS 1996: 135f.). Für die soziale Ungleichheit heißt dies letztendlich – und KRAIS bezeichnet es auch als über alle Differenzen der Untersuchungen hinweg bestehende Einigkeit –, dass die „Bildungsungleichheit nach der sozialen Herkunft immer noch sehr ausgeprägt ist" (ebd.: 143).

Entscheidend für die Bildungsbeteiligung ist der Übergang von der Grundschule ins Gymnasium. Nach KRAIS ist „die Haltekraft des Gymnasiums" in den 70er und 80er Jahren gestiegen. Während früher vorzeitige Abbrüche der gymnasialen Bildung häufiger waren, bleiben heute diejenigen, die den Übergang ins Gymnasium geschafft haben, auch eher dort und schließen es mit dem Abitur ab. Dies gilt insbesondere für Kinder aus Arbeiterfamilien.

KRAIS resümierte ihre Bilanz mit einer offenen Frage: „Worüber wir aber immer noch sehr wenig wissen, das sind die Mechanismen, über die sich die beobachteten Bildungsungleichheiten immer wieder herstellen" (ebd.: 146). Rolf BECKER analysierte als einen dieser Mechanismen die Wert-Erwartungen von Eltern, d.h. die durchaus rationalen Erwägungen, wieweit sich Bildung lohnt. Der erkennbare Nutzen ist dann um so eher gegeben, je weniger „weit weg" die Bildungsziele von den eigenen Erfahrungen liegen. Insofern kommt der Bildungsentscheidung der Eltern schon ein wesentliches Einflussmoment zu. Aber erst „das dynamische Wechselspiel zwischen elterlicher Bildungsabsicht und Selektion durch das Bildungssystem" ergibt die Ungleichheit (BECKER 2000b: 469).

Hans BERTRAM und Marina HENNIG griffen im gleichen Jahrbuch die Formel des „katholischen Arbeitermädchens vom Lande" auf und überprüften, inwieweit diese Ungleichheiten auch heute noch existieren. Sie konnten zeigen, dass ein solch klarer und linearer Zusammenhang zwar nicht mehr besteht, es aber nach wie vor Regionen gibt, in denen sich über den hohen Anteil von Hauptschulabschlüssen bei den Vätern auch die Bildungschancen für die Töchter auf Hauptschulabschlüsse konzentrieren. Zugleich gibt es aber andere Regionen – etwa im norddeutschen Bereich oder auch im Ruhrgebiet –, in denen der Zusammenhang in dieser Enge nicht mehr existiert. Trotzdem bleibt die soziale Herkunft der Eltern – insbesondere des Vaters – noch immer das entscheidende Kriterium für die Bildungschancen der Kinder. Darüber hinaus aber wäre es Aufgabe auch der Schulforschung, die Milieus genauer auf jene Form von Lebensstilen hin zu untersuchen (vgl. FAULSTICH-WIELAND 2000), die Einfluss auf soziale Wandlungsprozesse bzw. auf die Beibehaltung traditioneller Strukturen nehmen, um Bildungschancen beurteilen zu können.

Als ein „neues" Ungleichheitsmoment kam die ethnische Herkunft in den Blick. Migrantenkinder sind wesentlich seltener in weiterführenden Schulen zu finden. Angesichts der Bedeutung der „Schulwahl" nach der Grundschule scheitern vermutlich viele dieser Kinder an der Empfehlung am Ende der Grundschule.

Andreas SCHULZ ging der Frage nach, welche Aspekte der Grundschulzeit besonders relevant für die weitere Schullaufbahn sind. Er verglich Berliner Grundschulen in Kreuzberg und Steglitz, um den Einfluss der regionalen Unterschiede auf die Gymnasialempfehlungen herauszufinden. Dabei zeigte sich, dass die Quote der Gymnasialempfehlungen in Abhängigkeit vom Anteil nicht-deutscher Schulkinder steigt bzw. fällt. Allerdings konnte in Quartieren, in denen die soziale Lage der Bevölkerung an Privilegierung einbüßt, ein gleichzeitiger Rückgang der Gymnasialempfehlungen gemessen werden.

Insofern, so die Schlussfolgerung von Andreas SCHULZ, sind es „*in erster Linie Merkmale der Schichtzugehörigkeit*, die benachteiligend wirken, was symbolisieren sollte, zukünftig mit dem Merkmal ethnische Herkunft behutsamer umzugehen" (SCHULZ 2000: 478).

3. „Schichtspezifische" Sozialisation – noch immer ein wesentlicher Faktor für Ungleichheit

Die soziale Herkunft entscheidet über den Bildungsgang - dies lässt sich zunächst einmal festhalten. Regionale und ethnische Zugehörigkeiten spielen ebenfalls eine, allerdings weitgehend noch nicht geklärte Rolle (vgl. auch LEHMANN/PEEK 1997). Was aber heißt „soziale Herkunft" als Kriterium für Bildungserfolg? Welches sind – um auf Beate KRAIS' Frage zurückzukommen – die Mechanismen?

Bereits in den Diskussionen der 70er Jahre um die „schichtenspezifische" Sozialisation kam die Vermutung auf, dass die Arbeitserfahrungen der Eltern ihr Erziehungsverhalten bestimmen könnten (vgl. FAULSTICH/FAULSTICH-WIELAND 1975).

In zwei Studien konnte Jürgen MANSEL diese Frage überprüfen. Er hatte im Jahre 1982 Eltern befragt, deren Kinder in diesem Jahr eingeschult wurden. 1991 konnte er nun für 147 dieser Schülerinnen und Schüler prüfen, welchen Schultyp sie mittlerweile besuchen. In einer komplexen Auswertung der Zusammenhänge von Schulabschluss der Eltern, beruflicher Position, Restriktivität der Arbeitsbedingungen, Wohnverhältnissen und Erziehungsvorstellungen ließ sich nachweisen, dass die „Art der beruflichen Tätigkeit, die vorgefundenen Bedingungen am Arbeitsplatz und die Erfahrungen im Rahmen der Berufsausübung und daraus resultierende Erziehungshaltungen und -verhaltensweisen der Eltern ausschlaggebende Variablen sind, dass über Generationen hinweg Kinder sozial 'in die Fußstapfen ihrer Eltern treten' und im Rahmen ihrer beruflichen Karriere meistens eine ähnliche Position wie ihre Eltern erreichen" (MANSEL 1993: 54). Wenn Eltern keine weiterführende Schule besucht haben, wird dadurch die berufliche Position, die sie einnehmen können, bereits eingeschränkt. Diese bestimmt mit über die Wohnverhältnisse, die sich die Familie leisten kann – wodurch Freiräume für Kinder ermöglicht oder verhindert werden. Die Restriktivität der Arbeitsbedingungen allerdings ist die zentrale Variable für die Restriktivität des Erziehungsstils – und „restriktive Erziehungsverhaltensweisen der Eltern sind nun eine der Bedingungen, die einen höheren Schulabschluss der Kinder unwahrscheinlich machen" (ebd.: 53).

Bestätigt wird diese Erkenntnis auch durch eine Arbeit von Bernhard SCHIMPL-NEIMANNS, in der er feststellt, dass der relative Abstand der untersten zur obersten Bildungsgruppe im Zeitverlauf gewachsen ist, d.h. die Ungleichheit zugenommen hat (SCHIMPL-NEIMANNS 2000: 626). Dies gilt vor allen Dingen für die Gymnasien und ist bedingt dadurch, „dass das kulturelle Kapital des Elternhauses im großen und ganzen eher eine ungleichheitskonservierende Rolle einnimmt" (ebd.: 664).

Eindrucksvoll haben Peter BÜCHNER und Heinz Hermann KRÜGER in ihrer deutsch-deutschen Untersuchung „Vom Teddybär zum ersten Kuss – Wege aus der Kindheit in Ost- und Westdeutschland" beschrieben, wie die unterschiedlichen familiären Bedingungen sich in Bildungsbeteiligung umsetzen. Ihre quantitativen Daten bestätigen dasselbe Bild wie die bereits referierten Untersuchungen zur Reproduktion sozialer Ungleichheit im Schulsystem. Ihre qualitativen Studien verweisen auf einige Aspekte, die diese Zusammenhänge veranschaulichen. Die Autoren unterscheiden zwischen einer Bildungsorientierung und einer Medienorientierung bei den Schulkindern. Bildungsorientiert sind eher jene Kinder und Jugendlichen, die angegeben haben, sich häufig mit Basteln/Werken, Malen/Zeichnen zu befassen, viel zu lesen, Musikunterricht zu erhalten oder zu singen und zu musizieren sowie sich dem Briefe-, Tagebuch- oder Geschichtenschreiben zu widmen. Medienorientiert sind eher jene Kinder und Jugendlichen, die häufig Fernsehen oder Videofilme anschauen, viele Computerspiele spielen und in Bezug auf ihr Fernsehverhalten hohe Zustimmung zu den folgenden drei Items äußern:

- Manchmal gucke ich auch spät in der Nacht Fernsehen.
- Manchmal sage ich Termine ab, weil etwas Tolles im Fernsehen kommt.
- Wenn ich ehrlich bin, schaue ich im Grunde viel zu viel Fernsehen.
(BÜCHNER/KRÜGER 1996: 210)

Der Zusammenhang zum sozialen Status der Familie ist dabei eindeutig: „Je höher der soziale Status der Familie, desto höher sind die durchschnittlichen Werte für eine Bildungsorientierung und desto niedriger sind die durchschnittlichen Werte bei der Medienzentrierung des Freizeitverhaltens" (ebd.). Weitere Faktoren, die schulischen Erfolg begünstigen, sind bestimmte soziale Schlüsselqualifikationen wie z.B. kompetentes Zeitmanagement oder Organisationswissen, Planungs- und Konfliktlösungskompetenzen sowie Fähigkeiten zum Teamwork. Kinder und Jugendliche lernen solche Schlüsselqualifikationen im außerschulischen Bereich vor allem durch Teilnahme an Vereinen und anderen Institutionen. Gymnasiasten und Gymnasiastinnen aber sind in wesentlich mehr Vereinen aktiv als z.B. Hauptschüler und Hauptschülerinnen.

4. Schulische Sozialisation als Beitrag zur Ungleichheit – Die Rolle der Mitschülerinnen und Mitschüler

Lernen findet immer im sozialen Kontext statt. Schulen sind fast immer so organisiert, dass Kinder und Jugendliche in Klassen zusammengefasst werden. Die Mitschülerinnen und Mitschüler, die *peer group*, sind wesentlich an der schulischen Sozialisation beteiligt (vgl. KRAPPMANN 1994). Die Zusammensetzung der Schülerschaft einer Schule ist mitbestimmend dafür, welche Erfahrungen Kinder und Jugendliche machen können. Gymnasialklassen sind trotz nach wie vor bestehender Ungleichheit deutlich zu heterogeneren Gruppen geworden. Sie ermöglichen damit ihren Schülerinnen und Schülern vielfältigere soziale Erfahrungen. Wie aber sieht es in den anderen Schulformen aus? Heike SOLGA und Sandra WAGNER richten ihren Blick auf die Veränderungen am anderen Ende der Bildungshierarchie, nämlich auf die Bedeutung der Bildungsexpansion für die Zusammensetzung der Schülerschaft in der Hauptschule. Analysiert haben sie die Daten der Lebensverlaufstudie des Max-Planck-Instituts für Bildungsforschung sowie jene des Projektes „Ausbildungs- und Berufsverläufe der Geburtskohorten 1964 und 1971 in Westdeutschland". Dadurch konnten die Bildungsentscheidungen, die sozioökonomischen familiären Ressourcen, die stabilitären Familienverhältnisse und schließlich die personale Stabilität von Schülerschaften für die Geburtskohorten 1950, 1955, 1960, 1964 und 1971 verglichen werden. Mit Hilfe dieser empirischen Daten konnten die Autorinnen zeigen, dass die Schrumpfung der Hauptschule im Wesentlichen bewirkt wurde durch die Abwanderung von Mädchen und von Kindern, deren Eltern qualifizierte Beschäftigungen haben. Sozialisatorisch hat dies zwei wesentliche Bedeutungen:

> „Erstens, die Hauptschule ist weniger als früher ein Feld ‚antizipatorischer Sozialisation' (FEND u.a. 1976, S. 63), da die soziale Homogenität der Elternschaft, die sich mit der Schrumpfung der Hauptschule herauskristallisiert hat, mit einer *weiteren Verringerung* des Anspruchsniveaus, der Kompensationsmöglichkeiten der eigenen familiären Benachteiligung durch Mitschüler sowie der Möglichkeit von (positiven) Modelleffekten in Hauptschulen verbunden ist.
> Zweitens, ‚Bildung wird im Fall der Hauptschule vom erwerbbaren zum askriptiven Merkmal' (Beck 1986, S. 245) – da die ‚Treffsicherheit', dass ein Hauptschulkind aus einer sozial schwächeren Familie kommt, heute größer als früher ist. Gleichzeitig wird soziale Benachteiligung damit deutlicher als früher als ‚individuelles Versagen' legitimierbar." (SOLGA/WAGNER 2000: 20)

SOLGA und WAGNER fordern konsequenterweise eine Wiederaufnahme der Reformdiskussion der 60er und 70er Jahre und letztlich die Abschaffung der

Hauptschule als separaten Schultyp. Verantwortungsvolle Bildungspolitik sollte auf „soziale Durchmischung" und nicht auf Entmischung setzen.

5. Schulische Sozialisation als Beitrag zur Ungleichheit – Die Rolle der Lehrkräfte

Die Schule selbst trägt noch in weiteren Hinsichten zur ungleichen Belastung von Kindern und Jugendlichen bei und reproduziert damit die sozialen Ungleichheiten (vgl. PEKRUN 1994). BÜCHNER und KRÜGER konnten zeigen, dass Kinder und junge Jugendliche aus Familien mit niedrigem sozialem Status bei denjenigen, die Klassen wiederholen mussten, nicht auf ihre Wunschschule gehen konnten, Schulwechsel in Kauf nehmen mussten, versetzungsgefährdet waren und/oder Nachhilfeunterricht benötigten, stärker betroffen waren als Befragte, die aus Familien mit hohem sozialem Status kamen. Mit solchen Belastungen umzugehen, fällt jenen Kindern leichter, die persönliche Ressourcen wie z.B. positives Selbstbild, Kompetenzbewusstsein oder psychische Stabilität haben. Besonders jene, die sich auf Eltern und Lehrerinnen und Lehrer stützen können, kommen leichter mit derartigen Belastungen zurecht. Es zeigt sich jedoch, dass die belasteten Kinder auch signifikant weniger Unterstützung erfahren und zwar sowohl von ihren Eltern als auch von ihren Lehrkräften. Sie fühlten sich weniger unterstützt als Befragte, die nicht mit solchen Belastungen zu tun haben. Prüft man alle von den Kindern und Jugendlichen geäußerten Ängste und Sorgen über ihren Schulalltag bzw. ihren Bildungsgang, dann zeigt sich ganz deutlich, dass diejenigen aus den höheren sozialen Statusgruppen geringere „Sorgenwerte" haben als diejenigen aus niedrigen sozialen Statusgruppen. Für BÜCHNER und KRÜGER bedeutet dies, „dass die soziale Herkunft der Befragten eine wichtige Einflussvariable für das Auftreten von Schulangst und Angst vor schulischem Leistungsversagen ist" (BÜCHNER/KRÜGER 1996: 221). Leuchtet es durchaus ein, dass gerade Schülerinnen und Schüler, die in einer solchen Weise vom Versagen betroffen sind, selbst wenig persönliche Ressourcen haben und oft auch nicht über elterliche Stützsysteme verfügen, so verwundert es doch, dass ihnen auch in der Schule keine Hilfe angeboten wird. Denn gerade diese Schülerinnen und Schüler gaben an, am wenigsten durch ihre Lehrkräfte unterstützt zu werden (ebd.: 223).

Jürgen MANSEL und Christian PALENTIEN gingen der Frage nach, wie die Lehrkräfte selbst an der Reproduktion von Statuspositionen beteiligt sind. Die schulischen Leistungen von Kindern, ihre Selbstdefinition und damit auch ihre Entwicklung werden unmittelbar von den Erwartungen der Lehrkräfte beeinflusst. Am Rückmeldeverhalten der Lehrkräfte gegenüber schwachen und starken Schülerinnen und Schülern lässt sich dies explizit zeigen. MANSEL und PALENTIEN unterschieden zwischen Feedback, das aufgaben- oder personenbezogenes Lob oder entsprechende Kritik beinhaltete; Rückmeldungen, die Selbsthilfe stärken, d.h. Verhaltensweisen, welche die Schülerinnen und Schüler zur aktiven Problembewältigung anleitet; und schließlich Feedback, das Abhängigkeiten verstärkt. Dazu gehören Verbesserungen, die fehlerorientiert im Gegensatz zu zielorientiert sind und damit die Gefahr bergen, dass das Kind das Ziel der Aufgaben aus den Augen verliert. Weiterhin gehören das Vorsagen der Lösungen dazu, das dem Kind die Möglichkeit zur Bewältigung der Aufgabe nimmt, die räumliche Einengung der Kinder oder auch das Entfernen von Hilfsmitteln bzw. die Verhinderung ihrer Nutzung. Vergleicht man nun das Rückmeldeverhalten der Lehrkräfte, so zeigt sich, dass starke Schülerinnen und Schüler zu 50,7% mit Lob bedacht werden. 2,1% Rückmeldungen unterstützen die Selbsthilfe der Kinder, 43,6% waren Kritik und 2,6% verstärkten die Abhängigkeit. Die schwachen Schülerinnen und Schüler erhielten nur zu 35,1% Lob und zu 4,7% Feedback, das ihre Selbsthilfe unterstützte. Kritik (50,7%) und Feedback, das Abhängigkeiten verstärkte, überwogen dagegen – letzteres machte 9,5% aus.

Befragungen von versetzungsgefährdeten Kindern zeigten, dass sich diese öfter von den Lehrkräften ungerecht behandelt fühlten. Die Kritik der Lehrkräfte betraf dabei aber nicht allein die Schulleistung oder die Disziplin, sondern bezog die gesamte Person ein: Die Schülerinnen und Schüler berichteten „signifikant öfter über Konflikte mit den Lehrern nicht nur wegen ihrer Schulleistung, ihrer Unpünktlichkeit oder der als unzureichend eingeschätzten Mitarbeit, sondern auch aufgrund ihrer Kleidung oder Frisur" (MANSEL/ PALENTIEN 1998: 248).

BOURDIEU und PASSERON hatten darauf hingewiesen, dass der Habitus ein zentrales Moment für die Produktion und Reproduktion sozialer Ungleichheit durch Bildung bewirkt.

„Nur eine adäquate Theorie des *Habitus* als Ort der Verinnerlichung der äußeren Ansprüche und der Veräußerlichung der inneren Ansprüche kann die sozialen Bedingungen erhellen, aufgrund derer das Bildungswesen die von allen seinen ideologischen Funktionen am besten getarnte Funktion der Legitimierung der Sozialordnung erfüllen kann. Das traditionelle Bildungssystem verbreitet erfolgreich die Illusion, der gebildete Habitus sei ausschließlich das Ergebnis seiner Lehrtätigkeit und sei damit von allen sozialen Determinanten unabhängig, während es im Extremfall nur einen *Klassenhabitus*, der außerhalb des Bildungswesens entstanden ist und die Grundlage alles schulischen Lernens bildet, benutzt und sanktioniert. Es trägt deshalb entscheidend zur Perpetuierung der Struktur der Klassenbeziehungen bei und legitimiert sie, indem es verbirgt, dass die von

ihm produzierten Bildungshierarchien soziale Hierarchien produzieren."
(BOURDIEU/ PASSERON 1971: 222)

In der Lernausgangslagen-Untersuchung, die 1996 in allen Hamburger Klassen des fünften Jahrgangs durchgeführt wurde, lässt sich diese Reproduktion am Beispiel der Gymnasialempfehlungen verdeutlichen (LEHMANN/PEEK 1997) (vgl. Tabelle 1):

Tabelle 1: Prozentwerte und Standards für Gymnasialempfehlungen der Grundschulen („kritische Werte" im KS HAM 4/5) nach sozialen Gruppen

Gruppierung nach ...	N	Anteil der Gymnasial- empfohlenen (in %)	Gruppenspezifi- scher Standard („kritischer Wert" im KS HAM 4/5)
Bildungsabschluss des Vaters			
ohne Schulabschluss	401	15,7	97,5
Haupt-/Volksschule	2.214	26,2	82,3
Real-/Mittelschule	1.783	40,2	77,1
Fachhochschulreife	499	51,3	76,3
Abitur	2.113	69,8	65,0
Migrantenstatus			
Deutsche	9.660	41,1	77,9
Ausländer	2.445	20,4	69,5
Familiensituation			
Zwei-Eltern-Familie	7.373	43,4	76,4
alleinerziehende Mutter	1.326	33,2	82,3
Geschlecht			
Jungen	6.236	33,3	80,0
Mädchen	5.852	40,7	76,0
gesamt	**12.105**	**36,9**	**77,6**

Quelle: LEHMANN/ PEEK 1997, S. 89

Die Kinder wurden u.a. alle mit dem Hamburger Kombinierten Schulleistungstest für vierte und fünfte Klassen (KS HAM 4/5) getestet. Für die Testergebnisse lässt sich ein „kritischer Wert" ermitteln, oberhalb dessen es immer unwahrscheinlicher wird, keine Gymnasialempfehlung zu erhalten. Nach Rainer LEHMANN und Rainer PEEK kann man „diesen Wert als einen *von den Grundschulen geforderten allgemeinen Leistungsstandard* interpretieren" (ebd.: 88). Es zeigt sich eine klare Abhängigkeit dieser Leistungsstandards von der sozialen Herkunft. Kinder, deren Vater das Abitur hat, erhalten bereits bei einem Wert von 65 eine Gymnasialempfehlung, Kinder von Vätern ohne Schulabschluss benötigen dafür 97,5 Punkte. Besonders diskriminiert werden Kinder von alleinerziehenden Müttern, während Migrantenkinder eher einen Bonus erhalten. Mädchen benötigen weniger Leistung als Jungen, um für das Gymnasium empfohlen zu werden. Man kann vermuten, dass der Habitus des Kindes – sein Verhalten als schulangemessen bzw. als bildungs-orientiert – entscheidender als die tatsächliche Leistung für die Einschätzung der Lehrkräfte hinsichtlich des angemessenen Bildungsgangs ist.

BOURDIEU und PASSERON hatten einen solchen Zusammenhang bezogen auf das französische Hochschulsystem beschrieben: Lehrkräfte reproduzieren durch ihr kulturelles Verständnis von Bildung eben dieses Verständnis immer wieder.

> „Ein Student aus den mittleren Klassen, der dazu neigt, die Schulpflichten ernst zu nehmen und das seinem Milieu spezifische Berufsethos (beispielsweise den Kult gewissenhafter und mühseliger Arbeit) auf das Lernen zu übertragen, wird nach den Bildungskriterien der Elite beurteilt, die von vielen Lehrern umso be-reitwilliger übernommen werden, als sie ihr selbst erst seit ihrer ‚Bestallung‘ an-gehören. Die aristokratische Vorstellung von Bildung und intellektueller Arbeit deckt sich so weitgehend mit dem, was allgemein als vollendete Bildung angese-hen wird, dass ihr selbst jene erliegen, die Elitetheorien ablehnen, und dadurch gehindert werden, über die Forderung nach formaler Gleichheit hinauszugehen."
> (BOURDIEU/ PASSERON 1971: 41)

6. Perspektiven für Bildungspolitik und Didaktik

Was kann man überhaupt als Schlussfolgerungen aus den referierten Untersu-chungen zur sozialen Selektion des Bildungssystems für eine Didaktik zie-hen? BOURDIEU und PASSERON haben nach ihrer Analyse der französischen Ungleichheit im Bildungssystem eine „rationale Pädagogik" gefordert. Ge-meint ist damit eine Pädagogik, die auf der genauen Kenntnis der sozialbe-dingten kulturellen Ungleichheit basiert und die entschlossen ist, diese Un-gleichheit zu verringern (BOURDIEU/PASSERON 1971: 98). Für Lehrveranstal-tungen zur Literatur an der Universität machen sie deutlich, was damit ge-meint ist:

> „Ein Literaturprofessor darf sprachliche und rhetorische Virtuosität, die eben nicht ohne Grund eng mit dem Gehalt der Bildung, die er vermittelt, verbunden scheint, aber nur dann erwarten, wenn er diese Fähigkeiten als das, was sie sind, ansieht, nämlich als Techniken, die durch Übung erworben werden können, und wenn er es sich gleichzeitig zur Aufgabe macht, allen die Möglichkeit zu ihrem Erwerb zu geben. Bei der augenblicklichen Beschaffenheit der Gesellschaft und der pädagogischen Tradition bleibt die Vermittlung der intellektuellen Techniken

und Denkgewohnheiten, auf denen das Bildungswesen aufbaut, in erster Linie dem Familienmilieu vorbehalten." (Ebd.: 88).

Wenn die vorgestellten Untersuchungen als Bestätigung dafür gelesen werden können, dass eine Chancenungleichheit durch schulmäßiges Lernen abbaubar wäre, dann bedeutet die Analyse der „Illusion der Chancengleichheit" gerade nicht – wie sie damals missverstanden wurde – die Reform des Bildungssystems aufzugeben, vielmehr sie „als Königsweg zur Demokratisierung der Bildung" zu begreifen. Dies wiederum setzt voraus, dass das Bildungssystem „die ursprünglichen Unterschiede im Bildungsniveau nicht dadurch, dass es sie ignoriert, perpetuieren würde". Zur Zeit tut es dies, denn indem das Bildungssystem selbst „Schularbeiten als zu ‚schulmäßig' verwirft, wertet es die von ihm vermittelte Bildung zu Gunsten der ererbten Kultur ab, welche ohne die Spuren vulgärer Anstrengung durch die Attribute der Leichtigkeit und Grazie besticht" (ebd.: 38f). Chancenungleichheit wird derzeit in doppelter Weise bewirkt: Das Bildungssystem nimmt die durch Herkunft aus unterschiedlichen sozialen Milieus bedingten Kenntnisse und Einstellungen nicht zur Kenntnis, beachtet insofern nicht die dadurch bewirkten Fähigkeits- und Einstellungsunterschiede. Ergänzend dazu wertet es den Habitus derjenigen aus bildungsbürgerlichen Milieus höher als Leistungen, die durch harte schulische Arbeit erworben werden. An die Stelle der Leistung tritt dann die Herkunft aus sozialen Milieus als Selektionskriterium.

Jürgen MANSEL hält die Minimierung der Ungleichbewertung von intellektuellen und handwerklichen Fähigkeiten und Fertigkeiten für notwendig, wenn Schulreform dazu beitragen soll, soziale Ungleichheit zu reduzieren. Er fordert, diese Minimierung zum Ausgangspunkt zu machen und wieder „stärker unmittelbar praktische, handwerkliche und technische Komponenten in den Schulalltag auf(zu)nehmen und damit einen Bezug zur alltäglichen Lebenswelt von Personen aus allen Soziallagen her(zu)stellen" (MANSEL 1993: 54f.).

Bezieht man die gemachten Ausführungen zurück auf die Bildungsgangdidaktik, so lässt sich sagen, dass ihr Augenmerk nicht nur auf den Bildungsgang des Einzelnen zu richten ist, auf dessen Bewältigung von Entwicklungsaufgaben, sondern dass im Mittelpunkt der Analyse und auch der Handlungsmöglichkeit der Habitus der Beteiligten stehen muss. Seine Herausbildung und der Beitrag des schulischen Lernens zu seiner Reproduktion sollten in den Blick genommen werden, um auch didaktisch dazu beizutragen, Bildung für alle zu ermöglichen. Die Orientierung an den Lernenden ist dann kein abstraktes Postulat, sondern wird zur konkreten Aufgabe der Lehrenden. Sie müssen sich an den Lebenssituationen ihrer Schülerinnen und Schüler orientieren, d.h., sie brauchen Informationen darüber, wie jeweils die familiäre Situation, die Geschwisterlage, die Wohnsituation usw. - wie insgesamt also die Sozialisationsbedingungen jeder einzelnen Schülerin und jedes einzelnen Schülers aussehen.

Um solche Informationen überhaupt erheben zu können, benötigen Lehrende sowohl theoretisches Wissen über Sozialisationsprozesse wie methodische Kenntnisse über Erhebungsverfahren. Schließlich brauchen sie Reflexionskompetenzen, um die Informationen in Handlungspraxen umsetzen zu können. All dieses zu gewährleisten ist auch Sache der Qualifizierung von Lehrerinnen und Lehrern – und einer Bildungsgangforschung an der Hochschule.

Literatur

BECKER, Rolf: Bildungsexpansion und Bildungsbeteiligung. Oder: Warum immer mehr Schulpflichtige das Gymnasium besuchen. In: Zeitschrift für Erziehungswissenschaft 3 (2000a) H. 3, S. 447-479.

BECKER, Rolf: Klassenlage und Bildungsentscheidungen. Eine empirische Anwendung der Wert-Erwartungstheorie. In: Kölner Zeitschrift für Soziologie und Sozialpsychologie 52 (2000b) H. 3, S. 450-474.

BERTRAM, Hans/HENNIG, Marina: Das katholische Arbeitermädchen vom Lande: Milieus und Lebensführung in regionaler Perspektive. In: BOLDER u.a. 1996, S. 229-251.

BÖTTCHER, Wolfgang/KLEMM, Klaus: Das Bildungswesen und die Reproduktion von herkunftsbedingter Benachteiligung. In: FROMMELT u.a. 2000, S. 11-43.

BÖTTCHER, Wolfgang/KLEMM, Klaus/RAUSCHENBACH, Thomas (Hrsg.): Bildung und Soziales in Zahlen. Weinheim 2001.

BOLDER, Axel/HEID, Helmut/HEINZ, Walter R./KUTSCHA, Günter/KRÜGER, Helga/MEIER, Artur/RODAX, Klaus (Hrsg.): Jahrbuch '96 Bildung und Arbeit. Die Wiederentdeckung der Ungleichheit – Aktuelle Tendenzen in Bildung und Arbeit. Opladen 1996.

BOURDIEU, Pierre/PASSERON, Jean-Claude: Die Illusion der Chancengleichheit. Untersuchungen zur Soziologie des Bildungswesens am Beispiel Frankreichs. Stuttgart 1971.

BÜCHNER, Peter/KRÜGER, Heinz-Hermann: Schule als Lebensort von Kindern und Jugendlichen. Zur Wechselwirkung von Schule und außerschulischer Lebenswelt. In: BÜCHNER, Peter/FUHS, Burkhard/KRÜGER, Heinz-Hermann (Hrsg.): Vom Teddybär zum ersten Kuß. Wege aus der Kindheit in Ost- und Westdeutschland. Opladen 1996, S. 201-224.

EDELSTEIN, Wolfgang: Lernwelt und Lebenswelt. Überlegungen zur Schulreform. In: Neue Sammlung (2000) H. 3, S. 369-382.

FAULSTICH, Peter/FAULSTICH-WIELAND, Hannelore: Bildungsplanung und Sozialisation. Braunschweig 1975.

FAULSTICH-WIELAND, Hannelore: Individuum und Gesellschaft. Sozialisationstheorien und Sozialisationsforschung. München 2000.

FROMMELT, Bernd/KLEMM, Klaus/RÖSNER, Ernst/TILLMANN, Klaus-Jürgen (Hrsg.): Schule am Ausgang des 20. Jahrhunderts. Weinheim 2000.

GEULEN, Dieter: „Sozialisation und Auslese durch die Schule" – revisited. In: FROMMELT u.a. 2000, S. 45-58.

KLEMM, Klaus: Bildungsexpansion, Erfolge und Mißerfolge sowie Bildungsbeteiligung. In: BÖTTCHER u.a. 2001, S. 331-342.

KRAIS, Beate: Bildungsexpansion und soziale Ungleichheit in der Bundesrepublik Deutschland. In: BOLDER u.a. 1996, S. 118-146.

KRAPPMANN, Lothar: Sozialisation und Entwicklung in der Sozialwelt gleichaltriger Kinder. In: SCHNEEWIND, Klaus A. (Hrsg.): Psychologie der Erziehung und Sozialisation. Göttingen 1994, S. 495-524.

LEHMANN, Rainer/PEEK, Rainer: Aspekte der Lernausgangslage von Schülerinnen und Schülern der fünften Klassen an Hamburger Schulen. Bericht über die Untersuchung im September 1996. Behörde für Schule, Jugend und Berufsbildung, Amt für Schule Hamburg 1997.

MANSEL, Jürgen: Zur Reproduktion sozialer Ungleichheit. In: Zeitschrift für Sozialisationsforschung und Erziehungssoziologie (1993) H. 1, S. 36-60.

MANSEL, Jürgen/PALENTIEN, Christian: Vererbung von Statuspositionen: Eine Legende aus vergangenen Zeiten? In: BERGER, Peter A./VESTER, R. (Hg.): Alte Ungleichheiten – neue Spaltungen. Opladen 1998, S. 231-253.

MEYER, Meinert A.: Didaktik für das Gymnasium. Grundlagen und Perspektiven. Berlin 2000.

MEYER, Meinert A./REINARTZ, Andrea (Hrsg.): Bildungsgangdidaktik. Denkanstöße für pädagogische Forschung und schulische Praxis. Opladen 1998.

PEKRUN, Reinhard: Schule als Sozialisationsinstanz. In: SCHNEEWIND, Klaus A. (Hg.): Psychologie der Erziehung und Sozialisation. Göttingen 1994, S. 465-493.

SCHIMPL-NEIMANNS, Bernhard: Soziale Herkunft und Bildungsbeteiligung. Empirische Analysen zu herkunftsspezifischen Bildungsungleichheiten zwischen 1950 und 1989. In: Kölner Zeitschrift für Soziologie und Sozialpsychologie (2000) H. 4, S. 636-669.

SCHULZ, Andreas: Grundschule und soziale Ungleichheiten. Bildungsperspektiven in großstädtischen Regionen. In: Die Deutsche Schule 92 (2000) H. 4, S. 464-479.

SOLGA, Heike/WAGNER, Sandra: „Beiwerk" der Bildungsexpansion: Die soziale Entmischung der Hauptschule. Selbständige Nachwuchsgruppe working paper 1/2000. Max-Planck-Institut für Bildungsforschung. Berlin 2000.

Werner Helsper

Antinomien des Lehrerhandelns – Anfragen an die Bildungsgangdidaktik

Die Bildungsgangdidaktik[1] stellt den Versuch dar, die Allgemeine Didaktik radikal aus der Perspektive der Lernenden zu reformulieren (vgl. MEYER 1999, 2000, MEYER/REINARTZ 1998). Dieses Anliegen wird verbunden mit der Kritik, dass die bestehende Didaktik die Lernenden, ihre Lernvoraussetzungen, lebensweltlichen und biographischen Hintergründe kaum zur Kenntnis genommen habe, ja, wie GRUSCHKA formuliert, die eigentlichen Bildungsprozesse Heranwachsender gar nicht kenne (GRUSCHKA 1992). Dieses Anliegen und diese Kritik teilt die Bildungsgangdidaktik wiederum mit einer Reihe anderer didaktischer Positionen, insbesondere aus dem Spektrum der so genannten subjektorientierten Didaktiken (vgl. RUMPF 1987, HOLZBRECHER 1997, 1999).

Dabei ist m.E. die Bildungsgangdidaktik als Entwurf einer Allgemeinen Didaktik ein sehr anspruchsvolles, ideales und zugleich zutiefst normatives Anliegen, das gleichzeitig auch mit dem starken Anspruch einer „Handlungswissenschaft" auftritt und eine umfassende Verbesserung und Reorganisation des Unterrichtens verspricht:

> „Wir betrachten die Didaktik überwiegend als eine Handlungswissenschaft. Sie soll Lernenden (Schülern, Studierenden und Referendaren) und Lehrenden (an Schule und Hochschule) dabei helfen, Unterricht gut zu gestalten." (MEYER 1999: 125)

Die Bildungsgangdidaktik vermag dies in besonderer Weise, weil sie Biographie und Gesellschaft in ihrem Konzept vermittelt, den Blick auf die subjektiven Lernvoraussetzungen der Lernenden richten kann, den Unterricht – in Form von Zielen, Inhalten, Methoden und Organisationsformen –, die Curricula und die gesellschaftlichen Anforderungen aus der Sicht individueller Bildungsgänge entwirft und dabei die „Entwicklungsaufgaben" und die „Erziehung" aus der Perspektive der „nachwachsenden Generation" als ein exploratives, offenes Programm begreifen kann:

---

1 Wenn ich von Bildungsgangdidaktik spreche, beziehe ich mich dabei vor allem auf die Arbeiten von Meinert A. MEYER, wohl wissend, dass es mit Andreas GRUSCHKA, Hagen KORDES u.a. weitere zentrale Vertreter einer Bildungsgangdidaktik gibt. Meine kritischen Hinweise sind somit vor allem als Anmerkungen zur bildungsgangdidaktischen Variante von Meinert A. MEYER zu lesen.

„Zielsetzung der Bildungsgangdidaktik als Handlungswissenschaft für praktizierende und zukünftige Lehrerinnen und Lehrer ist die Erforschung der Bildungsprozesse Heranwachsender aus der Perspektive des Lehrens und Lernens." (ebd.:
128)

Ich werde nun in einem ersten Schritt das Anliegen der Bildungsgangdidaktik
aus der Perspektive des Ansatzes der Antinomien des Lehrerhandelns, den ich
dafür knapp skizzieren werde (vgl. umfassender HELSPER 1996, 2000a,
2000b, HELSPER/BÖHME/KRAMER/LINGKOST 2001), reformulieren und die
Verbindungen zwischen Bildungsgangdidaktik und dem Konzept der Antinomien verdeutlichen. Zweitens werde ich im Anschluss daran nach den Antinomien der Bildungsgangdidaktik fragen. Und drittens werde ich abschließend eine Kritik an der Bildungsgangdidaktik aus der Perspektive der Antinomien des Lehrerhandelns entwerfen.

1. Die Bildungsgangdidaktik und die Antinomien des pädagogischen Lehrerhandelns

Das Denken in Antinomien oder Widersprüchen ist der pädagogischen Reflexion keinesfalls unvertraut. Denn in zahlreichen sozial- und erziehungswissenschaftlichen Positionen werden Widersprüche, Antinomien oder Paradoxien als zentral für pädagogisches Handeln begriffen (vgl. etwa GRUSCHKA
1997, WINKEL 1988). So spricht Fritz OSER im Rahmen seiner diskurspäda-
gogischen Konzepte und im Zusammenhang mit dem Lehrerethos davon, dass
Lehrer versuchen, die Zukunft als „vorwegzunehmende Ausbalancierung
antagonistischer Verpflichtungsaspekte" (OSER 1998: 24) zu entwerfen, die
doch stets prekär bleiben und „in den Kampf verschiedener Interessensan-
sprüche hineingeworfen werden" (ebd.). Andreas GRUSCHKA geht vom Anta-
gonismus von Wärme und Kälte im schulischen Handeln aus, den er unter
gegenwärtigen gesellschaftlichen Bedingungen als unlösbar entwirft, und
unterscheidet vier fundamentale schulische Widerspruchsverhältnisse, die um
Allgemeinbildung, Gerechtigkeit, Mündigkeit und Solidarität zentriert sind
(vgl. GRUSCHKA 1994, 1997). Immer wieder wird auf die Dilemmata und
Widersprüche verwiesen, in die Lehrer hinsichtlich der Selektionsfunktion
der Schule und ihrer Notenbeurteilung gestellt sind (vgl. TERHART u.a. 1999).
Und nicht zuletzt ist das antinomische Denken im Anschluss an die Formulierung der Grundantinomie des Pädagogischen bei KANT erfolgt:

„Eines der größten Probleme der Erziehung ist, wie man die Unterwerfung unter
den gesetzlichen Zwang mit der Fähigkeit, sich seiner Freiheit zu bedienen, ver-

einigen könne. Denn Zwang ist nötig! Wie kultiviere ich die Freiheit bei dem Zwange?" (KANT 1803/1982: 20)

Diese grundlegende Antinomie von Heteronomie und Autonomie ist immer wieder zum Gegenstand der Reflexion gemacht und reformuliert worden (vgl. etwa NOHL 1988, BENNER 1987, KEUFFER 1997, MEYER/SCHMIDT 2000). Schließlich sind es professionstheoretische Ansätze unterschiedlicher theoretischer Couleur – vor allem systemtheoretische (vgl. LUHMANN 1996, STICHWEH 1996), symbolisch-interaktionistische (vgl. SCHÜTZE 1996, SCHÜTZE 2000) und strukturtheoretische (vgl. OEVERMANN 1996, 2000), die auf grundlegende Paradoxien des professionellen Handelns verweisen.

Nun bleiben im Anschluss an diese Konzepte grundsätzliche Fragen offen: Auf welcher Ebene werden die antagonistischen Spannungen oder Widersprüche angesiedelt? Sind sie konstitutiv für jedwedes pädagogische Handeln oder sind sie eher Ausdruck spezifischer gesellschaftlicher Widerspruchsverhältnisse und damit „aufhebbar"? Sind sie eher auf einer systemischen, einer makrostrukturellen, einer institutionellen oder einer interaktiven Ebene anzusiedeln? Wie wird die grundlegende Bedeutung des Denkens in Widersprüchen oder Antinomien theoretisch begründet? Wie lassen sich Antinomien, Widersprüche, Dilemmata, Ambivalenzen bzw. Paradoxien unterscheiden oder sind dies lediglich auswechselbare Begriffe, die das Gleiche meinen? Schließlich: Welche Antinomien des professionellen Handelns von Lehrerinnen und Lehrern können unterschieden werden?

Mein Konzept der pädagogischen Antinomien des Lehrerhandelns steht in der Tradition struktur- und professionstheoretischer Theoriebildung (vgl. OEVERMANN 1996, 2000, SCHÜTZE u.a. 1996, SCHÜTZE 2000, COMBE 1996, 1999), wobei ich allerdings im Unterschied zu OEVERMANN, der von „widersprüchlicher Einheit" spricht, und von SCHÜTZE, der konstitutive Paradoxien annimmt, hier von grundlegenden Antinomien spreche. Dabei gehe ich mit beiden Positionen davon aus, dass sich auf einer ersten Ebene bereits in den Strukturen der alltäglichen sozialen Praxis bzw. des sozialen Handelns grundlegende Antinomien rekonstruieren lassen:

- Etwa die Antinomie von Entscheidungszwang und Begründungsverpflichtung, also die ständige Notwendigkeit entscheiden zu müssen. Jedem Handeln liegen implizite oder explizite Entscheidungen, also die selektive Realisierung einer Möglichkeit aus verschiedensten Optionen, zu Grunde, ohne dass in der jeweiligen Entscheidungssituation bereits hinreichende Begründungen der selektiven Wahl vorliegen, die jedoch zu jedem Zeitpunkt eingefordert werden und damit als vorliegend unterstellt werden können.

- Oder: die Zuschreibung von Vertrauen als Voraussetzung sozialen Handelns, das selbst erst Ergebnis sozialen Handelns sein kann, ohne dessen Unterstellung aber erst gar nicht die Grundlage sozialen Handelns geschaffen würde, in dem sich erst Vertrauen als erfahrungsgesättigte soziale Emotion entwickeln kann.

An diesen, gleichsam in die soziale Praxis konstitutiv eingelassenen Antinomien hat das professionelle Handeln als eine potenzierte Praxis teil, als eine soziale Praxis, die als eigene autonome Lebenspraxis zugleich stellvertretend in die Lösung lebenspraktischer Krisen Anderer involviert ist, die noch nicht, vorübergehend nicht oder nicht mehr zur Wahrung und Realisierung ihrer lebenspraktischen Autonomie fähig sind. Es ist also verantwortliches und tief eingreifendes soziales Handeln für eine andere Lebenspraxis. Zugleich ist das professionelle Handeln durch Antinomien gekennzeichnet, die daraus resultieren, dass es einen Handlungstypus bildet, der gegenüber „Fremden" ein soziales Handeln vorsieht, wie es eigentlich lediglich in Vergemeinschaftung stehenden Akteuren vorbehalten ist. Professionelle treten also häufig in organisatorischen Rahmungen als distanzierte „Fremde" auf und vollziehen zugleich Handlungen, die typisch für nahe Beziehungen sind. Hierzu gehören etwa die Antinomien von

- *Nähe und Distanz*: Einerseits sind Lehrer für Schüler gerade keine vertrauten, nahen Personen, denn Lehrer müssen sich auf Schüler gerade in einer universalistischen, alle gleichermaßen achtenden Haltung beziehen. Ihnen muss – im Unterschied zu Eltern, nahen Freunden usw. – jeder Schüler gleich bedeutsam sein. Andererseits beziehen sich Schüler – vor allem je jünger sie sind – auf ihre Lehrer nicht als universalistische distanzierte Rollenträger, sondern partikularistisch als persönliche Gegenüber. Und Lehrer müssen sich, um individuelle Bildungsprozesse zu ermöglichen, in diesem Sinne von Schülern „verwenden" lassen, situativ immer wieder Nähe erzeugen, indem sie an der Person, ihren biographischen und lebensweltlichen Hintergründen orientiert handeln.
- *Differenzierung und Homogenisierung/Generalisierung*: Einerseits müssen Lehrer in ihren Vermittlungsprozessen zwischen Schülern differenzieren, sie hinsichtlich ihrer Lernausgangsbedingungen, -möglichkeiten und -ressourcen, ihrer je spezifischen Stärken und Schwächen unterscheiden. Andererseits müssen Lehrer die differenzierten, höchst unterschiedlichen Schüler „homogenisieren", etwa hinsichtlich von Anfang und Ende, von Lernzeiten und -abläufen und von Lerngegenständen.

Das professionelle Handeln, auch das pädagogische von Lehrern und Lehrerinnen, ist nun in besonderem Maße durch diese Antinomien strukturiert, weil es eine Lebenspraxis für andere Lebenspraxen darstellt bzw. als „stellvertretende Krisenlösung", die die lebenspraktisch-autonome Krisenbewältigung der anderen möglich macht, tiefreichend in die psychosoziale Integrität etwa der Schüler eingreift. So müssen Lehrer das einmal erreichte Wissens- und Kompetenzniveau von Schülern irritieren, einmal erreichte „Gewissheiten" destruieren, also „Bildungskrisen" in der Erzeugung des „Neuen" freisetzen, um Bildungs- und Erkenntnismöglichkeiten immer wieder offen zu halten.

Antinomien sind in diesem Verständnis nicht – wie etwa in logischen oder mathematischen Zugängen – auflösbare Unklarheiten, Mängel der rationalen Stringenz, Denksport-Rätsel oder Ebenenprobleme, und damit durch eine umfassende Anstrengung der Vernunft zu behebende Irrtümer oder reine Beobachtungsfolgen (vgl. LUHMANN 1997), sondern konstitutiv für das pädagogische Lehrerhandeln. Der Versuch ihrer Aufhebung käme somit der Aufhebung pädagogischen Handelns gleich (vgl. WIMMER 2000).

Ich unterscheide nun die folgenden grundlegenden, konstitutiven Antinomien des Lehrerhandelns: auf der *ersten Ebene* die Antinomien von

- Symmetrie – Asymmetrie (Symmetrieantinomie),
- Praxis – Reflexion (Praxisantinomie),
- Entscheidung – Begründung (Begründungsantinomie),
- Rekonstruktion – Subsumtion (Subsumtionsantinomie),
- Ungewissheit – Gewissheit (Ungewissheitsantinomie),
- Vertrauen – Misstrauen (Vertrauensantinomie);

auf der *zweiten Ebene* – als Ausdruck der diffus-spezifischen Lagerung – die Antinomien von

- Nähe – Distanz (Näheantinomie),
- Person – Sache (Sachantinomie),
- Differenzierung – Homogenisierung (Differenzierungsantinomie),
- Interaktion – Organisation (Organisationsantinomie),
- Autonomie – Heteronomie (Autonomieantinomie).

Von diesen konstitutiven Antinomien grenze ich Widerspruchskonstellationen, Dilemmata und Paradoxien ab. Das professionelle pädagogische Handeln ist damit gekennzeichnet durch

- konstitutive, durch keine sozialen Reformen, Revolutionierungen oder Transformationen oder noch so idealtypische Konzepte aufhebbare *Antinomien* (vgl. oben);
- *Widersprüche*, die mit der sozialen Institutionalisierung und Organisationsform der Schule einhergehen, die also veränderbar und „aufhebbar"

sind und in denen die konstitutiven Antinomien eine schulsystemspezifi-
sche Ausgestaltung erfahren;

- *Dilemmata* als Ausdruck der fallspezifischen und berufsbiographischen
  Auseinandersetzung mit diesen Antinomien und Widersprüchen im Kontext konkreter, einzelschulspezifischer Schulkulturen und Akteursgrup-
  pen in Lehrerkollegien;

- *Handlungsparadoxien* im Sinne der „pragmatischen Paradoxien" (vgl.
  WATZLAWICK u.a. 1969) als zugespitzten, ausweglosen Verstrickungen
  des pädagogischen Handelns, die um so näher liegen, je weniger die so-
  zial-organisatorischen, die schulkulturellen und die berufsbiographischen Grundlagen einer pädagogischen Professionalität geklärt sind und
  je stärker die organisatorischen Widerspruchskonstellationen die reflexive Auseinandersetzung mit den konstitutiven Antinomien belasten (vgl.
  HELSPER 2000a, 2000b, HELSPER/BÖHME/KRAMER/LINGKOST 2001).

Die Bildungsgangdidaktik bezieht sich in ihren Forderungen implizit auf eine
ganze Reihe der skizzierten Antinomien. Ich greife einige Antinomien exemplarisch heraus. So formuliert Meinert A. MEYER in seiner Auseinandersetzung mit bildungstheoretischen Überlegungen PEUKERTs, dass die Bildungsgangdidaktik radikal aus der Perspektive der neuen, mit offenen Anfängen
versehenen, nachwachsenden Generation entworfen werden muss: So sollten

> „wir die radikale Selbstbestimmung der nachwachsenden Generation im Rahmen
> einer Ethik solidarischer Kommunikation mit Blick auf Entwicklungsaufgaben
> und empirisch zu erhebende Bildungsgänge zu beschreiben versuchen" (MEYER
> 1999: 130).

Die „radikale Selbstbestimmung" besitzt einen deutlichen Bezug zu den
grundlegenden Antinomien von Symmetrie vs. Asymmetrie und Autonomie
vs. Heteronomie. Hier plädiert die Bildungsgangdidaktik entschieden für
Autonomie, auch wenn das Lernen als „Selbständigkeit und Unselbständig-
keit zugleich" aufgefasst wird (ebd.: 130), und für eine Symmetrisierung der
Lehrer-Schüler-Interaktionen, die im Kontext einer „Ethik solidarischer
Kommunikation" auch ein implizites deutliches Plädoyer für eine starke Orientierung an Gegenseitigkeit und damit an Vertrauen und Nähe beinhaltet.

Daneben soll im Rahmen der Bildungsgangdidaktik „aus der Perspektive
der Lernenden heraus" erforscht werden,

> „wie die Unterrichtsinhalte konstituiert werden, wie im Unterrichtsprozess Ver-
> stehen zustande kommt, wie und wann sich Schüler und Lehrer verstehen oder
> missverstehen ..." (ebd.: 130).

Diese „Orientierung auf die lernenden Subjekte als Akteure des Unterrichts"
fokussiert darauf, wie die Unterrichtsinhalte in Form von Deutungen von

Welt und Sache im Unterrichtsprozess durch die Aneignerseite konstruiert und transformiert werden (ebd.: 131). Auch hier erfolgt – wie durchgängig in der Argumentation – ein Plädoyer für Autonomie, aber auch eine deutliche Favorisierung eines verstehenden, an den konkreten Personen und Lerngeschichten orientierten Zugangs, also eine Option für „Rekonstruktion". Zugleich ist damit auch ein Votum für einen offenen Umgang mit Ungewissheit im Rahmen der Ungewissheitsantinomie formuliert. Denn im Konzept der Bildungsgangdidaktik erscheint die didaktische Vermittlungsseite der Lehrer in ihrer Wirkungsmächtigkeit deutlich relativiert und in der Realisierung ihrer Absichten grundlegend mit Kontingenz geschlagen und steht daher „in Opposition zu didaktischen Allmachtsphantasien" (MEYER/REINARTZ 1998: 305): Die Konstitution und Konstruktion der Lernvorgänge und Lerngegenstände selbst ist wesentlich ein Vorgang auf der Aneignerseite der Schüler. Die Bildungsgangdidaktik führt also Ungewissheit – die Kontingenz des Vermittelns (vgl. KADE 1997) – als Strukturmoment pädagogischen Handelns in die Didaktik ein. Dies impliziert auch eine Positionierung gegenüber der Antinomie von Person und Sache: Die Bildungsgangdidaktik bezieht eindeutig Stellung für die Person. Nicht die Fachsystematik, abstrakte Fächerstrukturen oder der Fächerkanon bilden den Bezugspunkt, sondern die biographischen und individuellen Zugänge zu Lerngegenständen.

Dies findet seine Fortsetzung in der Forderung, dass die Schüler im Rahmen der Bildungsgangdidaktik selbst als didaktisch und methodisch kompetente Akteure der Lerngestaltung begriffen werden sollen. So sollen die Schüler dabei unterstützt werden, selbst Lernmethoden zu entwickeln (ebd.: 132). Bildungsgangdidaktisch orientierte Lehrer sollten

> „die Schüler bei der Konkretisierung ihrer Zielsetzungen, bei der Bestimmung der Lernaufgaben und bezüglich der Methodik des Lernens tatkräftig unterstützen. Sie sollten die Lernerautonomie (...) fördern, obwohl, oder – besser gesagt – weil sie wissen, dass sie nur dann erfolgreich sein werden, wenn sie mit den Lernenden aushandeln, was ihr Lernprogramm sein soll" (ebd.: 132f.).

Das impliziert, dass die organisatorischen Strukturen der Schule als „geronnene" didaktische und methodische Entscheidungen geöffnet und flexibilisiert werden müssen (ebd.: 133). Auch hier findet sich wiederum die eindeutige Stärkung der „Aneignungsseite", also Autonomie, Symmetrie, Konstruktion und Rekonstruktion, Person etc. Allerdings wird der Blick auch erweitert für die Antinomien der Organisation und Interaktion einerseits sowie der Differenzierung/Individualisierung und Homogenisierung andererseits. Hier votiert die Bildungsgangdidaktik wiederum für die Stärkung der interaktiven Offenheit und des kommunikativen Aushandelns sowie für die individualisierende

Differenzierung und gegen organisationsförmige, abstrakte Routinisierungen und Homogenisierungen der Lernabläufe und -gegenstände.

Dem entspricht konsequent die Forderung nach einer Revision der abstrakten Konstruktion verbindlicher Curricula: So kritisiert die Bildungsgangdidaktik,

> „dass prinzipiell in der Gestaltung der Lehrpläne die Interessen der Lernenden
> negiert worden sind und dass schon allein aus diesem Grunde die Lehrpläne und
> Curricula verfehlen, was für die wahren Bildungsprozesse der Lernenden konsti-
> tutiv ist" (ebd.: 134).

Während bislang die Heranwachsenden in der Erstellung von Curricula nur „als Störgröße vorkommen" (ebd.), gehe es um eine Umkehrung der Perspektive: Lehrer müssten durch Verhandlungen und „Lernverträge" (ebd.) Curricula aus der Perspektive der Lernenden und zusammen mit diesen gestalten.

Damit lässt sich die Bildungsgangdidaktik in all ihren zentralen Bestimmungen und Orientierungen stringent an die Überlegungen zur antinomischen Struktur des pädagogischen Lehrerhandelns anschließen. An vielen Stellen bezieht sie sich implizit oder explizit auf Antinomie, ja sie formuliert implizit Konstellationen pädagogischer Antinomien, für die sie Lösungen und angemessene Haltungen ausformuliert. Sie stellt dabei eine didaktische Theorie dar, die – bezogen und ausgelegt auf das Konzept der pädagogischen Antinomien – für eine spezifische Ausgestaltung dieser Antinomien durch den Lehrer votiert. Die Richtung dieser Ausgestaltung ist eindeutig: Bezogen auf die oben skizzierten Antinomien schlägt die Bildungsgangdidaktik sich durchgängig auf die „linke Seite" der antinomischen Spannungen, also auf die Seite von Symmetrie, Rekonstruktion, Ungewissheit, Person, Differenzierung, Autonomie etc. Sie steht damit in der Linie idealer, an Selbsttätigkeit und Selbstbildung orientierter reformpädagogischer und kritisch-erziehungstheoretischer Denktraditionen. Dabei bezieht sie sich auch in der Praxisantinomie mit dem Votum, eine Handlungswissenschaft für die „gute Gestaltung" des Unterrichts zu sein, eindeutig auf der Praxisseite: Sie beansprucht damit, direkt praktisch wirksam und bedeutsam zu werden.

2. Die Antinomien der Bildungsgangdidaktik

Die Bildungsgangdidaktik lässt sich also im Spannungsfeld der konstitutiven pädagogischen Antinomien verorten. Dabei stellt sie allerdings keine Rekonstruktion dieses Spannungszusammenhangs dar, sondern schlägt – im Sinne einer Anleitung für eine bessere schulische Praxis – eine spezifische „Lösung" für das Lehrerhandeln im Feld der Antinomien vor. Implizit ist darin unterstellt – obwohl an anderen Stellen die Rekonstruktion der pädagogischen Handlungs- und der subjektiven Bildungsprozesse gerade erst eingefordert wird – dass die vorgeschlagene „Auflösung" der Antinomien die angemessenste Form der Ausgestaltung guten Unterrichts darstelle. Nun lassen sich – so meine Position – die Antinomien gerade nicht auflösen, sondern in jeder spezifischen „Lösung" der antinomischen Grundspannungen ergeben sich wiederum neue Spannungsmomente und Dilemmata für die konkreten Lehrer. Von daher ist zu fragen, durch welche Antinomien die Bildungsgangdidaktik in ihrem idealen Entwurf einer Auflösung der Antinomien gekennzeichnet ist: Was sind die Antinomien der Bildungsgangdidaktik im Gefolge ihrer Positionierung im Spektrum der pädagogischen Antinomien, mit der sie die verbesserte schulische Bildungspraxis im Visier hat? Dies soll im Folgenden anhand einiger antinomischer Konstellationen reflektiert werden.

Einen ersten Komplex bildet etwa das Votum für Symmetrie, Nähe, Autonomie und Orientierung an der Person: Damit wird Lehrern eine Haltung gegenüber ihren Schülern empfohlen und nahe gelegt, die eine große Nähe zu den Schülern darstellt, sollen die Lehrer sich doch um die einzigartige, besondere Bildungsgeschichte ihrer Schüler bemühen, was eine entsprechende Kenntnis der besonderen, auch der familiären, außerschulischen, individuellen Biographie impliziert. Damit rücken Lehrer aber ihren Schülern „nah auf den Leib", stehen im Begriff, die Grenzlinie von diffusen und spezifischen Orientierungen in die Privatheit der Schüler hinein auszudehnen. In dieser Näheorientierung entstehen für Lehrer neue Dilemmata, die eher darum gerankt sind, wie sie mit diesem „intimen Wissen" umgehen sollen, wo die Grenze zu ziehen ist, wo Schüler dies nicht mehr als persönliches Interesse, sondern als aufdringliches Eindringen erfahren und sich gerade reaktiv verschließen, ob darin nicht auch neue Verletzlichkeiten und disziplinierende Potenziale entstehen etc. Dies ahnt auch die Bildungsgangdidaktik, wenn im Rahmen des Nachdenkens darüber, wofür Schule zuständig sei, zu lesen ist:

> „Dazu gehört auch, dass die Schüler Anspruch darauf haben, dass nicht alles, was sie interessiert und bewegt, in der Schule veröffentlicht werden muss." (MEYER/REINARTZ 1998: 305)

Daneben aber impliziert der Rat zu größerer Nähe für die Lehrer auch, dass sie diese Haltung in ihrem Lehrerhabitus authentisch zur Geltung bringen müssen. Damit kann dies aber nicht als verallgemeinerbarer Rat erfolgen, sondern dies ist nur mit Rekurs auf die konkrete Person des Lehrers und damit letztlich von ihm selbst zu entscheiden. Zwar ist die Balancierung von Nähe und Distanz, von Diffusität und Spezifität in den Lehrer-Schüler-Beziehungen ein Strukturmoment der Lehrerprofessionalität. Aber es kann gerade nicht abstrakt und allgemein abgeleitet werden, wie diese Balancierung in Richtung Distanz bzw. Nähe jeweils erfolgen soll.

Fraglich ist aber nicht nur, ob man Lehrern generell – ohne ihre eigene spezifische Bildungsbiographie, Lebensgeschichte und berufliche Habitusbildung zu kennen – eine derartige Haltung empfehlen soll. Vielleicht können ja viele Lehrer angemessener und „professioneller" mit einem höheren Grad an Distanz umgehen. Vielmehr ist gleichermaßen zu berücksichtigen, ob eine derartige Haltung angesichts ungelöster Widerspruchsverhältnisse auf der Ebene der sozialen Organisation der Schule zwischen Disziplinar- und Kontrollinstanz einerseits und Bildungsinstitution andererseits überhaupt generell empfohlen werden kann, ohne damit nicht gleichermaßen die Lehrer-Schüler-Beziehungen für subtilere und modernisierte Varianten einer Disziplinierungsmacht durch Öffnung der Subjekte und Verstehen ihrer Ausgangslage (vgl. FOUCAULT 1976) anfälliger zu gestalten bzw. die Lehrer-Schüler-Beziehungen für die Schüler und für die Lehrer verletzlicher anzulegen. Eine Nähe-, Symmetrie- oder Autonomieempfehlung hat die Ebene der organisatorischen Widersprüche und der jeweiligen schulkulturellen Akteure mit einzubeziehen.

Einen zweiten Zusammenhang bildet das Plädoyer für die Rekonstruktion des Besonderen, also für das am Einzelnen orientierte umfassende Verstehen, für Ungewissheit in der Didaktik – Didaktik als der Versuch, „das Unplanbare zu planen" (MEYER/REINARTZ 1998: 304) – sowie für Differenzierung und den offenen Umgang mit Pluralität und Differenz. Auch hier schlägt ein impliziter normativer Entwurf des guten Lehrers und Unterrichts in der Bildungsgangdidaktik durch: Dabei wird unterstellt, dass Lehrer sich möglichst weit von routinisierten, standardisierten Deutungen und Erklärungen, also von subsumtionslogischen oder Schema-F-Mustern entfernen müssen, um möglichst offen und „rekonstruktiv" die individuellen Bildungsgänge ihrer Schüler für die Gestaltung individueller Bildungsverläufe aufschließen zu können. Zugleich wird Lehrern damit empfohlen, sich möglichst offen und flexibel in den didaktischen Planungsprozessen zu bewegen und in hohem Maße Ungewissheit zuzulassen. Dieses Votum impliziert nun, dass Lehrer sich möglichst umfassend der Komplexität schulischer Kommunikationsprozesse aussetzen sollen. Auch dies ist wiederum nur mit Rekurs auf die spezifische Individualität von Lehrern und deren spezifischen professionellen Habitus zu formulieren. Es kann nicht ausgeschlossen werden, dass diese Empfehlung für einen relevanten Teil der Lehrer eine Orientierung nahe legt, die sie gerade in ihrem Unterricht in manifeste Krisen führt, weil sie auf jene Sicherungen und Routinen verzichten sollen, die ihnen ein für sie erträgliches Maß an Handlungssicherheit ermöglichen. Nun bewegen sich Lehrer in komplexen kommunikativen Zusammenhängen. OEVERMANN bestimmt m.E. zu Recht, ähnlich wie übrigens DATLER aus einer psychoanalytischen Perspektive, dass das therapeutische Handeln ein Sonderfall des pädagogischen sei (als Nachbildungs- bzw. -sozialisationsprozess) und das pädagogische Handeln – etwa unter Gesichtspunkten der Übertragung und des interaktiven Settings – weit komplexer sei als das therapeutische (vgl. OEVERMANN 1996, DATLER 1995). Wenn bereits für den therapeutischen Kontext ein aufwändiger Bildungsprozess hinsichtlich der Ausbildung einer interpretativen Virtuosität betrieben werden muss und dabei selbst das therapeutische Handeln nicht ohne subsumtive Züge auskommen kann, inwiefern führt dann eine eindeutige Betonung des verstehenden Zugangs zum Besonderen in den schulischen Rahmungen zu neuen Dilemmata? Der Vorschlag der Bildungsgangdidaktik, sich als Lehrer im Spannungsfeld der Antinomien zu positionieren, impliziert für jene Lehrer, die sich daran orientieren, eine immense Steigerung an Komplexität, an zu bewältigender Differenz und Vielfalt sowie der Berücksichtigung und Verschränkung zahlreicher Perspektiven. Dies birgt aber nun neue Scheiternsrisiken in sich, die nicht – wie beim subsumtiv orientierten Lehrer – aus der systematischen Ausblendung des Besonderen resultieren, sondern Ergebnis dessen sind, dass die Komplexität der interpretativen Prozesse nicht mehr in Handeln eingeholt werden kann, also das Handeln unter einem Zuviel an Verstehen, Differenz und Besonderheit in der Gefahr steht, zu kollabieren. Das implizite Votum gegen Routine, Schema-F, Abstraktion vom Besonderen und gegen Homogenisierung entkleidet das pädagogische Handeln seiner entlastenden Dimensionen und belastet den Lehrer mit dem unmöglichen Programm einer Kompensation durch Verstehen. Diese Problematik ihrer Optionen scheint auch die Bildungsgangdidaktik selbst zu reflektieren, wenn festgestellt wird:

„Der Prozeß des didaktischen Wissenserwerbs muss so gestaltet werden, dass er unser Handeln nicht blockiert, sondern befördert. Wer immer nur über die Sinnhaftigkeit oder Unzumutbarkeit, die Richtigkeit oder die Gefährlichkeit seines Tuns nachsinnt, vertut die Chance, sein Lehren zu gestalten." (MEYER/REINARTZ 1998: 310)

Der entscheidende Punkt ist nicht die abstrakte Forderung nach einem umfassenden Verstehen, sondern vielmehr die Eröffnung von Möglichkeiten und Kompetenzen, zu den eigenen unhintergehbaren Routinen reflexiv Stellung beziehen zu können, sich mit den Augen eines unbeteiligten Dritten befragen und damit das eigene Handeln, seine subsumtiven Kategorisierungen einer methodisierten Befremdung in handlungsentlasteten Zonen der Reflexion aussetzen zu können.

All dies mündet letztlich in ein ungeklärtes Verständnis der Bildungsgangdidaktik zwischen Praxis/Handeln und Wissenschaft/Reflexion, zwischen rekonstruktiver und dekonstruktiver Analyse einerseits und Anleitung der Praxis andererseits. Ich behaupte, dass im Hintergrund die unzureichende Reflexion der Praxisantinomie steht. Dies findet seinen Ausdruck im hohen Anspruch, eine „Handlungswissenschaft" zu sein, also einen direkten Beitrag zur Verbesserung des Unterrichts zu erbringen. So wird die Relevanz der Bildungsgangdidaktik und des Schreibens über Bildungsgangdidaktik unmittelbar darin gesehen, inwiefern sie „für die Verbesserung der pädagogischen Praxis dienlich ist" (MEYER/REINARTZ 1998: 303). Damit aber bindet sich Bildungsgangdidaktik als Theorie daran, inwiefern sie Änderung bewirken kann. Dies ist aber nicht das Kriterium der Reflexion oder der methodisierten Erkenntnisbildung als Theorie, die diese Möglichkeit einer Veränderung der Praxis durch Theorie nie in der Hand haben kann. Das Kriterium der Bildungsgangdidaktik als erziehungswissenschaftlicher Theorie wäre vielmehr darin zu sehen, inwiefern Erkenntnisse über die Praxis generiert werden, die Gültigkeit beanspruchen können und, solange sie nicht widerlegt oder begründet kritisiert sind, als wahr zu gelten haben. In diesem Sinne könnte Bildungsgangdidaktik dann ihr Geschäft darin sehen, begründet, intersubjektiv nachprüfbar und methodisiert die Bildungsgänge von Heranwachsenden zu rekonstruieren und darin etwa die Bildungsgangrelevanz von unterschiedlichen Lehrern herauszuarbeiten und etwa die Frage zu bearbeiten, inwiefern es den „idealen Lehrer" für die Bildungsgangdidaktik überhaupt geben kann oder ob man als Lehrer „viele" sein müsste, um den idealen Lehrer darstellen zu können. Die Bildungsgangdidaktik könnte in dieser Rekonstruktion dann einen reflexiven Blick auf praktische pädagogische Konstellationen eröffnen, die in Form einer fallrekonstruktiven Erschließung des Konkreten der schulischen Praxis (vgl. KORDES 1998, OHLHAVER/WERNET 1999, BECK u.a. 2000) eine reflexive Auseinandersetzung mit pädagogischen Praxisprozessen erlaubt und über diesen „Umweg", ohne Sicherheit und immer verbunden mit der Ungewissheit ihrer Wirksamkeit, eine Relevanz für die Praxis erhalten könnte. Diesen Weg einer Beschränkung auf rekonstruktive Reflexion beschreitet die Bildungsgangdidaktik allerdings nicht. Vielmehr entwirft sie ein normatives Idealkonstrukt: Jeder Lehrer – so die Forderung – muss

> „die Bildungsgänge seiner/ihrer Schülerinnen und Schüler erforschen, so gut das geht, um ihnen dabei zu helfen, ihre eigenen Entwicklungsaufgaben zu lösen. Bildungsgangdidaktik unterscheidet sich von anderen didaktischen Modellen dadurch, dass sie den Blick über das Ziel eines erfolgreichen, runden, guten Unterrichts hinauslenkt auf die Lern- und Lebensgeschichten der Heranwachsenden, auf ihren Bildungsgang." (MEYER/REINARTZ 1998: 309)

Damit ist implizit das Votum für einen guten Lehrer entworfen und gerade die Rekonstruktion vielfältiger und facettenreicher pädagogischer Konstellationen zwischen Lehrern und Schülern umgangen. Mit der Fokussierung des Lehrers auf die Lebensgeschichte nimmt die Bildungsgangdidaktik – als pädagogische Aufgabe des bildungsgangdidaktisch orientierten Lehrers – zudem etwas in den Blick, was sich der pädagogischen Machbarkeit entzieht, aber im Rahmen der Bildungsgangdidaktik gerade als „unmögliches Programm" des Lehrers formuliert wird. Er gilt nur dann als guter Lehrer, wenn er dieses unmögliche Programm in Angriff nimmt.

Insofern bleibt kritisch anzumerken, dass die vom jeweiligen Lehrer nur individuell zu erbringende und zu verantwortende Positionierung im Spektrum der Antinomien von Seiten der Bildungsgangdidaktik nicht nur abstrakt vorentschieden wird, sondern auch eine Lösung nahe gelegt wird, die nicht genügend zwischen den konstitutiven Antinomien selbst, den organisatorischen Widersprüchen und den jeweiligen schulkulturellen und akteursspezifischen Rahmungen differenziert. Damit stellt die Bildungsgangdidaktik implizit ein Votum dafür dar, welche Dilemmata sich Lehrer einhandeln sollen. Wenn aber die Besonderheit des jeweiligen Bildungsgangs in den Blick genommen wird, dann stellt dies einen unzulässigen Übergriff auf die Autonomie der professionellen Praxis selbst dar, weil kein theoretisches Votum in der Lage ist, die Spezifik der konkreten Konstellation und des konkreten Bildungsgangs hinreichend zu bestimmen.

3. Bildungsgangdidaktik als „Aufhebung" der pädagogischen Handlungsantinomien – eine bildungsgangdidaktische Reformulierung der „Sinai-Pädagogik"?

Damit ist als entscheidendes Problemfeld der Bildungsgangdidaktik ihre eigene Verwicklung in die Praxisantinomie zu rekonstruieren: Sie kann sich nicht entscheiden, ob sie eine reflexive erziehungswissenschaftliche Theorie oder eine direkte Anleitung der Praxis sein möchte, darin aber gerade nicht mehr reflexive Theorie sein könnte, sondern normative – wie auch immer hoch reflektierte – pädagogische Programmatik wäre, die Praxisrelevanz beansprucht und Lehrern das (Vor-)Bild des richtigen, guten Lehrers gibt. Diese Problematik wird auf Seiten der Bildungsgangdidaktik als „Gratwanderung zwischen Reflexionswissen und praktischen Ratschlägen" (MEYER/REINARTZ 1998: 308) reflektiert. So finden sich sowohl Elemente des ersten Entwurfs, wenn etwa auf die Bedeutung der reflexiven Erschließung des schulischen Geschehens und von Bildungsgängen verwiesen wird.

Andererseits aber zeigen sich immer wieder normative Vorgaben des guten Bildungsgangdidaktiklehrers, so dass die Bildungsgangdidaktik – wie PRANGE diese Haltung anhand der Auseinandersetzung mit der geisteswissenschaftlichen Pädagogik einmal genannt hat – im Gestus der „Sinai-Pädagogik" auftritt (PRANGE 1991), die den Praktikern die Gesetzestafeln und Bilder des pädagogisch Guten vom Berg der Offenbarung bringt.

Als derartiger normativer Entwurf legt sie den Subjekten eine spezifische Lösung der Antinomien nahe: Obwohl sie einerseits in der Lage ist, in detaillierten Rekonstruktionen die Verstrickung in und den höchst differenten Umgang mit den Antinomien des pädagogischen Lehrerhandelns auszubuchstabieren, etwa für die Fragen der Partizipation (vgl. exemplarisch MEYER/JESSEN 2000), votiert sie zugleich allgemein und abstrakt für spezifische Auflösungen der Antinomien, die Lehrern als Orientierung vorgegeben werden und zum „Guten" führen sollen.

Dabei ergibt sich der fast schon paradox zu nennende Sachverhalt, dass die Bildungsgangdidaktik in ihrer Auflösung der Antinomien gerade für die Autonomie, das Nicht-Subsumtive, die individuierte Person in ihrem einzigartigen Bildungsgang, das Differente und Plurale votiert, gleichzeitig in ihren Vorgaben aber subsumtive normative Wertungen einführt. Dies belegt etwa die Konstruktion eines Stufenkonzeptes der Partizipation, an dem konkrete Unterrichtsstunden gemessen werden (vgl. MEYER/SCHMIDT 2000). Besonders deutlich zeigt sich dies aber beispielhaft an einem Lehramtsstudierenden, der als „Fan von Frontalunterricht" eingeführt wird. Einerseits findet sich die Bestimmung, dass man als Lehrer auch akzeptieren müsse,

> „dass Schüler durchaus auch traditionellen, gelenkten Unterricht wünschen und unter Umständen dem provokativen Chaos der Bildungsgangdidaktik vorziehen" (MEYER/REINARTZ 1998, S. 308).

Dies könnte etwa selbst Ausdruck von Bildungsgängen sein, in denen Schüler zeitweise – etwa aufgrund umfassender psychischer Destrukturierungen – strukturierende, entlastende Vorgaben einfordern und benötigen. An anderer Stelle wird darauf verwiesen, dass es gerade darum gehe, in der Bildungsgangdidaktik die unterschiedliche Bedeutsamkeit von Methoden und Unterrichtsgestaltung aufzuklären und zu rekonstruieren (vgl. MEYER 1999: 132). Da ist zu lesen:

> „Ob ein neuartiger, offener, dominant in Projekten gestalteter Unterricht eine gute Sache ist, wäre also wiederum mit Hilfe von Bildungsgangforschung zu klären." (ebd.)

Zugleich wird aber wiederum eine direkte praktische Vorgabe für Lehrer entworfen:

96

„Aus der Sicht der Bildungsgangforschung kommt es deshalb entscheidend darauf an, dass die Lehrer den Schülerinnen und Schülern dabei helfen, selbst Lernmethoden zu entwickeln." (ebd.)

In der Rekonstruktion des Bildungsganges des Lehramtsstudenten Martin (ebd.: 134ff.) zeigt sich diese subsumtionslogische Fassung der Auflösung der Antinomien. So werden Martin vor allem Defizite bestätigt, wobei von seiner „impliziten didaktischen Theorie" auf faktisches Handeln geschlossen wird: Martin verstehe sich als schon weitgehend professionalisiert, weil seine Eltern Lehrer seien. Er sehe das Wesentliche für den Lehrer in der „Begeisterung" für das Fach. Demgegenüber habe er kein weiterreichendes Interesse an Allgemeiner Didaktik und Erziehungswissenschaft: „Er weiß schon, worauf es ankommt" (ebd.: 135). Ein Eindruck, der mit den zitierten Textpassagen nicht in Übereinstimmung zu bringen ist (ebd.: 135f.), die eher auf ein spezifisches Verständnis der Lehrertätigkeit verweisen. Von Martin wird weniger die Autonomie der Schüler betont, sondern eher die Asymmetrie der Lehrer-Schüler-Beziehung hervorgehoben und auf die „natürliche Autorität" des Lehrers verwiesen. Zugleich wird damit eher Distanz favorisiert und weniger die intensive verstehende Haltung des Lehrers hervorgehoben im Vertrauen darauf, dass dessen fachliche Begeisterung sich den Schülern weiter vermittelt. Im direkten Anschluss fordert Martin von einem Lehrer:

„Dass er aber auch z.B. in der Lage ist, Frontalunterricht so anschaulich zu gestalten, dass auch alle Schüler mitmachen. Und dass, wenn mal andere Arbeitsmethoden eingeführt werden, dass die dann Hand in Hand mit dem Frontalunterricht gehen." (ebd.: 136)

Daraus spricht nun kein starres, völlig unreflektiertes Verständnis des Frontalunterrichts, der vielmehr an „Qualitätsmaßstäben" orientiert wird und der – zwar dominant bleibend – auch um andere „Arbeitsmethoden" erweitert wird. Im Hintergrund scheint bei Martin insgesamt ein „Sicherheitsbedürfnis" zu stehen, also eine spezifische Ausbalancierung der Ungewissheitsantinomie, die ihn in Richtung routinehafter Gewissheit für sich selbst votieren lässt. Hier gäbe es nun die Möglichkeit, Martins Entwurf des Lehrers und des Lehrerhandelns unter Perspektiven seiner Wahl der „Auflösung der Antinomien" zu rekonstruieren und herauszuarbeiten, welche Folgen, Dilemmata, Scheiternsrisiken und konkreten Möglichkeiten sich aus seiner „Antwort" auf die Antinomien für ihn und unterschiedliche Schüler ergeben. Stattdessen schlägt hier der normative Maßstab der Bildungsgangdidaktik durch, die Martin lediglich als Defizitstudierenden verorten kann, obwohl doch selbst die Frage der Methode, etwa bezüglich des Frontalunterrichts, erst noch von der Bildungsgangdidaktik zu klären wäre (vgl. oben):

„Für mich heißt dies, dass Martin bei der Lösung seiner berufsbezogenen, didaktischen Entwicklungsaufgaben nicht vorankommt. Wenn ich den Auftrag erhielte, für Martin ein individuelles Lernprogramm im Rahmen des Entwicklungsaufgabenkonzeptes zu konzipieren, hätte ich deshalb große Probleme. Aus meiner Sicht ist Martin hochgradig gefährdet, weil er seine didaktische Entwicklungsaufgabe nur rudimentär in Angriff nehmen kann. Er kann nur fragen, wie man eine Methodik des Beibringens erlernen kann und wie man lernunwillige Schüler ruhig hält oder unterdrückt. Er müsste daran arbeiten, dass man Didaktik nicht auf Methodik reduzieren darf." (ebd.: 137)

In diesen Diagnosen wird der Student Martin als „defizitär" bestimmt und ihm im Rahmen der Bildungsgangdidaktik ein Bildungsweg vorgezeichnet, der ihn zu einer weitreichenden Änderung seiner „Lösung" der Antinomien hin zur vorgegebenen Lösung der Antinomien durch die Bildungsgangdidaktik zu bringen sucht. Wie aber ist auszuschließen, dass dieser Weg nicht gerade dazu führt, dass er in seiner Umorientierung ein Lehrerhandeln zu realisieren versucht, das seiner spezifischen Form der Individuation und seinem Habitus entgegensteht? Er könnte dann zu einem „schlechten Bildungsgangdidaktik-Lehrer" werden, während er ein guter Frontalunterrichtslehrer hätte werden können, der ab und zu auch einmal Gruppenunterricht oder Projektmethoden in seinen Unterricht aufzunehmen bereit wäre. Ein anderer Weg – den die Bildungsgangdidaktik in ihrer reflexiven, rekonstruktiven, erziehungswissenschaftlichen Seite ja gerade fordert – wäre, Frontalunterricht in seinen verschiedenen Formen zu rekonstruieren, einschließlich der Deutungen von Schülern und Lehrern, um daraus für die Möglichkeiten und Schließungen und für die darin erfolgende „Auflösung" der antinomischen Grundspannungen zu sensibilisieren. Was der einzelne Lehramtsstudent daraus macht, welche Anfragen an seine eigene Praxis er formuliert und welche „Lösungsmöglichkeiten" er favorisiert, wäre dann Ergebnis eines selbstreflexiven Bildungsprozesses, der letztlich in die Eigenverantwortung des jeweiligen Studierenden oder auch des professionellen Lehrers zu stellen und nicht mit abstrakten Vorgaben des „guten Lehrers" zu beantworten ist.
Wir sehen hier, wie die Bildungsgangdidaktik selbst in die Konstruktion von Entwicklungsaufgaben involviert ist, ja im Rahmen der Lehrerausbildung selbst Entwicklungsaufgaben als normative Bezugsgrößen definiert, wobei einerseits festgestellt wird, dass die Objektivität der Entwicklungsaufgaben und ihre selbstverständlich unterstellte Abfolge in gesellschaftlichen Modernisierungsprozessen zunehmend zerfalle, an deren Stelle nun die individuell zu konstruierenden Entwicklungsaufgaben träten, die auf Seiten der Heranwachsenden den objektiven Vorgaben nicht mehr folgten, sondern individualisiert und pluralisiert vorlägen. Andererseits wird der Bildungsgangdidaktik die Aufgabe zugewiesen, die Lehrer dazu zu bewegen, sich dieser Konstruk-

tion individueller Entwicklungsaufgaben im Rahmen der Schule anzunehmen (vgl. dazu etwa HERICKS 1998: 178f., MEYER/REINARTZ 1998: 307ff., KUNZE 1998).

> „Die anspruchsvollste Entwicklungsaufgabe der heutigen Jugend besteht wahrscheinlich darin, dass sie selbständig individuelle Entwicklungsaufgaben identifizieren muss und dass wir ihr hierbei nur begrenzt helfen können."
> (MEYER/REINARTZ 1998: 308)

Von daher – obwohl hier auf eine schulische Grenze verwiesen wird – besteht eine zentrale Aufgabe der Schule und des Lehrers darin,

> „den Kindern und Jugendlichen Raum zu geben, ihre eigenen Entwicklungsaufgaben zu finden. (...) Es geht also, noch mal allgemein formuliert, um den Aufbau der Kompetenz, eigene Entwicklungsaufgaben bewältigen zu können, und dies heißt für das Lehrer-Schüler-Verhältnis: Entwicklungsaufgaben müssen in der intergenerationellen Interaktion ausgehandelt werden, zwischen den Heranwachsenden und uns als Repräsentanten der Gesellschaft" (ebd.: 309).

Dabei kann die Bildungsgangdidaktik nicht mehr darauf reflektieren, was das so den Lehrern als richtig und angemessen Anempfohlene auf deren Seite auslöst. Sie hat also nicht mehr im Blick, was ihr idealer Entwurf einer Lösung der Antinomien an Antinomischem birgt und freisetzt, etwa für den Lehramtsstudenten Martin (vgl. oben). Es fehlt damit eine Selbstbezüglichkeit der dritten Stufe, also der Beobachtung dabei, was die Bildungsgangdidaktik in ihren Konstruktionen, Vorgaben und Vorentwürfen an Entwicklungsaufgaben für die Praxis eines guten Lehrers und Unterrichts auslöst. Dabei gewinnt der „Konstruktions"-Begriff in der Bildungsgangdidaktik einen besonderen Stellenwert und zwar eine Dominanz gegenüber dem „Rekonstruktiven". Demgegenüber – so meine Position - kann nur über die Konstruktionsleistung der „Rekonstruktion" methodisch und intersubjektiv nachvollziehbar der Sinn von Bildungsprozessen interpretativ erschlossen werden und können darin wiederum erst begründet „konstruktiv" andere Möglichkeiten für pädagogisches Handeln entworfen werden, die den Einzelnen nicht mehr als Lösung ihrer lebenspraktisch professionellen Entscheidung vorzugeben oder auch nur anzuraten sind. Dies ist die Abstinenz einer reflexiven, rekonstruktiven Erziehungswissenschaft gegenüber Eingriffen in die professionelle Praxis, die in der Entscheidungshoheit der Professionellen selbst steht (vgl. OEVERMANN 1996). In dieser Sicht wird dann eine dekonstruktive Perspektive möglich, in der auch die Bildungsgangdidaktik selbst zum Gegenstand der Reflexion im Gesamtzusammenhang der symbolischen Kämpfe um Bildung gemacht werden kann. Gerade in der Betonung des Konstruktiven, der Handlungs- und Praxiswissenschaft, die unmittelbar auf eine Verbesserung des faktisch Pädagogischen zielt und damit zutiefst in die Praxisantinomie verwickelt ist, müsste die Bildungsgangdidaktik ihre eigene normative Positionierung im Geschäft der Setzung von Standards reflektieren, also ihr eigenes Tun sich selbst befremden. Das gilt prinzipiell für jede Wissenschaft, aber besonders stark für jene Formen, die beanspruchen, Handlungswissenschaft und -lehre zu sein und damit nicht in einer prinzipiellen Abstinenz gegenüber den Lösungen der Praxis verbleiben, sondern diese direkt beeinflussen möchten. Hier ist an BOURDIEUs Votum einer „reflexiven Anthropologie" zu erinnern:

> „Eine wissenschaftliche Praxis, die es unterläßt, sich selbst in Frage zu stellen, weiß im eigentlichen Sinne nicht, was sie tut. Eingeschlossen ist das Objekt, das sie als Objekt nimmt ..." (BOURDIEU/WAQUANT 1996: 270)

Ich denke, dass die Bildungsgangdidaktik einerseits viele Anschlüsse gegenüber dem Konzept der pädagogischen Antinomien des Lehrerhandelns aufweist, dass sie aber in der Spezifik ihres impliziten Bezuges auf die pädagogischen Antinomien sich nicht genügend im Sinne einer reflexiven Erziehungswissenschaft auf reflexive Rekonstruktion beschränkt, sondern im Feld der Lösungen selbst eine Lösung als „die" richtige favorisiert. Von daher ist ihr Kernproblem, ob sie reflexiv-rekonstruktive Erziehungswissenschaft sein will, was sie beansprucht, oder ob sie sich als praktische Handlungswissenschaft und -lehre begreift, was sie in ihre eigenen Antinomien führt.

Literatur

BECK, C./HELSPER, W./HEUER, B./ULLRICH, H./STELMASZYK, B.: Fallarbeit in der universitären LehrerInnenbildung. Professionalisierung durch fallrekonstruktive Seminare? Eine Evaluation. Opladen 2000.

BENNER, D.: Allgemeine Pädagogik. Weinheim, München 1987.

BOURDIEU, P./WAQUANT, L.J.D: Reflexive Anthropologie. Frankfurt/M. 1996.

COMBE, A.: Pädagogische Professionalität, Hermeneutik und Lehrerbildung. Am Beispiel der Berufsbelastung von Grundschullehrkräften. In: COMBE, A./HELSPER, W. (Hrsg.): Pädagogische Professionalität. Frankfurt a.M. 1996, S. 501-521.

COMBE, A.: Der Lehrer als Sisyphos. In: BUCHEN, S. u.a. (Hrsg.): Jahrbuch für Lehrerforschung. Band 1. Weinheim, München 1997, S. 165-179.

COMBE, A.: Belastung, Entlastung und Professionalisierung in Schulentwicklungsprozessen. In: COMBE, A./HELSPER, W./STELMASZYK, B. (Hrsg.): Forum qualitative Schulforschung 1. Weinheim 1999, S. 111-139.

DATLER, W.: Bilden und Heilen. Auf dem Weg zu einer pädagogischen Theorie psychoanalytischer Praxis. Mainz 1995.

FOUCAULT, M.: Überwachen und Strafen. Die Geburt des Gefängnisses. Frankfurt a.M. 1976.

GRUSCHKA, A.: Kennt die Bildungstheorie die Bildungsprozesse junger Heranwachsender? In: Neue Sammlung H. 3, 1992, S. 355-370.

GRUSCHKA, A.: Bürgerliche Kälte und Pädagogik. Wetzlar 1994.

GRUSCHKA, A.: Schulpädagogik. In: BERNHARD, A./ROTHERMEL, L. (Hrsg.): Handbuch kritische Pädagogik. Weinheim 1997, S. 256-270.

HELSPER, W.: Die verordnete Autonomie – Zum Verhältnis von Schulmythos und Schülerbiographie im institutionellen Individualisierungsparadoxon der modernisierten Schulkultur. In: KRÜGER, H.H./MAROTZKI, W. (Hrsg.): Erziehungswissenschaftliche Biographieforschung. Opladen 1995, S. 175-201.

HELSPER, W.: Antinomien des Lehrerhandelns in modernisierten pädagogischen Kulturen. Paradoxe Verwendungsweisen von Autonomie und Selbstverantwortlichkeit. In: COMBE, A./HELSPER, W. (Hrsg.): Pädagogische Professionalität. Frankfurt a.M. 1996, S. 521-570.

HELSPER, W.: Antinomien des Lehrerhandelns und die Bedeutung der Fallrekonstruktion – Überlegungen zu einer Professionalisierung im Rahmen universitärer Lehrerausbildung. In: CLOER, E./KLIKA, D./KUNERT, H. (Hrsg.): Welche Lehrer braucht das Land? Weinheim, München 2000, S. 142-178.

HELSPER, W.: Wandel der Schulkultur. In: Zeitschrift für Erziehungswissenschaft 3, H. 1, 2000, S. 35-61. (=HELSPER 2000a)

HELSPER, W.: Antinomien, Widersprüche, Dilemmata, Paradoxien – Lehrerarbeit: ein unmögliches Geschäft? Unveröffentlichte Antrittsvorlesung. Halle 2000. (=HELSPER 2000b)

HELSPER, W./BÖHME, J./KRAMER, R.T./LINGKOST, A.: Schulkultur und Schulmythos. Rekonstruktionen zur Schulkultur 1. Opladen 2001.

HERICKS, U.: Der Ansatz der Bildungsgangforschung und seine didaktischen Konsequenzen – Darlegungen zum Stand der Forschung. In: MEYER/REINARTZ 1998, S. 173-189.

HOLZBRECHER, A.: Wahrnehmung des Anderen. Zur Didaktik interkulturellen Lernens. Opladen 1997.

HOLZBRECHER, A.: Subjektorientierte Didaktik. Lernen als Suchprozess und Arbeiten an Widerständen. In: HOLTAPPELS, H.G./HORSTKEMPER, M. (Hrsg.): Neue Wege in der Didaktik. Analysen und Konzepte zur Entwicklung des Lehrens und Lernens. Die Deutsche Schule. 5. Beiheft, 1999, S. 141-169.

KADE, J.: Vermittelbar/nicht-vermittelbar: Vermitteln: Aneignen. Im Prozeß der Systembildung des Pädagogischen. In: LENZEN, D./LUHMANN, N. (Hrsg.): Bildung und Weiterbildung im Erziehungssystem. Frankfurt a.M. 1997, S. 30-71.

KANT, I.: Über Pädagogik, hrsg. v. F.Th. RINK. Königsberg 1803. In: H.-H. GROOTHOFF (Hrsg.): Immanuel Kant. Ausgewählte Schriften zur Pädagogik und ihrer Begründung. Paderborn [2]1982.

KEUFFER, J.: Kulturelle Modernisierung und das Verhältnis von Zwang und Freiheit. Zur Frage von I. Kant „Wie kultiviere ich die Freiheit bei dem Zwange?" In: KEUFFER, J./MEYER M.A. (Hrsg.): Didaktik und kultureller Wandel. Weinheim 1997, S. 128-153.

KEUFFER, J.: Schülerpartizipation in Schule und Unterricht – Erfahrungen mit Schülermitbeteiligung seit der Wende. In: HELSPER, W./KRÜGER, H.H./WENZEL, H.

(Hrsg.): Schule und Gesellschaft im Umbruch. Band 2: Trends und Perspektiven der Schulentwicklung in Ostdeutschland. Weinheim 1996, S. 160-181.

KORDES, H.: Fallanalyse und Bildungsgang – Plädoyer für eine auf den Bildungsgang bezogene professionelle pädagogische Arbeit. In: MEYER/REINARTZ 1998, S. 189-207.

KUNZE, I.: Bildungsgangdidaktik, eine Didaktik für alle Schulstufen? In: MEYER/REINARTZ 1998, S. 247-261.

LUHMANN, N.: Das Erziehungssystem und die Systeme seiner Umwelt. In: LUHMANN, N./SCHORR, K.E. (Hrsg.): System und Umwelt. Frankfurt a.M. 1996, S. 14-52.

LUHMANN, N.: Die Gesellschaft der Gesellschaft. Frankfurt/M. 1997.

MEYER, M.A.: Bildungsgangdidaktik. Auf der Suche nach dem Kern der Allgemeinen Didaktik. In: HOLTAPPELS, H.G./HORSTKEMPER, M. (Hrsg.): Neue Wege in der Didaktik. Analysen und Konzepte zur Entwicklung des Lehrens und Lernens. Die Deutsche Schule. 5. Beiheft, 1999, S. 123-141.

MEYER, M.A.: Didaktik für das Gymnasium. Grundlagen und Perspektiven. Berlin 2000.

MEYER, M.A./REINARTZ, A. (Hrsg.): Bildungsgangdidaktik. Denkanstöße für pädagogische Forschung und schulische Praxis. Opladen 1998.

MEYER, M.A./REINARTZ, A.: Nachwort. In: MEYER/REINARTZ 1998, S. 303-311.

MEYER, M.A./REINARTZ, A.: Einleitung. In: MEYER/REINARTZ 1998, S. 9-15.

MEYER, M.A./SCHMIDT, R. (Hrsg.): Schülermitbeteiligung im Fachunterricht. Opladen 2000.

MEYER, M.A./JESSEN, S.: Schülerinnen und Schüler als Konstrukteure ihres Unterrichts. In: Zeitschrift für Pädagogik 46, H. 5, 2000, S. 711-730.

NOHL, H.: Die pädagogische Bewegung in Deutschland und ihre Theorie. Frankfurt a.M. 1988.

OEVERMANN, U.: Theoretische Skizze einer revidierten Theorie professionalisierten Handelns. In: COMBE, A./HELSPER, W. (Hrsg.): Pädagogische Professionalität. Frankfurt a.M. 1996, S. 70-183.

OEVERMANN, U.: Professionalisierungsbedürftigkeit und Professionalisiertheit am Beispiel pädagogischen Handelns. (unveröffentlichtes Manuskript) Frankfurt a.M. 2000.

OHLHAVER, F./WERNET, A. (Hrsg.): Schulforschung – Fallanalyse – Lehrerbildung. Diskussionen am Fall. Opladen 1999.

OSER, F.: Ethos – die Vermenschlichung des Erfolgs. Zur Psychologie der Berufsmoral von Lehrpersonen. Opladen 1998.

PRANGE, K.: Pädagogik im Leviathan. Ein Versuch über die Lehrbarkeit der Erziehung. Bad Heilbrunn 1991.

RUMPF, H.: Belebungsversuche. Ausgrabungen gegen die Verödung der Lernkultur. Weinheim, München 1987.

SCHÜTZE, F.: Organisationszwänge und hoheitsstaatliche Rahmenbedingungen im Sozialwesen: Ihre Auswirkungen auf die Paradoxien des professionellen Handelns. In: COMBE, A./HELSPER, W. (Hrsg.): Pädagogische Professionalität. Frankfurt a.M. 1996, S. 183-276.

SCHÜTZE, F.: Schwierigkeiten bei der Arbeit und Paradoxien des professionellen
Handelns. Ein grundlagentheoretischer Aufriß. In: ZBBS 1, H. 1, 2000, S. 49-97.

SCHÜTZE, F. u.a.: Überlegungen zu Paradoxien des professionellen Lehrerhandelns in
den Dimensionen der Schulorganisation. In: HELSPER, W./KRÜGER,
H.H./WENZEL, H. (Hrsg.): Schule und Gesellschaft im Umbruch. Weinheim
1996, S. 333-377.

STICHWEH, R.: Professionen in einer funktionell differenzierten Gesellschaft. In:
COMBE, A./HELSPER, W. (Hrsg.): Pädagogische Professionalität. Frankfurt a.M.
1996, S. 49-70.

TERHART, E./LANGKAU, T./LÜDERS, M.: Selektionsentscheidungen als Problembereich
professionellen Lehrerhandelns. Abschlussbericht an die DFG. Bochum 1999.

WATZLAWICK, P./BEAVIN, J./JACKSON, D.D.: Menschliche Kommunikation. Formen,
Störungen, Paradoxien. Bern, Stuttgart, Wien 1969.

WIMMER, M.: Dekonstruktion und Erziehung. Studien zum Paradoxieproblem in der
Pädagogik. (unveröffentlichte Habilitationsschrift) Halle 2000.

WINKEL, R.: Antinomische Pädagogik und kommunikative Didaktik. Düsseldorf
1988.

Teil 2

Fachunterricht
und
Bildungsgang

Bodo von Borries

Staatliches Selbstverständnis oder persönliche Entwicklungsaufgabe? Das Unterrichtsfach Geschichte seit 1945

1. Fragestellung: Anwendbarkeit der Bildungsgangdidaktik auf das Fach Geschichte?

Die Bildungsgangdidaktik (vgl. MEYER/REINARTZ 1998, MEYER 2000, MEYER/SCHMIDT 2000) geht von einigen grundlegenden Einsichten aus, die hier bewusst holzschnittartig formuliert werden.

- *Lehren* ist nicht „Lernen machen", es bedeutet nicht Anordnen, Kommandieren, Befehlen von Lernprozessen, denn das ist einerseits lebenspraktisch unmöglich, andererseits in einer demokratisch-pluralistischen Gesellschaft unerwünscht.
- *Lernen* ist ein kaum voraussagbarer, weitgehend individueller und in gewisser Weise stets autonomer Prozess des Aufbaus einer sinnhaften Welt, der Konstruktion und Bedeutungszumessung; es kann nur gelingen, wenn der/die Lernende den jeweiligen Lernprozess als „Entwicklungsaufgabe" begreift und selbst bejaht, ja aktiv (mit)gestaltet.
- *Unterricht* lässt sich damit nicht als Einwegkommunikation der Kenntnisweitergabe, sondern nur als ein Prozess des Aushandelns von Bedeutungen erfassen; das verlangt von den Lehrenden ein hohes Maß an Sensibilität, Flexibilität und Reflexivität.
- *Didaktik* soll es als eine ihrer Hauptaufgaben ansehen, den *Bargainings*- und Sinnbildungs-Charakter von Unterricht möglichst deutlich bewusst zu machen sowie der Individualität und Subjektivität der Lernenden, damit auch ihren Lebensläufen bzw. Biografien, Rechnung zu tragen und dazu "Fälle" und "Geschichten" zu studieren.

Diese Überlegungen sind – jedenfalls heute – hochgradig plausibel, allerdings noch nicht für einzelne Fächer durchdacht, konkretisiert und geprüft. Den Fachdidaktiker mögen nämlich Zweifel beschleichen, ob die Eigenarten, die „Propria" der – gewiss selbst historisch-gesellschaftlich bedingten – Disziplinen dabei noch genügend berücksichtigt werden (vgl. v. BORRIES 1999), oder ob ein Verschwimmen aller Unterschiede in Nebel und Grauschleier droht. Zugleich ist zu untersuchen, inwieweit eine Steuerung des fachlichen Lernens aus den „Entwicklungsbedürfnissen" der Lernenden als praktikabel angesehen werden kann.

Eben dieses soll hier für das Fach „Geschichte" geschehen, bei dem sich eine eigentümliche Logik von besonderer Hinneigung zur „Bildungsgangdidaktik", aber auch von besonderem Widerstand gegen sie herausstellen wird. Die Prüfung selbst wird sinnvollerweise als kurzer Durchgang durch die geschichtliche Entwicklung des Schulfaches und seiner Fachdidaktik angelegt. Ein historischer Abriss des Faches Geschichte im ganzen 20. Jahrhundert ist nicht zu leisten; aber es ist möglich und nötig, die Entwicklung als durchaus krisen- und konflikthaft darzustellen. Die deutschen Erfahrungen – selbst die seit 1945 im Westteil – lassen sich nicht als „Erfolgsgeschichte" erzählen; sie sind nicht vorbildlich, zudem auch nicht verfügbar oder kopierbar.

In meiner Jugend war der naive oder opportunistische Geschichtslehrer durchaus noch eine beliebte Figur für Kabarett oder Karikatur. Wer 1895 geboren, mit Beginn des Ersten Weltkriegs (damals noch sehr jung und kurz ausgebildet!) in den Schuldienst aufgenommen und 1965 pensioniert wurde, hatte vier oder fünf grundlegend verschiedenen politischen Systemen jeweils „redlich" und rechtfertigend gedient. Prinzipiell gilt für die Jahrgänge 1920 oder 1943 dasselbe. Die „Wende" in der ehemaligen DDR 1989/90 hat nur zu deutlich gezeigt, dass es für viele keine „Gnade der späten Geburt" gab. Jede Generation kann unvermittelt vor einem Scherbenhaufen der bisherigen Identitätsbildung stehen, kann die gewohnten Leuchttürme und sicheren Orientierungsmarken „demokratischer", „zukunftsgewisser", „humanitärer" Entwicklungstrends unversehens im Orkan untergehen sehen.

Für eine historische Analyse können die Stichjahre 1949, 1968 und 1989 als wesentliche Symboldaten, als *drei Stationen des Wandels*, gewählt werden, in denen sich alle Grundfragen und -entscheidungen wie in Hohlspiegeln bündeln lassen (vgl. für die ersten beiden Zeitpunkte auch BERGMANN/ SCHNEIDER 1982, HERBST 1977).

2. *Unterlassener Neubeginn 1948/49*

Gleich 1945 – angesichts der systematisch im Geschichtsunterricht intendierten NS-Indoktrination – ausgesprochene Verbote von Geschichtsunterricht blieben nicht lange in Kraft. Einige der Sieger und Besatzer hatten bereits die künftigen Geschichtsbücher mitgebracht. In der sowjetischen Besatzungszone handelte es sich um die schlichte Übersetzung eines russischen Lehrwerkes der stalinistischen Lernschule (MISCHULIN 1948, KOSMINSKI 1952, JEFIMOW 1951, CHWOSTOW 1951), die denn auch lange im Gebrauch blieb (und 1968 als Nachdruck unter neomarxistischen Lehrern im Westen Mode wurde). Für die amerikanische Zone dagegen hatten liberale und jüdische Emigranten ein eigenständiges Unterrichtswerk entwickelt, das zwar publiziert (KARSEN 1947) und zugelassen, aber meines Wissens nie offiziell eingeführt wurde. Stattdessen erschienen ziemlich rasch Neuauflagen und Neubearbeitungen des demokratisch-parlamentarischen Flügels der Weimarer Schulbücher aus den Jahren 1924 bis 1930. Ein Musterbeispiel war Franz SCHNABELs „Grundriß der Geschichte"; noch Ende der fünfziger Jahre hieß es darin stolz:

> „Allen übrigen Kapiteln liegt die seit mehr als 30 Jahren bewährte Darstellung von Prof. Dr. Schnabel zugrunde. Doch haben sich die Perspektiven inzwischen erheblich verschoben, so daß eine Neubearbeitung nötig war." (*Grundriß der Geschichte II*, o.J.: 6)

Die Kontinuität über die zwölf – angeblich bloß einen Betriebsunfall der deutschen Geschichte bildenden – NS-Jahre hinweg wurde dadurch augenfällig. Auf die Frage, wie es zu einem solchen unglücklichen Zufall oder Ausrutscher habe kommen können, wurden kaum Gedanken verwendet. Eine überaus beiläufige Behandlung des NS-Völkermords und eine eher identifikatorische Haltung gegenüber dem NS-Angriffskrieg sind in den frühen Schulbüchern unverkennbar (vgl. v. BORRIES 1988: 37-58; v. BORRIES 2000) und heute kaum mehr begreiflich.

Die auf diese erstaunliche Weise restaurierten Schulbücher und Geschichtsbilder waren insgesamt stofforientiert, nationszentriert, personen- und oberschichtverhaftet, „historistisch" in einem verkürzten Sinne, antikommunistisch bzw. antisozialistisch, zunehmend „christlich-abendländisch" und „europäisch" angelegt. Verständlicherweise kehrten die Bücher rasch zu den traditionellen Werten der „deutschen Bewegung", also der Klassik und Romantik um 1800, als normativen Grundlagen zurück. Natürlich wurden die einschlägigen geistigen Bestände von den groben Missbräuchen im Nationalsozialismus und von einzelnen präfaschistischen Zügen gereinigt, wobei man allerdings gar nicht "bilderstürmerisch" verfuhr, schon weil man nicht besonders sensibilisiert war. Bezeichnend war bereits 1946 MEINECKEs Hoffnung, die moralische Katastrophe der NS-Politik durch Goethe-Kreise gebildeter Menschen bewältigen zu wollen. Es ist heute kaum noch möglich, über solche Vorschläge nicht kopfschüttelnd zu lächeln.

Dennoch ist die spätere Kritik seit 1968, die die ausgesprochen nostalgische Wendung der historisch-politischen Bildung zur Vormoderne oft mit dem Nationalsozialismus in einen Topf warf, ungerecht. Richtig ist zwar, dass weiterhin in „Machtlogik", d.h. in Strategien politischer Herrschaft und Gewalt sowie in Kategorien des Erfolges, gedacht wurde. Auch die Identifikation mit der eigenen (erstaunlich wenig als historisch geworden, dadurch auch kaum als historisch überholbar verstandenen) Nation blieb zunächst ungebrochen. Andererseits wurde intensiv versucht, Humanismus und Christentum zu harmonisieren und zu verklammern und damit den Zynismus und Voluntarismus des Nationalsozialismus wettzumachen. Zugleich wurde deutlich auf traditionelle (bürgerliche und klassische) ästhetische Kategorien als Normen zurückgegriffen. Ganz gegen die NS-Ideologie waren wieder Geist und Kunst oberste Werte einer „machtgeschützten Innerlichkeit".

An der Oberfläche waren Wiederverkirchlichung und Europäisierung des historisch-politischen Unterrichts offensichtlich. Das karolingische Europa wurde zum Vorbild einer christlich-katholischen, im Inneren friedlichen, nach außen gegen die „asiatischen Horden" sich erfolgreich verteidigenden europäischen Völker-Gemeinschaft. Freilich wurde auch versucht, die „demokratische Tradition" des großen Bruders USA nachzuahmen. Es ist erstaunlich, in welchem Maße eine subjektiv nach rückwärts und nach Europa blickende Republik sich faktisch kulturell „amerikanisierte". Musik und Mode, Theater und Tanz, Kino und Konsum, sie alle unterlagen einer übermächtigen, kaum bemerkten Wandlung.

Ein eigentlich politischer Unterricht war eher die Ausnahme. Erstaunlicherweise wurde vom „historistischen" Geschichtsunterricht ein Effekt für verantwortliche Politikgestaltung der Jugend erwartet. Grundzüge des politischen Lehrens und Lernens waren:

- Institutionenkunde (d.h. „Stofforientierung"),
- Partnerschaftsideologie (d.h. Harmonitätsdenken und Konfliktscheu, einschließlich Distanz zur Gewerkschaftsbewegung),
- NS-Verdrängung (d.h. fehlende „Aufarbeitung der jüngsten Vergangenheit" und ihrer Massenverbrechen),
- Antisozialismus (d.h. Beteiligung am "Kalten Krieg").

Dabei bildeten Dämonisierung bzw. Personalisierung („Hitlerismus") und Gleichsetzung mit dem Bolschewismus/Stalinismus („Totalitarismustheorie") die wichtigsten Interpretations-, Verharmlosungs- und Abwehrmuster. Es wirft ein bezeichnendes Licht auf die frühen Nachkriegsjahre, dass ein besonders einflussreiches Buch zur „Partnerschaftserziehung" (von OETINGER) zunächst unter einem Pseudonym erscheinen musste, weil sein Autor als bekannter NS-Pädagoge nicht akzeptabel gewesen wäre. Schon nach wenigen Jahren kehrte der „geläuterte" Verfasser aber unter seinem bürgerlichen Namen Theodor WILHELM wieder auf den Buch- und Wissenschaftsmarkt zurück.

Speziell für den Geschichtsunterricht und seine politischen Implikationen ist das Buch von Erich WENIGER *Neue Wege im Geschichtsunterricht* (1949, 4. Aufl. noch 1969) noch erhellender. Hier sammeln sich die Tendenzen wie in einem Hohlspiegel. Gerade WENIGER hatte bereits 1926 die wohl wichtigste geschichtsdidaktische Grundlegung der Weimarer Zeit vorgelegt, die er in den *Neuen Wegen* vielfach zitiert. Für WENIGER ist Geschichte ungebrochen das Fach der Bildungsmacht Staat:

> „Der Staat setzt in dem Schulfach 'Geschichte' sein geschichtliches Selbstbewußtsein und Selbstverständnis, seine geschichtlichen Aufgaben und seinen Willen gegen das geschichtliche Bewußtsein und den Bildungswillen der anderen Bildungsmächte. (...) Der Gegenstand des Geschichtsunterrichts war immer auf den Bereich der künftigen Verantwortung bezogen und eingegrenzt." (WENIGER 1969: 27f.)

Deshalb will WENIGER den Unterricht auf Politikgeschichte und auf Volk und Staat (allerdings nicht mehr als letzte Werte) beschränkt wissen und zugleich die Reichweite in der Demokratie erstmals auf die ganze Bevölkerung (als politisch Verantwortliche) ausgeweitet wissen.

Dass Geschichte ein Sinnbildungsgeschäft, keine Faktenansammlung darstellt, ist WENIGER – anders als der damaligen und heutigen Mehrheit seiner Kollegen – sehr bewusst:

> „Aber das berühmte, aller Deutung und Beurteilung vorgegebene Tatsachengerüst gibt es in Wahrheit nicht, auch nicht in Form eines festen Kanons der Geschichtszahlen, an den die Methodiker des Geschichtsunterrichts uns so gern glauben machen möchten, und noch weniger in eindeutigen Entwicklungsreihen, deren Gesetz offen zutage läge. Jedes vergangene Datum erhält sein Gewicht erst durch die Deutung, die es erfährt. (...) Ein Blick in die Geschichte des Geschichtsunterrichts zeigt, dass die Forderung auf Beschränkung des Tatsachengerüsts immer nur den Sinn hatte, dem geschichtlichen Bewußtsein einer herrschenden Schicht und ihrem Verständnis der politischen Aufgabe Dauer zu verleihen oder einer neu auftauchenden Verantwortung zu entgehen. Die sogenannten Tatsachen liefern immer nur die Argumente für die Reaktion." (WENIGER 1969: 25)

Solche Sätze sind es wert, in Erz gegraben zu werden. In seiner Betrachtung des Nationalsozialismus ist WENIGER dagegen eher typisch.

> „Wir haben zu kehren, ohne das eigene Nest erneut zu beschmutzen, eine Aufgabe, die uns nach 1918 bekanntlich mißlungen ist, als wir zwischen Überheblichkeit und gekränktem Selbstbewußtsein haltlos hin- und herpendelten und nicht mit uns ins Reine kamen." (WENIGER 1969: 21)

Es ist nicht recht erkennbar, worin denn in Weimar eigentlich das Hin- und Herpendeln bestanden haben soll; heute stellt man eher eine durchgehende

ethnozentrische Rechtfertigung und Lageverleugnung fest. Doch will WE-
NIGER es diesmal dadurch besser machen,

„daß wir unsere Verantwortung und unsere Schuld an der Entwicklung der jüngsten Vergangenheit nicht deshalb rückhaltlos auf uns nehmen, weil sie uns von
den Siegermächten aufgezwungen wird, sondern aus innerstem, eigenstem Bedürfnis, weil wir die Ehre des deutschen Namens wiederherstellen wollen"
(WENIGER 1969, 20).

Ist das nicht ein etwas engstirnig nationalistisches Motiv für eine existenzielle
Aufgabe der Orientierung? Zugleich wird bei WENIGER alles Geschehen
angeblich rein moralisch wahrgenommen und bewertet, wobei künftig Gesin-
nungsethik statt Erfolgsethik nötig sei:

„Gut und Böse aber bleiben durchaus die Grundkategorien auch für unser ge-
schichtliches Urteil. Wir wollen wissen, was gut und böse war, und im ge-
schichtlichen Verstehen ja und nein sagen." (WENIGER 1969: 22)

Freilich verlangt WENIGER ausdrücklich, die Macht des Bösen und Dämoni-
schen anzuerkennen. Damit ist in merkwürdiger Verbindung sowohl Verantwortung abgeschoben als auch Kausalanalyse verhindert. Die Enthistori-
sierung des Moralischen verstößt eklatant gegen die Grundvoraussetzungen
des Historismus, der doch zugleich beansprucht wird.

Die Entwicklung ab 1949 ist im Nachhinein – vor allem ab 1968 – von
den Kritikern hart gescholten worden. Aber aus über 40 Jahren Distanz wird
man anders und milder urteilen:

1. Es war ein ausgesprochen glückliches Zusammentreffen, eine unge-
wöhnlich günstige Konstellation. Kurz nach der Besatzung waren Verwest-
lichung, Demokratie, Wohlstand und Modernisierung gleichzeitig gekommen
(mit einer Art Wunder- und Geschenkcharakter); die Geschichte ließ sich
dadurch fast nach dem Modell "*Sündenfall* (1933/45) *und Erlösung*
(1948/49)" interpretieren. Demokratie und Wohlstand werden von der deutschen Bevölkerung – wie demoskopische Befragungen zeigen – anders als in
benachbarten Ländern auch heute noch miteinander identifiziert. Gerade die
totale Kriegsniederlage und der gigantische Flüchtlingsstrom, die die Probleme verschärften, erwiesen sich langfristig als ein wichtiger Schub der
Mobilisierung und Modernisierung. Dadurch wurden insbesondere traditionelle partikulare Milieus sozialer und konfessioneller Art kräftig durchmischt.

2. Durch enge Begrenzung der Aufarbeitung der Vergangenheit wurde
eine totale Depression verhindert. Wenn man nicht mit einer massenhaften
quasi-religiösen „Bekehrung" als Möglichkeit rechnet, wäre bei ernsthafter
Beschäftigung mit der eigenen Schuld – und dem eigenen Verlust – eine mas-
senhafte tiefe Depression zu befürchten gewesen. Von der Selbstzerstörung

oder auch nur Selbstprüfung wurden die Energien auf Produktionswachstum, Wiederaufbau und Konsumsteigerung abgezogen. Das „Wirtschaftswunder" zeigte den vollen Erfolg dieser Umleitung. Das verbleibende Unbehagen an der eigenen Vergangenheit (von „Schuldbewusstsein" ist schwer zu sprechen) diente wenigstens einer Dämpfung des „Nationalen" und einer Öffnung für die europäische Idee.

3. Das alles geschah auf der Grundlage eines stillschweigenden Konsenses, die ehemaligen NS-Anhänger und NS-Täter nicht aus der Wirtschaft, nicht einmal aus der Politik auszuschalten, wenn sie nur auf eine organisatorische und ideologische Fortsetzung der NS-Betätigung verzichteten. Dieser Konsens war zynisch, indem er die Bestrafung zahlreicher schwerster Verbrechen verhindert und praktisch eine „kalte Amnestie" bedeutet hat. Vielleicht noch schwerwiegender sind die Kontinuitäten bei der Elitenrekrutierung und der Kooptation in wichtige Schlüsselgruppen (z.B. bei den Juristen). Aber die „Vereinbarung" hat andererseits ungemein zur Stabilität der (west)deutschen Nachkriegsgesellschaft (einschließlich des politischen Systems) und zum „Wirtschaftswunder" beigetragen.

4. Dabei ist schließlich der Einfluss der Kritik nicht zu vernachlässigen. Die fehlende Aufarbeitung wurde durchaus bemerkt und ständig angemahnt. Die oppositionelle Minderheit (z.B. die „Gruppe 47") hat eine totale Verdrängung – wie in Japan und Österreich verwirklicht – wirksam verhindert. Dadurch hat sie – zynisch gesprochen – auch im Interesse der sie beschimpfenden und von ihr beschimpften Mehrheit gehandelt, nämlich die Balance gehalten. Es geht um eine typische Rollenverteilung im pluralistischen System. Psychologisch und soziologisch entstand eine erträgliche (wenn auch nicht optimale) Mischung trotz vieler peinlicher Details. Was moralisch unbefriedigend bleibt, wirkte pragmatisch erfolgreich.

Doch in den sechziger Jahren wurden die Einwände immer lauter. So haben v. FRIEDEBURG und HÜBNER (1964, [2]1970) in einer Sekundäranalyse von empirischen Studien zum Geschichtsbewusstsein (eigentlich Zeitgeschichtsbewusstsein) der deutschen Jugend vier Hauptmerkmale festgestellt: „übermächtige Subjekte", „personalisierte Kollektiva", „stereotype soziale Ordnungsschemata" und „anthropomorphe Bezugskategorien" (v. FRIEDEBURG/HÜBNER 1970: 10ff.). Ein krasses Beispiel ist verständlicherweise die Personalisierung Hitlers „selbst bei Oberprimanern und Studenten": „Hitler und sein Handeln – das ist die jüngste Geschichte und wird so den Jugendlichen plausibel" (v. FRIEDEBURG/HÜBNER 1970: 11).

VON FRIEDEBURG und HÜBNER charakterisieren das gefundene Geschichtsbewusstsein der Jugend als defizitär und für die pluralistische Demokratie gefährlich. Aber sie kennzeichnen auch die Leistung, nämlich die Bequemheit dieser Primitivform:

> „Die den 'großen Männern', die Geschichte 'machen', zugeschriebenen Eigenschaften 'erklären' historische Bedingungszusammenhänge und Kontinuität." (v. FRIEDEBURG/HÜBNER 1970: 51)

Für das personalisierende Geschichtsbild gilt:

> „Die in ihm gewonnenen Urteile und Stellungnahmen erscheinen einsichtig und plausibel. Sie erlauben ein bestimmtes Maß momentaner Verhaltenssicherheit, das umso fragwürdiger ist, als die zugrunde liegenden Urteile nicht aus der Geschichte gewonnen, sondern vielmehr aus der Alltagserfahrung auf sie übertragen werden und damit leicht manipulierbar sind. Mit diesem Geschichtsbild ist also aus der Geschichte nichts zu lernen." (a.a.O.: 51).

Die Zahl empirischer Studien zum Ergebnis des Geschichtslernens war gering; doch wurde – trotz doppelten chronologischen Durchgangs – auch und gerade bei den wenigen Abiturienten und Studienanfängern ein überaus bescheidener Kenntnisstand diagnostiziert (vgl. MIELITZ 1969, OEHLER 1969). Bei den Hauptschülern stellte sich das Wissen naturgemäß noch weit bescheidener dar (vgl. FILSER 1973, WIESEMÜLLER 1972). Noch bedenklicher schienen die Einstellungen von Jugendlichen: Weithin wurde – wie bei den Erwachsenen auch – zugestimmt, der Nationalsozialismus sei „eine gute Sache" gewesen, die nur „schlecht ausgeführt" worden sei, und Hitler wäre – „ohne Weltkrieg und Judenmord" – der „größte deutsche Staatsmann" gewesen.

3. Nachgeholte Kulturrevolte 1968/1969

Die „Studentenbewegung von 1968" ist – neben dem Vietnamkrieg, den Notstandsgesetzen und der Großen Koalition – maßgeblich auch an der „Unfähigkeit zu trauern" (MITSCHERLICH/MITSCHERLICH 1967) und am „hilflosen Antifaschismus" (HAUG 1967), also einem Problem von Geschichtsbewusstsein, aus- und aufgebrochen. Sie bildete u.a. einen gravierenden Generationenkonflikt. In einer tiefen Glaubwürdigkeitskrise handelte es sich um die – nicht immer gerechten, aber gelegentlich selbstgerechten – Anfragen und Vorwürfe der Jungen an die Alten über deren Verstrickung in den Nationalsozialismus. Konsequenterweise wurde daraus rasch eine Krise des Geschichtsunterrichtes (Abschied von der „Personalisierung") und der Geschichtswissenschaft („Jenseits des Historismus"). Eine Minderheit, eine Nachwuchsgruppe, die sich – trotz erheblicher Widerstände – rasch etablieren und die Mehrheit nachdrücklich beeinflussen konnte, trat mit dem Anspruch

114

auf ein neues Paradigma an. „Kritik" und „Ideologiekritik" bildeten die Schlüsselworte eines Jahrfünfts.

In einem *gewandelten Wissenschaftsverständnis* war Geschichte nicht mehr hermeneutisch arbeitende, idiographische Geisteswissenschaft über Motive und Taten großer Individuen in deskriptiver Absicht, sondern analytisch verfahrende, nomothetische (jedenfalls theoriebedürftige) Sozialwissenschaft in emanzipatorischer Absicht und zwar über den Wandel von Gesellschaften. Man sprach daher von der „Überwindung des Historismus". Das Interesse galt nicht mehr *Herrschafts- und Gleichgewichtssystemen von Nationalstaaten,* sondern *Strukturen und Modernisierungsprozessen von Gesellschaften.* Das Selbstverständnis wurde von RANKE und DILTHEY zu Max WEBER und Karl MARX (und darüber hinaus) vorgeschoben. Die normativen Bezüge wurden ausgetauscht; statt Nation wurde Demokratie das Leitbild des Faches. KOCKA z.B. betonte den engen Bezug der Verfassung der Bundesrepublik und der Bedingungen der Geschichtswissenschaft,

„zur Sicherung und Förderung individueller und kollektiver Freiheiten beizutragen, 'Demokratisierung' im Sinne des Abbaus aller nicht legitimierbaren Herrschaft von Menschen über Menschen innerhalb aller gesellschaftlichen Beziehungen voranzutreiben; die Chance möglichst gewaltloser und rationaler Konfliktaustragung in notwendig heterogenen Gesellschaften zu verbessern; Toleranzbereitschaft zu fördern; beizutragen zur Sicherung und weiteren Durchsetzung von Menschen- und Bürgerrechten, von möglichst freier Kommunikation und Öffentlichkeit - und anderes mehr" (KOCKA in ROHLFES/JEISMANN 1975: 117).

Das ergab als Lernzielkatalog der Fachwissenschaft Geschichte:

- „Erklärung von Gegenwartsphänomenen",
- „Vermittlung von Orientierungs- und Handlungskategorien",
- „Kritik und Kontrolle öffentlich wirksamer Traditionen",
- „Demonstration von Alternativen und Verflüssigung des Selbstverständlichen – Einsicht in dauerhafte Strukturen",
- „Historisches Bildungswissen als 'Überschuß': die Relevanz des Irrelevanten",
- „Erziehung zum konkreten Denken",
- „Geschichte als Genuß in Muße und Freizeit",
- „Vermittelter Praxisbezug: weder Elfenbeinturm noch Instrumentalisierung" (KOCKA in ROHLFES/JEISMANN 1975: 118-122).

Dem entsprach eine *grundlegende Weiterentwicklung des Geschichtsunterrichtes,* wenn auch dessen Verschmelzung mit dem Politikunterricht scheiterte. In neuen Verfahren der Lehrplanerstellung („Curriculumtheorie") wurden die politischen und fachwissenschaftlichen Entscheidungsprozesse offen gelegt – jedenfalls besser als je zuvor. An die Stelle der Illusion einer automatischen Ableitung aus der Sache („Geschichtswissenschaft") oder einer kulturellen Selbstverständlichkeit im Sinne eines vollen Konsenses trat die vorläufige, revisionsfähige Festlegung in gesellschaftlicher Konfliktaustragung. Damit wurden die Normen nicht mehr unbewusst und insgeheim eingeschmuggelt, sondern mussten öffentlich legitimiert werden. Als Auswahlkriterien wurden z.b. genannt:

- „Säkulare Grundlagen des gegenwärtigen Zeitalters",
- „Historische Erfahrungen der älteren lebenden Generationen",
- „Aktuelle politische Probleme",
- „Identifikationsmuster und Feindbilder",
- „Lebensbedürfnisse und Erkenntnisinteressen der Lernenden",
- „Universalgeschichte und Erklärungsmodelle",
- „Historisch-politische Kategorien",
- „Historisch-politische Sachbereiche" (DÖRR in ROHLFES/JEISMANN 1975: 31).

Damit war die konstitutive (erkenntnistheoretische und lebenspraktische) Bedeutung der Gegenwartsbezüge, der Zukunftserwartungen und der politischen Kontroversen – vor allem aber auch der Lernenden und ihrer Bedürfnisse selbst – für historisches Lernen eigentlich auch unter liberal-konservativen Diskussionsteilnehmern nicht mehr strittig. Das bedeutete als Lernziele:

- Multiperspektivität und Kontroversität als selbstverständliche Spiegelung einer demokratisch-pluralistischen Gesellschaft in deren Geschichtskultur (vgl. RÜSEN 1992);
- Aufwertung der Methodenziele auch wegen ihrer Brauchbarkeit für politische Qualifikationen (Einer konsequenten, vielfach überzogenen und dogmatisierten „konstitutiven" Quellenarbeit kam im Unterricht hier eine Schlüsselstellung zu; dagegen wurden die Sinnbildungs- und Syntheseleistungen als Hauptaufgabe von Geschichtswissenschaft und Geschichtslernen oft völlig übersehen, vgl. SCHNEIDER 1994.);
- Ideologiekritik statt Traditionsbestätigung, d.h. auch Sensibilität und Offenheit für Wandel;
- Erosion der affektiven/emotionalen Ziele, deren Transformation in moralische Forderungen und kognitive Leistungen (Rationalität, Toleranz, Emotionsverzicht, Ertragen von Ambivalenz) (vgl. v. BORRIES 1992a).

In der Politik kam es erstmals zu ernsthaften Polarisierungen an Bildungsfragen gerade des Faches Geschichte, die gelegentlich Schlüsselfunktionen in

Wahlkämpfen gewannen. Natürlich wurden die erwähnten Ziele im Parallelogramm politischer Kräfte nur teilweise durchgesetzt. Massive Rückzugsgefechte zwischen „Konservativen" und „Progressiven" bestimmten das öffentliche Bild. Erbitterte Debatten und Polemiken über dogmatische oder lern- und kompromissfähige Positionen brachen aus. Bis heute ist es keineswegs völlig gelungen, aus den Schützengräben der '68er Bildungskontroverse wieder herauszukommen.

Der Aufbruch war nämlich keineswegs ein einheitlicher und gemeinsamer, wie sich z.B. an den Einführungen in die Geschichtsdidaktik von „bewahrender" (ROHLFES 1971) und „emanzipatorischer" Richtung (KUHN 1974) zeigte. Das Gleiche gilt für die Zeitschriften „Geschichte in Wissenschaft und Unterricht" (seit 1950) und „Geschichtsdidaktik. Probleme, Projekte, Perspektiven" (1976-1987) sowie später für die Handbücher (ROHLFES 1986 vs. BERGMANN u.a. 1979, ⁵1997). Bald schon unterstützten die einen entschieden den hessischen Versuch, die Fächer Geschichte, Geografie und Politik zur „Gesellschaftslehre" zusammenzuschließen (vgl. BERGMANN/PANDEL 1975), die anderen bekämpften ihn aufs Heftigste (vgl. JEISMANN/KOSTHORST 1973).

Dennoch bildete sich auf Dauer eine ziemlich klare Struktur von wissenschaftlichen Schulen. Vor allem wurde die Mittelgruppe zwischen dem emanzipatorischen Lager („kritisch-kommunikative" Geschichtsdidaktik um Annette KUHN) und der liberal-konservativen Position („bildungstheoretische" Geschichtsdidaktik um Joachim ROHLFES) immer stärker (vor allem seit der einflussreichen kleinen Edition von KOSTHORST 1977). Die Protagonisten kamen gewissermaßen von beiden Seiten und trafen sich bei den theoretischen Zentralbegriffen „Geschichtsbewusstsein" und „historische Identität" („JEISMANN/RÜSEN-Paradigma"). Andere Fundamentalkategorien kamen hinzu, die vielfach recht Ähnliches meinten: „narrative Kompetenz", „Fähigkeit zur historischen Sinnbildung", „historische Kompetenz", „reflexiv-balanciertes Geschichtsbewusstsein".

„Geschichtsbewusstsein" oder „narrative Kompetenz" als Ziel des Geschichtslernens bedeutet aber eine – gegenüber aller bisherigen Instrumentalisierung – neue logische Figur und nicht nur einfach einen zusätzlichen „Schilderwechsel". Es geht nicht mehr darum, den Lernenden das richtige „Geschichtsbild" und die richtigen „Loyalitäten" und Werte – z.B. „Demokratie" statt „Volksgemeinschaft", „Europäische Gemeinschaft" statt „Großdeutschland" – zu oktroyieren oder zu suggerieren, sondern ihnen in einem kommunikativen Prozess verschiedene Lösungen anzubieten und sie nach eigenem Urteil selbst wählen zu lassen, damit sie sich als Erwachsene qualifiziert in den gesellschaftlichen Dialog über relevante Geschichte einbringen können. Es kommt darauf an, Kants Forderung „Habe Mut, dich deines eigenen Verstandes zu bedienen" im Geschichtslernen der Schule und anderer Lernorte umzusetzen. Natürlich kommt ein solches Konzept der „Bildungsgangdidaktik" sehr nahe.

Eine deutlich eigene Gruppe von Geschichtsdidaktikern bildeten zudem diejenigen, die bei der Geschichtsbeschäftigung und im Geschichtsunterricht unbewusste Identifikationen und Projektionen anerkannten und sich mehr um die individuellen und triebdynamischen Zugänge als bloß um die kognitiven und gesellschaftlichen Formen von Geschichtsbewusstsein kümmerten (z.B. SCHULZ-HAGELEIT 1989, KNIGGE 1988); das wird teilweise „Geschichtsanalyse" genannt („SCHULZ-HAGELEIT/KNOCH-Paradigma"), geht stark auf Biografien und Autobiografien ein (vgl. z.B. v. BORRIES 1988: 59-94; 1990a: 111-130; 1996: 7-37; 79-103, 164-177) und kommt durch den Fokus auf die Lernsubjekte und ihre individuellen Entwicklungsverläufe der „Bildungsgangdidaktik" bzw. den „Entwicklungsaufgaben" noch viel näher. Tatsächlich gehören „Geschichtsbewusstsein" und „Geschichtsanalyse", die sich gegenseitig ergänzen und vervollständigen, für eine umfassende Theorie des Geschichtslernens und der Geschichtsbeschäftigung eng zusammen.

Im Nachhinein ist es gar nicht einfach zu sagen, warum für die Mitlebenden praktisch von Anfang an ein ausgesprochen rascher und tiefer Wandel durch die Studenten-Bewegung bzw. Kultur-Revolte von 1968 unstrittig war. Offenbar setzte sich blitzartig ein neuer Lebensstil, ein anderes Lebensgefühl durch – und zwar auch und gerade bei denen, die sich der radikal-politischen APO („außerparlamentarischen Opposition") gar nicht verbunden fühlten. Der Eindruck eines Nachholens notwendiger Modernisierungsleistungen war ziemlich verbreitet. Das gilt weniger für das politische System und seine Fundamentaldemokratisierung („mehr Demokratie wagen", „Partizipationsdebatte") als für den Wertewandel („antiautoritäre Erziehung", „permissive Sexualmoral"). Die Form der „Wohngemeinschaft" ("WG") von Studierenden z.B., damals noch als „Kommune" verherrlicht und verketzert, war noch wenige Jahre zuvor völlig unmöglich gewesen und wurde bald selbstverständlich.

Die Öffentlichkeit aber war zwanzig Jahre später mit den praktischen Ergebnissen der historisch-politischen Bildung nach der Neuordnung ab 1968/69 keineswegs zufriedener als mit den tatsächlichen Resultaten in den mittleren sechziger Jahren. Nicht bestritten wurde allerdings der Schub an Bewusstheit und der Gewinn an Reflexivität. Eine Reihe von unterstellten „Defiziten" trat jedoch schon lange vor 1989 auf und wurde unverdrossen als vom Politik- und Geschichtsunterricht verschuldet dargestellt. Freilich sahen verschiedene Kritiker die „Mängel" an recht unterschiedlichen Stellen.

Die kausale Zuschreibung erwünschter und unerwünschter Wirkungen auf den Geschichts- und Politikunterricht ist ein ebenso beliebtes wie unsinniges „Schwarzer-Peter"-Spiel. Im Verhältnis von Politik- und Geschichtsunterricht ist auch nach 1968 der Geschichtsunterricht quantitativ und qualitativ dominant geblieben. Aber im Verhältnis von Geschichtsunterricht und politischer Sozialisation insgesamt spielt der Geschichtsunterricht sicher nur die „zweite Geige" im Streichquartett oder gar nur die „Piccoloflöte" im Symphonieorchester; dafür gibt es empirische Belege (z.B. POHL 1996: 235).

Die schlichte Wahrheit ist der sehr mäßige Einfluss einer einzelnen institutionalisierten Belehrungsinstanz in der pluralistischen Gesellschaft mit übermächtigen Werbeträgern und Freizeitangeboten. Verkannt wird aber auch der erkenntnistheoretische Status von Geschichte. Sie selbst *lehrt und beweist nichts*, sondern ist ein höchst komplexes und vieldeutiges Deutungsgeschäft. Die Schlussfolgerungen aus Geschichte können und dürfen in einer demokratischen Gesellschaft nicht vorgegeben und endgültig sein (Überwältigungsverbot und Kontroversengebot des "Beutelsbacher Konsenses", vgl. SCHIELE/SCHNEIDER 1977). Nicht inhaltliche Ergebnisse, sondern nur methodische Reflexionsfähigkeiten können gelehrt werden. *Die* – einheitlich verstandene – Geschichte eignet sich so wenig als Entscheidungskompass für Aktivbürger wie als Religionsersatz für Gebildete.

Insgesamt zeigen die wenigen vorhandenen Befragungen (vgl. v. BORRIES u.a. 1992b, 1995, 1999, 2001a; POHL 1996), dass der große Wurf eines „Geschichtsbewusstsein" anzielenden und auf Autonomie der Subjekte setzenden Geschichtslernens bis 1989 nicht erfolgreich umgesetzt, wahrscheinlich nicht einmal massenhaft versucht worden war. Es bleibt offen, ob das Vorhaben als zu anspruchsvoll gelten muss, zu wenig kleingearbeitet wurde (besonders im Hinblick auf eine Konkretisierung und Differenzierung für verschiedene Lern- und Lebensalter) oder ob der Ansatz zu theoretisch und hermetisch blieb und angesichts geringer Einstellungsquoten von Junglehrern nach 1975 die Schulpraxis eher selten erreichte.

4. Unverarbeitete Herausforderung 1989/90

Das nächste Wendejahr war politisch, nicht pädagogisch bedingt. Der Zusammenbruch des sozialistischen Lagers und die Vereinigung der deutschen Teilstaaten sind unvorstellbar rasch und völlig unerwartet gekommen. Sie haben langfristig als stabil angesehene und damit Verhalten und Entscheidungen sicher vorbestimmende Strukturen plötzlich wegbrechen lassen und gleichzeitig neue Probleme geschaffen (z.B. integrale Nationalismen, Hegemonial- und Bürgerkriege, Wanderungs- und Fluchtbewegungen, Billiglohnländer, innenpolitische Asymmetrien), für die es auch nach einem Jahrzehnt noch keine Lösungs- und Handlungsmuster gibt.

Für die historisch-politische Bildung in demokratischer Absicht erheben sich eine Reihe grundsätzlicher Fragen:

1. *Umgang mit neuen „Altlasten"*: Wie 1945 stellte sich das Problem der Bestrafung oder Weiterverwendung der Funktionäre und Mitläufer des diktatorischen Regimes in Ostdeutschland. Die Bemerkung, man wolle den Fehler von 1948, die Nicht-Bewältigung und Nicht-Bestrafung, nicht wiederholen, war angesichts des Unterschieds beider Diktaturen bloßer Zynismus. Die Entfernung von Geschichtslehrern und -professoren erfolgte in unentwirrbarer Vermischung dreier Rechtfertigungen, nämlich wegen politischer Belastung (Verfehlung), wegen mangelnder Sachqualifikation und wegen quantitativer Überbesetzung. Alle drei Gründe mögen in vielen Einzelfällen triftig gewesen sein, aber das Schwanken zwischen ihnen nahm dem Vorgang weithin Transparenz und Rechtssicherheit – ganz abgesehen vom Fehlen der drei gleichen Prüfkriterien in Westdeutschland. Die Folgen für eine Erneuerung des Geschichtsunterrichts müssen eher skeptisch eingeschätzt werden.

2. *Verarbeitung der Vereinigung und der Weltsituation*: Das historisch-politische Lernen muss sich einer Fülle von Fragen stellen, von denen eine ganze Reihe auch selbstkritisch für die Lehrer im Westen und/oder Osten gemeint sind.

- Warum eigentlich haben die Deutschen sich vor 1989 weitgehend mit der Trennung abgefunden? Warum wurde der bevorstehende Zusammenbruch der DDR nicht prognostiziert? Warum hat man sich im Westen um die DDR meist wenig gekümmert?

- Wie ändert sich ein Gesellschaftssystem, eine Staatengemeinschaft mental, wenn sie plötzlich ihren „Feind" oder „Gegner" verliert? Ersetzt der fundamentalistische Islam das bisherige Feindbild der Nato?

- Was geschieht, wenn ein Gleichgewichtssystem zusammenbricht? Gilt noch die Lehre von der notwendigen Füllung eines Machtvakuums? Gibt es ein solches in Ostmittel- und Osteuropa?

- Wie verändert sich der Status von Prognosen unter den Erfahrungen des unvorhergesehenen Systemumsturzes? Wie wird der wiederentdeckten erkenntnislogischen Differenz zwischen retrospektivem Erklären und trendextrapolierendem Prognostizieren Rechnung getragen?

- Welche Identität gewinnt das größere Deutschland? Wird es mit seiner Hauptstadt Berlin auch zu preußischen Traditionen zurückkehren? Wird es – wenn wirtschaftlich stark – als Vormacht in Mitteleuropa anerkannt werden? Gelingt die europäische Einigung? Destabilisiert sich die Region?

- Wie ändern sich das innen- und wirtschaftspolitische Kräfteverhältnis, die soziale Symmetrie? Kann die Gewerkschaftsbewegung ihren Niedergang abfangen? Wie wird die zusammengebrochene „Arbeitsgesellschaft" in Versicherung/Versorgung und Prestige/Organisation ersetzt?
- Wie entwickelt sich der Nord-Süd-Gegensatz? Welche Rolle kann die UNO spielen? Ist die Doppelrolle des „Weltpolizisten" und der Industriemacht Nr. 1 für die USA ein praktischer oder moralischer Widerspruch?
- Gibt es einen neuen McCarthyismus? Werden die postsozialistischen Gesellschaften Diktaturen oder Demokratien, Nationalstaaten oder übernationale Gebilde, Elends- oder Schwellenländer, faschistisch oder liberalistisch usw.?
- Was wird aus Umweltzerstörung, Bevölkerungsexplosion und Wohlstandswanderung, fundamentalistischer Reaktion, internationalem Drogengeschäft und mafiösen Netzen?

Wer nicht ganz stumpf ist und die letzten zwölf Jahre – auch im Westen – einigermaßen wach gelebt hat, muss sich viele dieser Probleme auch heute noch ernsthaft stellen und zugeben, dass sie seine „Fragen an die Geschichte", seine Orientierungsbedürfnisse gegenüber Gegenwartswahrnehmungen und Zukunftserwartungen, beeinflussen. Das bedeutet eine Reorganisation der historischen „Sinnbildung über Zeiterfahrung" für Wissenschaft, Unterricht und Öffentlichkeit.

3. *Posthistorie und Postmoderne*: Ein wesentlicher Teil der Theorieanstrengungen der letzten Jahre ist auf Dekonstruktion, auf radikale Subjektivität gerichtet gewesen. Um es polemisch auszudrücken: Während in vielen Ländern eine gänzlich konventionelle „Geschichte" der Gewalt, der Lust am Töten und der Verehrung „großer Männer" wiedererscheint, gefallen sich die elaboriertesten Theorien in „postmoderner Beliebigkeit" eines *anything goes*. Die „Fakten" werden so lange aufgelöst und in bloße „Texte" verwandelt, bis selbst der „Holocaust" dekonstruiert ist. Das ist exakt die Haltung des französischen Adels von 1789 mit „Nach uns die Sintflut!" und „Beifall für Beaumarchais' 'Barbier von Sevilla',, nebeneinander. Es führt – als intellektuelle Spielerei – zu falscher Bestätigung und verantwortungslosem Treibenlassen. Demgegenüber ist nachdrücklich die Unterscheidbarkeit „besserer" und „schlechterer" historischer Interpretationen nach rationalen Kriterien (vgl. z.B. RÜSEN 1983: 85-136) und der Gedanke der „Evolution", der unumkehrbaren Beschleunigung in ihrer Ambivalenz „zwischen Menschenrechten und Kernkraftwerken", festzuhalten.

4. *Schilderwechsel und Westimport*: In den östlichen Bundesländern sind zuerst Kopien westlicher Richtlinien und Originale westdeutscher Schulbücher eingeführt worden, gewissermaßen ein Import von der selbst herbeigeru-

fenen „Kolonialmacht". Das gleicht – anders als bei der Bewältigung der „Altlasten" – stark der Lösung von 1948 mit dem Rückgriff auf Produktionen der Besatzungsmächte. Es entspricht aber weder demokratischen noch pädagogischen Ansprüchen voll. Wenn die Bedingungen der Lernenden und Lehrenden im Osten verschieden sind, müssen auch die Lehrwerke und Lehrpläne den Besonderheiten Rechnung tragen. Tatsächlich scheint *zunächst* eine kaum glaubliche „Stofforientierung" fortgesetzt und das „Deutungsmuster" ausgetauscht worden zu sein („Schilderwechsel"). An die Stelle der „richtigen" Version (damals der SED) tritt – gelegentlich mit mehr als einer Prise Zynismus – nun eine alternative „richtige" Variante, nicht aber der Prozess des Reflektierens und Sinnbildens selbst (vgl. NEUHAUS 1996). Insofern ist die eigentliche Herausforderung im Osten zunächst noch gar nicht erkannt, geschweige denn angenommen worden. Selbstverständlich war eine Betrachtung falsch, die *nur* im Osten Notwendigkeiten des Umdenkens wahrnahm; es ging um ein gemeinsames Tasten und Aufeinander-zu-Lernen (vgl. v. BORRIES 1990b).

Die Reformansätze der Zeit um 1970 sind – trotz einiger Rücknahmen – im Prinzip gültige Ansprüche an Geschichtslernen und Geschichtsunterricht geworden, vielfach selbst in konservativ regierten Bundesländern auch durch Richtlinien und Lehrpläne abgesichert. Ziel von Konzepten und Reformen ist es, den Kantschen Satz „Habe Mut, dich deines eigenen Verstandes zu bedienen" *idealiter* auf das Geschichtslernen anzuwenden, also im Fachunterricht „Aufklärung" unverkürzt und in Kenntnis ihrer Dialektik zu befördern. Damit kann das oberste Lernziel mit Formeln wie „historisch-politische Kompetenz" (HUG), „balanciertes und reflexives Geschichtsbewusstsein" (JEISMANN, v. BORRIES), „narrative Kompetenz" (PANDEL) oder „Fähigkeit zur Sinnbildung über Zeiterfahrung" (RÜSEN) bezeichnet werden. Das bedeutet im Detail:

1. *Offene Lernformen mit Identitäts- und Lebensweltbezug* (z.B. "Schülerwettbewerb Deutsche Geschichte um den Preis des Bundespräsidenten"): Historische Kenntnisse reichen zur Bewältigung von Aufgaben allein nicht aus; sie bedürfen der Anwendung und Übertragung. Diese können nur durch Reflexion und Argumentation (Verhandeln von Deutungen statt Verordnen von Ergebnissen) erlernt werden. Deshalb darf es nicht bei bloßem „Rezeptions- und Gedächtnislernen" (Katechisieren) und „Imitations- und Modelllernen" (Enthusiasmieren) bleiben. Es gilt „Einsichts- und Entdeckungslernen" (Diskutieren) und „Identitäts- und Balancelernen" (Sich-Revidieren) anzubieten und einzuüben. Das bedeutet allerdings keineswegs ausschließlich „Projektarbeit" im „Forschenden Lernen". Insgesamt muss das Schwergewicht von den Stoffen und Themen („materialer Bildungsbegriff") stark zu

den Verfahren und Kategorien („formaler Bildungsbegriff", besser noch "kategorialer Bildungsbegriff") verlagert werden.

2. *Erweiterung des Geschichtsbegriffs und Förderung von Qualifikationen der Zukunftsbewältigung* (z.B. Lernbericht des *Club of Rome*: antizipatorisches und partizipatorisches Lernen, BOTKIN u.a. 1979): Es geht nicht um bloße traditionelle Staaten- und Herrschaftsgeschichte, sondern um moderne Gesellschafts- und Strukturgeschichte, die sich gleitend zur evolutionären Mentalitäts- und Umweltgeschichte der Menschheit erweitern soll. Das ist eigentlich trivial: Wenn die Hauptprobleme des Überlebens und Würdiglebens der Menschheit Umweltkrise, Bevölkerungsexplosion (und absolutes Elend) im Süden, Konsumismus (und „Innenweltverschmutzung") im Norden, Kolonialisierung der Lebenswelten, Internationalisierung der Kriminalität (Drogen, Nuklearwaffen) und Enteilen der Wissenschaften (Transformation des Menschseins) heißen, dann ist offenbar das angepeilte Paradigma so entscheidend und angemessen für unsere Zeit wie Nationalgeschichte im Zeitalter der Nationalstaaten.

3. *Stabilisierung und Historisierung der universalistisch-menschenrechtlich-demokratischen Moral* (z.B. intensiviertes „Fremdverstehen" und gefestigter „Anti-Ethnozentrismus"): Nicht Rücknahme, sondern Überbietung des Historismus als erstmalige Einlösung der Historisierung auch von Psychologie und Mentalitäten ist die Aufgabe. Dazu gehört z.B. eine Historisierung der Menschenrechte, die deren späten, langsamen, rückschlagbegleiteten Entstehungsprozess, deren einseitig-europäische Verwurzelung und Tendenz, deren Unabgeschlossenheit und Ergänzungsbedürftigkeit (z.B. Recht auf Naturschutz, Recht auf kulturelle Authentizität) thematisiert und sie dadurch nicht abschwächt, sondern konkretisiert und verstärkt. Es geht um tatsächliche Handlungsanleitung durch universalistische Werte statt bloß plakativer „sozial erwünschter Antworten". Dabei müssen auch bisher – aus mentaler Unsicherheit und uneingestandener Triebhaftigkeit – gewaltbereite und gewaltverherrlichende Minderheiten einbezogen und überzeugt werden. Für eine ökologische (und friedliche!) Wende in Wirtschaft und Alltag muss man „global denken und lokal handeln".

4. *Fremdverstehen als Einlösung und Überbietung (nicht Rücknahme) des Historismus* (z.B. Sich-hinein-Versetzen in Handelnde – auch „Bösewichte" – und Leidende, Weltsichten und Handlungslogiken): „Fremdverstehen" bedeutet die Einübung der Iteration des „Ich denke, dass er denkt, dass ich denke, dass er denkt...". Insofern sollen Multiperspektivität und Kontroversität bis zur Grenze der Selbstverleugnung, aber ohne Selbsthass selbstverständlich werden. Entscheidend dabei ist die Wahrnehmung von Verschie-

denheit und Wandel: Die Gegenwart ist anders als die fortgeschriebene, verlängerte Vergangenheit, die Zukunft anders als die extrapolierte Gegenwart.

5. *Wiederzulassung von Abenteuerlichkeit, Faszination, Ästhetik, Fiktionalität, Emotion* (z.b. Spaß an Romanen und Spielfilmen): Auch spannend-abenteuerliche Geschichtsnutzung hat eine (wenn auch indirekte, unreflektierte) Identitätsbedeutung. Die ehemalige politische Herrschaftsgeschichte war meist positiv affektbesetzt, z.b. optimistisch, enthusiastisch, bunt, projektionsgeeignet und genussbequem. Dagegen ist die sozialwissenschaftliche Historie nachweislich eher unlustbetont (kritisch, moralisierend, belastend). Es droht offenbar eine gewisse affektive „Erkältung" des Faches, damit auch eine Dissoziation zwischen den tatsächlichen Antrieben und den eingestandenen, auch vor sich selbst zugegebenen Motiven der Geschichtsbeschäftigung. Interessanterweise ist in Befragungen von Schülern das besondere Interesse an Machtgeschichte mit überdurchschnittlicher Information, aber unterdurchschnittlichem Universalismus gepaart, während besondere Zuwendung zur Sozial- und Alltagsgeschichte mit erhöhter Moralität, aber bloß mittlerer Kognition einhergeht (v. BORRIES u.a. 1995, 1999).

6. *Artikulation und Relativierung der Gegenwartsbezüge* (z.b. vorläufiges Hintanstellen des eigenen Urteils): Der Gegenwartsbezug ist erkenntnistheoretisch und lebenspraktisch konstitutiv für Geschichtslernen, also gar nicht vermeidbar. Er droht aber in seiner vorschnellen Anwendung und umstandslosen Urteilspraxis die ernsthafte, gelassene Wahrnehmung der Vergangenheit „aus und für sich selbst" (soweit sie möglich ist!) von vornherein abzutöten, vielleicht gerade umgekehrt als früher. Für „Fremdverstehen" ist daher eine (zeitweilige, vorläufige, experimentelle) Hintanstellung der eigenen Maßstäbe und eine Rekonstruktion vergangener Maßstäbe (Sich-hinein-Versetzen) unerlässlich. Historisieren und Aktualisieren können weder glatt in eins gesetzt noch völlig voneinander abgetrennt werden (*"methodischer Gang auf zwei Beinen"*); dennoch sind sie im Sinne eines „Als ob" möglichst methodisch zu trennen und ausdrücklich aufeinander zu beziehen.

7. *Identitätsreflexion und Identitätserweiterung* (z.b. politische Qualifikationen aus grundlegenden historischen Einsichten): Unbeschadet möglicher Beteiligung der Lernenden an der Stoffauswahl (Äquivalenz verschiedener thematischer Einheiten zu bestimmten Kategorien) dürften einige Grundeinsichten wichtig sein: Beschleunigung der Realgeschichte, Verschiedenheit und Gleichwertigkeit der Kulturen, Spielraum und Grenzen politischen Handelns, Abweichung von Wirkungen gegenüber Plänen, Herstellung mentaler Identitäten in gesellschaftlich-historischen Prozessen, Beendbarkeit von Geschichte u.a..

8. *Schülerorientierung* im Sinne des Abholens am tatsächlichen Standort der Lernenden (z.B. Elementarisierung und Motivationssteigerung der Schulbücher vom Typ „gemäßigtes Arbeitsbuch"): Über den schrittweisen Aufbau der beschriebenen Kompetenzen ist noch viel zu wenig nachgedacht worden (vgl. v. BORRIES 1987). Die Lernaufgaben für Achtjährige, Zwölfjährige und Sechzehnjährige müssten sich strukturell deutlich unterscheiden, nicht nur ihre Themen (Epochen im Sinne einer fortschreitenden Chronologie). Größenwahnsinnig-überfordernd ist das Fach Geschichte zur Zeit vor allem deshalb, weil die Fachdidaktik keine „Entwicklungslogik" dafür ausgeprägt hat. Für die gegenwärtig den Lernenden weithin unverständlichen (vgl. v. BORRIES u.a. 1995: 123-127) Schulbücher – wohl aller Altersstufen – sind z.B. statt „Quellenfetischismus" und „Abstraktheit" (als Formen „falscher Wissenschaftsorientierung") zu fordern: Erzählhandlung und Erklärungskraft, Balance (Historismus-Aktualisierung) und Multiperspektivität, Elementarisierung und Vielfalt, Methodenexplizierung und Reflexivität.

Diese Aufgaben sind insofern unter erschwerten Bedingungen zu leisten, als die diversen Enthistorisierungen und Gegentendenzen in der Gesellschaft nicht verkannt werden dürfen. Zudem beginnt sich eine realistischere Einschätzung der recht begrenzten Möglichkeiten des Geschichts- und Politikunterrichts abzuzeichnen. Für die Fachdidaktik hängt alles daran, nicht wieder illusionär in eine rein normative „Stratosphäre" abzuheben, in der sie für das frustrierende Alltagsgeschäft der Lehrerinnen und Lehrer überflüssig und lachhaft, ja (als Produzent von schlechtem Gewissen) ärgerlich wird.

Insgesamt handelt es sich bei einer Zustandsbeschreibung seit 1989/90 mehr um Mutmaßungen als um Gewissheiten; denn eine empirische Evaluation der Entwicklungen und Umbrüche kann noch kaum vorliegen. Zwar entnehmen wir bisherigen Befunden, dass große Wandlungen erst mit einigen Jahren Verspätung auf den Geschichtsunterricht durchschlagen (vgl. v. BORRIES u.a. 1999: 318ff.), doch vergrößert das nur den Abstand, aus dem heraus eine wirkliche Überprüfung – sie müsste auch als Replikation älterer Studien angelegt werden – erst möglich ist. Das schließt es aber nicht aus, den ungeheuren Rückstand an empirisch verfahrender fachspezifischer Lehr-/Lernforschung abzuarbeiten.

5. Fazit: "Geschichtsbewusstsein" und "Bildungsgangdidaktik"?

Die Auffassung des Faches "Geschichte" in der ersten Nachkriegsphase widersetzt sich einer Deutung in Kategorien der „Bildungsgangdidaktik" entschieden. Die intensive politische Instrumentalisierung, die es schon seit der Einführung des Faches gab, wurde – teils naiv, teils bewusst – unbeirrt fortgesetzt und keineswegs als zynisch empfunden. „Geschichte" war dabei als Weitergabe von Traditionen und Zielsetzungen verstanden, damit gewiss als „Aufgabe" und „Auftrag", aber eben nicht als qualifizierende „Entwicklungsaufgabe" der Lernenden im Sinne eines selbstgesteuerten Kompetenzerwerbs.

Die Post-'68-Periode beanspruchte nicht selten einen *„Geschichtsunterricht im Interesse der Schüler"*, entging aber nicht der nahe liegenden „Vormundschafts-Falle": Die (objektiven) Bedürfnisse der Lernenden nach Emanzipation wurden über ihre (subjektiven) Vorlieben von „Spaß und Konsum" gestellt und nicht von den Kindern und Jugendlichen selbst, sondern „stellvertretend" von einsichtigen und progressiven Lehrpersonen definiert und durchgesetzt (so besonders KUHN 1974). Seit 1968 gab es aber noch eine zweite Berührung mit den Forderungen der Bildungsgangdidaktik: Geschichte wurde zunehmend als „Sinnbildung über Zeiterfahrung" (RÜSEN 1983) und als Angebot und Aushandlung (nicht Suggestion und Oktroi) von subjektiver Bedeutung und historischer Identität (vgl. schon BERGMANN 1975) aufgefasst. In einer Minderheit wurden zudem die unbewusst-triebdynamischen und subjektiv-biografischen Zugänge stark betont und „authentische Gespräche" – mit einem fast therapeutischen Charakter – gesucht (vgl. SCHULZ-HAGELEIT 1989). Beides zusammen gab *idealiter* den Lehrenden genau jene Rolle der flexiblen und sensiblen Lernmoderation, die auch aus der Bildungsgangdidaktik folgt, wurde aber – das zeigen einzelne empirische Studien – in der Praxis nur ziemlich selten umgesetzt.

Nach der Vereinigung 1990, die im Osten teils einen naiven „Westimport", teils einen bloßen „Schilderwechsel" brachte, lässt sich ein entsprechend radikaler Umbruch noch nicht diagnostizieren. Zunehmend werden erkennbar:

- „Methodenorientierung" statt „Stofforientierung", in vielen Schulbüchern deutlich an „Methodenkisten" und „Erkundungsprojekten" abzulesen ("methodische Intensivierung"),
- Weiterführung der Diskussion um die Defizite eines bloß *chronologischen* – statt *entwicklungslogischen* – Aufbaus des Lehrganges,
- thematische Modernisierung (z.B. Umweltgeschichte, Geschlechtergeschichte, außereuropäische Geschichte),
- Einbeziehung der „Geschichtskultur", d.h. des öffentlichen und privaten Umgangs mit Geschichte (dadurch verstärkte Anknüpfung in der jugendlichen Lebenswelt, aber auch verstärkte Reflexivität und Ausgleich zwischen Bestätigung und Kritik),
- Bemühung um Einfachheit und Verständlichkeit von Texten und Bildern (z.B. bei den Schulbüchern),

- Auseinandersetzung mit neuen Formen gewalttätiger Fremdenfeindlichkeit und offener NS-Verherrlichung im Rahmen ästhetischer Jugendkulturen und quasi-religiöser Jugendsekten ("universalistische Urteilsmaßstäbe"),

- Wahrnehmung der Notwendigkeit eines „interkulturellen Geschichtslernens" in der mittlerweile anerkannten „Einwanderungsgesellschaft" Deutschland (vgl. ALAVI/v. BORRIES 2000).

Die meisten dieser Trends sind erwünscht, sie folgen aber im Ganzen erneut der Logik einer stellvertretenden Festlegung durch die Gesellschaft im Interesse der Zukunft oder allenfalls durch Experten im wohlverstandenen Interesse der Jugendlichen. Der Falle der „Vormundschaft" gerade im Prozess von *Mündigwerden und Autonomiegewinn* entgeht die Geschichtsdidaktik also noch nicht. *Es ist auch ganz unwahrscheinlich, dass die politische Öffentlichkeit künftig darauf verzichten wird, dem Geschichtsunterricht die Reparatur von auftretenden Mängeln aufzugeben.* Schon von dieser Seite aus bleibt eine Eigen-Definition der „Entwicklungsaufgaben" durch die Lernenden also unzureichend.

Wahrscheinlich aber wird „historisches Denken" von der Mehrheit der Jugendlichen auch keineswegs als „Entwicklungsaufgabe" begriffen. Die kulturelle Situation (Revolution der Medien, Amerikanisierung des Konsums und der Bewusstseins-Industrie, Globalisierung der Märkte) ist dafür auch ausgesprochen ungünstig. Sie legt eher eine bloße Orientierung auf die Zukunft nahe. Zwischen „*Modernität*" (gemessen z.B. an Wohlstand und Säkularisierung) und *Desinteresse an Geschichte* besteht – jedenfalls im europäischen Vergleich – ein sehr hoher Zusammenhang (vgl. v. BORRIES u.a. 1999: 286-292, 316f.).

Eine gewisse Neigung zur "Fallstudie", zum "Exemplarischen", ist unverkennbar nicht nur der Bildungsgangdidaktik, sondern auch der neueren Geschichtsdidaktik eigen ("Historie" ist immer höchst selektiv). Das ist vernünftig, aber auch verführerisch; denn "Induktion" ist scheinbar konkreter als "Deduktion". Auch Fallstudien kommen aber nicht um klare Begriffsbildung herum, auch induktive Zugriffe setzen ein System voraus („Kontextualisierung") und müssen es stückweise entfalten. Sonst wird das Praxisverständnis verkürzt und die Fallstudien dienen leicht dazu, diese Verkürzung noch zu befördern.

Zurück zur *Bildungsgangdidaktik insgesamt*: *Erstens* hat die Fach- wie die allgemeine Didaktik vier Hauptaufgabenfelder, nämlich Empirieerkundung/Beschreibung und Normreflexion/Zielsetzung, Theorieentwicklung/Systembildung und Praxishilfe/Handlungsanleitung. Diese Bereiche sind in der Forschung nicht gleichmäßig entwickelt. Es wäre bedauerlich, wenn ausgerechnet aus der Bildungsgangdidaktik – mit ihrer Betonung von Individualität und Subjektivität – eine weitere Vernachlässigung der empirischen (besonders quantitativen) Forschung abgeleitet würde. Es geht nicht nur um die Vermittlung von Theorie und Praxis, sondern – und das scheint, obwohl es meist übersehen wird, das noch schwierigere Problem – um Normen ("Präskription") und Fakten ("Deskription"). Wie kann man eigentlich als Wissenschaftler erkenntnislogisch zu "Sollenssätzen" kommen und sie als allgemein verbindlich erklären? Die Bildungsgangdidaktik – wie wohl alle Allgemeindidaktiken als "angewandte Wissenschaften" – hat unbeschadet ihres Offenlassens und ihrer Übertragung der Verantwortung an die Lernenden hier ein großes, nicht zureichend expliziertes Problem.

Zweitens gibt es auch disziplingeschichtlich Irritationen. In einer grandiosen Volte kehrt die Bildungsgangdidaktik scheinbar zum einzelnen „Zögling", nämlich seiner Individualität und Biografie, zurück, damit zum „pädagogischen Verhältnis". Auch wenn diese Einsicht unvermeidlich ist, darf die „Sozialität" von Lernen, Produzieren und Leben, in die eben die Schule stellvertretend einführt, nicht unterschätzt werden. Theoretisch würde das in der Bildungsgangdidaktik wohl auch niemandem einfallen: „Sozialkompetenz" ist selbst unbestritten ein Ziel. Aber das hat organisatorische Konsequenzen, die weit über die Beachtung der einzelnen Lernbiografie hinausweisen, ja deren Verabsolutierung verbieten.

Wie nämlich kommt die Schule eigentlich zu "Fächern" und "Stoffen", zu verbindlichen Lerngegenständen? Zweifellos geschieht das nicht nur gemäß persönlich-individuellen Bedürfnissen. Die Interkulturalität des deutschen Schulwesens – mit über 20% "bildungsinländischen" Kindern ohne deutschen Pass und/oder ohne deutsche Tradition von mindestens einem Elternteil – ist mittlerweile eine unübersehbare Tatsache geworden. Das muss Folgen haben, und zwar gerade im Geschichtslernen (vgl. ALAVI/v. BORRIES 2000). Natürlich wird über kontroverse Konzepte wie "Nationalgeschichte als Eintrittsbillett", "Menschenrechtsgeschichte als Zivilreligion", "Nahweltgeschichte als Orientierungshilfe" und "Mentalitätsgeschichte als Identitätserweiterung" in einem politischen Kräfteparallelogramm entschieden (vgl. v. BORRIES 2001b).

Drittens also erhebt sich die Frage, ob die Bildungsgangdidaktik schultheoretisch genügend reflektiert ist. Stellt sie nicht eine Art neuen Bildungsidealismus dar, der die triftigen Einsichten der strukturell-funktionalistischen Schultheorie unterschätzt oder zu unterlaufen versucht? Dazu gehört auch die höchst relative Ökonomie des schulischen Lernens, d.h. seine aufwandsparende Organisation in größeren Gruppen und seine Konzentration auf Gegenstände, die man meist nicht in der Gesellschaft selbst und nach eigener

Motivation lernen kann (vgl. SCHULZE 1980). Das berühmte "didaktische Dreieck" ist eine Verkürzung, die den "Lernort" zu wenig ernst nimmt. Diese Ausklammerung sollte gerade der *Allgemeinen Didaktik* nicht passieren, die der *Schultheorie* so eng benachbart ist und eben nicht nur individuelle Ansprüche und Chancen von Lernenden, sondern auch Herrschaftsverhältnisse, Systemzwänge und Sachnotwendigkeiten von Gesellschaft zu berücksichtigen hat.

Auch in der Bildungsgangdidaktik werden nämlich nur die drei Determinanten *Schüler(in)* (jetzt an erster Stelle), *Stoff* und *Lehrer(in)* bedacht, nicht – wie von mir seit langem vorgeschlagen (vgl. v. BORRIES 1985) – auch der *Lernort*. Es ist ja offenkundig, dass insbesondere im Fach "Geschichte/Politik" auch Elternhaus, Fernsehen, Printmedien, Beruf, Sport- und Jugendgruppe zusätzliche einflussreiche Lernorte mit einer je eigenen (oft mehr impliziten) Didaktik sind. Andererseits kann Schule als Lernort zwar umgestaltet und weiterentwickelt werden, aber – schon aus Organisations- und Kostengründen – weder beliebig rasch noch beliebig radikal. „*Das Medium ist die Botschaft*", d.h. Lernorte können nicht neutral sein – das gilt auch und gerade für den Lernort Pflichtschule. *Staat, Wirtschaft* und *Gesellschaft* verzichten schlicht nicht auf den schulischen Zugriff auf die Jugend (schon gar nicht im Fach "Geschichte/Politik") – und Schule verkauft bzw. vermarktet sich selbst.

Viertens ist an die Dialektik von „*Führen und Wachsen lassen*" (eben nicht „Führen oder Wachsen lassen", vgl. LITT 1960) zu erinnern. Kinder und Jugendliche lernen in der Schule durch Nachahmung - wie auch in der Familie. Nur wer ihre/seine Sache (ihr/sein Fach) engagiert, kompetent und aktiv vertritt, wird auch Lernende dazu inspirieren („begeistern"). Nur wer fordert und fördert – und das auch und gerade fachspezifisch –, kann die Verantwortung schrittweise auf die Lernenden übergehen lassen. Die Kinder und Jugendlichen können schwerlich über etwas entscheiden und etwas wünschen, was sie noch überhaupt nicht kennen. Nur wer sein/ihr Fach durch und durch versteht, kann und wird fruchtbar *transdisziplinär* arbeiten, statt universaldilettantisch *fächerübergreifend*. Anders gesagt: Gleichgültigkeit und Schleifenlassen der Lehrperson sind zweifellos schädlicher als eine gewisse "Dominanz" und "Disziplin", gegen die Jugendliche wenigstens Protest und Widerstand entwickeln können (eine höchst wichtige Entwicklungsaufgabe und Kompetenz!).

Die Bildungsgangdidaktik kann in die Gefahr geraten, Schüler zu überfordern, wenn sie nämlich das Selbständigkeitspostulat ernst nimmt, die Selbständigkeit zu erzwingen versucht, aber nicht schritt- und stufenweise kleinarbeitet, einführt und einübt. Viel größer jedoch ist das andere Risiko, nämlich ein "*Verwöhnungssyndrom*" zu verstärken, wenn die Jugendlichen selbst sich allein die Aufgaben setzen und ihrer – vom häuslichen Medienkonsum geprägten – Bequemlichkeit folgen, ohne bei der viel gerühmten Flexibilität noch wirklich auf Widerstand und Grenzen zu stoßen. "Verwöhnung" aber ist das Gegenteil von Glück, wie z.b. den Sportlern sehr wohl bekannt ist.

Fünftens: Ist die Bildungsgangdidaktik nur ein Konzept für charismatische Ausnahmelehrer(innen) oder auch eine Strategie für pragmatische Normallehrer(innen)? Ohne Zweifel wird ja die Komplexität der Diagnose didaktischer Situationen und gegebenenfalls eigener Entscheidungen erhöht; damit wächst auch der Anspruch an fachliche Qualifikation und persönliches Engagement. Solche Lehrende, die sich nicht als "pädagogische Heilige" in ihrer Tätigkeit verzehren, sondern als "Arbeitnehmer im Dienstleistungsbereich" einen normalen Beruf ausüben wollen, könnten leicht überfordert werden, da eine noch weit größere Flexibilisierung und Individualisierung verlangt wird als ohnehin in anderen Modellen. Wird die "Bildungsgangdidaktik" eine neue "Feiertagsdidaktik"?

Sechstens schließlich dürfte die Bildungsgangdidaktik wie die neuere Geschichtsdidaktik das Risiko von *"Doppelbindungen"* oder *"Beziehungsfallen"* im Unterricht (vgl. z.B. DIX 1979) nicht beenden, u.U. noch verstärken, das es in offen autoritären Erziehungssituationen nicht gibt, das aber gerade einen "demokratisch" intendierten Geschichts- und Politikunterricht bedroht. Einerseits wird der Anspruch an Flexibilität und Verantwortung noch erhöht, andererseits bleiben die schulorganisatorischen Restriktionen unverändert, wenn nicht gar undurchdacht. So kommt es zu Anordnungen wie: „Ich befehle Euch: 'Seid Demokraten!'", „Übernehmt gefälligst selbst die volle Verantwortung – oder es hangelt Fünfen!", „Ich verlange absolute Spontaneität!", „Ihr könnt machen, was Ihr wollt! Aber vom Lehrplan können wir nicht abweichen." Die Botschaften auf der „Inhaltsebene" und auf der „Beziehungsebene" sind widersprüchlich, ohne dass – vor allem für jüngere Lernende – diese Spannung dialektisch gelöst, das Autoritätsgefälle als sich selbst prozesshaft aufhebend erkennbar würde.

Literatur

ALAVI, Bettina/BORRIES, Bodo v.: Geschichte. In: REICH, Hans H./HOLZBRECHER, Alfred/ROTH, Hans Joachim (Hrsg.): Fachdidaktik interkulturell. Ein Handbuch. Opladen 2000, 55-91.

BERGMANN, Klaus: Geschichtsunterricht und Identität. In: Aus Politik und Zeitgeschichte. Beilage zum „Parlament", B 39/1975, 19-25.

BERGMANN, Klaus/PANDEL, Hans-Jürgen: Geschichte und Zukunft. Didaktische Reflexionen über veröffentlichtes Geschichtsbewusstsein. Frankfurt/M. 1975.

BERGMANN, Klaus/SCHNEIDER, Gerhard (Hrsg.): Gesellschaft, Staat, Geschichtsunterricht. Beiträge zu einer Geschichte der Geschichtsdidaktik und des Geschichtsunterrichts von 1500 bis 1980. Düsseldorf 1982.

BERGMANN, Klaus u.a. (Hrsg.): Handbuch der Geschichtsdidaktik. Düsseldorf 1979 (2 Bde.), 5. Aufl. Seelze 1997 (1 Bd.).

BORRIES, Bodo v.: Methodisch-mediales Handeln im Lernbereich Politik - Geschichte - Erdkunde. In: OTTO, Gunter/SCHULZ, Wolfgang (Hrsg.): Methoden und Medien der Erziehung und des Unterrichts; Stuttgart 1985, 328-366 (= Enzyklopädie Erziehungswissenschaft 4).

BORRIES, Bodo v.: „Reifung" oder „Sozialisation" des Geschichtsbewusstseins? Zur Rekonstruktion einer vorschnell verschütteten Kontroverse. In: Geschichtsdidaktik 12. Jg. 1987, 143-159.

BORRIES, Bodo v.: Geschichtslernen und Geschichtsbewusstsein. Empirische Erkundungen zu Erwerb und Gebrauch von Historie. Stuttgart 1988.

BORRIES, Bodo v.: Geschichtsbewusstsein als Identitätsgewinn? Fachdidaktische Programmatik und Tatsachenforschung. Hagen 1990 (= Beiträge zur Geschichtskultur 3). (=1990a)

BORRIES, Bodo v.: Geschichtsunterricht: Westimport oder Neuansatz? In: Dialoge Heft 1, 1990, 50-52. (=1990b)

BORRIES, Bodo v. (unter Mitarbeit von DÄHN, Susanne/KÖRBER, Andreas/LEHMANN, Rainer H.): Kindlich-jugendliche Geschichtsverarbeitung in West- und Ostdeutschland 1990. Ein empirischer Vergleich. Pfaffenweiler 1992. (=1992a)

BORRIES, Bodo v.: Von gesinnungsbildenden Erlebnissen zur Kultivierung der Affekte? Über Ziele und Wirkungen von Geschichtslernen in Deutschland. In: MÜTTER, Bernd/UFFELMANN, Uwe (Hrsg.): Emotionen und historisches Lernen. Forschung – Vermittlung – Rezeption. Frankfurt/M. 1992, 67-92. (=1992b)

BORRIES, Bodo v. (unter Mitarbeit von WEIDEMANN, Sigrid/BAECK, Oliver/ GRZESKOWIAK, Sylwia/KÖRBER, Andreas): Das Geschichtsbewusstsein Jugendlicher. Erste repräsentative Untersuchung über Vergangenheitsdeutungen, Gegenwartswahrnehmungen und Zukunftserwartungen in Ost- und Westdeutschland. Weinheim, München 1995 (= Jugendforschung).

BORRIES, Bodo v.: Imaginierte Geschichte. Die biografische Bedeutung historischer Fiktionen und Phantasien. Köln 1996 (= Beiträge zur Geschichtskultur 11).

BORRIES, Bodo v. (unter Mitarbeit von KÖRBER, Andreas/BAECK, Oliver/ KINDERVATER, Angela): Jugend und Geschichte. Ein europäischer Kulturvergleich aus deutscher Sicht. Opladen 1999 (= Schule und Gesellschaft 21).

BORRIES, Bodo v.: Erhaltet die Fachdidaktiken! In: HOLTAPPELS, Heinz Günter/ HORSTKEMPER, Marianne (Hrsg.): Neue Wege der Didaktik? Analysen und Konzepte zur Entwicklung des Lehrens und Lernens. Weinheim 1999, 191-205 (= Die Deutsche Schule, 5. Beiheft 1999).

BORRIES, Bodo v.: Vernichtungskrieg und Judenmord in den Schulbüchern beider deutscher Staaten seit 1949. In: GREVEN, Michael Th./WROCHEM, Oliver v. (Hrsg.): Der Krieg in der Nachkriegszeit. Der Zweite Weltkrieg in Politik und Gesellschaft der Bundesrepublik. Opladen 2000, 215-236.

BORRIES, Bodo v.: Lehr- und Lernforschung im Fach Geschichte. In: FINKBEINER, Claudia/SCHNAITMANN, Gerhard W.: (Hrsg.): Lehren und Lernen im Kontext empirischer Forschung und Fachdidaktik. Donauwörth 2001, 399-438. (2001a)

BORRIES, Bodo v.: Interkulturalität beim historisch-politischen Lernen – Ja sicher, aber wie? In: Gesch. in Wiss. und Unt. 52. Jg. 2001, 305-324. (2001b)

BOTKIN, James W. u.a.: Das menschliche Dilemma. Zukunft und Lernen. Wien 1979.

CHWOSTOW, W. M. (Hrsg.): Geschichte der Neuzeit 1870-1918. Berlin, Leipzig 3. bearb. Aufl. 1951, fotomechanischer Nachdruck: Kiel 1978.

DIX, Ulrich: Schulalltag. Als Lehrer die Praxis überleben. Bensheim 1979.

FILSER, Karl: Geschichte: mangelhaft. Zur Krise eines Unterrichtsfaches in der Volksschule. München 1973.

FRIEDEBURG, Ludwig v./HÜBNER, Peter: Das Geschichtsbild der Jugend. München 2. Aufl. 1970.

Grundriß der Geschichte. Für die Oberstufe der Höheren Schulen, Ausgabe B, 3 Bde.. Stuttgart o.J. (vor 1960).

HAUG, Wolfgang Fritz: Der hilflose Antifaschismus. Frankfurt/M. 1967.

HERBST, Karin: Didaktik des Geschichtsunterrichts zwischen Traditionalismus und Reformismus. Hannover 1977.

HUG, Wolfgang: Geschichtsunterricht in der Praxis der Sekundarstufe I. Frankfurt/M. [2]1980.

JEFIMOW, A. W. (Hrsg.): Geschichte der Neuzeit 1640-1870. 4. neubearb. Aufl. Berlin/Leipzig 1951, fotomechanischer Nachdruck: Kiel 1978.

JEISMANN, Karl Ernst: Geschichte als Horizont der Gegenwart. Paderborn 1985.

JEISMANN, Karl-Ernst/KOSTHORST, Erich: Geschichte und Gesellschaftslehre. Die Stellung der Geschichte in den Rahmenrichtlinien für die Sekundarstufe I in Hessen (...). In: Gesch. in Wiss. und Unterr. 24. Jg. 1973, 261-288.

KARSEN, Fritz (Hrsg.): Geschichte unserer Welt, 3 Bde. (in 4 Teilbänden). Berlin 1947.

KNIGGE, Volkhard: „Triviales" Geschichtsbewusstsein und verstehender Geschichtsunterricht. Pfaffenweiler 1988 (= Geschichtsdidaktik. Studien, Materialien. Neue Folge 3).

KOSMINSKI, E. A. (Hrsg.): Geschichte des Mittelalters. 5. unveränd. Aufl. Berlin, Leipzig 1952, fotomechanischer Nachdruck: Kiel 1978.

KOSTHORST, Erich (Hrsg.) Geschichtswissenschaft. Didaktik – Forschung – Theorie. Göttingen 1977.

KUHN, Annette: Einführung in die Didaktik der Geschichte. München 1974.

LITT, Theodor: Führen oder wachsen lassen. Eine Erörterung des pädagogischen Grundproblems. Stuttgart 1960.

MEINECKE, Friedrich: Die Deutsche Katastrophe. Betrachtungen und Erinnerungen. Wiesbaden 1946.

MEYER, Meinert A.: Didaktik für das Gymnasium. Grundlagen und Perspektiven. Berlin 2000.

MEYER, Meinert A./REINARTZ, Andrea (Hrsg.): Bildungsgangdidaktik. Opladen 1998.

MEYER, Meinert A./SCHMIDT, Ralf (Hrsg.): Schülermitbeteiligung im Fachunterricht. Englisch, Geschichte, Physik und Chemie im Blickfeld von Lehrern, Schülern und Unterrichtsforschern. Opladen 2000.

MIELITZ, Reinhard: Das Faktenwissen der Studienanfänger. Ergebnisse eines Tests. In: MIELITZ, Reinhard (Hrsg.): Das Lehren der Geschichte; Göttingen 1969, 90-102.

MISCHULIN, A. W. (Hrsg.): Geschichte des Altertums. Berlin 1948; fotomechanischer Nachdruck: Kiel 1978.

MITSCHERLICH, Alexander/MITSCHERLICH, Margarete: Die Unfähigkeit zu trauern. Grundlagen des kollektiven Verhaltens. München 1967, 11. Aufl. 1979.

NEUHAUS, Friedemann: „Geschichte so zu lehren, wie sie wirklich war." Zur Entwicklung des Geschichtsunterrichts in Ostdeutschland von der defensiven Lehrplanreform in den achtziger Jahren in der DDR bis zur Neugestaltung in den neuen Bundesländern (am Beispiel Thüringens). Diss. Erfurt 1996 (Typoskript).

OEHLER, Hans: Geschichtswissen und Geschichtsbild der Abiturienten. In: MIELITZ, Reinhard (Hrsg.): Das Lehren der Geschichte. Göttingen 1969, 46-55.

POHL, Kurt: Bildungsreform und Geschichtsbewusstsein. Empirische Befunde zu Wirkungen der Bildungsreform im Bereich des Geschichtsunterrichts. Pfaffenweiler 1996.

ROHLFES, Joachim: Umrisse einer Didaktik der Geschichte. Göttingen 1971, 3. erw. Aufl. 1974.

ROHLFES, Joachim/JEISMANN, Karl Ernst (Hrsg.): Geschichtsunterricht. Inhalte und Ziele. Arbeitsergebnisse zweier Kommissionen. Stuttgart 1974.

ROHLFES, Joachim (Hrsg.): Geschichtsunterricht. Entwurf eines Curriculums für die Sekundarstufe I. Stuttgart 1978.

ROHLFES, Joachim: Geschichte und ihre Didaktik. Göttingen 1986.

RÜSEN, Jörn: Historische Vernunft. Grundzüge einer Historik I. Göttingen 1983.

RÜSEN, Jörn: Das ideale Schulbuch. In: Internationale Schulbuchforschung 14. Jg. 1992, 237-250.

RÜSEN, Jörn: Historisches Lernen. Grundlagen und Paradigmen. Köln 1994.

SCHIELE, Siegfried /SCHNEIDER, Herbert (Hrsg.): Das Konsensproblem in der politischen Bildung. Stuttgart 1977.

SCHNEIDER, Gerhard: Über den Umgang mit Quellen im Geschichtsunterricht. In: Geschichte in Wissenschaft und Unterricht 45. Jg. 1994, 73-90.

SCHULZE, Theodor: Schule im Widerspruch. München 1980.

SCHULZ-HAGELEIT, Peter: Was lehrt uns die Geschichte? Pfaffenweiler 1989.

WENIGER, Erich: Die Grundlagen des Geschichtsunterrichts. Untersuchungen zur geisteswissenschaftlichen Didaktik. Leipzig 1926.

WENIGER, Erich: Neue Wege im Geschichtsunterricht. Frankfurt/M. 4. Aufl. 1969.

WIESEMÜLLER, Gerhard: Unbewältigte Vergangenheit – überwältigende Gegenwart? Vorstellungen zur Zeitgeschichte bei Schülern des 9. Schuljahres verschiedener Schulformen. Stuttgart 1972.

Petra Bosenius

Learning English from My Point of View – Zur
Selbsteinschätzung fremdsprachlicher Lernprozesse
aus der Sicht von Schülern und Studenten

1. Focus on the Learner

Die Bildungsgangforschung stellt die Lernenden als Gestalter ihrer eigenen
Bildungsgänge in das Zentrum ihres Erkenntnisinteresses (MEYER/REINARTZ
1998: 10). Damit steht sie nicht allein. In der Sprachlehr- und Sprachlernfor-
schung wurde bereits vor fast zwanzig Jahren *„Das Postulat der Lernerzentriertheit"* (BAUSCH et al. 1982) formuliert. Die neueren, kognitiv-
konstruktivistisch geprägten Ansätze der Fremdsprachendidaktik betonen die
aktive Konstruktion von Wissen durch die Lernenden in einem von ihnen
eigenverantwortlich gestalteten Prozess des Lernens, in dessen Verlauf subjektive Wissenskonstrukte kooperativ ausgetauscht und aneinander angegli-
chen werden (RÜSCHOFF/WOLFF 1999: 32). Auch die Allgemeine Didaktik
nimmt unter dem Stichwort der Schülerorientierung die lernenden Subjekte in
den Blick. Die jeweils postulierte Fokussierung auf die Lernenden bedarf
einer Konkretisierung hinsichtlich der Art und Weise ihrer aktiven Teilhabe.
Lernende können antizipierte Adressaten (fach- und allgemein)didaktischer
Theoriebildung sein. Ihre Auseinandersetzung mit den vorgegebenen Inhalten
kann von den Lehrenden methodisch 'schülernah' realisiert sein. Schülerinnen und Schüler können in unterrichtliche Reflexions- und Entscheidungsprozesse eingebunden sein. Oder Lernende sind Subjekte einer Begleitforschung
und verdeutlichen nicht zuletzt durch ihre spezifische, oftmals nicht system-
konforme Auseinandersetzung mit einem offiziellen Lehr-Lern-Programm,
wie dieses künftig zu verändern ist (vgl. BOSENIUS (1992) mit Bezug auf die
Fremdsprachenbildung im Tertiärbereich). Immer modifizieren Lernende in
der Art der Aneignung objektiver Lernaufgaben den gesamten Bildungsgang.
Darin liegt seine Dialektik.

Für den Englischunterricht in Nordrhein-Westfalen ist die subjektive Per-
spektive mittlerweile selbst Teil des objektiven Programms. Der 1999 in
Kraft getretene Lehrplan für die gymnasiale Oberstufe als Teil des objektiven
Bildungsgangs der Schülerinnen und Schüler sieht unter dem Motto *self-
assessment* und *peer-evaluation* eine *„Beteiligung der Lernenden an der
Evaluation ihres Lernstandes"* vor (MINISTERIUM FÜR SCHULE UND

134

WEITERBILDUNG, WISSENSCHAFT UND FORSCHUNG DES LANDES NORDRHEIN-WESTFALEN 1999: 105-106). *Check lists, questionnaires* und *rating scales* sollen ebenso wie Portfolios als individuelle Zusammenstellungen von Lern- und Arbeitsergebnissen dazu dienen, Unterrichtsziele und Lernaktivitäten auf den aktuellen Lernbedarf abzustimmen und die Lernenden gezielt zur Reflexion ihres Lernprozesses in der Fremdsprache Englisch zu führen. Dabei wird vorausgesetzt, dass eine Bewusstheit des eigenen Lernens dieses auch optimiert. Gegenüber einer allgemeinen, eher diffus bleibenden Bewertung des Lernens im (Fremdsprachen-)Unterricht ('Was hat euch an der Unterrichtsreihe ge- oder missfallen?' 'Wo seht ihr Schwierigkeiten?' 'Wie könnt ihr euer Englisch verbessern?') bieten Fragebogen, welche auf konkrete fremdsprachliche Teilkompetenzen abheben, die Möglichkeit, das schulische (Fremd-) Sprachenlernen differenzierter in den Blick zu nehmen.

2. Reflexion fremdsprachlicher Lernprozesse als needs analysis

Für die Jahrgangsstufe 11 liegt ein Instrumentarium zur Einschätzung des Englischlernens in Bezug auf die Fertigkeiten des Hörverstehens, Leseverstehens, Sprechens und Schreibens vor (BOSENIUS et al. 2000: 121-124). Zusätzlich werden Lernstrategien für Aussprache, Vokabular und Grammatik erfragt. Auch der Bereich der Emotionen findet Berücksichtigung, denn die affektive Seite ist ein integraler Bestandteil von Lern- und Verstehensprozessen (vgl. BOSENIUS/DONNERSTAG 2000). Man mag einwenden, dass Selbstreflexion als objektive Anforderung den Sinn von Bildungsgangforschung, nämlich die individuellen Entwürfe[1] der Lerner aufzuspüren und zu bearbeiten, unterwandert. Doch m.E. bietet diese Vorgehensweise die Chance, die Schülerinnen und Schüler überhaupt einmal im Rahmen des Unterrichts zum eigenen Lernen zu Wort kommen zu lassen. Sie treten damit aus der reinen Rezipientenrolle heraus, sind nicht ausschließlich Adressaten der Leistungsbeurteilung durch den Lehrer oder die Lehrerin (vgl. dazu BOSENIUS/MEYER 2001), sondern geben ihrerseits Einschätzungen zum Unterricht und zum eigenen Lernverhalten ab. Der Begriff *self-assessment* bedarf in diesem Zusammenhang der Differenzierung:

„A number of other terms have been used in more or less free variation with the term 'self-assessment', for example, 'self-evaluation', 'self-appraisal', 'self-

---

1 Der Begriff der Entwicklungsaufgabe wird hier nicht verwandt, da er mit Bezug auf einzelne *skills* im Englischen als nicht geeignet erscheint (vgl. ausführlich dazu BOSENIUS 1992: 86). Zum Begriff der Entwicklungsaufgabe siehe grundsätzlich GRUSCHKA 1985, KORDES 1996, SCHENK 1998.

rating', and 'self-report', but the use of 'assessment' has been gaining ground and would seem to be the most appropriate. 'Self-rating' and 'self-evaluation' should probably be avoided because of their distinct connotation of 'making value judgements' rather than conveying the more neutral meaning of 'determining extent', or 'estimating level', which is what this kind of process really concerns." (OSCARSON 1997: 175)

Damit wird zugleich deutlich, dass im Unterricht vorgenommene Selbsteinschätzungen fremdsprachlicher Teilkompetenzen nicht in Konkurrenz oder als Ergänzung zur Notengebung erfolgen sollen. Ihre didaktische Funktion besteht vielmehr darin, die Kooperation zwischen Lehrern und Schülern zu intensivieren, die Lern- und Arbeitstechniken der Lernenden zu fördern und die Motivation für das Lernen der Fremdsprache zu steigern (vgl. OSCARSON 1997: 176). Es handelt sich um ein diagnostisches Verfahren, welches im Unterrichtsdiskurs einer Lerngruppe den jeweiligen Lernbedarf ermittelt. Da Schülerinnen und Schüler im schulischen Kontext mit persönlichen Angaben zuweilen recht zurückhaltend sind, muss beim Einsatz solcher Einschätzungsbogen auch berücksichtigt werden, dass Lernende gegebenenfalls anonym bleiben wollen. Die Auswertung kann somit in Kleingruppen erfolgen, ohne dass der jeweilige Fachlehrer oder die jeweilige Fachlehrerin Einblick in alle Bogen erhält. Dieses Verfahren trägt zusätzlich der Eigenverantwortung der Schülerinnen und Schüler in der Auseinandersetzung mit dem Fremdsprachenlernen im Unterricht Rechnung.

Es versteht sich von selbst, dass ein solcher Einschätzungsbogen nicht als Instrument zur Erhebung statistisch relevanter Aussagen genutzt werden kann. Wird er jedoch einer größeren Anzahl von Lernenden vorgelegt, so geben die Aussagen zu den einzelnen *items* Aufschluss über Tendenzen in den Bewertungen von schulischem Englischunterricht. Zu diesem Zwecke und um die Praktikabilität des Bogens zu erproben, wurde der Selbsteinschätzungsbogen *'Learning English from My Point of View'* 19 Schülerinnen und Schülern eines Grundkurses der Jahrgangsstufe 11 an einem Kölner Gymnasium und 13 Grundstudiumsstudierenden im Fach Englisch mit dem Studienziel Lehramt für die Sekundarstufe I vorgelegt.

3. Learning English – the Students' View (unter Mitarbeit von Yesha Yadav)

Die Konzeption des Selbsteinschätzungsbogens trägt der Tatsache Rechnung, dass für das Lehren und Lernen von Fremdsprachen und dessen Evaluation europaweit ein Referenzrahmen entwickelt wurde, der auch in die Richtlinien für die gymnasiale Oberstufe eingegangen ist (vgl. MINISTERIUM FÜR SCHULE

UND WEITERBILDUNG, WISSENSCHAFT UND FORSCHUNG DES LANDES NORDRHEIN-WESTFALEN 1999: 152-155). Er ermöglicht den Lernenden eine länderübergreifende Einschätzung ihrer fremdsprachlichen Fähigkeiten und Fertigkeiten. Zusätzlich fanden Ansätze der internationalen Zweitsprachenerwerbsforschung zum *evaluating without testing* (GENESEE/UPSHUR 1996, RICHARD-AMATO 1996) Berücksichtigung. Die Auswertung bietet keine statistisch abgesicherten, generalisierbaren Aussagen. Sie ermöglicht jedoch im Kontext qualitativer Fragestellungen einen Problemaufriss des schulischen Englischunterrichts. Die Ergebnisse für die Schülergruppe werden, wo dies angemessen erscheint, mit denen der Studentengruppe kontrastiert. Dabei wird keine Vollständigkeit der Angaben angestrebt. Vielmehr werden die augenfälligsten Ergebnisse dargestellt und kommentiert. Einzelne Aussagen des Fragebogens waren jeweils durch Ankreuzen einer Dreierreihe *'yes'*, *'in most cases'*, *'not really'* bzw. im Bereich der Emotionen mit *'usually'*, *'sometimes'*, *'not very often'* zu gewichten. Naturgemäß liegt die Mehrheit der Lösungen im Mittelfeld. Interessant sind die Fälle, in denen deutliche Verschiebungen in die höhere oder niedrigere Richtung erkennbar wurden. Die Wahl der jeweiligen Kategorie sollte darüber hinaus begründet werden. Auch wenn diese Begründungen von den Schülerinnen und Schülern gelegentlich als redundant empfunden wurden, verweist die Vielzahl der unterschiedlichen Antworten darauf, dass der Fragebogen sowohl als Instrument zur Selbstreflexion als auch besonders als Basis für Auswertungsgespräche im unterrichtlichen Diskurs geeignet ist.

3.1 *Learning experiences*

In ihrer Auswertung der Fragebogen der Studentengruppe schreibt Yesha YADAV:

> One of the most surprising aspects of this first section of the questionnaire was the general similarity of responses given by the students, despite the very clear emphasis on individual expression and detail. Nearly every student, with very few exceptions, noted a general decline in their motivation to learn English as well as in their degree of interest in the subject. These students had initially found the subject to be 'vivid', 'useful', and 'exciting'. They had enjoyed the novelty value in learning a new language, the opportunity to express themselves as well as the methods of teaching, which encouraged the children to sing songs, or play games in the language.

Auch in der Schülergruppe kann die anfängliche Begeisterung für das Englische in der Mittelstufe nicht aufrechterhalten werden. Es überwiegt der generelle Eindruck von Grammatik- und Vokabellernen. Dadurch wird Druck empfunden und ein Prozess der Demotivation setzt ein. Ein Drittel der befragten Grundkursschüler artikuliert Frustration bis Ablehnung gegenüber dem Englischlernen. Inhalte werden lediglich in Form landeskundlicher Themen und zweimal als *business English* angesprochen, stehen folglich im Bewusstsein der Lernenden nicht an bevorzugter Stelle.

Das sich hier abzeichnende Postulat für eine Revision des objektiven Bildungsgangs der Schülerinnen und Schüler muss lauten: Es ist zu untersuchen, warum die Begeisterung für die Fremdsprache aus den Eingangsklassen des Englischunterrichts in den Jahrgangsstufen sieben bis zehn nicht erhalten werden kann, ein Umstand, der sicher nicht allein mit Verweis auf die entwicklungsbedingt schwierige Phase des Jugendalters zu erklären ist.

3.2 Strengths and areas to improve

In einer offenen Frage wurden die Schülerinnen und Schüler danach befragt, wo sie ihre Stärken beim Englischlernen sehen und welche Gebiete sie für verbesserungswürdig halten. Als Stärken werden die *four skills* in der Abfolge Lesen/Textverstehen – Sprechen – Schreiben – Hörverstehen mit nur geringen Nennungen angeführt. Als Gebiete, in denen verstärkt gearbeitet werden muss, werden von den *skills* das Schreiben und Sprechen lediglich zweimal, das Hörverstehen gar nur einmal genannt. Die überwältigende Mehrheit der Befragten gibt 'Grammatik und Vokabeln' als Aufgaben des eigenen Lernens an. Folglich kann angenommen werden, dass die gezielte Arbeit an den einzelnen *skills* im Sprachlernbewusstsein der Schülerinnen und Schüler kaum verankert ist. Sie bietet aber die Möglichkeit, dem generellen Diktum, Grammatik und Vokabeln, eine differenzierte Übung einzelner Teilfertigkeiten entgegenzusetzen.

3.3 The four skills

3.3.1 Listening comprehension

In der Schülergruppe bejaht nur knapp ein Viertel der Befragten uneingeschränkt, der Diskussion im Englischunterricht folgen zu können. Dabei wird positiv vermerkt, dass die Mitschüler ähnlich sprechen. Mangelnde Vokabelkenntnisse sind der Grund, warum fast die Hälfte sich lediglich meistens dazu in der Lage sieht. Sowohl das Verstehen von Nachrichten in Radio und Fernsehen als auch das Verstehen von Liedtexten bereitet beiden Lernergruppen Schwierigkeiten. Die Schnelligkeit, der Akzent und das technische Vokabular bzw. *slang*-Ausdrücke werden als Hinderungsgründe genannt. Diejenigen Lerner, die von sich sagen, dass sie die Nachrichten verstehen, führen dies darauf zurück, dass sie klar strukturiert sind und häufig konsumiert werden. Lerner, welche Liedtexte ohne Probleme verstehen, haben Musik zu ihrem Hobby gemacht oder verfassen selbst Texte. Somit ist angezeigt, dass das Hören von Nachrichten und Liedtexten fester Bestandteil des Englischunterrichts sein muss. Zugleich würden die kognitiv-faktische und die emotional-ästhetische Seite des Hörverstehens gleichermaßen gefördert, was der Motivation der Lerner zuträglich ist.

3.3.2 *Reading comprehension*
Das hervorstechendste Ergebnis im Bereich des Leseverständnisses besteht darin, dass die Schülergruppe angibt, nicht wirklich mit den Lesetechniken des *skimming* und *scanning*[2] vertraut zu sein. Die Studierenden haben ebenfalls beträchtliche Probleme mit zumindest einer der beiden Lesetechniken. Dieser Befund, der auch an anderer Stelle für eine Gruppe von Studierenden belegt ist (BOSENIUS 2000: 94), unterstreicht erneut die Notwendigkeit, Lesestile und Lesetechniken in Abhängigkeit von konkreten Lesezielen explizit zu lehren. Dies ist angesichts der Informationsfülle, denen die Lerner in der Wissensgesellschaft ausgesetzt sind, unerlässlich.

3.3.3 *Spoken interaction*
Am sichersten fühlen sich die Schülerinnen und Schüler, wenn Zusammenfassungen von Geschichten oder Zeitungsartikeln von ihnen verlangt werden. Persönliche Meinungen und Pläne begründet zu formulieren halten drei Viertel von ihnen für wenig problematisch. Das Gleiche gilt für das informelle Gespräch über Alltagsangelegenheiten mit Sprechern, die Deutsch nicht als Muttersprache haben. Lediglich zwei Schüler haben noch nie mit einem *non-German* gesprochen. Demgegenüber hält sich gut ein Drittel der Schülergruppe für nicht wirklich in der Lage, über persönliche Erfahrungen und aktuelle Ereignisse zu sprechen. Genauso viele geben an, dass dies für sie nur meistens zutrifft. Zwei Lerner führen an, dass sie nicht über Persönliches sprechen wollen, und relativ viele nennen erst gar keinen Grund. Dies legt die Vermutung nahe, dass persönliche Meinungen und Pläne zwar kundgetan, persönliche Erfahrungen jedoch als sensibler Bereich eingestuft werden. Für die Gruppe der Studierenden gilt die letztgenannte Differenzierung nicht. Folglich müsste für ein Auswertungsgespräch in einem schulischen Kontext die Kategorie 'persönliche Erfahrungen' genauer definiert werden.

---

2   *Skimming*: schnelles Lesen zur Ermittlung des Kerngedankens bzw. der generellen Bedeutung eines Textes.
Scanning: sorgfältiges Durchlesen eines Textes zur Entnahme der für ein bestimmtes Thema relevanten Informationen.

3.3.4 *Written production*

Die Gruppe der Studierenden hat am ehesten Schwierigkeiten mit den akademischen Formen der Textproduktion, i.e. *essays* und *reports*. Längere persönliche Texte wie Briefe und Tagebucheintragungen stellen kein Problem dar. Jeweils ungefähr ein Drittel der Schülerinnen und Schüler jedoch gibt an, nicht wirklich Informationen in einem Essay oder Bericht präsentieren und verschiedene Standpunkte einschließlich des eigenen darlegen zu können. Ebenso sieht knapp ein Drittel sich nicht in der Lage, Erfahrungen und Ereignisse in längeren persönlichen Texten zu beschreiben und zu diskutieren. In der Mehrzahl geben sie an, meistens wohlstrukturierte Texte über Themen ihres Interesses schreiben zu können. Eine Deutung der Ergebnisse wirft für die Gruppe der Grundkursschüler einerseits die Frage auf, ob auch in Bezug auf das Schreiben eine generelle Scheu besteht, Aussagen zum Umgang mit persönlichen Erfahrungen zu machen. Andererseits verhalten sich diese Antworten komplementär zu denen nach ihren Stärken (vgl. 3.2). Die schriftliche Textproduktion gehört aus Sicht der Schülerinnen und Schüler nicht dazu. Auch die Antworten der Studierenden lassen erkennen, ebenfalls in Übereinstimmung mit einer weiteren Befragung von Studierenden (BOSENIUS 2000: 95), dass die Textproduktion einer differenzierteren Handhabung in Schule und Studium bedarf. Diese müsste Schreibstrategien in Abhängigkeit von konkreten Schreibzielen thematisieren.

3.4 *Study habits*

Die Auswertung der offenen Fragen nach den Lerngewohnheiten in den Bereichen Aussprache, Vokabular und Grammatik ergibt mit den Worten Yesha YADAVs für die Gruppe der Studierenden folgendes Bild:

> The difficulties often cited with learning and using English, whether they be in areas of writing, conversation, or listening abilities do not always prompt students to rectify these weaknesses. Although many practised their conversational abilities by reading aloud, watching television, movies or by talking to native speakers and students, the grammatical problems were often left untouched by some. Those choosing to work on grammar achieved this through university courses or by tutoring others in English. The majority of students acquired vocabulary through the media, movies, by reading books and noting the new words, through conscious repetition or by using a card system. Vocabulary, unlike other aspects of language learning did not always come naturally to the students as they nearly always had to make a repeated and conscious effort to achieve results. Students also noted that the context in which the words occurred was nearly always an essential part of their conscious efforts to acquire new words.

Die generelle Einschätzung hinsichtlich der Lerngewohnheiten ist für die Schülergruppe ähnlich. In den seltenen Fällen, in denen die Aussprache geübt wird, geschieht dies in Gesprächen mit Freunden und Verwandten, mittels Kassetten und durch das Singen von Liedern. Film und Fernsehen spielen demgegenüber keine Rolle. Grammatik wird anhand von Grammatiken unter Zuhilfenahme von Übungsbüchern oder Schulbüchern aus vorherigen Jahrgangsstufen wiederholt. In der Schülergruppe werden Vokabeln durch Nachschlagen, häufiges Lesen, Wiederholen, aber auch durch Aufschreiben gelernt. Die Einschätzungen sind hier weniger differenziert als die der Studierenden, die in ihrem Lehramtsstudiengang mit Techniken der Vokabelarbeit vertraut gemacht werden. Obwohl dies auch im schulischen Fremdsprachenunterricht selbstverständlich sein müsste, lassen die Aussagen der Schülergruppe dies nicht erkennen.

3.5 *Feelings and the learning process*

Während die Lehramtsstudierenden in der Regel zuversichtlich sind und es genießen, das Englische zu lernen, trifft Letzteres für zwei Drittel der Schülergruppe nicht zu. Die Begründungen lassen erkennen, dass sowohl die erfahrenen Mühen des Lernens als auch der aus Schülersicht langweilig gestaltete Unterricht für diese Einschätzung ausschlaggebend sind. Angesichts der Tatsache, dass der Bogen den Schülerinnen und Schülern zu Beginn der Jahrgangsstufe 11 vorgelegt wurde, kurz nach Ende der von ihnen in den allgemeinen Lernerfahrungen als frustrierend dargestellten Zeit in der Mittelstufe (vgl. 3.1), überrascht dieses Ergebnis nicht. Die Aussage *'I enjoy writing English texts'* wird von einer ähnlich hohen Zahl innerhalb dieser Gruppe mit *'not very often'* gewichtet. Einzig beim Hören der englischen Sprache fühlen sich vergleichsweise viele wohl. Diese Angabe korreliert jedoch nicht mit den Schwierigkeiten, die beim Hörverständnis für Nachrichten und Liedtexte artikuliert wurden (vgl. 3.3.1). Ebenso wurde vereinzelt darauf hingewiesen, dass eine fremdsprachliche Teilfertigkeit zu beherrschen nicht automatisch bedeutet, daran auch Freude zu haben. Hier bietet ein Auswertungsgespräch vielfältige Anlässe zu individuellen Profilierungen.

4. Selbsteinschätzungen des Fremdsprachenlernens als authentische Situationen

Die hier dargestellten Selbsteinschätzungen führen dazu, dass die Lernenden sich ihr eigenes Lernen vor Augen führen. Dies kann einen selbst-reflexiven Wert im Sinne der *language learning awareness* haben. Doch erst ein Auswertungsgespräch im Unterricht ermöglicht den Lernenden, ihre Angaben mit denen anderer zu vergleichen, Bestätigungen oder Ergänzungen zur eigenen Sichtweise zu erörtern und auf der Basis der gewonnenen Einsichten Lernstrategien zu entwickeln. Der Lehrer oder die Lehrerin fungiert hier als Berater oder Beraterin. Seine oder ihre Fachkenntnisse sind gefragt, wenn es darum geht, weiterführende Lernangebote zu machen. Diese Kommunikation über das Lernen der Fremdsprache ist eine authentische Kommunikationssituation, so lange sichergestellt ist, dass sie einem tatsächlichen Bedürfnis der Lernenden entspricht, sich über ihr individuelles Lernen klar zu werden und weitere Lernaktivitäten kollektiv zu ermitteln.[3] Sie gerät zur Simulation, wenn die vorgegebenen Fragebogen von den Beteiligten wie eine Grammatikübung oder ein Rollenspiel als inszenierter Unterricht 'abgehakt' werden. Authentische Situationen im Sinne der Bildungsgangforschung 'sprengen' u.U. die Arbeit an objektiven Anforderungen:

> „Es sind Situationen und Handlungen, in denen die Schüler mehr oder weniger sie selbst sind, die ihnen subjektiv bedeutungsvoll sind und in denen sie ihre eigenen Ziele verfolgen. Es sind Situationen und Handlungen, die mit der Bearbeitung von Entwicklungsaufgaben verknüpft sind." (HERICKS 1998: 293)

Auch die Bearbeitung von Selbsteinschätzungsbogen als curricular vorgegebene offizielle Anforderung kann in diesem Sinne katalysatorisch wirken, nämlich dann, wenn an einzelnen Stellen unvermutet Wertungen und Urteile über das Fremdsprachenlernen, die Fremdsprache oder die entsprechende Kultur zum Ausdruck kommen, die auf individuelle Einstellungen und Sichtweisen verweisen, welche die Mitschüler aufmerken lassen können und zu ausführlicheren Diskussionen Anlass geben. Drei Beispiele aus der vorliegenden Befragung mögen dies verdeutlichen:

(1) Ein Schüler kreuzt bei der Aussage '*I feel confident when I am learning English*' die Kategorie '*not very often*' an und kommentiert: '*I am not a good language learner*'. Hieraus könnte sich eine Diskussion entwickeln, was es individuell heißt, ein guter Fremdsprachenlerner zu sein (vgl. NAIMA et al. 1995).

---

3   Zum Begriff der Authentizität von Materialien sowie der Arbeits- und Interaktionsformen vgl. RÜSCHOFF/WOLFF 1999: 61-62.

(2) Ein anderer Schüler gibt bei der Aussage '*I feel at ease when I talk to people in English*' die Kategorie '*not very often*' an und erklärt dies mit den Worten: '*Of course, I feel much better talking to s.o. in German; it's my mother language!*' In der Lerngruppe könnte erörtert werden, was genau an der Fremdsprache ein wenig zurückschrecken lässt. Dies kann unter Rückbezug auf die sprachlichen Fähigkeiten in der Fremdsprache eine subjektiv erlebte Einschränkung der Kommunikationsfähigkeit im Gespräch mit Angehörigen anderer Sprachgemeinschaften sein. Es ist jedoch auch denkbar, dass die Fremdsprache als besonders fremd erlebt wird, als das Objektive, an dem sich die eigene (Sprach-)Identität reibt.

(3) Im Gegensatz dazu kreuzt eine Schülerin für die Aussage '*I feel confident when I am learning English*' die Kategorie '*usually*' an und kommentiert dies mit dem Satz '*It makes me free and proud*'. Der Gedanke, dass eine andere Sprache befreiend wirkt, im Umkehrschluss die Muttersprache also möglicherweise eher einengend erlebt wird, setzt einen entgegengesetzten Akzent. Die Tatsache, dass diese gegensätzlichen Aussagen von einem Schüler und einer Schüler*in* gemacht werden, kann zu einer gewinnbringenden Auseinandersetzung über die Frage führen, inwiefern das Erleben von Fremdsprache und Kommunikation in der Fremdsprache geschlechtsspezifisch unterschiedlich ist (vgl. BÖRSCH 1982).

Die hier skizzierten Beispiele lassen erkennen, dass Diskussionen auf der Basis der Selbsteinschätzungsbogen äußerst fruchtbar, weil identitätsstiftend sein können. Sie tragen dazu bei, dass der Fremdsprachenunterricht in der gymnasialen Oberstufe in dem von Meinert MEYER oftmals vorgetragenen Sinne bildend ist: Die Auseinandersetzung des Ichs mit der Welt muss sich, Humboldt wieder aufnehmend, als ein Prozess realisieren, in dem das lernende Ich die fremde Welt sprachlich zu verstehen und so in gewisser Weise diese Welt auch sprachlich zu gestalten lernt, in dem aber zugleich auch die Umkehrung erfahren wird, die Einwirkung der Sprecher fremder Sprachen auf einen selbst (MEYER 1994: 121).

Das Gelingen dieser authentischen Diskussion über das Fremdsprachenlernen hängt nicht zuletzt davon ab, ob der Englischlehrer oder die -lehrerin ein hohes Maß an Sensibilität dafür aufbringt, was Schülerinnen und Schüler im Unterricht von sich preiszugeben bereit sind. Ferner ist viel didaktisches Geschick in der Gesprächsführung erforderlich, damit die Anliegen der einzelnen Schülerinnen und Schüler gebührend artikuliert werden können. Manche Lernerfahrungen können auch zu zweit oder in Kleingruppen erörtert werden, ohne dass sich in jedem Fall eine Plenumsdiskussion anschließt. Entscheidend für die subjektive Auseinandersetzung mit dem eigenen Lernen ist eine Atmosphäre der Sicherheit und des Vertrauens, die es ermöglicht, dem eigenen Lernen auf die Spur zu kommen. Im besten Fall entsteht ein Auswertungsgespräch, bei dem das Englischlernen in all seinen Facetten zum Gegenstand von Reflexion und Erörterung gemacht wird. Dazu ist es auch notwendig, dass Schülerinnen und Schüler negative Erfahrungen mit dem Fremdsprachenlernen, Frustrationen und Rückschläge benennen können, ohne dass sie befürchten müssen, dass die Bewertung ihrer fremdsprachlichen Leistung davon beeinflusst wird. Auf diese Weise finden die Schülerinnen und Schüler nicht nur heraus, wie sie die ihnen gestellte objektive Aufgabe, die Fremdsprache Englisch zu lernen, bewältigen können, sondern sie erfahren, was die Fremdsprache ihnen selbst bedeutet, welchen Stellenwert sie in ihrer Lern- und Lebensgeschichte einnimmt.

Aus gegebenem Anlass möchte ich meine Ausführungen in diesem Sinne mit einer persönlichen Bemerkung beschließen: Wie so viele Anglistikstudentinnen war ich am Ende des Grundstudiums auf der Suche nach dem Englischen und ging für ein halbes Jahr an die *University of Reading*. Von dort zurückgekehrt, stieß ich im Jahre 1980 auf die Veranstaltung *Teaching and Learning English as a Foreign Language* – durchgeführt von Meinert MEYER. Ich wählte sie aus, um meinen Enthusiasmus für die englische Sprache auch in deutschsprachiger Umgebung bewahren und das Englische weiterhin aktiv anwenden zu können. Mein Enthusiasmus ist immer noch ungebrochen. Denn für *meinen* Bildungsgang gilt: Ohne Englisch geht gar nichts. Die Veranstaltung von Meinert MEYER jedoch stand am Anfang meines Weges in die Lehrerbildung. Ihr Titel ist mir heute noch Programm.

Literatur

BAUSCH, Karl-Richard et al. (Hrsg.): Das Postulat der Lernerzentriertheit. Rückwirkungen auf die Theorie des Fremdsprachenunterrichts. Arbeitspapiere der 2. Frühjahrskonferenz zur Erforschung des Fremdsprachenunterrichts. Bochum: Seminar für Sprachlehrforschung, 1982 (Manuskripte zur Sprachlehrforschung, 21).

BÖRSCH, Sabine: Fremdsprachenstudium – Frauenstudium? Subjektive Bedeutung und Funktion des Fremdsprachenerwerbs und -studiums für Studentinnen und Studenten. Tübingen 1982.

BOSENIUS, Petra: Fremdsprachenstudium und Fremdsprachenberuf: Ein Beitrag zur Analyse von Lehr-Lern-Prozessen in Institutionen tertiärer Bildung. Münster, New York 1992.

BOSENIUS, Petra: Zusatzqualifikation *Bilingualer Unterricht – Englisch*: Zu den sprachlichen Eingangsvoraussetzungen der Studierenden im Lichte des Anforderungsprofils bilingualen Sachfachunterrichts. In: AGUADO, Karin/HU, Adelheid (Hrsg.): Mehrsprachigkeit und Mehrkulturalität: Dokumentation des 18. Kongresses für Fremdsprachendidaktik der Deutschen Gesellschaft für Fremdsprachenforschung (DGFF) Dortmund, 4.-6. Oktober 1999. Berlin 2000, S. 89-99.

BOSENIUS, Petra/BRACHT, Max/PORTEOUS-SCHWIER, Gunthild/ROSS, Ingrid (Hrsg.): English Eleven 2000. Lehrerbuch. Berlin 2000.

BOSENIUS, Petra/DONNERSTAG, Jürgen: Emotionen in der Bedeutungskonstruktion zu englischen literarischen Texten. Eine explorativ-empirische Studie zum Rezeptionsverhalten von Studierenden. In: Zeitschrift für Fremdsprachenforschung, H. 2/2000, S. 1-23.

BOSENIUS, Petra/MEYER, Meinert A.: Diagnose und Bewertung von Schülerleistungen im Englischunterricht. In: Pädagogik, H. 6/2001, S. 46-50.

COUNCIL OF EUROPE: Council for Cultural Co-operation. Education Committee. Modern Languages: Learning, Teaching, Assessment. A Common European Framework of Reference. Draft 2 of a framework proposal. Modern Languages. Strasbourg 1996.

GENESEE, Fred/UPSHUR, John A.: Classroom-based Evaluation in Second Language Education. Cambridge 1996.

GRUSCHKA, Andreas: Wie Schüler Erzieher werden: Studie zur Kompetenzentwicklung und fachlichen Identitätsbildung in einem doppeltqualifizierenden Bildungsgang des Kollegschulversuchs NW. Wetzlar 1985.

HERICKS, Uwe: Schule verändern, ohne revolutionär zu sein?! Bildungsgangforschung zwischen didaktischer Wissenschaft und Schulpraxis. In: MEYER/REINARTZ 1998, S. 290-302.

KORDES, Hagen: Entwicklungsaufgabe und Bildungsgang. Münster 1996.

MEYER, Meinert A.: Fremdsprachenunterricht unter dem Anspruch gymnasialer Allgemeinbildung. In: MEYER, Meinert A./PLÖGER, Wilfried (Hrsg.): Allgemeine Didaktik, Fachdidaktik und Fachunterricht. Weinheim, Basel 1994, S. 99-124.

MEYER, Meinert A./REINARTZ, Andrea (Hrsg.): Bildungsgangdidaktik: Denkanstöße für pädagogische Forschung und schulische Praxis. Opladen 1998.

MINISTERIUM FÜR SCHULE UND WEITERBILDUNG, WISSENSCHAFT UND FORSCHUNG DES LANDES NORDRHEIN-WESTFALEN (Hrsg.): Richtlinien und Lehrpläne für die Sekundarstufe II – Gymnasium/Gesamtschule in Nordrhein-Westfalen. Frechen 1999.

NAIMA, N./FRÖHLICH, M./STERN, H.H./TODESCO, A.: The Good Language Learner. Clevedon, Philadelphia, Adelaide 1995.

OSCARSON, Mats: Self-assessment of Foreign and Second Language Proficiency. In: CLAPHAM, Caroline/CORSON, David (Hrsg.): Encyclopedia of Language and Education. Vol. 7: Language Testing and Assessment. Dordrecht, Boston, London 1997, S. 175-187.

RICHARD-AMATO, Patricia A.: Making it Happen: Interaction in the Second Language Classroom. From Theory to Practice. 2. Aufl. New York 1996.

RÜSCHOFF, Bernd/WOLFF, Dieter: Fremdsprachenlernen in der Wissensgesellschaft: Zum Einsatz der Neuen Technologien in Schule und Unterricht. Ismaning 1999.

SCHENK, Barbara: Bildungsgangdidaktik als Arbeit mit den Akteuren des Bildungsprozesses. In: MEYER/REINARTZ 1998, S. 261-270.

145

Joachim Minnemann

Auf dem Wege zum „gelingenden Leben" – Lebenskunst und Bildungsgang

1. Einleitung

Schule ist gefordert, denn von ihren Bildungskapazitäten kann zu Recht eine hilfreiche Förderung der (Selbst-)Perspektivierung von Lebenswegen erwartet werden, wenn sie den in ihr Lernenden Wissen und Kenntnisse für ihre Orientierung in der Welt, Methodenkompetenz, biographierelevante Aufgaben und eine kultivierte Lernfähigkeit vermittelt. Dazu wird sie ein Lernklima herstellen, das zugleich personstabilisierendes wie verpflichtendes Beteiligtsein an den vereinbarten gemeinsamen Vorhaben und produktive Selbsttätigkeit ermöglichen hilft. Sie wird anerkennen, dass Schülerinnen und Schüler ihre eigene Entwicklung selbst gestalten, und zugleich als Schule nicht darauf verzichten, Bildung als Anspruch zu formulieren.

Lehrende, die *in diesem Sinne* tätig sind, werden ihren Schülerinnen und Schülern entgegentreten mit dem Wissen darum, dass sie als Mentoren Begleiter sind auf Wegen, die sie nicht länger so bestimmen wollen, wie es der *objektive Bildungsgang* scheinbar von ihnen verlangte, sondern deren *je subjektive Qualität* sie anerkennend begutachten. Sie müssen ihnen Liebgewordenes (an Bildungsgütern, an Haltungen, an Wissen und Nichtwissen) erforschen und entdecken lassen, nicht es tauben Ohren predigen wollen (KORDES 1989: 201, 203).

Vor diesem hier nur angedeuteten Hintergrund erschien es uns viel versprechend, an Hand der eingehenden Beschäftigung mit der *philosophischen Lebenskunst*, die sowohl Unterrichtsgegenstand wie auch leitender Gedanke der skizzierten Auffassung von Schule sein kann, zu überprüfen, inwieweit Schülerinnen und Schüler Gestalter ihrer eigenen Bildungsgänge sind, was entwicklungsbezogene Lehr-Lern-Arrangements hierzu beitragen können und inwieweit Reflexivität und skeptische Selbstbefragung Bildungsgangperspektiven begünstigen.[1]

---

1   Zu den hier besprochenen Unterrichtsreihen findet sich unter www.gymnasium-blankenese.de ergänzendes Material, u.a. eine wesentlich erweiterte Fassung dieses Artikels und Einblicke in die Ausstellung (siehe 4.5).

Auf den folgenden Seiten wird zuerst die Begrifflichkeit entfaltet (2.), danach die These von der *Zwillingsbegrifflichkeit* von Lebenskunst *und* Bildungsgang vertreten (3.); anschließend wird in einem komprimierten Überblick das Geschehen in zwei Jahreskursen *Philosophie* dargelegt (4.). Schließlich werden Folgerungen zur Themenrelevanz aufgezeigt (5.) und Perspektiven auf eine künftige Beschäftigung mit der noch jungen Thematik gegeben (6.).

2. Lebenskunst

2.1 *Gut zu leben wissen*, dieses Thema erlebt eine erfreuliche Renaissance. Eine Wende zu engagiertem Nachdenken über die „Kunst des Lebens" ist zu konstatieren (vgl. MARTENS 2001). Der Begriff freilich ist bunt besetzt: Unter „Lebenskunst" wird nahezu alles verstanden, was die beiden Teilbegriffe annähernd sinnreich zusammenzubringen verspricht. Das reicht von der Selbstinszenierung in modischer Kunst (vgl. BIANCHI 1999) über die Hauswurfsendung, die von Experten geprüfte Tipps verspricht, *to simplify your life*, über Bücher, die frei heraus gelingendes Leben mit Karriere gleichsetzen, bis hin zu wieder hervorgekramten Bestsellern wie dem CARNEGIEs, der in glatter Verkennung der fundamentalen Bedeutung kluger Selbstsorge dekreditiert: *Sorge dich nicht – lebe!* Dies mag den Eindruck erwecken, der Begriff sei ein recht beliebiger. Grundlegungsfunktion kommt ihm dennoch zu, und im Sinne *philosophischer* Lebenskunst ist er derzeit vor allem mit dem Namen Wilhelm SCHMID verbunden. Seinen Bestimmungsstücken folgte auch unser Unterricht.

2.2 Den Ausgang nimmt SCHMIDs Konzept in der Erkenntnis, dass „die gelebte freie Gesellschaft, die Demokratie als Lebensform" (SCHMID 1999: 176) für eine andere Moderne zu stärken und als deren „wahre Machtbasis (...) die Selbstmächtigkeit der Individuen" (S. 238) zu favorisieren sei.

> „Um Lebenskunst bemüht sich das Individuum, das sich nicht von individualistischer Arroganz leiten lässt, sondern sich selbst zu führen, ein reflektiertes Verhältnis zu sich selbst zu begründen, starke Beziehungen zu Anderen herzustellen und sich an der Gestaltung von Gesellschaft zu beteiligen versucht." (SCHMID 2000a: 173)

Drei Herzstücke des Begriffs sind damit angesprochen. *Erstens*: Lebenskunst ist eine Sache des Einzelnen, die ihn veranlasst, in seiner Selbstermächtigung zu einer Vergewisserung über seine Lebensperspektiven und seine Vorstellungen vom Gelingen, ja von der Güte *seines* Lebens zu gelangen. Dies geschieht in „optimistischem Pessimismus" und unter Zuhilfenahme heiterer Skepsis. *Zweitens*: Lebenskunst möchte der kunstvollen Gestaltung der Existenz dienen, dem kreativen Verhältnis des Selbst zu sich selbst. So ist Lebenskunst die Kunst, *sich ein schönes Leben zu machen,* was die Ästhetik der Existenz anspricht.

> „Schön ist das, was als bejahenswert erscheint. Als bejahenswert erscheint etwas in einer individuellen Perspektive, die keine Allgemeingültigkeit beanspruchen kann, bezogen auf das Subjekt selbst, auf sein Leben, auf Andere." (SCHMID 1999: 167f.)

Drittens: Lebenskunst zielt auf eine begründete und authentisch vertretene Haltung, die allen wesentlichen Dimensionen des Lebens offen und kritisch gegenübertritt und dabei den Anderen als Bereicherung ansieht und annimmt.

Lebenskunst in diesem Sinne sucht die enge Verbindung zur Pädagogik. SCHMID beruft sich auf COMENIUS, wenn er schreibt: „Bildung befähigt das Individuum zur Gestaltung seiner selbst und zur eigenen Lebensgestaltung" (a.a.O.: 310). Bildung ist zu verstehen als „Anleitung zur Selbstsorge", zentral sind die „Ausbildung eigener Urteilskraft" und unbedingt ein Wahlangebot. SCHMID fordert eine „Pädagogik der Lebenskunst", die „wo irgend möglich, der Bildung durch *Selbstbildung* den Vorrang einzuräumen" und auch dort, wo die pädagogische Anleitung unverzichtbar scheint, nur den Anlass zu geben und den Rahmen zur Verfügung zu stellen habe.

> „Es gibt (...) für diese Pädagogik keinen inhaltlich bestimmten, festen Bestand des Lebenswissens, der nur zu vermitteln und, wenn vermittelt, umstandslos umzusetzen wäre. (...) (Es kann hier) nicht, wie bei der herkömmlichen Wissensvermittlung, ein normativer, sondern nur der optative Aspekt leitend sein." (a.a.O.: 311 f.)

2.3 Gravitationszentrum des Lebenskunstbegriffs ist die *Wahl* (a.a.O.: 188 ff). Zur Wahl gehört ihre *Vorbereitung* als Aufmerksamkeit und Achtsamkeit, ihr *Heranreifen* in Beratung und freimütiger Meinungsbildung, schließlich ihre nach einem umfassenden Kriterienkatalog vorzunehmende Analyse, in deren Zentrum der aristotelische Begriff der Klugheit *(phronesis)* ruht, der hilft, das richtige Maß zu finden. Dabei hat das Subjekt der Lebenskunst die verantwortungsvolle Aufgabe, aus autonomer Selbstsorge (a.a.O.: 249) heraus in immer neuer Kohärenzstiftung (vgl. SCHMID 2000b) mit Anderen eine „Kultur der Sorge" (SCHMID 1999: 267) zu entwickeln – etwas, das der säkularen Moderne immer mangelte, das aber Ziel aller Bildungsbemühungen war und ist.

So kann, wer Lebenskunst walten lässt, im Leben nicht nur Sinn finden, sich also in vorfindbare Zusammenhänge einfügen, sondern viel mehr: im Hinblick auf sich im Verhältnis mit Anderen *wählen*, seinem Leben Sinn *geben*, die Zusammenhänge *selbst gestalten*, zu leben verstehen und dabei eine „unhintergehbare Eigenheit der Perspektive" (a.a.O.: 293) entwickeln. Sie/er wird auch mit den Grenzen des Verstehens leben lernen und nicht der Illusion erliegen, „sämtliche Komponenten des Lebens klären und kalkulieren zu können" (a.a.O.: 295).

3. *Bildungskunst und Lebensgang*

3.1 Bildungsgangdidaktik sieht den Lerner als Handelnden in Bezug auf den eigenen Bildungsprozess. Mit DEWEY kann der Bildungsgang

> „als Wachstum (*growth*) beschrieben werden, als sich selbst aufschaukelnde, zunehmend angemessenere und komplexere Sicht auf die Welt und auf einen selbst – verbunden mit der Fähigkeit, in dieser Welt zu agieren" (MEYER 2000: 238).

Dazu gehört die Ausformung eines gelebten Verantwortungsbewusstseins für Bildungsaufgaben wie für das Gelingen von Kommunikation und Arbeit mit Anderen. Derart definiert kann die gängige Begriffsbestimmung, Bildungsgang sei eine Art Abschlussprofilierung für die *educational career* (SCHAUB/ZENKE 1995: 97), nicht mehr genügen. Bildungsgangdidaktik greift weit hinaus auf die sich selbst bildende Persönlichkeit als eine der Schule und ihren Bildungsgängen entwachsende.

3.2 Bildung geschieht in der Bearbeitung von Entwicklungsaufgaben, gemäß der je subjektiven Deutung gesellschaftlicher Anforderungen und gemäß der zu realisierenden Kompetenzen und Identitätsstände (MEYER 2000: 245). Diese zugleich gesellschaftliche und individuelle Konstruktion braucht gleichsam *Bildungsaufträge*, zielgenaue und perspektivenreiche Aufgaben, die den Lernern hilfreich für die eigene Entwicklung sein können, und ein langfristiges *setting*, das Dynamik, Turbulenzen und Transformationswünsche, vor allem an entwicklungspsychologischen *Knotenpunkten*, zulässt. Prinzipiell müssen Bildungsgänge offen sein dafür, die eigenen Verstehensmöglichkeiten kreativ zu erweitern. In diesem Sinne sind Entwicklungsaufgaben Aufgaben, die selbst von allen an ihnen Interessierten im Hinblick auf intersubjektive Kreativität hin zu entwickeln sind (vgl. PEUKERT 1998: 26). Bildung im schulischen Bildungsgang ist daher eng verbunden mit der Selbstformung, die sich aber nicht solipsistisch, sondern in bilateralen Lehr-Lern-Prozessen, am glücklichsten in gemeinsam verabredeten, gemeinsam in Konstruktion gebrachten und gemeinsam bewerteten Unterrichtsvorhaben realisiert.

3.3 Unbestritten ist, dass Bildungsgänge *angelegt* oder *verbaut* werden können. Geschieht Letzteres, ist allemal ein Versagen der Institution zu vermuten.

Liegt Ersteres vor, verheißt die Anlage selbst noch nicht ihre Nutzung. Verschlungen und eigenmächtig kann nun der subjektive Weg sein, den ein Lerner nimmt, auch mag es ein Sich-selbst-alle-Perspektiven-Verbauen geben, dem allenfalls durch die Wahl des richtigen Zeitpunktes für die Bildungsaufträge begegnet werden kann. Der glückliche Moment *(kairos)* also ist hier, wie so oft im pädagogischen Alltag, erwünscht. Ansonsten sind Schule Grenzen gesetzt.

3.4 Bildungsgang und Lebenskunst sind einander *verschwistert.* Bildungsgänge sind prozessualer Ausdruck angewandter Lebenskunst, ihre Konstruktionen verändern und verlagern sich in deren neuerlicher Nutzung und rufen Repertoireerweiterungen und Vertiefungen hervor, an die dereinst nicht zu denken war (vgl. 5.4). Lebenskunst ist immer schon involviert in die förderlich-fordernde Eröffnung und Perspektivierung von Bildungsgängen und beweist sich an ihnen. Man kann sagen, dass ihr Hauptbetätigungsfeld die Ausformung wohlverstandener Bildungsgänge ist, die ihrerseits selbst Lebenskunst wiederum möglich machen (vgl. FERTIG 1991). So kann die Geschwisterlichkeit der beiden Begriffe nachgerade als *Zwillingsbegrifflichkeit* gelten, meint doch Bildungsgang ebenso wie Lebenskunst die Ermächtigung der Menschen zu ihrer Selbstklärung und Weltannahme.

4. „Auf dem Wege zu einem ,gelingenden Leben'" – zwei Unterrichtsreihen im Fach Philosophie

4.1 Die folgende Übersicht dokumentiert den Verlauf zweier dreistündiger Jahreskurse zum Thema „Lebenskunst", die meine Referendarin Kirsten NICKLAUS und ich im Schuljahr 2000/01 in zwei Grundkursen Philosophie des 12. Jahrgangs des *Gymnasiums Blankenese* (Hamburg) durchführten; Klausurbesprechungen und Vertiefungsstunden werden nicht eigens aufgeführt. Beide Kurse haben sich nach Maßgabe ihrer Interessen und gemäß den Eingangsangeboten unterschiedliche Schwerpunkte gesetzt. Im Kurs A standen die *Sterblichkeit* und der Begriff der *Sorge* sowie die Relevanz von Lebensmaximen für die eigene Person im Mittelpunkt, was folgerichtig in der Abfassung *eigener Essays* mündete. Kurs B erarbeitete sich das Rüstzeug für sein Projekt *Ausstellung* über eine Ausrichtung auf Begriffe des *Selbst* und der *Person* und die Beschäftigung mit der *Geschichte der Lebenskunst*, flankiert von Fragen danach, wie denn für die Anwendung von Lebenskunst in einer globalisierten Welt zu sorgen sein könnte. Auf den beiden folgenden Seiten ist das Geschehen in den Kursen tabellarisch zusammengestellt:

Kurs A Kirsten NICKLAUS / Joachim MINNEMANN		Kurs B Joachim MINNEMANN
Programmvorschläge Wahl (Partner- und Gruppenarbeit, begründende Vorschläge, Berichterstattung vor dem Kurs) Gedankenexperiment *Das Wasser des Lebens;* u.a.: Ist der Mensch notwendig sterblich? Ist menschliches Leben notwendig zeitlich? Sterblichkeit als Skandalon? Reflexionen zum Sündenfall, zum Paradies, Fragen der Lebensverlängerung und der Qualität des Lebens. Brauchen wir die Sorge?	Ein- stieg Aug. Sept. 2000	Programmvorschläge Wahl (Nachfragen, Problemaufriss, Abwägungen der Gründe im Kursgespräch) Dieter HENRICH, Auszüge aus 'Bewusster Leben', Schwerpunkte: carpe diem, Lebensgang und KAFKAS 'Schloss'; im Wechsel damit: EINSTEIN – ein philosophischer Wissenschaftler, Texte ('Wie ich die Welt sehe') und Lehrererzählung, Schwerpunkt: Authentizität
Internetrecherche: Lebenskunst, Unsterblichkeit, Tod, Seele Leitfaden für die Bewertung von Rechercheergebnissen und deren Präsentation www-Linklisten Philosophie und Überlegungen zur gelingenden Nutzung des Mediums Internet Hörfunksendung von Astrid NETTLING, Über die Philosophie der Lebenskunst, 1999 (2 Std.); Schwerpunkte: SENECA, Stoa; Hausaufgabe: Antwortbrief an SENECA: Briefe an LUCILIUS über Ethik, 17. Buch, 101. Brief Vorleserunde zu SENECA-Briefen NIETZSCHE, Auszug aus: Also sprach Zarathustra, Buch I, Abs. 4 (Kompilation): Mensch als Über- und als Untergang; Hausaufgabe: Biographie eines Menschen verfassen, der nach Maximen Zarathustras lebt Film zu NIETZSCHE (GENietzsche v. Theo ROOS) Klausur 1 Positionserarbeitung, ausgehend von einem BECK-Zitat (Leben als vom Scheitern bedrohter Versuch, Sterblichkeit, die dem Leben Konturen verleiht) Klaus PODAK zu NIETZSCHE	Phase 2 Sept. Okt. 2000	Kritischer Kommentar zu HENRICH: bewusst bewusstes Leben– Leistung oder Geschick? 'Mir gelingt mein Leben' – was könnte das bedeuten? Schriftliche Ausarbeitung mit anschließender Kursbesprechung; auch: Was ist ein *nicht* gelingendes Leben? Vorbilder, Frage nach der Authentizität von Lebenskunstentwürfen Begriffsklärungen mit Hilfe von Lexikonartikeln: Gemeinschaft, Sozialität, Selbstbewusstsein, Person Bernulf KANITSCHEIDER, Auszüge aus: Auf der Suche nach dem Sinn Besprechung der Kommentare zu HENRICH, Schwerpunkte: Glück als exzellenter Bewusstseinszustand, Beitrag der Welt zur Persönlichkeitsbildung

151

Popularphilosophen: MORRIS' 7 „C": Strategien zur Stärkung von corporate identity (Die Zeit, 43/2000, 9.10.2000) und Kalle LASN: Erfinder des *Buy Nothing Day*, Vertreter einer modernen Askese (Die Zeit, 48 / 2000, 23.11.2000); Gegen die Verkaufsphilosophen MORRIS setzt ein Schüler später seine 7 „S": Sein, Suche, Sorge, Sinngebung, Sterben, Selbst und SENECA BECK (in Wiederaufnahme der Klausuraufgabe): Selbsterfüllung, Selbstbestimmung, Selbstfesselung (Auszug aus: Eigenes Leben, S. 165ff.) Gruppenarbeit zum Begriff der Sorge Rollenspiel BECK meets MORRIS Klausur 2: Dialoge: SENECA : MORRIS, LASN : BECK Plakate zum Stand der Ermittlungen hinsichtlich der philosophischen Lebenskunst	Phase 3 Nov. Dez. 2000	Historischer Rückblick: Hörfunksendung Astrid NETTLING, 1999 (8 Std.); Schwerpunkte: SENECA, gnothi seautón, Delphi, vom mythischen zum rationalen Gott, ars vitae, Epochenbrüche, Klugheit und Handlungsaktivierung durch Lebenskunst, Sorge, *cura, askesis.* Im Wechsel: Internetrecherchen zu SENECA, dem Orakel von Delphi u.a. Klausur 1 Begriffsklärung, ausgehend von einem Internet-Zitat (artemis – die Seite für Autonomie, Wissenschaft und Lebenskunst: http://home. snafu.de/malzahn/ Fortsetzung: Hörfunksendung / Recherchen Kalle LASNs *Buy Nothing Day* MORRIS, BECK in häuslicher Bearbeitung Klausur 2: wertende Stellungnahme zu den Popularphilosophen (häusliche Ausarbeitungen) Idee der Ausstellung
MONTAIGNES *Essais* (inkl. Film von Matthias GREFFRATH, Diskussion zu den Übersetzungen und Lehrprobe zu I 25: Über die Erziehung)	Phase 4 Jan. 2001	Exposés zur Ausstellung, Themenfindung für den eigenen Beitrag (=Klausurersatzleistung, Klausur 3), Recherchen dazu
Besuch der SCHMID-Veranstaltung in der Evangelischen Akademie Hamburg, 16.1.01		
ausführlicher Bericht vom Besuch der Veranstaltung mit Wilhelm SCHMID		kurzer Bericht vom Besuch der Veranstaltung mit Wilhelm SCHMID (Relevanz hier geringer)
Evaluation in beiden Kursen, Ergebnisse Interviews		
Beschäftigung mit weiteren *Essais*, I 26, I 40, I 42, dazu Klausur 3	Febr. März 2001	Einzelberatung, selbstständige Arbeit: Internet-Recherchen, organisatorische Vorbereitungen, gemeinsame Klärung des Erarbeitungsstandes
Schreiben eigener Essays (= Klausurersatzleistung, Klausur 4); Frage der Veröffentlichung noch nicht restlos geklärt, evtl. auf der Homepage der Schule: www.gymnasium-blankenese.de	Phase 5 März April Mai Juni 2001	neben der weiteren Vorbereitung der Ausstellung und v.a. eigener und gemeinsamer Aufgaben (PR-Arbeit, künstlerische Gestaltung, Redebeiträge zur Ausstellungseröffnung...); Beschäftigung mit Martha NUSSBAUMS Fähigkeiten-Ansatz, Fragen nach dem Grund-Legenden von Lebenskunst im Leben selbst; Ausstellung (Eröffnung 26.4.01) und Klausur 4 zu NUSSBAUM
Projekte, gegenseitige Bezugnahmen der Kurse geplant Auswertung Juli 2001 Abschlussrunde aller Beteiligten mit Hilfe dieser Übersicht Vorschläge für das kommende Studienjahr Philosophie		

4.2 Zu Beginn wurden den Schülerinnen und Schülern in beiden Kursen Vorschläge für ein Semesterthema unterbreitet: Was könnte ein gelingendes Leben sein? Was ist wirklich? Was ist und zu welchem Ende betreibt man Wissenschaft? Ist da draußen wer? (Welt-Mensch-Kosmos) Der Horizont war weit aufgespannt. Die Teilnehmenden entschieden sich nahezu einhellig für die Lebenskunst als Thema. Ein Schüler sprach sich vehement gegen dieses Thema aus, weil ihm unbehaglich dabei war, von sich und seinen Vorstellungen des Gelingens *seines* Lebens etwas preiszugeben, zudem noch in einem Kurs, den er kaum kannte. Der Schüler argumentierte jedoch derart engagiert, dass es schließlich für den Kurs nicht schwer war, ihm gerade wegen seines Engagements vor Augen zu führen, wie relevant das Thema für ihn sei. Mittlerweile bezeichnet es der betreffende Schüler als für sich äußerst gewinnbringend, sich der Thematik gestellt zu haben.

4.3 Wichtig erscheint mir, dass die Ermöglichung der Themenwahl durch die Lernenden mehr ist als eine gefällige Methodik der Unterrichtsgestaltung. Sie hängt vielmehr aufs Engste mit den relevanten *Inhalten* und *Zielsetzungen* des (Philosophie-)Unterrichts zusammen. Die Wahl selbst ist Thema. Wahl meint „Instituierung eines Horizonts", „Eröffnung und zugleich Begrenzung (...), Festlegung auf die Realisierung bestimmter Möglichkeiten. Die mutige Wahl (...) kann beträchtliche Energien freisetzen. (...) Wahl wirft ein Licht voraus auf die künftige Existenz" (SCHMID 1999: 218). Schule muss behutsam wählen lassen, muss Sorge tragen, dass den Geboten der phronetischen Klugheit (siehe 2.3) Beachtung geschenkt wird. Der Beliebigkeit und Diffusität der Entscheidungsgründe ist dabei ebenso vorzubeugen wie Tendenzen zur Entpflichtung von gemeinsamen Erwägungen. Dies setzt ein Klima der Offenheit und der Achtung des Anderen voraus. Nur dann wird die letztlich getroffene Wahl wirklich zur Sache aller Kursteilnehmer und zugleich die Entscheidungsfindungskompetenz jedes Einzelnen vergrößert.

4.4 Vor allem in Kurs A stand die erwähnte Bandbreite des Lebenskunst-Begriffes lange Zeit im Zentrum der Beschäftigung. Daher wurde Texten der Popularphilosophie Raum gegeben: um Interesse zu wecken und wach zu halten, um Urteilsvermögen zu schärfen (versprechen doch derlei Texte oft ein Abkürzen des Bedenkens, was zunächst gerade von jungen Erwachsenen gern angenommen wird) und die Notwendigkeit der Begriffsklärung selbst exemplarisch vorzuführen. Dies hat sich bewährt, zumal sich hier die angesprochene Repertoireerweiterung in doppelter Hinsicht einstellte: hinsichtlich der Schärfung des analytischen Vermögens ebenso wie im Hinblick auf die Fragwürdigkeit von Heilsversprechen oder Lebensweisungen. Diese sind zwar wohlfeil zu haben, können aber von der eigenen Person eben nicht wirklich beglaubigt werden.

4.5 Ein Großteil unserer Kursgespräche berührte die Frage nach *dem Anderen*; das Verbindende wie das Trennende zwischen den Kursteilnehmern erwiesen sich als zentrale Thematik, im Konfliktfalle allemal. Von schweren Krisen war unser Unterricht bisher nicht betroffen, dennoch können sie auftreten, etwa, wenn das Interesse an der Lebenskunst sich erschöpft und das altersgemäße Auseinanderdriften der *subjektiven* Bildungswege sichtbarer, virulenter wird. Noch ist die Unterrichtsreihe nicht abgeschlossen, doch mögliche Konflikte lassen sich prognostizieren: Wie ist weiterführendes Interesse am Thema *on the long run* wach zu halten, wie gehen wir mit Realisierungsschwierigkeiten bezüglich unserer Projekte um, wie werden die Essayisten es verkraften, ihr Formulierungsvermögen begrenzt zu finden?

4.6 In beiden Kursen gab es trotz sehr unterschiedlicher Herangehensweisen vier wesentliche Aspekte, die sich vielleicht verallgemeinern lassen.

- *Die Fragen nach der Authentizität:* Hier sind Fragen nach der Wahrhaftigkeit der Lebenskunst Empfehlenden angesprochen sowie nach den gesellschaftlichen Voraussetzungen gelingenden Lebens.

- *Das erwünschte und gewichtige Bedürfnis nach philosophischen Grundlagentexten:* Wir lesen SENECA, NIETZSCHE, MONTAIGNE, HENRICH und NUSSBAUM. Die Komplexität der Texte reizt, ihre klärende Funktion findet Anerkennung.

- *Das legitime Bedürfnis nach Popularphilosophischem:* LASN und MORRIS – hier steht die Auseinandersetzung mit den nur auf den ersten Blick schlüssigen Argumentationen im Zentrum. Ihre gleichsam katalysatorische Funktion macht diese Texte zu einem didaktischen Glücksfall.

- *Das entlastende Bedürfnis nach methodischer Vielfalt:* Gedankenexperiment, Definitionen, Film; kommentierende und essayistische Schreibversuche, Chat-Beiträge, Exposés, Zwischenstände; Präsentation; praktisches Tun – all dies schafft Möglichkeiten für eine tentative Vergewisserung des Sachverständnisses und eröffnet lebenskünstlerische Optionen.

4.7 In beiden Kursen bildete sich deutlich der Wunsch nach Durchführung eines besonderen *Projektes* heraus. So werden im *Kurs A* ausgehend von der Besprechung der MONTAIGNEschen *Essais* Versuche im Verfassen eigener Essays unternommen. Inwieweit diese veröffentlicht werden, ob es einen weiteren Schritt zu einer anderen signifikanten Bildungsaufgabe geben wird, steht zur Zeit noch dahin.

Kurs B steht kurz vor Eröffnung seiner Ausstellung. Hier sollen der Öffentlichkeit Ermittlungen und Einsichten zur Lebenskunst (auch in ihrer Genese) informativ und sinnlich vor Augen geführt werden. Dabei sind selbst gesetzte Vermittlungsstandards zu beachten, es muss gemeinsam geplant werden. Die Ausstellungsvorhaben decken konzeptionell wichtige Aspekte des Lebenskunst-Projektes ab und belegen, wie individuell die Zugänge sein können und dürfen: Der Bogen spannt sich von der Darlegung und Hinterfragung der Lebenskunstbezüge bei SOKRATES, DIOGENES, CAMUS und EINSTEIN über Photocollagen, Interviews und Umfragen zur landläufigen Lebenskunstauffassung hin zur Darstellung von Lebenskunst *in* der Kunst und einem Multimedia-Projekt. Als zusätzliche *Herausforderung* des Kurses *an sich selbst* soll die Ausstellung stil- und lebenskunstgerecht eröffnet werden: mit einer Rede, mit der Herstellung von Atmosphäre und nicht ohne *event*-Charakter.

Aus der Ausstellungsarbeit hat sich als *langfristiges Zusatzprojekt* die Erstellung von *Sites* für die Schul-Homepage ergeben, auf denen nach und nach dieses Unterrichtsprojekt wie auch frühere und künftige erscheinen sollen.

4.8 Per Evaluation (mit gängigen Instrumenten der Moderationstechnik wie 'Zielscheiben' u.ä., aber auch mit Hilfe von Schülerzeichnungen, die nach den veränderten Sichtweisen und Kompetenzständen fragen, sowie mit ausführlichen Interviews, in denen einige Teilnehmende mehrstündig Auskunft gaben) äußerten sich die Schülerinnen und Schüler nach Klärung ihrer Bewertungsmaßstäbe zur Auswahl der Texte, den eingesetzten Methoden, ihrem Lernzuwachs und der Entwicklung ihres Interesses für die Lebenskunst ebenso wie zu SCHMIDs Bildungsbegriff und überlegten, wie sie nun den Begriff des „gelingenden Lebens" füllen würden. Kritik galt neben den noch nicht für genügend erachteten Freiräumen für Projektarbeit und zusätzliches Engagement auch der Tatsache, dass das eigene Klärungsbedürfnis weiterhin groß sei. Dem wird Rechnung zu tragen sein. Positiv vermerkten die Teilnehmenden durchgehend Abwechslungsreichtum und Anforderungscharakter der Kursarbeit, bei mehr als der Hälfte war das anfangs abwartende Interesse zum Teil deutlich gestiegen, so dass der weiteren Beschäftigung mit Fragen der Lebenskunst gute Chancen eingeräumt wurden.

5. *Folgerungen*

5.1 „Lebenskunst" als Unterrichtsthema ist relevant im und für den Bildungsgang der Lernenden, es ist facettenreich genug, Zuspitzungen auf herausfordernde, selbst als solche erkannte Entwicklungsaufgaben (MEYER 2000: 246) zu ermöglichen, in unserem Falle etwa die Herausforderung, sich mit seinen eigenen, das persönliche Leben direkt betreffenden Stellungnahmen zu Fragen der Lebenskunst in die Öffentlichkeit zu trauen, vor den Mitlernern deutlicher und abgrenzender Stellung zu beziehen, seine gesamte eigene Lebensperspektivität einer abwägenden Würdigung zu unterziehen usw. Herkömmliche Unterrichtsabläufe werden kritischer gesehen und in ihrer möglicherweise doch vorhandenen Berechtigung geprüft. Da Lebenskunst ihre eigene Anwendung forciert, verhelfen die anregenden Faktoren des Themas zu Einsichten, die es ermöglichen, den einengenden Rahmenbedingungen nun als Lernender etwas entgegenhalten können, das intersubjektiv geklärt ist und den persönlichen Maßstäben genügt. So können objektive Bildungsgänge begründet hinterfragt werden, ein Sich-Bejammern ob fehlender Perspektiven wird obsolet. Die Schülerinnen und Schüler setzen sich deutlich mit sich und ihren Lebensläufen, subjektiven Bildungsgängen, Lebensplänen auseinander, sie verlassen die Enge des „Beherbergungsinstituts" und wenden sich an eine von ihnen selbst erst herzustellende Öffentlichkeit. Sie ergreifen Eigeninitiative, haben Fragen und sie erfahren exemplarisch: *„die wichtigste Sache von der Welt ist die (...) sein eigener Herr zu werden"* (MONTAIGNE, I 38, 435).

5.2 „Lebenskunst" ist ein die *Lehrenden* herausforderndes Lernfeld: sie sind initiierend und beratend dabei, machen Vorschläge, regen an, dozieren nur bei Bedarf – das entspannt. Unser Rundgang auf der Suche nach dem Raum für unsere Ausstellung wird mir in Erinnerung bleiben: Er war notwendig, dauerte mehr als eine Schulstunde, stellte uns vor gleichermaßen unbefriedigende Optionen und erbrachte schließlich doch einen brauchbaren Ort: die Gymnastik-Halle. Während des Ganges zelebrierten wir schließlich geradezu Lebenskunst, störten höflich, erklärten unser Anliegen, begegneten Verständnis und erfuhren nebenbei allerhand von unserem Lernort und von uns.

6. Ausblicke

6.1 Beteiligt man Schüler an der Wahl, Klärung und Organisation ihrer eigenen Bildungsprozesse, lässt sie also Bildungsgänge und damit die weitere Konstruktion ihrer Lebensgänge reflektiert angehen, wird dies Folgen haben, und zwar positive, persönlichkeitsstärkende und zudem erfahrungssättigende Folgen, auf die *nicht* aufzubauen kaum gelingen dürfte. Dies gilt auch und gerade im vorübergehenden Regressionsfalle: *Gesetzt, die Ausstellung besucht kaum jemand! Schlimmer: sie findet nicht statt!* Krasse Entwicklungssprünge müssen sich deswegen nicht einstellen. Dennoch ergibt sich eine Perspektive auf das, was in meinen Augen die vornehmste Aufgabe von Bildung und Erziehung ist: sich für die Annahme von Welt auf Dauer des Lebens zu stärken. Daran hat sich Schule zu messen; am besten durch die kritische, künftige Komplexität bedenkende Weise, objektive Bildungsgänge zu gestalten, die subjektive Bildungsgänge gelingen lassen.

6.2 *Bildungsgang und Lebenskunst*, verstanden in der umrissenen Zwillingshaftigkeit, scheinen mir ein lohnendes Feld für Unterrichtsprojekte wie zur theoretischen Besinnung, da beide zu fundamentalerem Bedenken ermutigen. Bildungsgangforschung könnte es sich angelegentlich sein lassen, das *savoir vivre* in den Bildungsgängen aufzuspüren, der für Lebenskunst wie Bildungsgang zentralen Frage der Wahl und der grundlegenden und längerfristigen Perspektivität Aufmerksamkeit zu schenken.

Ziel einer weiteren Beschäftigung könnte es sein, eine Lebenskunst des Bildungsganges *für* den Bildungsgang zu entwerfen. Bildungsgangdidaktik könnte prospektive Bildungsgänge als Anspruch an die Gestaltung von Schule herausstreichen, an die produktive Ausformung von Lehr-Lern-Möglichkeiten im Verständnis einer Wahl, dem Leben Sinn und Perspektive zu verleihen, und an die Bereitschaft, gemeinsam über das Leben in seiner glücksverheißenden Perspektivität ins Gespräch zu kommen. Und sie sollte so verstandene Bildungsgänge und ihren Zwilling Lebenskunst als Möglichkeit sehen, eine *Schule auf Gegenseitigkeit* zu etablieren, die den rauhen Durchgangsweg schulischer Ausbildung zu einem zentralen Forum für die Lebensperspektivität machen hilft.[2] – Bei all dem wird Lebenskunst selbst hilfreich sein:

> „Die Klugheit findet das richtige Maß zwischen der Aufmerksamkeit für das Selbst und für Andere, zwischen einem Zuviel und einem Zuwenig an Sensibilität und Reflexion, zwischen dem Heranziehen von Erfahrungen und dem Wagnis von Neuem." (SCHMID 1999: 227)

Literatur

BECK, Ulrich: Selbsterfüllung, Selbstbestimmung, Selbstfesselung. In: THOMÄ, Dieter (Hrsg.): Lebenskunst und Leselust. Ein Lesebuch vom guten Leben. München 1996, S. 231-234.

BIANCHI, Paolo (Hrsg.): Lebenskunst – Kunst Leben. Themenheft der Zeitschrift *Kunstforum*, Bd. 142/143, Ruppichteroth 1999.

CAMUS, Albert: Weder Opfer noch Henker. Berlin 1991.

CAMUS, Albert: Zwischen Ja und Nein. Frühe Schriften. Leipzig, Weimar 1992.

FERTIG, Ludwig: Bildungsgang und Lebensplan. Briefe über Erziehung von 1750 bis 1900. Darmstadt 1991.

---

2 An entsprechenden Aktivitäten sind wir in unserem Projekt interessiert, Rückmeldungen sind also erbeten: www.gymnasium-blankenese.de.

HENRICH, Dieter: Bewußtes Leben. Untersuchungen zum Verhältnis von Subjektivität und Metaphysik. Stuttgart 1999.

KANITSCHEIDER, Bernulf: Auf der Suche nach dem Sinn. Frankfurt a.M., Leipzig 1995.

KORDES, Hagen: Didaktik und Bildungsgang. Plädoyer für eine didaktische Vorgehensweise – die sich der 'wilden transversalen' Praxis tatsächlicher Lernprozesse aussetzt – und die Arbeit mit ihren Akteuren als einen Gesamtprozeß der Erfahrungssammlung und -verarbeitung begreift. Münster 1989.

LASN, Kalle: Online: http://adbusters.org/home/

MARTENS, Ekkehard (Hrsg.): Martha C. NUSSBAUM oder: Die Frage nach dem guten Leben. In: Zeitschrift für Didaktik der Philosophie u. Ethik, Heft 1/2001.

MEYER, Meinert A.: Didaktik für das Gymnasium. Grundlagen und Perspektiven. Berlin 2000.

MINNEMANN, Joachim: 'Diese menschliche Reise'. Mit MONTAIGNE unterwegs. Ts. (unveröff.) 1999.

MONTAIGNE, Michel de: Essais I. (Übersetzung v. Johann Daniel Tietz 1753). Zürich 1996 (1992)

MORRIS, Tom.: Online: www.morrisinstitute.com/ mihv_frms.html

NETTLING, Astrid.: Sein ganzes Leben lang lernen. Über die Philosophie der Lebenskunst. Hörfunkbeitrag, DLF, 1999.

NIETZSCHE, Friedrich: Also sprach Zarathustra (1883/1886). In: Sämtliche Werke, hrsg. von G. COLLI und M. MONDINARI, Bd.4, München 1980.

NUSSBAUM, Martha C.: Gerechtigkeit oder Das gute Leben. Hrsg. v. H. PAUER-STUDER. Frankfurt/M. 1999.

PEUKERT, Helmut: Zur Neubestimmung des Bildungsbegriffs. In: MEYER, M.A./ REINARTZ, A. (Hrsg.): Bildungsgangdidaktik. Opladen 1998, S. 17–29.

PODAK, Klaus: „Ich bin kein Mensch, ich bin Dynamit". In: Bertelsmanns Verlagsbeiträge (Transatlantik) 2/2000, S. 11.

SCHAUB, Horst /ZENKE, K.G.: Wörterbuch Pädagogik, München [4]2000.

SCHMID, Wilhelm: Philosophie der Lebenskunst. Eine Grundlegung, 3. korr. Auflage Frankfurt/M.. 1999.

SCHMID, Wilhelm: Schönes Leben? Einführung in die Lebenskunst. Frankfurt/M. 2000 (=2000a).

SCHMID, Wilhelm: Globalisierung als Chance: Individueller Umgang mit Wandel. Online: www.lpb.bwue.de/publikat/global/schmie.html 2000 (=2000b)

SCHMID, Wilhelm: Online: http://user.berlin.sireco./net/wschmid/

SCHMID, Wilhelm: 'Lebenskunst: die einzige Utopie, die uns geblieben ist'. Ein Gespräch. In: Psychologie heute, Heft 7 / 96, Juli 1996, S. 22 – 29.

SENECA: Vom glückseligen Leben. Auswahl aus seinen Schriften. Hrsg. v. H. SCHMIDT. Stuttgart 1978.

SENECA: Briefe an LUCILIUS über Ethik. 17. und 18. Buch. Übers. u. hrsg, v. H. GUNERMANN. Stuttgart 1998.

Silke Jessen

„*Ich bin glücklich, wenn …*" – Was geschieht, wenn die Lebenswelt der Schüler zum Gegenstand des Religionsunterrichts in der Grundschule wird?

Im Religionsunterricht der Grundschule wird, so möchte man meinen, der Lebenswelt der Schülerinnen und Schüler ein großer Stellenwert eingeräumt. Was aber wird aus den oftmals direkten und sehr persönlichen Berichten von Schülern im Fachunterricht gemacht? Wie wird die Privatsphäre gewahrt und trotzdem ein direkter Bezug zu den Sinnfragen der Schüler hergestellt? All diese Fragen stellen ein Konglomerat von Klischees und Bildern dar. Aus Sicht der Bildungsgangdidaktik spielt dabei eine Rolle, „wie im Unterricht, in der Spannung von Fachsystematik und Lebenswelt, Sinn erzeugt wird" (KEUFFER/SCHMIDT 2000: 62). Dieser Frage möchte ich anhand eines Beispiels aus dem Grundschul-Religionsunterricht nachgehen. Dabei verorte ich zunächst die Frage nach der Bedeutungskonstitution als transaktionale Struktur in der Bildungsgangdidaktik. Anschließend entwickle ich mit GOFFMAN und KRUMMHEUER ein Analyseinstrument für Bedeutungen, das ich an einer Unterrichtssequenz anwende und diskutiere. Abschließend komme ich auf die Frage zurück, was mit lebensweltlichen Erzählungen von Schülern in der unterrichtlichen Öffentlichkeit passiert.[1]

1. Die transaktionale Struktur von Unterricht

KORDES definiert die *transaktionale Struktur* von Bildungsgängen wie folgt:[2]

> „Mit dem transaktionalen Aspekt drücken wir aus, dass der Bildungsprozeß real bestimmt ist durch eigenartige Strukturen der Transaktion von Bedeutungen und Normen, die ungleich durchschlagender sind als die Intentionen der Lehrenden oder die Realisationen der Lernenden. Diese Struktur findet ihren einfachsten und konkretesten Ausdruck in den permanenten Prozessen des Bedeutungswandels vom Lehrenden zum Lernenden und umgekehrt. Die Bedeutung, die eine

---

1   Der Text stellt einen Aspekt meiner Dissertation zum Thema Schülermitbeteiligung im Religionsunterricht der Grundschule dar.

2   Daneben sieht er die evolutionäre und die transversale Struktur (vgl. KORDES 1989: 112f. und 184).

Aufgabe oder Situation für den einen hat, wird umgewandelt in andersartige Bedeutungen, die der andere hat." (KORDES 1989: 96)

Im Unterricht fließen zwischen Lehrenden und Lernenden auf unterschiedliche Art und Weise Bedeutungen. „Jeder Lehr-Lernprozeß ist als eine Interaktion zwischen Beteiligten durch Prozesse des Bedeutungswandels, durch Mißinterpretation von Äußerungen, Übertragungen und Gegenübertragungen geprägt." (HERICKS 1998: 185) Meinert MEYER hat daher im Anschluss an DEWEY immer wieder betont, dass es im Unterricht *negotiation of meaning* geben muss und es dementsprechend einer semantischen Unterrichtstheorie bedarf. (Vgl. z.B. MEYER 2000: 237f.) Wie die Aushandlung von Bedeutung im Unterricht genau aussieht, ist bislang aber nur an wenigen Beispielen ansatzweise nachgezeichnet worden. (Vgl. MEYER/JESSEN 2000, KÖTTERS/SCHMIDT/ZIEGLER 2001; auch MEYER-DRAWE 1995: 508.) Da es innerhalb der Bildungsgangdidaktik noch kein Analyseinstrument für Bedeutungen im Unterricht gibt, möchte ich hier den Ansatz der „Rahmungen" vorstellen, wie er von GOFFMAN eingeführt und von KRUMMHEUER auf Unterricht übertragen wurde.

2. Rahmen-Analyse als Instrument der Rekonstruktion von Bedeutungen im Unterricht

Grundsätzlich versteht GOFFMAN die soziale Welt als Produkt der individuellen Sinnzuschreibungen und Situationsdefinitionen der Akteure. Allerdings gibt es auch eine öffentliche gemeinsame Praxis von Interaktionen, auf die sich das Subjekt bezieht. *Rahmen (frames)* sind Bestandteil dieser kollektiven, konstitutiven Regeln, eines Rahmenwissens. Sie haben zwei Funktionen: Einerseits ermöglichen sie dem Subjekt zu verstehen, was in einer Situation vorgeht, ihr eine *Bedeutung* zu geben („Dechiffrierung"), und andererseits zeigen sie an, welche Verhaltensweisen angemessen sind („Mobilisierung") (GOFFMAN 1977: 274). Die handlungsermöglichende Wirkung der Rahmen liegt darin, dass sie zumeist nicht bewusst aufgerufen werden müssen, sondern routinisiert erfolgen. Sie stellen also eine „Organisation der Erfahrung" (GOFFMAN 1977: 19f.) dar.

Die möglichen Rahmungen und damit auch die möglichen Bedeutungen einer Situation werden durch *Zeichen* vermittelt. Diese sind „Interpretationshilfen", „Informationszeichen" und „symbolische Markierungen" (vgl. GOFFMAN 1977: 52ff und GOFFMAN 1974: 255ff.). Zeichen und Rahmungen unterliegen einer interpretativen Mehrdeutigkeit und werden in ihrem Gebrauch durch die Subjekte mobilisiert, variiert und weiterentwickelt.

Nach KRUMMHEUER sind *Rahmungen* in Lehr-Lern-Prozessen nun „zum einen an den jeweiligen Entwicklungsstand des Individuums" und „zum anderen an die Bereichsspezifität der Interaktion gebunden" (KRUMMHEUER 1992: 27). Rahmungen sind demnach *inhaltliche Konzepte*, die Schüler und Lehrer im interaktionistischen Prozess der Gegenstandskonstitution mitbringen, entwickeln und „haben". Es gibt also so etwas wie einen fachspezifischen Sozialisationseffekt, der sich in Rahmungen als geronnenen bewussten oder unbewussten Strukturierungen der Bedeutungskomponenten einer Situation niederschlägt. Gegenüber GOFFMAN betont KRUMMHEUER also vor allem die Standardisierung und Routinisierung, die in den Rahmungen steckt (KRUMMHEUER 1992: 25). In Unterrichtsanalysen arbeitet er Rahmungen für Mathematikunterricht heraus. Lehrende verfügen z.b. über algebraisch-didaktische Rahmen und möchten Schüler zu diesen Deutungen führen. Lernende hingegen bringen z.b. (algorithmisch-)mechanische Rahmen ein, d.h. sie wissen, dass sie im Mathematikunterricht Zahlen rechnerisch handelnd verknüpfen sollen. (KRUMMHEUER 1985: 93).

Grundlegend ist, dass Lehrer und Schüler Unterrichtsgegenstände in verschiedenen Sichtweisen deuten. Diese *Rahmungsdifferenz* kann entschärft, verändert, „moduliert" werden, und zwar, wenn es gelingt, kollektive Deutungen zu erzeugen, die über individuelle Situationsdefinitionen hinausgehen. Demnach gibt es, wie schon GOFFMAN deutlich machte, in jeder Interaktion *Bedeutungsaushandlungen*.

> „Die Bedeutungsaushandlung stellt im Falle einer nicht zusammenbrechenden Interaktion den Konstitutitionsprozeß zu einer als gemeinsam geteilten Deutung der Situation dar. Streng genommen ist diese Deutung zunächst nur in der Interaktion zwischen den Individuen lokalisierbar. Sie muß nicht notwendig in der Kognition der einzelnen Individuen repräsentiert sein." (KRUMMHEUER 1992: 29)

Die sozial ausgehandelten Bedeutungen stellen eine Übereinkunft der „Funktionalitätsaspekte" der Interaktion dar. Diese – nicht inhaltlich zu denkenden – Übereinkünfte nennt KRUMMHEUER dann *Arbeitskonsens*. Er beruht auf einer Übereinstimmung der Rahmungen, bezeichnet also den gelungenen Fall einer gemeinsam geteilten Deutung der Situation. Ebenso wie jeder Bedeutungsaustausch ist er fragil.

Festzuhalten ist also, dass Rahmungen relativ stabile Situationsdefinitionen darstellen, die Bedeutungen herstellen und Handlungsmöglichkeiten hervorbringen. Zugleich ist mit KRUMMHEUER davon auszugehen, dass es eine Inhaltlichkeit gibt, die die fachspezifische Sozialisation[3] in Form von

---

3   Vgl. dazu z.B. den Begriff der „Argumentations-Formate" (KRUMMHEUER 1992: Kap. 4.1). Ein Versuch, Rahmungen des Sachunterrichts zu entwickeln, bei HENKENBORG 2000.

Deutungsmustern, also Rahmen gerinnen lässt. Ich werde in der folgenden Analyse einer Unterrichtssequenz fragen, welche Rahmen ich finde, welche Bedeutungen damit hergestellt und transformiert werden und ob sich tatsächlich eine strenge Inhaltsspezifik der Rahmungen ausmachen lässt. Da sich die Übertragung des Rahmungsbegriffs dabei noch in einem experimentellen Stadium befindet, werde ich abschließend diskutieren, welchen Gewinn diese Analyse auch in Hinblick auf die Bedeutungsaushandlungen hervorbringt.

3. Rahmenanalyse einer Unterrichtssequenz

Die Sequenz stammt aus einem Hamburger Religionsunterricht in einer 4. Klasse. Die Einheit „Glück/glücklich sein" wurde in der 1. Stunde durch eine von der Lehrerin angeleitete Traumreise eröffnet. Dabei sollten sich die Schüler Situationen vorstellen, in denen sie glücklich waren. Anschließend gab die Lehrerin die Aufgabe, eine Situation zu beschreiben. Das verteilte Arbeitsblatt bot Platz für eine Zeichnung und über einer Schreibliniatur stand der Satzanfang für den Schülertext: „Ich bin glücklich, wenn ...". Die folgende Stunde, aus der die Sequenz stammt, begann mit dem gemeinsamen Singen eines Liedes. Anschließend fordert die Lehrerin dazu auf, die Texte herauszuholen, und beginnt[4]:

> L: Nun wollen wir mal gucken *(wischt die Tafel ab)*, was ihr denn so alles Tolles, äh, geschrieben habt, wann ihr nämlich glücklich seid. (...) Und ich werde das mal so in Stichworten aufschreiben, so von jedem einzeln, nä. (...) So, wollen wir einfach der Reihe nach gehen? (=mehrere S: Ja.=) Wer möchte? Georg. Lies du doch mal vor, wann du glücklich bist. *(L setzt sich.)*

Die Lehrerin bestimmt in dieser Sequenz das Programm für die Stunde. Einerseits eröffnet sie dabei eine weite Rahmung, die darum kreist „zu gucken", was die Schüler geschrieben haben. Es wird also ein Raum eröffnet, in welchem die Schüler als Individuen wahrgenommen werden. Ich bezeichne diese Rahmung daher zunächst als „*individuelle Wahrnehmung*". Ihr steht jedoch eine Engführung gegenüber, die ich vorläufig mit „*Stichworte*" betitele. Genauer ist sie noch nicht zu fassen, denn im Gegensatz zur Individualisierungsfunktion der ersten bleibt unklar, welche Funktion dieser zweiten Rahmung zugeschrieben wird: Dient sie der Visualisierung, soll sie die Vielfalt aufzei-

---

4   Die Namen der Personen wurden geändert. Außerdem gelten folgende Transkriptionsregeln: L: die Lehrerin spricht oder tut etwas; S: ein unbestimmter Schüler spricht oder tut etwas; (...): Pause, je mehr Punkte, desto länger; =S: Ja=: Jemand unterbricht den Hauptsprecher; (=S: Ja=): Jemand redet zur gleichen Zeit wie der Hauptsprecher; kursive Texte: metasprachliche, mimisch-gestische und körpersprachliche Vorkommnisse.

gen oder eher verschlagworten, verallgemeinern und damit Ergebnisse sichern? Durch das am Ende der Äußerung vorgegebene Verfahren werden die Schüler zudem einem gewissen Zwang zur Äußerung unterworfen. Das Verfahren ist vermutlich ein allgemein-schulisches, das die Kommunikation in großen Gruppen regelt. Es könnte ein Zeichen für die enge Rahmung „Stichworte" sein. Wie sieht die Individualität der Glücksmomente nun aus?

> Georg *(liest)*: Ich bin glücklich, wenn meine Eltern mit mir mal spielen. Ich bin glücklich, wenn mein Papa mir zuhört, wenn meine Mama mir auch mal hilft.

Georg beginnt ohne Umschweife seinen Text vorzulesen, er stützt und akzeptiert damit das Programm der Lehrerin. Die Rahmung „individuelle Wahrnehmung" stellt sich aus seiner Sicht aber natürlich anders dar: Für ihn ist es sozusagen ein „Einbringen individueller Erfahrungen". Der inhaltlich vielfältige Text beschreibt Glück in der Gemeinschaft mit den Eltern. Dabei differenziert er zwischen Vater und Mutter und benennt auch verschiedene Tätigkeiten. Was wird aus dieser inhaltlichen Breite, die die Lebenswelt Georgs in den Unterricht holt?

> L *(in gesenktem Tonfall)*: Hilft sie dir immer nicht? *(zur Klasse)* Habt ihr Fragen an Georg, zu seinem Text?
> Georg *(ruft auf)*: Jens.
> Jens: Hört dir dein Vater denn sonst nie zu, oder?
> Georg: Ja.
> L: Was ja?
> Georg: Mein Vater hört mir fast nie zu. (5)
> L: Habt ihr- (..) Keiner mehr Fragen an Georg?

Georg steht mit seinem Text im Mittelpunkt. Das zeigt sich auch daran, dass er ohne weitere Absprachen, also routiniert, die Wortvergabe übernimmt. Ich deute dies als Zeichen für die auf einen einzelnen Schüler zentrierte Rahmung der „individuellen Wahrnehmung", die hier bestehen bleibt. Inhaltlich überführt die erste behutsame Äußerung der Lehrerin den Schülertext in eine Problematisierung. Dieses Vorgehen weist eine Nähe zum therapeutischen Religionsunterricht auf, der die religiöse Sozialisation der Schüler aufarbeiten will. Die Schülerorientierung verweist zudem auf problemorientierten Religionsunterricht, der die Schüler zum Ausgangspunkt nimmt. (Vgl. z.B. BIEHL 1996 und FEIFEL 1995.) Die Äußerung der Lehrerin entspringt bewusst oder unbewusst einer *„therapeutisch-problemorientierten"* Rahmung. Interessanterweise wird diese von Jens durch eine Imitation der Fragerichtung gestützt. Insgesamt entsteht eine brenzlige Situation, denn Georgs familiäre Lebenswelt wird als problembehaftet dargestellt. Der Raum, der dem Einzelnen hier zugestanden wird, könnte sich damit zu einer Stigmatisierung des Schülers und seiner Eltern verkehren. Wie wird diese Situation nun gemeistert?

> L: Wer kann sich denn dadrin-. *(geht zur Tafel)* Georg hatte einmal Eltern spielen und dann Eltern zuhören und Eltern helfen, das mach ich jetzt mal in einen, nä. *(schreibt an die Tafel: „Eltern spielen"; „Eltern zuhören/helfen".* Einige S reden.) Dein Papa zuhören und deine Mutter soll dir helfen? *(zeigt dabei auf die Tafel. Einige S. strecken sich und gähnen)* Kann jemand =S: Ja.= sich da noch drin wiederfinden? (...) Kann jemand sich das noch vorstellen, *(Fritz meldet sich)* dass er glücklich ist, wenn seine Eltern mit ihm spielen oder wenn seine Eltern ihm zuhören? Fühlt jemand auch so?

Die Lehrerin arbeitet in dieser Passage an der in ihrer Einleitung definierten Doppelaufgabe. Einerseits nimmt sie die enge Rahmung „Stichworte" wieder auf. Dabei wird eine Funktion dieser Rahmung deutlich: Es geht um eine *inhaltliche Reduktion* der von Georg eingebrachten lebensweltlichen Momente, so wird z.B. die Differenz von Vater und Mutter fallen gelassen. Als *Zeichen* für diese Rahmung fungieren hier die Tafel und das Aufstehen der Lehrerin. Gleichzeitig wird über die Stichworte auch eine *Verallgemeinerung* von Georgs Thema vorgenommen. Seine lebensweltliche Erzählung wird abstrahiert und damit in den Stoff des Unterrichts transformiert. Die an die anderen Schüler gerichteten Fragen der Lehrerin verdeutlichen, dass in dieser Verallgemeinerung die weite Rahmung „individuelle Wahrnehmung" weiterentwickelt wird. Das individuelle Problem von Georg soll hier normalisiert und ein gemeinsames werden. Es geht um die Situationsvergegenwärtigung, einen Nachvollzug der Situation Georgs. Die Lehrerin setzt damit neben die „therapeutisch-problemorientierte" Rahmung eine weitere mit der Funktion einer kollektiven Analogiebildung. Diese noch nicht genauer zu bezeichnende neue Rahmung zielt auf einen Übergang zur Diskussion des Textes, auf eine Freigabe der Beteiligung aller Schüler ab. Wie wird diese Bedeutungsgebung der Lehrerin von den Schülern aufgenommen?

> L: Fritz.
> Fritz: Vorstellen kann ich mir das. *(Antonia meldet sich)*
> L: Ist das bei dir auch ein Problem? (=Fritz: Nein=) Antonia.
> Antonia: Ja, ich auch.
> L: Ja? (..) Hättest du das auch gern mehr? (.) So wie Georg auch. *(Alex meldet sich)* Oder ist das in Ordnung bei euch zu Hause?
> Antonia: Naja.
> L: Du möchtest lieber ein bisschen mehr *(wiegt die Hand dabei)* bisschen mehr, nä. (=Antonia: Ja=) Alex.
> Alex: Ich will lieber mehr, dass sie mir zuhören.

Zunächst reagieren die Schüler eher zögerlich. Sie halten sich zurück, öffnen sich nicht so weit, dass sie wie Georg aus ihrer Lebenswelt berichten. Möglicherweise liegt das an einer *Rahmenunklarheit*: Sie wissen noch nicht so recht, welche Verhaltensweisen sie mobilisieren dürfen, oder halten an der vorangegangenen Devise „Texte vorlesen" fest. Denkbar ist aber auch, dass sie sich *taktisch verhalten*, da das Preisgeben privater Erfahrungen auch zu Bloßstellung führen kann. Das Eindringen der Lebenswelt in den Unterricht hat auch mit „Scham und Beschämung" (SCHROEDER 1998) zu tun. Wenn die Schüler wie hier nicht auf die individuell-problematisierende Rahmung der Lehrerin einsteigen, agieren sie zum Schutz ihrer Privatsphäre aus einer Rahmung der *„vorsichtigen Zurückhaltung"*. Die von der Lehrerin angestrebte kollektive Analogiebildung wird von den Schülern zunächst abgeblockt. Doch dann ändert sich die Situation:

> Alex: Mein Vater, wenn er mir was erzählt, und wenn ich frage, dann hört er mir nie zu. *(einige Kinder lachen)*
> L: *(setzt sich hin)* Stimmt, aber weißt du, wisst ihr was, da ertapp ich mich sogar auch manchmal, wenn ich mit meinem Kopf irgendwie, in Gedanken, jetzt was weiß ich-, ich bereite jetzt irgendwas vor für die Schule, und dann kommt Susi oder Holger und erzähln mir was. Ich bin auch ganz felsenfest der Meinung, dass ich zuhöre. Also das ist gar nicht böse. =David: Du hörst gar nicht zu= Und hinterher merke ich, ich hab gar nicht zugehört, ich habs nicht mitgekriegt, *(Bernd meldet sich)* was sie gesagt haben, obwohl ich das wollte und obwohl ich auch zuhören wollte, weil eben mir meine Sachen dann auch so durch den Kopf gehen. Bernd.

Durch die Erzählungen von Alex und der Lehrerin wechseln die Schüler von der „vorsichtigen Zurückhaltung" zur Rahmung *„Erzählen aus der Lebenswelt"*. Das Lachen einiger Schüler deutet an, dass dieser Wechsel der Rahmungen auf Schülerseite nicht unproblematisch ist. Alex öffnet sich und gerät jetzt ebenso wie Georg zuvor in die Gefahr beschämt zu werden. Allerdings entwickelt auch die Lehrerin ihre problematisierende Rahmung weiter, indem sie Georg mit einer eigenen Erzählung unterstützt. Inhaltlich wird das manchmal mangelhafte Zuhören der Eltern dabei normalisiert. Georgs und Alex' drohende Diskreditierung wird somit abgewendet. Mit der Rahmung „Erzählen aus der Lebenswelt" wird insgesamt ein *Arbeitskonsens* erzielt. Die Unterstützung durch David und die Meldung von Bernd können dabei als *Zeichen* für die neue konsensuelle Rahmung gelten. Der Arbeitskonsens verbindet zudem „Individuelle Wahrnehmung" und „Stichworte", denn die Funktion dieses Rahmens ist sowohl eine Individualisierung (die einzelnen Erzählungen der Akteure stehen im Zentrum) als auch eine Kollektivierung (das Problem wird ein gemeinsames). Das kann am Wesen des Erzählens festgemacht werden: Als Prozess der „sprachlichen Vergegenwärtigung einer zugrundeliegenden singulären Erfahrung" ermöglicht es „die Teilnahme an fremdem Erleben. ... Erzählen scheint ... eine elementare Form der Bildung geteilter Erfahrung zu sein" (FLADER/HURRELMANN 1984: 224). Die Individuelle Erzählung von Georg wird durch das Anknüpfen von Alex und der Lehrerin zu einer gemeinsamen Sache, das Thema wird perspektivenreich. Das Veröffentlichen privater Erfahrung holt also die außerschulische Lebenswelt der Schüler in den Unterricht, bewirkt eine leichtes Abrücken vom eigentlichen Thema „Glück" und ist eine gemeinsame Leistung von Lehrerin und Schülern. (Vgl. KNAUTH 2000: 97.) Die Akteure führen den erzielten Arbeitskonsens in vielen Erzählungen weiter, von denen ich nur einige wiedergebe:

> Doris: Manchmal, wenn ich meiner Mama mal was erzähl, und meine Mama macht gerade was, dann hör ich dann mal kurz auf zu reden, dann weiß ich, ob Mama zuhört oder nicht. Dann sagt meine Mama immer: „Nun rede doch ruhig weiter."
> L: Also dann hört sie zu.
> Doris: Ja.
> L: Bettina.
> Bettina: Meine Mutter auch, also wenn sie beim Computer spielen ist *(L grinst)*, und (...) ich ihr was erzähle, dann kriegt sie das nicht mit. (=S: Das ist bei Günther auch so.=) *(Antonia, Jens, Christian melden sich)*
> L: Christian. Ihr könnt euch ja eigentlich auch gegenseitig drannehmen, ihr meldet euch so viel. Bettina, nimmst du dann den nächsten dran?
> Bettina: Antonia.

Das Gespräch geht in dieser Phase in eine relativ weitgehende *Selbststeuerung* über. Als Zeichen dafür können das gegenseitige Aufrufen der Schüler und das Hinsetzen der Lehrerin gelten. Die Schüler entwickeln das Thema entlang von Beispielen und Strategien weiter und leisten damit zugleich eine Verallgemeinerung. Möglicherweise greifen sie dabei auf eine Rahmung zurück, wonach unterschiedlichste Erfahrungen im (Religions-)Unterricht gefragt sind. Die Funktion des „Erzählens aus der Lebenswelt" ist somit nicht nur die *Freigabe der Beteiligung*, sondern auch der Austausch über *Gemeinsamkeiten (Analogien) und Unterschiede*. Letztere zeigen sich vor allem, wie schon im vorangegangenen Abschnitt, in den ungebrochenen Berichten der Lehrerin aus der Elternperspektive. Es kommt daher zu einer Dopplung: Die Lehrerin berichtet aus der Elternsicht, die Schüler berichten aus der Kindersicht. Was wird aus diesen zwei Perspektiven und den zahlreichen Erzählungen, nachdem sich kein Schüler mehr meldet?

> L: Das kann Eltern passieren. *(steht auf und geht zur Tafel, zeigt auf den Anschrieb)* Also das ist ja auch, was ist dann eigentlich auch von euch, ihr seid glücklich. Was ist das von euch?

David: Verlangen.

L: Ja, aber Verlangen ist vielleicht ein bisschen zu viel, sondern ein-. =S: Wunsch. S: Wunsch.= Jens.

Jens: Ein Wunsch.

L: Genau, das ist so ein bisschen auch ein Wunsch von euch. *(schreibt an die Tafel: „Eltern zuhören/helfen ← Wunsch")* So, das schreib ich'n bisschen hier klein hin. So.

Die Lehrerin deutet wieder durch die Zeichen des Aufstehens und der Tafel an, dass jetzt die enge Rahmung „Stichworte" zum Tragen kommt. Das Gespräch geht über in eine Ergebnisfixierung. Durch das Stichwort „Wunsch", das eine vorangegangene Unterrichtseinheit bezeichnet, wird zudem eine Zusammenhangsbildung vorgenommen. Die *Funktion der engen Rahmung „Stichworte"* kann nun endgültig beschrieben werden: Sie dient der Steuerung der Situation durch die Lehrerin, der Ergebnissicherung, der inhaltlichen Bündelung der Kollektivierung und Verallgemeinerung des Themas. Negativ konnotiert kommt es dabei zu einer Verschlagwortung der individuellen Erzählungen der Schüler. Eine weitergehende Auseinandersetzung gibt es nicht. Gleichwohl schafft die Lehrerin Raum für die Schülererzählungen. Die Erfahrungen der Schüler werden gleichsam „angetippt" und in ihrer Gültigkeit ernst genommen. Die Deutung der Erzählungen bleibt damit den Schülern selbst überlassen. Die Chance eines solchen Vorgehens liegt im Aufzeigen der Vielfalt, der Gemeinsamkeiten und Unterschiede. Gefährlich erscheint allerdings, dass die Sicht von Kindern gegenüber der Sicht der Erwachsenen, welche zudem das Recht haben, das Gespräch mit einem „so" zu beenden, ins Hintertreffen gerät. Die Sequenz pendelt daher zwischen der *Wahrnehmung von Individualität und deren Verallgemeinerung*.

4. Zusammenfassung und Problematisierung

Das Schwanken zwischen Verschlagwortung individueller Erfahrungen und Aufzeigen von Vielfalt ist als eine Folge der zwei widersprüchlichen Rahmungen zu verstehen. Die weite *Individualisierungsrahmung* hängt mit der Aufgabenstellung „gucken was ihr geschrieben habt" zusammen. Sie eröffnet im Unterricht Raum für die „individuelle Wahrnehmung" der Akteure und deren Antworten auf Fragen nach Glück als einer Form des gelingenden Lebens. In ihr geht es also um Individualität, spezifische Zugänge zu Sinnfragen, die auf den in der Religionsdidaktik diskutierten Begriff „Identität" verweisen (vgl. WEIßE 1999). Ihr steht die *Kollektivierungsrahmung* gegenüber, die an das Finden von „Stichworten" gebunden ist und insbesondere durch die Tafel symbolisiert wird. Die Funktion dieser Rahmung verweist auf den schulischen Gesamtrahmen, in welchem Ergebnisfixierung, Steuerung des Gesprächs durch die Lehrerin und Zusammenhangsbildung wichtig sind. Die Reduktion der Schülertexte entspricht einer inhaltlichen Engführung. Gleichzeitig wird aber auch auf Verständigung, Dialog und Begegnung der Akteure abgezielt (vgl. WEIßE 1999). Beide Rahmungen werden zum *Arbeitskonsens* „Erzählen aus der Lebenswelt" weiterentwickelt. Dieser enthält sowohl eine kollektive als auch eine individuelle Seite: Die Schüler finden in ihrer Unterschiedlichkeit Platz, aber auch der gemeinsame Kern des Themas spielt eine Rolle. Diese Rahmung enthält also das Spannungsfeld von Individualität und Gemeinsamkeit, das fachdidaktisch auch als Gemeinsamkeiten und Unterschiede bzw. als *Identität und Verständigung* diskutiert wird (vgl. KNAUTH/WEIßE 2000: 167).

Die von KRUMMHEUER postulierte Perspektivendifferenz von Lehrerin und Schülern wurde in dieser Analyse ebenfalls deutlich. Besonders klar zeigte sie sich vor der Herstellung des Arbeitskonsenses: Die fachspezifische *„therapeutisch-problemorientierte"* Rahmung der Lehrerin evoziert ein Pendeln zwischen der individuellen Wahrnehmung und der Bloßstellung Georgs. Die Schüler reagieren auf diese Rahmung zunächst mit einer *„vorsichtigen Zurückhaltung"*. Diese hat die Funktion die Privatsphäre zu schützen oder eine Rahmenunklarheit zu überbrücken. Im Gegensatz zur Lehrerin agieren die Lernenden dabei eher aus einem allgemeinschulischen Hintergrund heraus. Beide Seiten transformieren ihre Rahmungen dann hin zum *Arbeitskonsens*, welcher mit unterschiedlichen Konnotierungen und Bedeutungen belegt sein mag. So könnte die Lehrerin z.B. das Ziel verfolgen, die Bloßstellung Georgs wieder aufzuheben oder einen Austausch innerhalb der Schülerschaft zu initiieren. Für die Lernenden hingegen mag der Arbeitskonsens funktionieren, weil sie möglichst spannende Geschichten berichten wollen, ihren „Frust" über das fehlende Zuhören der Eltern loswerden möchten oder sehen, dass im Religionsunterricht ihre eigenen Erfahrungen gefragt sind. Lehrende und Lernenden haben also unterschiedliche Perspektiven auf Rahmungen.

5. Was wird aus den lebensweltlichen Erfahrungen der Schüler im Religionsunterricht?

Lebenswelt als etwas Einmaliges, das „die spezifische Sichtweise und Konstruktion der Welt vom Individuum her" (HEUERSEN 1996: 42) bezeichnet, kommt in diesem Unterricht in Form von Schülertexten und in den Erzählungen zum Tragen. Dabei finden Bedeutungstransaktionen durch das verallgemeinernde, abstrahierende und kollektivierende Moment in den stichwortartigen Zusammenfassungen der Erzählungen statt. Die individuellen Aspekte werden zu überindividuellen Themen, zum „Stoff". Dabei pendelt die Sequenz zwischen den beiden Polen der *Lebenswelt- und der Stofforientierung.* (Vgl. zu Benennungen und Diskussion dieses Spannungsfeldes auch HEUERSEN 1996, DREWS/SCHNEIDER/WALLRABENSTEIN 2000: 114, KORDES 1989: 99.)

Dies zeigt sich auch in der *Rahmenabfolge* der Sequenz. Zunächst gab es eine relativ enge individuelle Wahrnehmung eines einzelnen Schülers, die mit dem Arbeitskonsens in einer gemeinsamen Leistung von Schülern und Lehrerin geöffnet wird, um mithilfe der Stichworte an der Tafel wieder eng geführt und beendet zu werden. Auch diese Engführung entsteht im Grunde im Zusammenwirken von Lehrerin und Schülern, denn sie beginnt erst, als die Schüler nichts mehr zu erzählen haben. Ist diese bauchige, zwiebelförmige Figur ein typisches Muster für lebensweltlich orientierten Unterricht oder eine *Spezifik des Religionsunterrichts?* Das Problem der Vermittlung von Individualisierungsrahmen und Kollektivierungsrahmen tritt sicherlich in jedem lebensweltlich orientierten Unterricht auf. Es entfaltet im Religionsunterricht möglicherweise aber eine ganz eigene Brisanz: Die Bearbeitung von Sinnfragen bedarf gewisser Freiräume und individueller Zugänge. Innerhalb der Schule gibt es aber immer auch Ordnungsherstellung, Ergebnissicherung und Steuerung des Unterrichts durch die Lehrerin. Diese beiden übergeordneten Rahmungen erstrecken sich, wie die Analyse gezeigt haben dürfte, bis in Mikroprozesse des Unterrichts hinein. KRUMMHEUERs Aussage, wonach übergeordnete schulische Rahmungen, wie z.B. die generelle Bedeutung der Unterrichtsfächer oder der Schule dafür verantwortlich sind, dass trotz unterschiedlicher Rahmungen Verständigung stattfinden kann (KRUMMHEUER 1992: 38), stimme ich daher nicht ganz zu. Ein rein auf Inhalte begrenzter Rahmungsbegriff vermag m.E. die Dynamik unterrichtlicher Interaktion und die Transaktion von Lebenswelt zum Stoff nicht hinreichend zu klären.

Literatur

BIEHL, Peter: Didaktische Strukturen des Religionsunterrichts. In: Jahrbuch der Religionspädagogik Band 12. Religionspädagogik seit 1945: Bilanz und Perspektiven. Neunkirchen-Vluyn1996, S. 197-225.

DREWS, Ursula/SCHNEIDER, Gerhard/WALLRABENSTEIN, Wulf: Einführung in die Grundschulpädagogik. Weinheim 2000.

FEIFEL, Erich: Didaktische Ansätze in der Religionspädagogik. In: ZIEBERTZ, Hans-Georg/SIMON, Werner (Hrsg.): Bilanz der Religionspädagogik. Düsseldorf 1995, S. 86-110.

FLADER, Dieter/HURRELMANN, Bettina: Erzählen im Klassenzimmer. Eine empirische Studie zum freien Erzählen im Unterricht. In: EHLICH, Konrad (Hrsg.): Erzählen in der Schule. Tübingen 1984, S. 223-249.

GOFFMAN, Erving: Das Individuum im öffentlichen Austausch. Frankfurt/M. 1974.

GOFFMAN, Erving: Rahmen-Analyse. Frankfurt/M. 1977.

HENKENBORG, Peter: Deutungslernen in der politischen Bildung. Prinzipien und Professionalisierungsdefizite. In: RICHTER, Dagmar (Hrsg.): Methoden der Unterrichtsinterpretation. Qualitative Analysen einer Sachunterrichtsstunde im Vergleich. Weinheim und München 2000, S. 107-129.

HERICKS, Uwe: Der Ansatz der Bildungsgangforschung und seine didaktischen Konsequenzen. Darlegung zum Stand der Forschung. In: MEYER, Meinert A./ REINARTZ, Andrea (Hrsg.): Bildungsgangdidaktik. Denkanstöße für pädagogische Forschung und schulische Praxis. Opladen 1998, S. 173-188.

HEUERSEN, Gerd: Das Leben erfahren. Lebensweltorientierte didaktische Ansätze. In: Pädagogik 48. Jg., Heft 6 (1996), S.42-46.

KEUFFER, Josef/SCHMIDT, Ralf: Zielsetzungen. In: MEYER, Meinert A./SCHMIDT, Ralf (Hrsg.): Schülermitbeteiligung im Fachunterricht. Englisch, Geschichte, Physik und Chemie im Blickfeld von Lehrern, Schülern und Unterrichtsforschern. Opladen 2000, S. 61-64.

KNAUTH, Thorsten: Erzählen im Klassenzimmer. Wenn SchülerInnen aus dem Leben berichten. KNAUTH, Thorsten/LEUTNER-RAMME, Sibylla/WEIßE, Wolfram: Religionsunterricht aus Schülerperspektive. Münster u.a. 2000, S. 95-116.

KNAUTH, Thorsten/WEIßE, Wolfram: Konzeptioneller Rahmen für gegenwärtigen Religionsunterricht. Religionspädagogische Grundüberlegungen. In: KNAUTH/ LEUTNER-RAMME/WEIßE 2000, S. 165-202.

KORDES, Hagen: Didaktik und Bildungsgang. Münster 1989.

KÖTTERS, Catrin/SCHMIDT, Ralf/ZIEGLER, Christine: Partizipation im Unterricht. Zur Differenz von Erfahrung und Ideal partizipativer Verhältnisse im Unterricht und deren Verarbeitung. In: BÖHME, Jeanette/KRAMER, Rolf-Torsten (Hrsg.): Partizipation in der Schule. Opladen 2001, S. 93-122.

KRUMMHEUER, Götz: Rahmenanalyse zum Unterricht einer achten Klasse über „Termumformungen". In: BAUERSFELD, Heinrich u.a.: Analysen zum Unterrichtshandeln. Köln [2]1985, S. 41-103.

KRUMMHEUER, Götz: Lernen mit Format. Elemente einer interaktionistischen Lerntheorie. Weinheim 1992.

MEYER, Meinert A.: Didaktik für das Gymnasium. Berlin 2000.

MEYER, Meinert A./JESSEN, Silke: Schülerinnen und Schüler als Konstrukteure ihres Unterrichts. In: Zeitschrift für Pädagogik 46. Jg., Heft 5/2000, S. 711-730.

MEYER-DRAWE, Käte: Lebenswelt. In: Enzyklopädie Erziehungswissenschaft. Ziele und Inhalte der Erziehung und des Unterrichts. Band 3, Stuttgart, Dresden 1995, S. 505-511.

SCHROEDER, Joachim: Zwischen Scham und Beschämung. Anregungen für einen lebensweltorientierten Unterricht mit Flüchtlingsjugendlichen. In: CARSTENSEN, Corinna/NEUMANN, Ursula/SCHROEDER, Joachim (Hrsg.): Movies. Junge Flüchtlinge in der Schule. Hamburg 1998, S. 75-96.

WEIßE, Wolfram: Vom Monolog zum Dialog. Ansätze einer dialogischen Religionspädagogik. 2. Auflage Münster, New York, Berlin, München 1999.

Teil 3

Lehrerprofessionalisierung
als
Bildungsgang

Witlof Vollstädt

Von der Schulbank zum Katheder –
Ein Bildungsgang mit widersprüchlichen Phasen und unnötigen Durststrecken

1. Die Reform der Lehrerausbildung steht auf der Tagesordnung

Es gibt gleich mehrere Gründe, die Qualität bisheriger Lehrerausbildung auf den Prüfstand zu stellen. Zunächst ergeben sich aus den aktuellen Veränderungen in Gesellschaft und Schule stets auch Anforderungen an die berufliche Tätigkeit der Lehrer und Ansprüche an deren Aus- und Fortbildung. Veränderte Landesschulgesetze, neue Lehrpläne, Stundentafeln oder auch andere gesetzliche Rahmenbedingungen für den Unterricht verändern nicht automatisch dessen pädagogische Qualität oder das didaktisch-methodische Können der Lehrer und deren Berufsethos. Es ist hinlänglich bekannt und wird zumeist beklagt, dass sich Qualität von Schule und Unterricht nur sehr mühsam verändern lassen und der pädagogische Berufsstand mitunter ein deutliches Beharrungsvermögen offenbart.

Seit Ende der achtziger Jahre haben die Themen „Schule" und „Lehrerarbeit" erfreulicherweise zunehmend Konjunktur. Die internationalen Leistungsvergleiche haben den begonnenen Diskussionen zusätzlich Zündstoff geliefert. Über die Notwendigkeit dringender Veränderungen gibt es insofern kaum noch Zweifel. Allerdings unterscheiden sich Kritikrichtung und Reformabsicht mitunter recht deutlich. So berichten die Medien nicht selten mit spektakulären Überschriften, wie „Tollhaus Schule – Lehrerleistung mangelhaft" , „Monster und Vandalen an den Schulen" oder „Alptraum Schule", über eine Zunahme an Gewalt, Schulfrust und Leistungsschwäche sowie eine hilflose, verständnislose, überalterte und „ausgebrannte" Lehrerschaft (vgl. LAUTERBACH 1998, SPIEGEL SPECIAL, Nr. 11/96; WEIß 1988).

Daneben verstärkt sich auch der seriöse gesellschaftliche Diskurs zur bildungspolitischen Perspektive der Schule, gibt es zahlreiche interessante Modellversuche mit reformpädagogischen Ideen und differenzierte empirische Analysen der schulischen Leistungen (z. B. TIMSS, PISA usw.). Auch sie lassen jedoch keinen Zweifel an der dringenden Notwendigkeit von Reformen in der Lehreraus- und -fortbildung. Die Spannbreite der diskutierten Konsequenzen reicht von „Schule neu denken" (HENTIG 1993) bis „Neue Lehrer braucht das Land" (STRUCK 1994) und verweist so auf die untrennbare Verbindung von Schulreform und Lehrerbildung. Es sei in diesem Zusammenhang auf die Denkschrift der Bildungskommission NRW „Zukunft der Bildung – Schule der Zukunft" (1995) verwiesen. Hier wird u.a. festgestellt, dass eine Reform der Inhalte und der Organisation der Lehrerbildung erforderlich sei, um die Schule der Zukunft gestalten zu können (a.a.O.: 306). Im Unterschied zu den übrigen Teilen der Denkschrift lassen allerdings die nachfolgenden Empfehlungen zündende Ideen vermissen. Mittlerweile hat nicht nur in NRW eine Kommission zur Reform der Lehrerbildung getagt und interessante Reformvorschläge unterbreitet. So gibt es z. B. aus Hessen beachtenswerte Vorschläge, die allerdings noch unter inzwischen geänderten bildungspolitischen Prämissen von einem Praxissemester ausgingen (vgl. KOMMISSION 1997). Die Kultusminister-Konferenz hatte im September 1998 eine gemischte Kommission mit Wissenschaftlern und Bildungsbeamten eingesetzt, die von Ewald TERHART geleitet wurde und bereits 1999 einen Bericht vorlegte (vgl. TERHART 2000). Dort wird nicht nur eine vernichtende Kritik an der bisherigen Lehrerausbildung geübt, sondern zugleich auf die großen Chancen für das Schulsystem durch eine veränderte Lehrerbildung verwiesen. Mit fast fieberhafter Eile werden nunmehr diese Empfehlungen auf Landesebene geprüft und präzisiert. In Hamburg legte bereits eine entsprechende Kommission unter Leitung von Jürgen OELKERS Empfehlungen zur Weiterentwicklung der Lehrerbildung vor (KEUFFER/OELKERS 2001). In NRW wurde ein – nach seinem Vorsitzenden als „ERICHSEN-Kommission" bekannter – Expertenrat mit einem Gutachten zur Entwicklung der Hochschulen beauftragt, das außerordentlich brisante und folgenreiche „Empfehlungen zur Lehrerbildung" enthält (vgl. ZYMEK 2001).

Die unterbreiteten Reformvorschläge sind ebenso zahlreich wie vielfältig, so dass es weder möglich noch erforderlich ist, hier eine grundlegende Bilanzierung vorzunehmen. Das muss auf jeden Fall und recht bald, aber an anderer Stelle geschehen.

2. Bildungsgangdidaktik auch für die Lehrerausbildung

In diesem Beitrag soll es vor allem um die Perspektive der künftigen Lehrerinnen und Lehrer gehen, um deren „bildenden Gang" von der Schule über die Hochschule und wieder zurück in die (mittlerweile veränderte) Schule. Ich plädiere dafür, die Aufmerksamkeit der Bildungsgangdidaktik auch auf die Bildungsgänge der Lehrenden zu richten. Diese Perspektive ist zwar schon im Ansatz von Meinert MEYER (1998) als Möglichkeit enthalten, lag aber bisher nicht im Zentrum der Analyse. Auch Lehrerausbildung umfasst m.E. Prozesse der „De-, Re- und Neukonstruktion von Ich und Welt in der intergenerationellen Vermittlung" und kann als bildender Gang erwachsener Lerner, als Gang der Professionalisierung aufgefasst, betrachtet und erforscht werden (vgl. MEYER 1998: 72f.). Eine so verstandene Bildungsgangdidaktik darf keineswegs mit Hochschuldidaktik verwechselt werden. Sie umfasst und fokussiert stattdessen alle inhaltlichen und strukturellen Fragen der drei Phasen der Lehrerbildung, damit selbstverständlich auch hochschuldidaktische Probleme. Sie betrifft auf jeden Fall das gesamte erziehungswissenschaftliche Studium, weil es zum Kern von Lehrertätigkeit führt bzw. führen sollte.

Damit erhält die Bildungsgangdidaktik im Lehrerstudium eine doppelte Bedeutung. Sie kann zum einen in der Tat Handlungswissenschaft der (künftigen) Lehrerinnen und Lehrer und demzufolge ein wichtiger Aneignungsgegenstand für die Professionals sein (vgl. ebd.: 72).[1] Zum anderen analysiert, beschreibt und begründet sie die Gestaltungslogik der Lehrerausbildung. In dieser Funktion sollte sie das Nachdenken über eine Reform der Lehrerausbildung unterstützen und den Blick dafür schärfen, welche Brüche, Durststrecken und Widersprüche auf dem Weg zur professionellen Lehrertätigkeit zu bewältigen sind.

3. Notwendige Sollbruchstellen effektiver gestalten

Wenn nach PEUKERT (1998: 17) Bildungsprozesse als Sollbruchstellen bei der Weitergabe einer Kultur, als deren Dekonstruktion, Rekonstruktion und Neukonstruktion aus der Lebensperspektive von Individuen aufgefasst werden, sind Schule und Hochschule als institutionalisierte Sollbruchstellen (vgl. MEYER 1998: 71) auf dem Weg zur professionellen Lehrertätigkeit zu verstehen. Sie unterstützen und organisieren die erforderliche Transformation gesellschaftlichen Wissens in berufliche Befähigung. In der Praxis der Lehrerbildung gewinnt man allerdings den Eindruck, dass diese Transformationsfunktion nur eine geringe oder gar keine Rolle spielt, dass vielmehr in jeder neuen Institution der möglichst konsequente „Bruch" mit dem vorher Gelernten beabsichtigt ist. So berichten Referendare von der Aufforderung ihrer Seminarleiter, das im Studium Angeeignete möglichst rasch zu vergessen, weil das sowieso nur „graue Theorie" sei. Mit dem 2. Staatsexamen in der Tasche endlich in der Schule „angekommen", erfahren sie dann, dass das eigentliche Leben nun erst beginne und die Ausbildung in zukünftigen Anforderungen nur in geringem Maße helfen könne. Die Zweiphasigkeit der Leh-

---

1 Vgl. aber zu diesem Punkt den Beitrag von HERICKS und SCHENK in diesem Band. Demnach ist die Bildungsgangdidaktik noch keine Handlungswissenschaft, sollte aber in diesem Sinne weiterentwickelt werden.

rerausbildung ist zwar gesellschaftlich gewollt, aber pädagogisch höchst fragwürdig, wenn beide Phasen inhaltlich nebeneinander stehen und unabhängig voneinander gestaltet werden. Eine Reform der Lehrerbildung muss demzufolge von vornherein alle Phasen erfassen, von der ersten Phase an der Universität über die Ausbildung in den Studienseminaren bis zur Berufseingangsphase und zur Fort- und Weiterbildung im Beruf, wie dies von der Hamburger Kommission vorgeschlagen wurde (KEUFFER/OELKERS 2001). Dabei sollten insbesondere die jeweiligen Übergänge in den Blick genommen und es sollte nach effektiveren Konzepten gesucht werden, die zumindest eine inhaltliche und vielleicht auch eine personelle Koordination und Kooperation ermöglichen. Das Ziel, solche Brüche zu vermeiden, könnte für die universitäre Ausbildung zur Konsequenz haben, die biographische Selbstreflexion der künftigen Lehrerinnen und Lehrer stärker herauszufordern und zu unterstützen, wie dies von MASKULINSKI (1998) beschrieben wurde. Es scheint, dass die Reflexion der eigenen Lerngeschichte ein wesentlicher Schritt auf dem Weg zu eigener pädagogischer Professionalität ist.

Außerdem ist darüber nachzudenken, ob es nicht noch weitere Sollbruchstellen geben sollte, um den direkten Weg von der Schulbank zur Hochschule und weiter in die Schule wenigstens zeitweilig zu unterbrechen. Das wäre z.B. mit einem Betriebspraktikum möglich. Zumindest lässt sich immer wieder beobachten, dass Studierende, die nicht nur Erfahrungen in der Schule, sondern auch in anderen gesellschaftlichen Bereichen sammeln konnten, den Rollenwechsel vom Schüler zum Lehrer leichter bewältigen.

4. Unnötige Durststrecken

Die hauptsächliche Kritik Studierender bezieht sich auf das Theorie-Praxis-Verhältnis im Rahmen universitärer Lehrerausbildung. Studierende aus Hamburg und Kassel, mit denen ich mehrfach zum Thema Studienqualität ins Gespräch gekommen bin, stellten übereinstimmend fest[2]:

> „Das Theoriestudium ist zu weit weg von der realen Schulpraxis. Wir brauchen mehr unmittelbare Praxiskontakte, eigene Erfahrungen durch erzieherische Tätigkeiten und mehr praxisverbundenere Ausbildungsformen. Wenn man nicht schon eine gewisse pädagogische Grundorientierung oder Berufsmotivation mitbringt, im Studium kann sie sich nur sehr selten herausbilden.

---

2   Es handelt sich hier um die aggregierten Aussagen von etwa 200 Studierenden in jeder der beiden Universitäten, mit denen am Semesterende Gespräche über die abgelaufenen Seminare geführt wurden. Da die Aussagen deutlich übereinstimmen, halte ich sie durchaus für verallgemeinerungsfähig.

Für ein selbstbestimmtes und vertiefendes Studieren bleibt häufig zu wenig Zeit. Das Studium ist eher ‚scheingesteuert' als selbst gesteuert, weil man eben eine bestimmte Anzahl von Scheinen zur Prüfung vorlegen muss, um überhaupt zugelassen zu werden. Ein enormer Druck der Vertreter der Fachausbildung lässt wenig Raum für ein gründliches erziehungswissenschaftliches Studium. Es ist schwer, wenn nicht sogar unmöglich, aus dem differenzierten Lehrveranstaltungsangebot die Grundlagen der künftigen beruflichen Tätigkeit herauszufinden und von ergänzenden, weiterführenden, vertiefenden Lehrveranstaltungen zu unterscheiden. Jede Lehrveranstaltung liefert nur einzelne Bausteine. Zusammenbau und Architektur werden völlig uns überlassen, für die dabei nötige Synthese gibt es kaum Unterstützung."

Diese Kritiken finden sich in ähnlicher Weise auch in der aktuellen Diskussion zur Reform der Lehrerausbildung wieder. Zusammenfassend wurden folgende Defizite identifiziert (vgl. KOMMISSION 1997: 90ff.):

- Eine unrealistische Vollständigkeitserwartung

In Prüfungs- und Studienordnungen sowie Ausbildungskonzeptionen werden mit einem Anspruch auf Vollständigkeit vielfältige Themen festgeschrieben, die für das gehalten werden, was sich die künftigen Lehrerinnen und Lehrer aneignen sollten. Die Realität zeigt aber, dass selbst hervorragend kompetente Lehrerinnen und Lehrer nur in einzelnen Bereichen fachlich und praktisch wirklich kompetent sein können.

- Eine überzogene Integrationserwartung

Offensichtlich wird davon ausgegangen, dass die meist isoliert und häufig ohne wechselseitigen Bezug angebotenen Themen in den Köpfen der Studierenden schon „irgendwie" zu einem praxisrelevanten Konzept zusammenfinden.

- Eine fehlende Repräsentativität der tatsächlich gewählten Studieninhalte

Selbst wenn es gelingen sollte, mit den Lehrveranstaltungsangeboten der Systematik und Kompaktheit der erziehungswissenschaftlichen Disziplinen Rechnung zu tragen, darf man keine adäquate Widerspiegelung in den individuellen Studienplänen erwarten. Oft werden erziehungswissenschaftliche Themen nur dann gewählt, wenn sie günstig in die Lücken passen, die im fachlich dominierten Stundenplan bleiben.

- Beliebigkeit der Themenangebote und der Studienstruktur

Es existieren sehr unterschiedliche Vorstellungen darüber, welche Elemente des Faches in welcher Weise für die zukünftigen Lehrer(innen) von Bedeutung sind. Die ausschließliche Ausrichtung an der disziplinären Systematik ist zum einen eine Überforderung. Zum anderen kommt die berufsspezifische Orientierung zu kurz.

- Der Trugschluss einer aktiven Aneignung der Lehrinhalte

Regelmäßig an Lehrveranstaltungen teilzunehmen bedeutet noch lange nicht, dass das Gehörte und Gesehene tiefe Spuren hinterlassen hat, dass wirklich aktiv und mit wachsender Motivation studiert wird.

5. Vorschläge zur Veränderung der Lehrerausbildung

Wie soll und kann im künftigen Lehramtsstudium auf diese und weitere Kritiken reagiert werden? Da es mittlerweile auf Bundesebene und in einzelnen Ländern ausgearbeitete Konzepte für eine Reform der Lehrerausbildung gibt, sollen im Folgenden Vorschläge vor allem aus bildungsgangdidaktischer Sicht vorgestellt werden:

- Verringerung fachdisziplinärer Segmentierung

Hierbei geht es um die Frage, ob die Ausbildung der Wissenschaftssystematik (in Inhalt und Abfolge) oder eher den Grundanforderungen pädagogischer Tätigkeit und hochschuldidaktischen Erfordernissen entsprechen sollte. Ersteres liegt nahe, wenn man den gewachsenen universitären Strukturen entsprechen will. Meist wird auch so verfahren. Schaut man sich entsprechende Vorlesungsverzeichnisse für das erziehungswissenschaftliche Studium an, dann entsteht mitunter der Eindruck, dass hier die Hobbys, die wissenschaftliche Forschungstätigkeit des Lehrenden und moderne Entwicklungstrends der jeweiligen Wissenschaftsdisziplin stärker Pate standen als künftige berufliche Anforderungen und Erfordernisse einer Ausbildungsdisziplin. Deshalb fordert z. B. TILLMANN (1997), an die Stelle des bisherigen „Jahrmarkts der Beliebigkeit" einen gestuften Kursaufbau zu setzen, der Probleme der Schule, des Unterrichts, der Erziehung, der Lehrerarbeit in den Mittelpunkt stellt.

Studierende beklagen sich, dass es ihnen schwer fällt, die erforderlichen Grundlagen ihrer beruflichen Tätigkeit aus dem Lehrveranstaltungsangebot herauszufinden und Beziehungen zwischen den verschiedenen Ausbildungsinhalten zu erkennen. Somit entsteht die Gefahr, dass sie sich während des Studiums zwar tiefgründig mit interessanten Teilaspekten ihrer künftigen

Tätigkeit beschäftigen, aber keinen Gesamtüberblick besitzen. Am Ende können sie zwar alle in der Prüfungsordnung geforderten Scheine vorlegen, fühlen sich aber trotzdem ungenügend auf die Schulpraxis vorbereitet.

Damit plädiere ich für Themenbereiche bzw. -schwerpunkte aus dem Tätigkeitsprofil künftiger Lehrer(innen), die auf eine fachdisziplinäre Segmentierung weitgehend verzichten, ohne die disziplinspezifische Sicht aufzugeben oder den Wissenschaftsanspruch einem flachen Praktizismus zu opfern[3]. Ohne ein sicheres Fundament wissenschaftlicher Kenntnisse und Arbeitsmethoden sind bekanntlich künftige berufliche Anforderungen schwerlich zu meistern. Mit der Entwicklung eines Kerncurriculums für das Grundstudium im Fach Erziehungswissenschaft hat die Universität Hamburg einen vielversprechenden Weg beschritten, der u.a. diesem Anliegen Rechnung tragen könnte.

• Verstärkung der Berufsbezogenheit

Obwohl es keinen Zweifel an dem Auftrag gibt, das Lehrerstudium als qualifizierte wissenschaftliche akademische Berufsausbildung zu gestalten, sollten Praxisbezüge bereits in der 1. Phase der Lehrerausbildung einen deutlich höheren Stellenwert erhalten. Eine pauschales Bekenntnis, dass der Charakter und die Anforderungen des Lehrerberufs die Auswahl der Ausbildungsinhalte, ihre Proportionen und die Gestaltung des Studiums bestimmen sollten, reicht hierzu nicht aus. Mehrfach traf ich in den bereits zitierten Gesprächen auf Studierende, die sich über Praxisferne fachwissenschaftlicher, aber auch erziehungswissenschaftlicher Lehrveranstaltungen beschwerten. Sie waren der Auffassung, dass selbst manche Hochschullehrer die reale Situation an den Schulen überhaupt nicht mehr kennen und auch gar nicht kennen lernen wollen. Dabei geht es ihnen nicht um ein frühzeitiges Einüben unterrichtsmethodischer „Kniffe", sondern um die Verknüpfung von kritischer Praxisreflexion und Theorieaneignung, die empirische Erfahrungen einbezieht und Handlungskompetenz bezweckt. Es geht auch um die Integration von pädagogischen Praktika und berufsfeldadäquaten Tätigkeiten in den Ausbildungsgang.

Es kann erwartet werden, dass sich eine solche Berufsbezogenheit positiv auf Studien- und Berufsmotivation auswirkt. Entscheidungen für angebotene Lehrveranstaltungen können gezielter erfolgen. Ansonsten besteht die Gefahr einer praxisfernen und theoretisch überfrachteten Ausbildung, die nicht den

---

3 In Kassel ist dies im Rahmen von Intensivpraktika eindrucksvoll gelungen, bei denen das erziehungswissenschaftliche Blockpraktikum mit dem fachdidaktischen Praktikum in einem Unterrichtsfach integriert wurde. Alle Begleitveranstaltungen hierfür wurden von Erziehungswissenschaftlern und Fachdidaktikern gemeinsam gestaltet.

tatsächlichen Erfordernissen der künftigen Berufstätigkeit entspricht bzw. deren Befriedigung erst in der zweiten Ausbildungsphase auf der Tagesordnung steht.

Wenn sich die Ausbildung an beruflichen Grundbefähigungen orientiert, dann schließt dies hohe fachwissenschaftliche Souveränität ebenso wie grundlegendes pädagogisch-methodisches Können, ein entsprechendes Berufsethos und eine breite Allgemeinbildung ein. Lehramtsstudierende erwarten deshalb schon im Studium einen produktiven Umgang mit Theoriewissen im beruflichen Tätigkeitsfeld, die theoretische Fundierung und kritische Reflexion pädagogischen Handelns. Auf diese Weise kann pädagogische Handlungskompetenz angebahnt werden, die dann im Referendariat erweitert und vertieft wird. Dieser Standpunkt führt unmittelbar zu einer weiteren Forderung.

- Erweiterung integrativer Praxisanteile

Die sinnvolle Integration von Praxiselementen in die 1. Phase der Lehrerausbildung ist eines der Dauerthemen der Qualitätsdiskussion.

Für die Studienqualität und viel mehr noch für die Ausprägung und Festigung der Studienmotivation und des künftigen Berufsethos erweist sich die vielfältige Verbindung zur Schulpraxis vom ersten Studientag an als unverzichtbare Voraussetzung. Das können sein: Hospitationen im Unterricht, pädagogisch-psychologische Beobachtungen und Untersuchungen, erziehungswissenschaftliche und fachdidaktische Praktika, schulpraktische Übungen, erzieherische Tätigkeit mit Kindern. Solche Formen sollten theoriegeleitet und reflexiv organisiert werden. Dann stimulieren sie nicht nur das Studium der Theorie, sondern liefern auch die erforderlichen empirischen Daten und Erfahrungen für die theoretische Analyse in entsprechenden Lehrveranstaltungen. Selbst das fachwissenschaftliche Studium kann auf diese Weise zusätzliche Impulse sowie seine erziehungswissenschaftliche Begründung und Orientierung erhalten. Nicht erst in der zweiten Phase der Ausbildung, die sich zudem zeitlich immer mehr vom Studienbeginn entfernt hat, sollte für die Lehramtsanwärter erfahrbar werden, inwiefern didaktische Theorien einen spezifischen und funktionalen Zugriff auf pädagogische Praxis vermitteln.

In Praxisphasen kann ein realistisches Bild des künftigen Arbeitsfeldes vermittelt und die eigene Berufsentscheidung überprüft werden. Das darf nicht bis in die 2. Phase oder gar in die Probezeit aufgeschoben werden: Zu Beginn des Studiums und etwa in der Mitte sind Praxisphasen erforderlich, die die Studierenden mit dem Berufsalltag konfrontieren und Erfahrungsbildung ermöglichen. Entscheidende Bedingung für das Gelingen dieser Praxisphasen ist allerdings die integrative Verknüpfung der Praktika mit der wissenschaftlichen Ausbildung.

Eine abstrakte, von den wirklichen schulpraktischen Problemen abgehobene erste Phase der Ausbildung kann zwar zu "Höhenflügen" in der Theorieaneignung befähigen. Sie erfüllt aber ihre Aufgabe ebenso wenig wie eine praktizistisch orientierte Beschränkung auf Regeln für den pädagogischen Alltag und auf fachwissenschaftliche Inhalte, die lediglich den Schulstoff umfassen oder theoretisch begründen.

Für Studierende schaffen Praxisphasen nicht nur die erforderliche Distanz zu den Erlebnissen und Erfahrungen als Schülerin bzw. Schüler und ermöglichen einen Perspektivwechsel, um sich die Schulwirklichkeit mit wissenschaftlichen Fragestellungen zu erschließen. Aus ihnen erwachsen vielfältige Impulse für das Theoriestudium. Zugleich eröffnen sie die Chance einer Verknüpfung von Praxiserkundungen mit der Anteilnahme an Schulentwicklungsprozessen. Gerade letzteres halte ich für besonders wichtig und wertvoll: Studierende bereits mit der sich verändernden Schulpraxis vertraut zu machen, diese Veränderungen forschend und gestaltend zu begleiten.

• Handlungsorientierung im Studium

Diese Anforderung bedeutet, die verschiedenen miteinander verknüpften Lernhandlungen im Studium genauer in den Blick zu nehmen und mehr zu tun für die Entwicklung einer pädagogischen Handlungskompetenz, die fachliche und soziale Fähigkeiten verbindet. Unterricht ist eine komplexe Handlungsanforderung, in der sachlogische, lern- und sozialpsychologische, moralisch-praktische und persönlichkeitsabhängige Faktoren eine Rolle spielen. Diese Anforderungsstruktur überschreitet die etablierten Fächergrenzen, verlangt handelndes Lernen. Wie soll es in der Schule erreicht werden, wenn es im Studium nicht praktiziert wird?

Obwohl Einigung darüber besteht, dass die Lehrerausbildung, wie jedes Studium, als ein zwar geleiteter, aber letztlich selbstständiger Aneignungsprozess der Studierenden zu gestalten ist, gelingt es nach Meinung der Betroffenen nicht durchgängig, die Lehrveranstaltungen hochschuldidaktisch und methodisch so zu gestalten, dass dieser Erkenntnis glaubhaft Rechnung getragen wird. Gerade im Lehrerstudium sollte, wo es möglich ist, der Zusammenhang zwischen den Lehrinhalten und den vielfältigen Formen ihrer didaktischen Vermittlung nicht nur aufgezeigt, sondern demonstriert werden.

In diese Forderung schließe ich auch die fachwissenschaftlichen Inhalte und die Möglichkeiten deren didaktischer Vermittlung ein.

Des Weiteren verbindet sich mit dieser Forderung der Anspruch, die Vielfalt möglicher Aneignungsformen auch im Lehramtsstudium zu berücksichtigen. Handlungsorientierte, fächerübergreifende und kooperative Arbeitsformen auf der Basis selbst organisierten Lernens sollten häufiger ermöglicht werden. Dafür sind eine Einführung und Hilfe erforderlich. Angeleitetes und selbst organisiertes Studieren lassen sich dabei in einer sinnvollen Weise miteinander kombinieren. Das Studieren in Kleingruppen, die gemeinsame Erarbeitung von Themen und Problemen, die Organisation dieser Lernprozesse sind nicht nur wichtige Lern- und Erfahrungsformen, sondern besitzen zudem noch eine deutliche didaktische Relevanz.

Nachdenklich stimmen mich stets solche Einschätzungen[4]: „Wir werden zu Lehrern von Lehrkräften ausgebildet, die selbst ständig gegen die pädagogischen und didaktisch-methodischen Grundsätze verstoßen, die sie predigen. Langweilige Lehrveranstaltungen im monotonen Vortragsstil gefallen uns schon nicht im Fach, erst recht nicht bei den Pädagogen, die darüber reden, wie Schüler zum Lernen motiviert und aktiviert werden können." Insofern werden folgende Wünsche der Studierenden verständlich:

- problemorientierte Vorlesungen zu aktuellen praxisbedeutsamen Fragen;
- niveauvolle, differenzierte Aufgaben für einzelne Studenten;
- selbstständiges Vorbereiten und Gestalten ganzer Lehrveranstaltungen durch Studenten;
- Angebot von wahlweise-obligatorischen und fakultativen Lehrveranstaltungen zu ausgewählten Themen;
- Erweiterung der Zeit für das Selbststudium durch Verringerung der Pflichtveranstaltungen;
- Verbindung der theoretischen Aneignung mit pädagogisch-konzeptionellen bzw. gestaltenden Aufgaben;
- Beschränkung der Pflichtliteratur zu Gunsten eines selbstständigen vertiefenden Literaturstudiums.

Alle diese Wünsche und Forderungen von Studierenden führen zum Kern einer Bildungsgangdidaktik künftiger Lehrerinnen und Lehrer, auf deren Aufgaben dieser Beitrag besonders aufmerksam machen wollte. Sie bestätigen außerdem die Auffassung, dass eine höhere Qualität der Ausbildung nur gemeinsam mit den Studierenden erreicht werden kann, weil sich alle konzeptionellen Entscheidungen und Gestaltungsmaßnahmen nur über ein entsprechend motiviertes intensives Selbststudium verwirklichen. Überall dort, und das gibt es glücklicherweise noch immer und immer häufiger, wo Lehramtsstudenten selbstverantwortlich Teile des Ausbildungsprozesses vorbereiten und gestalten, wo sie an Arbeitsgruppen, wissenschaftlichen Konferenzen

---

4 Diese mehrfach getroffene Einschätzung stammt auch von den Studierenden, mit denen ich über ihre Ausbildung gesprochen habe.

oder Kolloquia verantwortlich beteiligt sind, entwickeln sich Erkenntnis-drang, Aktivität, Studienbereitschaft und Berufsmotivation.

Die notwendige Motivation der Studenten zur selbstständigen Aneignung der Theorie wiederum wird entscheidend von der Qualität jeder einzelnen Lehrveranstaltung bestimmt.

Literatur

BILDUNGSKOMMISSION NRW: Zukunft der Bildung – Schule der Zukunft. Denkschrift der Kommission „Zukunft der Bildung – Schule der Zukunft" beim Ministerprä-sidenten des Landes Nordrhein-Westfalen. Neuwied, Kriftel, Berlin 1995.

HENTIG, Hartmut v.: Die Schule neu denken. München, Wien 1993.

KEUFFER, Josef/OELKERS, Jürgen: Reform der Lehrerbildung in Hamburg. Abschluss-bericht der von der Senatorin für Schule, Jugend und Berufsbildung und der Se-natorin für Wissenschaft und Forschung eingesetzten Hamburger Kommission Lehrerbildung. Weinheim, Basel 2001.

KOMMISSION ZUR NEUORDNUNG DER LEHRERAUSBILDUNG AN HESSISCHEN HOCHSCHULEN: Neuordnung der Lehrerausbildung. Opladen 1997.

LAUTERBACH, C.: Monster und Vandalen an den Schulen? In: Sächsische Zeitung (SZ) vom 31.01./01.02.1998, S. 3.

MASKULINSKI, Hildegard: Biografische Selbstreflexion und Entwicklung der Lehre-rInnenpersönlichkeit im Bildungsprozess. In: MEYER/REINARTZ (Hrsg.) 1998, S. 229–236.

MEYER, Meinert A./REINARTZ, Andrea (Hrsg.): Bildungsgangdidaktik. Denkanstöße für pädagogische Forschung und schulische Praxis. Opladen 1998.

MEYER, Meinert, A.: Lehrer, Schüler und die Bildungsgangforschung. In: MEYER/ REINARTZ (Hrsg.) 1998, S. 70–90.

PEUKERT, Helmut: Zur Neubestimmung des Bildungsbegriffs. In: MEYER/REINARTZ (Hrsg.) 1998, S. 17–29.

SPIEGEL SPECIAL, Nr. 11/96, zum Thema: Karriere durch Bildung.

STRUCK, Peter: Neue Lehrer braucht das Land. Darmstadt 1994.

TERHART, Ewald (Hrsg.): Perspektiven der Lehrerbildung in Deutschland. Abschluss-bericht der von der Kultusministerkonferenz eingesetzten Kommission. Wein-heim, Basel 2000.

TILLMANN, Klaus-Jürgen: Preussische Tradition, Reform – und deren Kritik. Leit-planke der Lehrerbildung in Deutschland. In: Neue Züricher Zeitung v. 20.11.1997, Nr. 270, S. 51.

WEIß, W. W.: Alptraum Schule? Annäherung an ein vorurteilbeladenes Thema. In: Nürnberger Lehrer-Zeitschrift (NLZ), September-Dezember 1988, S. 3-4.

ZYMEK, Bernd: Aufforderung zum Abschied vom Modell der deutschen Universität. Die Empfehlungen zur Lehrerbildung des Expertenrats in Nordrhein-Westfalen: Brisant und folgenreich. http://www.fr-aktuell.de/fr/221/t221006.htm. Erschei-nungsdatum: 15.03.2001.

Josef Keuffer

Bildungsgänge in der Lehrerbildung – Standardisierung oder Differenzierung?

1. Einleitung

Der Bildungsgang von Lehrerinnen und Lehrern in Deutschland ist traditionell durch eine zweiphasige *Ausbildung* und durch zwei Staatsexamina vorgezeichnet. Sonderwege und Seiteneinstiege sind bisher eher Ausnahmen, werden jedoch in den nächsten zehn Jahren auf Grund des sich abzeichnenden Lehrermangels einen größeren Stellenwert erhalten. *Lehrerfort- und Lehrerweiterbildung* haben in den zurückliegenden Jahrzehnten vielfältige Bedeutungszuschreibungen (Persönlichkeits-, Team- oder Systementwicklung) erfahren. Einseitige Erwartungen an sie konnten nicht eingelöst werden. Durch die Beachtung des Zusammenhangs von Persönlichkeits-, Team- und Systementwicklung streben die Schulleitungen und Kollegien zunehmend eine gezielte Planung von Fortbildungsmaßnahmen für die Entwicklung der Einzelschule an. Der größer werdende Stellenwert der Fortbildung im Beruf ist auf Grund des raschen gesellschaftlichen, kulturellen und schulkulturellen Wandels unabweisbar. Die gewachsene Bedeutung der Fort- und Weiterbildung findet ihren Ausdruck in den Konzepten zum lebens- und berufslangen Lernen (vgl. OECD 2000). Der *Berufseinstieg* wird in seiner zentralen Bedeutung für den Bildungsgang von Lehrkräften in den letzten Jahren von Bildungsforschern, Personalentwicklern und Bildungspolitikern hervorgehoben. Dabei geht die stärkere Beachtung des Berufsanfangs vor allem auf die Arbeiten zur Berufsbiografie von Lehrerinnen und Lehrern zurück. Die Erkenntnis, dass die Ausbildung wichtige Grundlagen legt, jedoch „die eigentliche und volle Herausbildung der Lehrerkompetenzen (...) in den ersten Jahren der Berufstätigkeit geschieht" (TERHART 2000a: 127), findet Eingang in Konzepte zur Reform der Lehrerbildung. Die Angebotsstrukturen der Lehrerfort- und -weiterbildung und die Frage der Ausgestaltung einer Berufseingangsphase werden zurzeit von den meisten Bundesländern geprüft (vgl. BEHÖRDE FÜR SCHULE, JUGEND UND BERUFSBILDUNG 2000).

Die erste Phase der Lehrerausbildung findet an Universitäten und Pädagogischen Hochschulen statt. Die Lehramtsstudierenden gestalten ihren Bildungsgang, indem sie an Veranstaltungen in den Fachwissenschaften, den Fachdidaktiken und der Erziehungswissenschaft teilnehmen und Leistungsnachweise erwerben.[1] Im Lehramtsstudium werden gelegentlich Veranstaltungen zur handlungsorientierten Didaktik, zu schülerorientiertem Unterricht, zur Reflexion des Lehrerhandelns, zur Rolle von Lernarrangements in schulischen Kontexten, zur Bedeutung eines objektiven und subjektiven Bildungsgangs, zur Gestaltung von Freiräumen im Unterricht und zur Bildungsgangdidaktik angeboten. Wenn Studierende an Veranstaltungen zur Didaktik, speziell zur Bildungsgangdidaktik teilnehmen, haben sie zumeist die Gelegenheit, sich mit den Begriffen „Entwicklungsaufgabe", „Verhältnis Lehrer-Schüler-Stoff" oder „selbstregulierter Kompetenzaufbau" auseinander zu setzen. Die strikte Beachtung der Perspektive der Lernenden und die Förderung der Schülerautonomie in ihrer Dialektik von Abhängigkeit und Unabhängigkeit der Lernenden bilden ein Grundprinzip der wissenschaftlichen Auseinandersetzung der Bildungsgangdidaktik mit konkreten Bildungsgängen von Schülerinnen und Schülern. Dabei ist die Reflexion der eigenen Bildungsgänge von Studierenden zumeist die Voraussetzung für die Beschäftigung mit der Schülerperspektive, der die Studierenden häufig erst ein paar Jahre entwachsen sind. Eine Maxime der Bildungsgangdidaktik lautet:

> „Wer Bildungsgangdidaktik betreibt, ist also bereit, sich durch Schülerinnen und Schüler überraschen zu lassen. Er vertritt das, was seine Aufgabe ist, er vertritt die objektive Seite im Lehr-Lern-Prozess, weiß aber, dass er nicht Herr der Lage ist." (MEYER 1996: 309)

Der Angebotscharakter von Unterricht und die Ungewissheit in der Unterrichtsplanung und -gestaltung sind gerade von Meinert MEYER im Rahmen seiner Darlegungen zur Bildungsgangdidaktik immer wieder hervorgehoben worden. Dabei bezieht er die Dialektik der Allmacht und Ohnmacht (vgl. MEYER 1987) von Lehrerinnen und Lehrern mit in seine Überlegungen ein. Die Betonung der Perspektive der Lernenden in Bildungsprozessen ist von Erziehungswissenschaftlern und Fachdidaktikern zuweilen als normativer Überschuss kritisiert worden. Dies klingt auch in einigen Beiträgen dieses Bandes an. Dabei fordert die dort gegebene kritische Würdigung der Bildungsgangdidaktik zu einer Schärfung des theoretischen Konzepts und zu einer Klärung im Hinblick auf Normativität und Deskription heraus. Dies soll weder in diesem Beitrag noch in dem vorliegenden Band, der als eine Zwischenbilanz auf dem Wege zur Bildungsgangdidaktik angelegt ist, geleistet werden. Jedoch sehe ich mich durch die Kritik herausgefordert, zum Begriff der Bildungsgangdidaktik eingangs Stellung zu nehmen.

---

1   Abhängig vom jeweiligen Bundesland und vom Standort können Lehramtsstudierende auch Veranstaltungen in der Soziologie und der Psychologie besuchen.

In einem ersten Zugang zum Thema Bildungsgangdidaktik greife ich die Kritik von Werner HELSPER (in diesem Band) auf und nehme zur Definition und wissenschaftlichen Begründung des Begriffs „Bildungsgang" Stellung (Kapitel 2). Dabei beziehe ich mich auf schulische Bildungsgänge und auf ihre didaktische Gestaltung bzw. ihre Rekonstruktion in Forschungsprozessen. Anschließend verwende ich den Begriff Bildungsgang in seiner umfassenderen Bedeutung als Bildungsgang von Lehrerinnen und Lehrern und beziehe mich auf aktuelle, auch bildungspolitisch begründete Positionen im Rahmen einer Reform der Lehrerbildung in Deutschland (Kapitel 3). Das föderale Bildungswesen erfordert hier eine differenzierte Stellungnahme; deshalb beschränke ich mich auf die Darstellung von Ansätzen in den Bundesländern Hamburg und Nordrhein-Westfalen. Gerade diese beiden Bundesländer haben jüngst weitreichende, jedoch ganz unterschiedlich begründete Reformansätze entwickelt. Maßnahmen zur Reform der Lehrerbildung sind zugleich Eingriffe in den Bildungsgang angehender Lehrerinnen und Lehrer. Die Argumente in diesem Zusammenhang entstammen sehr unterschiedlichen Kontexten, sind jedoch in der Regel kaum durch eine Datenbasis abgesichert. Deshalb frage ich anschließend nach Forschungen im Rahmen der Lehrerbildung und stelle die Frage, auf welche Daten sich Reformkommissionen stützen können (Kapitel 4). Denn eine forschungsbasierte Steuerung der Lehrerbildung könnte für den Bildungsgang angehender Lehrerinnen und Lehrern die Weichen stellen, die den Aufbau von pädagogischer Professionalität (COMBE/HELSPER 1996) wahrscheinlicher machen.

Mein Dank gilt an dieser Stelle Meinert MEYER, der meinen Bildungsgang von der Lehramtsausbildung über die Promotion bis zur derzeitigen Aufgabe in der Bildungsadministration kritisch und konstruktiv begleitet hat. Er hat mich auch dann unterstützt, wenn meine wissenschaftlichen Fragestellungen gelegentlich nicht in der Mitte des erziehungswissenschaftlichen und didaktischen Diskurses angesiedelt waren. In der Förderung der bildungsbiografisch bedingten, zuweilen auch randständigen Themen seiner Schülerinnen und Schüler und in strikter Beachtung der Eigenheiten ihrer Bildungsgänge und Autonomie hat sich Meinert MEYER besonders engagiert. Dafür danke ich ihm ganz herzlich.

2. Zur Definition und Kritik von Bildungsgangdidaktik

Bildungsgangdidaktik bedeutet erstens die Rekonstruktion von Bildungsprozessen durch Forschungsarbeiten, zweitens die didaktische Perspektive auf Unterricht und Erziehung und drittens kann sie „als didaktisches Instrument zur Verbesserung von Unterrichtsplanung und -gestaltung" (MEYER 1996:

273) verstanden werden. Die Problematik dieser dreifachen Bedeutungszuschreibung wird in mehreren Aufsätzen in diesem Band aufgegriffen. Die Kritik, die in einigen dieser Beiträge entfaltet wird, entzündet sich daran, dass Bildungsgangdidaktik in theoretischer Hinsicht nicht auf den Erwerb und die Vermittlung reflexiven Wissens beschränkt wird (HELSPER), zu wenig über gesellschaftliche Ungleichheit reflektiert (FAULSTICH-WIELAND) und für die Akteure eine Überforderung darstellen könnte (V. BORRIES).

Werner HELSPER kritisiert, dass Bildungsgangdidaktik den Anspruch erhebt, auch Handlungswissenschaft sein zu wollen. Diese Kritik gründet sich wissenschaftstheoretisch auf die Ausdifferenzierung von Sozialwissenschaften und Handlungswissenschaften. Es ist und war jedoch der Anspruch führender Vertreter der Allgemeinen Didaktik (HEIMANN/OTTO/SCHULZ, BLANKERTZ, KLAFKI), Unterrichtsplanung, didaktische Analyse und Reflexion miteinander zu verbinden. Der Anspruch einer Dialektik von Theorie und Praxis wird auch von Meinert MEYER und weiteren Vertreterinnen und Vertretern der Bildungsgangdidaktik aufrechterhalten (vgl. MEYER/REINARTZ 1998; HERICKS/SPÖRLEIN und HERICKS/SCHENK in diesem Band). Es ist die (zuweilen unangenehme) Funktion didaktischen Denkens und Handelns, sich zwischen Baum und Borke, zwischen Theorie und Praxis, zwischen Konstruktion und Reflexion zu bewegen. Diese Position zwischen den Stühlen macht angreifbar, da eine feste Verankerung weder auf der einen noch auf der anderen Seite möglich ist.

Didaktik hat die wichtigen Funktionen, sich einerseits an (erziehungs-) wissenschaftlicher Theoriebildung zu beteiligen, Inhalte und Methoden erziehungswissenschaftlicher und didaktischer Reflexion auf ihre Sinnhaftigkeit und Anwendbarkeit im schulischen Feld hin zu prüfen bzw. anzuwenden und andererseits Handlungen schulischer Akteure, sei es in Schulentwicklungsprozessen, sei es bei der Entwicklung und Erprobung von Unterrichtsmethoden, zu fördern. Didaktik kennzeichnet deshalb der reflexive *und* konstruktive Zugang zum schulischen Feld. HELSPER kritisiert aus der Perspektive einer antinomischen Pädagogik den oben skizzierten dreifachen Anspruch der Bildungsgangdidaktik und votiert dafür, dass sich die Bildungsgangdidaktik selbst zum Gegenstand der Reflexion machen solle, um die „eigene normative Positionierung im Geschäft der Setzung von Standards" reflektieren zu können. Diese Anregung des Vollzugs einer weiteren reflexiven Schleife mag dazu führen, dass die Vertreter der Bildungsgangdidaktik die dazu notwendigen Methoden entwickeln und einsetzen. Aber auch diese erweiterte Definition von Bildungsgangdidaktik würde die skizzierte dreifache Bedeutungszuschreibung nicht ändern; denn das dialektische Verhältnis von Theorie und Praxis (vgl. MEYER/KÜSTER 1999) und die Differenz von Disziplin und Profession sind durch die Reflexion und ihre forschungsmethodische Verankerung nicht grundsätzlich verändert. Dies ist dadurch begründet, dass Didaktik als die Lehre vom Lehren und Lernen sich weder auf die Seite der Reflexion, der Theorie, der handlungsentlasteten Forschung, der Rekonstruktion oder Dekonstruktion schlagen kann noch als Anwalt vermeintlich subjektiver oder auch objektiver Interessen von Schülern, Lehrern, Seminarleitern oder Didaktikern auftreten kann. Didaktik ist ein Vermittlungsgeschäft und das unterscheidet sie von ausschließlich auf Reflexion und Grundlagenforschung bezogenen Forschungsansätzen. Eine antinomische Pädagogik (z.B. HELSPER) kann aufklären über die Antinomien pädagogischen Handelns, aber sie trägt nur über die Reflexion zur Veränderung konkreter unterrichtlicher oder schulischer Situationen bei, zum Beispiel über Fallarbeit in der universitären Lehrerbildung (vgl. BECK u.a. 2000).

Bildungsgangdidaktik möchte demgegenüber auch einen eigenen konstruktiven, auf Gestaltung von Schule und Unterricht bezogenen Beitrag leisten. Dies macht sie anfällig für Irrtümer und Fehleinschätzungen, für Einseitigkeiten im Hinblick auf die antinomische Struktur pädagogischen und unterrichtlichen Handelns und gelegentlich auch für Enttäuschungen im Hinblick auf ihre Funktion und ihre Möglichkeiten (vgl. TRAUTMANN in diesem Band). Selbstverständlich sind die Folgen didaktischer Konstruktionen nicht immer absehbar; denn einmal werden didaktische Entwürfe als Feiertagsdidaktiken entlarvt, ein anderes Mal wird ihnen Funktionslosigkeit oder mangelnde Wirksamkeit nachgesagt. Zudem müssen Didaktiker sich damit abfinden, dass die idealtypischen Konstruktionen in der schulischen Anwendung nicht immer gelingen und andere als die erwartbaren Ergebnisse zeitigen.

Ist deshalb der Anspruch der Bildungsgangdidaktik als einer Handlungswissenschaft unter Einschluss der genannten dreifachen Bedeutungszuschreibung obsolet geworden? Ich vermute, dass diese Frage nicht einfach zu beantworten ist; denn die Spannung zwischen Anspruch und Methode sozialwissenschaftlicher Rekonstruktion einerseits und didaktischer Konstruktion andererseits bleibt aufrechterhalten. Die in aller Kürze angedeutete Differenz zwischen Rekonstruktion und Konstruktion ist im Hinblick auf die Ausgestaltung von Bildungsgängen für angehende Lehrerinnen und Lehrer nicht unerheblich, insofern jeweils andere Inhalte und Methoden zu favorisieren sind. Wenn Bildungsgangdidaktik im Rahmen der Lehrerbildung die Funktion hat, Studierenden die Augen für einen didaktischen Blick auf Schule und Unterricht zu öffnen, sie theoretisch, fallorientiert und konstruktiv mit Perspektiven von Lernenden und Lehrenden vertraut zu machen, dann tragen meines Erachtens die oben angedeuteten Sichtweisen und Methoden nicht ausschließlich, sondern vielmehr komplementär zum Aufbau von Lehrerprofessionalität bei.

Reformen in der Lehrerbildung haben direkten Einfluss auf den Bildungsgang angehender Lehrerinnen und Lehrer. Der Diskurs um Professionalisierung und hochschulpolitisch motivierte Ansätze in der Reform der Lehrerbildung drohen auseinander zu driften. Dies zeigt sich dann, wenn nicht mehr der Bildungsgang und der Aufbau von Kompetenzen und Professionalität als Maßstab einer Reform der Lehrerbildung gelten, sondern vielmehr externe Argumente (Europäisierung, internationaler Konkurrenzkampf der Hochschulen, Eigeninteressen von Disziplinen) zur Legitimation von Reformen herangezogen werden. Im folgenden Kapitel werde ich an der Profession orientierte und externe Argumente am Beispiel der Reformkommissionen in Hamburg und Nordrhein-Westfalen gegenüberstellen.

3. Tendenzen einer Reform der Lehrerbildung am Beispiel der Bundesländer Hamburg und Nordrhein-Westfalen

Das Thema Lehrerbildung hat in Europa Konjunktur und die vielen Kommissionen[2] und Publikationen zu diesem Thema sind auch für Experten kaum noch zu überschauen. Eine besondere Bedeutung in Deutschland hat die *Gemischte Kommission Lehrerbildung* der Kultusministerkonferenz unter der Leitung von Ewald TERHART und Staatsrat Hermann LANGE erhalten, da die von dieser Kommission vorgelegten Empfehlungen (TERHART 2000a) Leistungen und Defizite der Lehrerbildung bilanzieren und wünschenswerte Reformansätze unter Beachtung der föderalen Strukturen im Ausbildungssystem beschreiben. Diese Empfehlungen sind in den Institutionen der Lehrerbildung und auch in der interessierten Öffentlichkeit breit diskutiert worden. Sie stellen den Rahmen für länderspezifische Reformprojekte dar und haben nicht zuletzt dazu beigetragen, dass in den einzelnen Ländern eigene Kommissionen einberufen worden sind. Die Ergebnisse sind publiziert worden, bildungspolitische Richtungsentscheidungen werden zurzeit getroffen und Umsetzungen vorbereitet.

---

2   Als bundesweite Empfehlung liegt vor: TERHART, 2000a. Als Beispiele für Kommissionen auf Länderebene können genannt werden: GEMEINSAME KOMMISSION FÜR DIE STUDIENREFORM IM LANDE NORDRHEIN–WESTFALEN 1996; KOMMISSION ZUR NEUORDNUNG DER LEHRER-AUSBILDUNG AN HESSISCHEN HOCHSCHULEN 1997; FACHKOMMISSION WEITERENTWICKLUNG DER LEHRERBILDUNG UND DER SCHUL- UND UNTERRICHTSFACHBERATUNG (Schleswig-Holstein) 2001; KEUFFER/OELKERS (Hrsg.) 2001; BERICHT DER SÄCHSISCHEN HOCHSCHULENTWICKLUNGSKOMMISSION 2001.

Der Hamburger Senat hat sich auf der Basis des Abschlussberichts der Hamburger Kommission Lehrerbildung (KEUFFER/OELKERS 2001) für eine Reform unter Wahrung der in Hamburg bestehenden Strukturen und Institutionen entschieden.[3] Die Kommission stellte die bestehenden Phasen der Lehrerbildung nicht grundsätzlich in Frage, vielmehr empfahl sie Weiterentwicklungen und eine enge Verzahnung unter Gesichtspunkten von Effizienz und wechselseitigem Nutzen. Als Schwerpunkte der Reform wurden vorgeschlagen: Aufbau und Einsatz von Kerncurricula, Quervernetzung zwischen den Phasen durch die Gründung von Sozietäten[4], Neuorganisation von Praktika, Benennung von prioritären Themen für die Ausbildung (Neue Medien, Umgang mit Heterogenität, Schulentwicklung), Verkürzung der Ausbildung, Ausgestaltung der Berufseingangsphase und verpflichtende Fortbildung.

Die Kommission weist in ihrer Situationsanalyse darauf hin, dass die Lehrerbildung zu wenig auf die Entwicklungsprobleme des Berufsfeldes Schule eingestellt ist und zurzeit nicht über eine auf diesen Zweck hin ausgerichtete Organisation verfügt. Sie empfiehlt deshalb, die Reform der Lehrerbildung im Sinne eines Entwicklungsprojekts anzulegen. Hochschulen, Staatliches Studienseminar und Institut für Lehrerfortbildung sollen zusammen mit den für Schule und Hochschule zuständigen Behörden die Reform gemeinsam gestalten. Der Senat hat zu diesem Zweck eine Projektstruktur unter Federführung der für Schule und Hochschule zuständigen Staatsräte eingerichtet. Ziel ist es, verbindliche Kooperationen festzulegen, damit die Potenziale besser genutzt und auf gemeinsame Ziele hin eingestellt werden können.

Die Kommission kam zu dem Ergebnis, dass die Lehrerbildung in erheblichem Maße Defizite aufweist und auf neue Bedingungen in Schule und Gesellschaft auszurichten ist. Die Vorschläge der Kommission beziehen sich auf die Weiterentwicklung der Lehrerbildung im europäischen Kontext. Lehrerbildung wird in vielen Ländern Europas krisenhaft wahrgenommen, Reformen der Ausbildung sind daher kein spezifisch deutsches Phänomen. Die Lehrerausbildung an den Hochschulen und im Studienseminar soll nach Vorschlag der Kommission gestrafft und konzentrierter gestaltet werden.

3　Vgl. dazu Mitteilung des Hamburger Senats an die Bürgerschaft, Drucksache 16/5668 vom 27.02.2001. Im Auftrag an die Kommission war der Erhalt der bestehenden Strukturen vorab festgeschrieben worden (vgl. KEUFFER/OELKERS 2001: 214ff.).

4　Sozietäten sind Arbeitsgruppen, in denen inhaltliche Themen (z. B. Kerncurricula) zwischen den Phasen der Lehrerbildung abgestimmt werden. Sie sind hingegen keine Entscheidungsgremien, da die Kerncurricula von den Fachbereichen der Hochschulen und vom Studienseminar erarbeitet und verantwortet werden. Sozietäten werden nach a) Ausbildungs- und Prüfungsfächern, b) Fachgruppen/Lernbereichen/Berufsfeldgruppen und c) übergreifenden Themen gebildet. In Hamburg werden zurzeit 28 Sozietäten eingerichtet. Mitglieder einer Sozietät sind Vertreterinnen und Vertreter aller an der Lehrerbildung beteiligten Institutionen.

Der Hamburger Senat stimmt mit der Kommission darin überein, dass die Rolle von Wissenschaft und Forschung in allen Bereichen der Lehrerbildung gestärkt werden muss und nicht geschwächt werden darf. Senat und Kommission votieren deshalb ausdrücklich gegen eine Verlagerung von Teilen der Ausbildung an Fachhochschulen und auch gegen eine Reduzierung der wissenschaftlichen Ausbildungsanteile auf dreijährige universitäre Studiengänge (Bachelor). Die Staatsexamina sollen beibehalten und die Prüfungen effektiver auf den Ausbildungszweck bezogen werden. Die Prüfungen sollen zwischen den Phasen abgestimmt werden und reale Leistungsnachweise darstellen. Neben den Prüfungen sollen persönliche Portfolios angelegt werden, in denen dargelegt wird, welche Themen die Studierenden und Referendarinnen und Referendare bearbeitet und welche Kompetenzen und Schwerpunkte sie entwickelt haben. Bei Einstellungen wird dann nicht mehr allein der Notenschnitt betrachtet, vielmehr soll das Profil von Bewerberinnen und Bewerbern ausschlaggebend sein.

Die Kommission hat den Abschluss von verbindlichen, wechselseitigen Ziel- und Leistungsvereinbarungen, die Entwicklung kooperativer Strukturen zwischen den Phasen und die fortlaufende Evaluation der Leistungen empfohlen. Dazu zählen ein verstärktes Forschungsaufkommen, die Steuerung durch Forschungsdaten, der Aufbau neuartiger Serviceeinrichtungen im Evaluationsbereich, die Abnehmerorientierung der Fortbildung und die Rotation des Personals. Die Kommission favorisiert ein Konzept lebens- und berufslangen Lernens, wie es auch von der OECD vorgeschlagen wird:

> „Die Herausforderung in dieser Zeit einer zunehmenden Nachfrage nach weitreichenderem, vielfältigerem Lernen während des gesamten Lebens besteht darin, der mengenmäßigen Nachfrage gerecht zu werden und gleichzeitig sicherzustellen, dass auch Art und Form des Lernens den Bedürfnissen entsprechen." (OECD 2000: 5)[5]

Der OECD-Bericht geht davon aus, dass sich das Konzept lebenslangen Lernens unter anderem über die Umverteilung von Finanzen umsetzen lässt.[6] Die Vorschläge der Hamburger Kommission zur Verkürzung der Ausbildung und zur Gestaltung von Anreizsystemen in der Lehrerbildung sind anschlussfähig zu den skizzierten Vorschlägen der OECD.

Nicht in allen Bundesländern werden die im Bericht der Gemischten Kommission Lehrerbildung der Kultusministerkonferenz (TERHART 2000a) genannten Leitlinien für eine Reform der Lehrerbildung herangezogen. So hat

---

5   Vgl. darin auch die Kapitel: Schätzung der direkten Kosten des lebenslangen Lernens (S. 13ff.) und Bereitschaft und Mittel, für lebenslanges Lernen zu zahlen (S. 24ff.).

6   Als ein Beispiel für eine Umverteilung und für eine Strategie der Kostensenkung schlägt die OECD auch die Verkürzung von Ausbildungszeiten vor, vgl. dazu OECD 2000: 25f.

zum Beispiel in Nordrhein-Westfalen der Bericht eines Expertenrats[7] system-
verändernde Empfehlungen zur Umgestaltung der gesamten Hochschulland-
schaft und der Ausbildungsstrukturen für kommende Lehrergenerationen
vorgelegt. Der Bericht ist auf die Reform der Hochschule bezogen, stellt aber
in einem gesonderten Kapitel auch die aus der Hochschulreform abzuleiten-
den Erfordernisse für die Reform der Lehrerbildung dar. Die Lehrerausbildung an Universitäten soll nach dem Prinzip der Polyvalenz von Abschlüssen
mit einem Fachstudium (Bachelor-Abschluss) beginnen. Darauf soll ein post-
graduales und berufsqualifizierendes Studium für angehende Lehrerinnen und
Lehrer aufbauen (Master-Abschluss). Dies impliziert die Abkehr von der
grundständigen Lehrerausbildung[8] und bedeutet den Verzicht auf eine früh-
zeitige, berufsfeldbezogene Professionalisierung. Ob der Bruch mit dieser
Tradition über den Status eines Modellversuchs hinaus zur Norm wird, ist
zurzeit nicht absehbar. Während des Versuchszeitraums von sieben Jahren
sollen in Nordrhein-Westfalen zugleich die traditionelle Ausbildung und das
Reformmodell an ausgewählten Standorten angeboten werden.[9]

Das Reformmodell in Hamburg und der Modellversuch in Nordrhein-
Westfalen unterscheiden sich maßgeblich darin, dass in Hamburg die Ausbildung weiterhin parallel und somit grundständig erfolgt, während an ausgewählten Standorten in Nordrhein-Westfalen durch die Einführung von Bache-
lor- und Masterstrukturen eine konsekutive Lehrerbildung[10] erprobt wird.
Implizit verbirgt sich darin eine weitere Differenz. Während Hamburg auf die
Entwicklung von Kerncurricula und Standards in der Lehrerbildung setzt,
wird in NRW eine größere Differenzierung in der Lehrerausbildung und vermutlich auch eine Entstaatlichung im Zugang zum Lehrerberuf angestrebt.

Der unter Berufung auf die Hochschulautonomie vom Expertenrat in
Nordrhein-Westfalen offenbar postulierte Rückzug des Staates aus der Leh-

---

7 Expertenrat im Rahmen des Qualitätspakts in Nordrhein-Westfalen, MS Münster 2001,
   vgl. http://www.mswwf.nrw.de/miak/aktuell/top-thema/Expertenrat/Abschlussbericht.html.
8 Der Begriff „grundständige Lehrerausbildung" bezeichnet den Umstand, dass in den
   Lehramtsstudiengängen neben dem Studium der Fächer zugleich Erziehungswissenschaft
   und Fachdidaktik studiert wird. Darüber hinaus wird über Praktika ein früher Berufsfeld-
   bezug hergestellt.
9 Auch im BERICHT DER SÄCHSISCHEN HOCHSCHULENTWICKLUNGSKOMMISSION werden
   gestufte Studiengänge für die Lehrerbildung empfohlen (vgl. S. 123ff.). Der Masterab-
   schluss soll zugleich als 2. Staatsexamen anerkannt werden (vgl. S. 126).
10 Als konsekutive Lehrerbildung wird die Abkopplung von Fachstudien und erziehungswissenschaftlichen / fachdidaktischen Studien verstanden. Zuerst erfolgt das Studium der Fächer mit dem Abschluss „Bachelor", daran schließen sich die berufsfeldbezogenen Ausbildungsanteile mit dem Abschluss „Master" an. Es gibt auch Überlegungen, grundständige
   Lehrerbildung im System von Bachelor- und Masterabschlüssen zu organisieren. Vgl. zu
   konsekutiven Studiengängen in der Lehrerbildung: ZEvA 2001.

rerbildung ist auch im Vergleich zu anderen Ländern – bei allen unterschiedlichen Gestaltungsformen – ohne Beispiel. Der Staat kann sich jedoch aus der Verantwortung für die Ausbildung des Lehrernachwuchses, den er wesentlich alleinzuständig einstellen muss, nicht zurückziehen. Der Einfluss des Staates auf Inhalt und Standards der Lehrerausbildung muss unabhängig von Studienstruktur und Abschlussexamen gewährleistet bleiben. Wenn das Staatsexamen in Nordrhein-Westfalen entfallen sollte, müsste geklärt werden, wodurch es in seiner Funktion ersetzt wird. Berufseingangsprüfungen wären jedenfalls keine Lösung. Die These der Entstaatlichung (vgl. RADTKE 1999) verkennt, dass die Universität zurzeit ein Ausbildungsmonopol für angehende Lehrerinnen und Lehrer hat und dass der Abnehmer Staat die Ressourcen für universitäre Lehrerbildung nicht nur zur – erwünschten – Herstellung von Reflexionsfähigkeit bereitstellt. Die Abnehmer auf Seiten der Studienseminare und der Schulen gehen davon aus, dass universitäre Lehrerbildung auch fachliche und berufsfeldbezogene Standards berücksichtigt bzw. herstellt.

Die Einführung von Bachelor-/Masterstrukturen in der Lehrerausbildung (HOFMANN 2000; TAGUNGSDOKUMENTATION 2000) allein stellt noch kein Mittel zur Behebung von Defiziten der Ausbildung dar. Hingegen können Standards, in denen „professionelle Fähigkeiten und gleichzeitig Niveauansprüche" (OSER 1997/1: 210) deutlich ausgewiesen werden, und inhaltlich definierte Kerncurricula dazu beitragen, die zurzeit vorherrschende Beliebigkeit in den Lehramtsstudiengängen zu beenden. Die Erarbeitung von Kerncurricula und ihre Gestaltung in Modulen ist dabei ein Weg zu einer flexiblen Studienorganisation. Jedoch besteht die Gefahr, dass in einer rein formal verstandenen Modularisierung die Inhalte verloren gehen; denn wenn sich Hochschulen künftig in der Gestaltung von Studiengängen weniger am Maßstab der Standardisierung von Studiengängen (inhaltlich ausgewiesene Kerncurricula) als vielmehr am internationalen Wettbewerb und an Fragen der Differenzierung von Studienangeboten (formal über *workload* und *creditpoints* ausgewiesene Module) orientieren sollten, ist der Aufbau eines lehramtsspezifischen Basiswissens nicht gesichert. Dies gilt gerade dann, wenn Normsetzungsverfahren in inhaltlichen Fragen in den Fachbereichen nicht durchgeführt werden und man stattdessen inneruniversitäre Abstimmungen über die äußere Form von Modulen erwarten darf. Die inhaltliche Abstimmung von Anbietern (Hochschulen, Studienseminaren) über zu vermittelnde grundlegende Qualifikationen und über den Aufbau von Kompetenzen und Fähigkeiten ist in der Ausbildung von Lehrkräften unverzichtbar. Kerncurricula können zwar in modularisierter Form angeboten werden, jedoch darf das Lehrangebot nicht in formale und somit inhaltsleere Module aufgelöst werden. Rein formale, nur über Kreditpunkte definierte Module können zwar zu einer größeren internationalen Vergleichbarkeit und Anerkennung führen, jedoch geschähe dies dann unter Verzicht auf eine Prüfung des Inhalts.

Die Einrichtung von Bachelor-Studiengängen wird vielfach mit dem Argument der Internationalisierung und der Sicherung der Wettbewerbsfähigkeit auf dem Wissenschaftsmarkt begründet. Zur Sicherung von Standards und zum Aufbau von Professionalität für den Lehrerberuf sind die konsekutiven Studiengänge jedoch nur unter bestimmten Voraussetzungen geeignet. Wenn ein konsekutiver Studienaufbau als Maßnahme zur Organisation möglichst konsequenter Brüche (vgl. VOLLSTÄDT in diesem Band) verstanden werden kann, dann bleibt zu fragen, wie denn diese Brüche von den angehenden Lehrerinnen und Lehrern zum Aufbau von Professionalität genutzt werden können. Bisher gibt es darauf keine Antwort. Vergleichende Evaluationen müssen deshalb die Qualität herkömmlicher und konsekutiver Studiengänge überprüfen. Sofern es gelänge, mit der Einführung gestufter Studiengänge auch die diagnostizierten inhaltlichen Defizite zu beheben, könnten Chancen und Risiken abgewogen werden. Derzeit spricht nichts dafür, dass ein konsekutiver Studienaufbau im Bildungsgang von Lehrerinnen und Lehrern den Aufbau von Professionalität fördert. Deshalb könnten erst Daten, die Gegenteiliges nachweisen, die flächendeckende Einführung konsekutiver Studiengänge rechtfertigen. Solange Anstrengungen in Richtung auf eine Evaluation der Lehrerbildung nicht unternommen werden, erfolgen alle Strukturentscheidungen in der Lehrerbildung ohne Datenbasis und sie bleiben somit riskant.

Die Entscheidungen für die Einführung von Bachelor- und Masterstrukturen basierten in Nordrhein-Westfalen nicht auf Forschungsergebnissen zur Lehrerbildung, vielmehr hat sich der Expertenrat in seinen Empfehlungen an Leitlinien zur Reform von Hochschulen und Studiengängen orientiert. Auch die Hamburger Kommission Lehrerbildung hat sich nur in bestimmten Fragen auf Forschungsarbeiten stützen können.[11] Es stellt sich die Frage, auf welche Forschungsarbeiten und auf welche Daten Kommissionen und bildungspolitische Entscheidungsträger zurückgreifen können.

4. Forschung in der Lehrerbildung

Wenn man jenseits bildungspolitischer Empfehlungen versucht, an Forschungsdaten zur Situation der Lehrerbildung heranzukommen, ist das Ergebnis ernüchternd: Es gibt wenig Grundlagenforschung und keine flächendeckende Evaluation der Lehrerbildung in einzelnen Bundesländern. Der Viel-

---

11 Vgl. z. B. die Arbeiten von Jürgen OELKERS und Fritz OSER zur Wirksamkeit der Lehrerbildung in der Schweiz und zur Frage von Standards in der Lehrerausbildung.

zahl an Kommissionen und Publikationen zur Lehrerbildung steht ein eklatanter Mangel an empirischen Befunden gegenüber. Daten zur Lehrerbildung liegen kaum vor. Zur Wirksamkeit der Lehrerbildung in Deutschland gibt es keine aussagefähigen Studien. Bildungspolitische Weichenstellungen und Strukturreformen im Ausbildungssystem von Hochschulen und staatlichen Ausbildungsseminaren können jedoch nur sinnvolle Veränderungen auslösen, wenn sie begründete Annahmen über die Wirksamkeit von Ausbildung und die zu erwartenden Aufgaben eines zukünftigen Ausbildungssystems machen können. Dazu bedarf es verlässlicher Forschungsergebnisse. Die Institutionen der Lehrerbildung scheuen jedoch den Aufwand und vielleicht auch das zu erwartende Ergebnis. Denn es ist durchaus nicht abwegig zu vermuten, dass die Ausbildung bisher für das Berufsleben nicht den hohen Stellenwert hat, der ihr so oft zugemessen wird (vgl. KRUMM 1998, ebenso OELKERS 2000), vermutlich kann sie ihn auch gar nicht haben.

Der Mythos der hohen Wirksamkeit von Ausbildung (Berufsfähigkeit/Berufsfertigkeit) hat vielfach den Blick auf die vielschichtigen, langsamen und kleinschrittigen Prozesse auf dem Weg zur Professionalität von Lehrerinnen und Lehrern verstellt. Diese Erkenntnis hat neue Ansätze in der Professionalisierungsforschung provoziert. Die Diskussionen um die Professionalisierung des Lehrerberufs (COMBE/HELSPER 1996; BASTIAN u.a. 2000) haben im Windschatten struktureller, bildungspolitischer, statusorientierter und besoldungsrechtlicher Fragen zu vielversprechenden Forschungsansätzen beigetragen. Trends neuerer Forschungsarbeiten sind zum Beispiel Studien zur Berufsbiografie von Lehrerinnen und Lehrern, Arbeiten zur Fallorientierung (vgl. dazu den Beitrag von Arno COMBE in diesem Band), Anregungen für eine reflexive Lehrerbildung (vgl. FEINDT/MEYER 2000) und Studien zur Effizienz von Lehrerbildung. Die Erforschung der Wirksamkeit der Lehrerbildung (vgl. für die Schweiz OSER/OELKERS 2001) könnte in Deutschland zu einer Steuerung durch Forschungsdaten beitragen. OELKERS mahnt ein deutlich verstärktes Forschungsaufkommen in der Lehrerbildung an und benennt in diesem Zusammenhang die Notwendigkeit zum Aufbau neuartiger Serviceeinrichtungen im Evaluationsbereich.

Evaluationsstudien zur Wirksamkeit von Maßnahmen der Lehrerbildung werden vermutlich in Zukunft eine größere Chance zur Förderung erhalten, da Bildungspolitiker erkannt haben, dass eine solide Datenbasis für die Steuerung des Systems Lehrerbildung mehr leisten kann als das weitere Hinterherrennen hinter angeblich unkalkulierbaren Zyklen[12]. Regional operierende Evaluationsagenturen scheinen geeignete Einrichtungen dafür zu sein. Auf

---

12 Gelegentlich wird in diesem Zusammenhang despektierlich vom „Schweine-Zyklus" gesprochen.

der Basis der Ergebnisse von Evaluationen könnte Steuerungswissen produziert und für die Politik bereitgestellt werden. Der Rat der Experten könnte sich darüber hinaus zukünftig stärker auf empirische Daten stützen, als dies derzeit möglich ist. Sozialwissenschaftlich erworbenes Wissen könnte anschlussfähig werden für berufspraktisches Wissen.

Ein unbequemes Ergebnis der vergleichenden Bildungsforschung ist, dass die Kausalkette „Lehrerbildung auf hohem wissenschaftlichen Niveau konstituiert eine gute Schule und beides zusammen die ökonomische Effizienz des Systems" in Frage gestellt werden muss. Denn Länder mit nachgewiesenen Entprofessionalisierungstendenzen (z. B. England, USA) und relativ niedrigem wissenschaftlichem Niveau der Lehrerbildung waren im letzten Jahrzehnt ökonomisch äußerst erfolgreich (vgl. CLOER u.a. 2000). Die gesetzlichen, strukturellen und inhaltlichen Merkmale der Lehrerbildung in Europa werden in Kürze vermutlich die Diskussion über föderale Sonderwege und Konkurrenzen in den deutschen Bundesländern stärker überlagern, als dies zurzeit noch vorstellbar ist. Insofern ist die eingangs gestellte Frage nach Standardisierung oder Differenzierung nicht in der Entscheidung für eine der beiden Alternativen zu beantworten, vielmehr sind mehrere Wege zum Lehrerberuf in Deutschland denkbar. Die Ausdifferenzierung der Lehrerbildung durch die Anerkennung unterschiedlicher Zugangswege zum Beruf und der zu erwartende Schub in Richtung auf eine stärkere interne Differenzierung in den Hochschulen dürfen jedoch nicht dazu führen, dass die Anerkennung unterschiedlicher Ausbildungswege über inhaltsleere Module und somit rein formal organisiert wird; denn die äußere Angleichung von Studiengängen im europäischen und internationalen Kontext sollte nicht durch einen Qualitätsverlust in der Ausbildung erkauft werden. Eine Modularisierung der Lehrerbildung ist nur dann sinnvoll, wenn die Organisation von Modulen an Standards und somit an Inhalten ausgerichtet wird. Die die Reform der Lehrerbildung leitenden Begriffe sollten deshalb nicht „Autonomisierung, Entstaatlichung, Modularisierung" (RADTKE 1999) heißen, sondern vielmehr „Standards" (OSER 1997, OSER 2001), „Kerncurricula" (vgl. KEUFFER/OELKERS 2001) und Professionalisierung (COMBE/HELSPER 1996; BASTIAN u.a. 2000).

Die Benennung von Standards der Lehrerausbildung und ihre Umsetzung in Kerncurricula schaffen günstigere Voraussetzungen für den Bildungsgang zukünftiger Lehrerinnen und Lehrer, als sie derzeit vorhanden sind. Dennoch steht die Reform der Lehrerbildung unter dem ironisch formulierten Vorbehalt, dass „die Lehrerbildung eigentlich *nie gut* war und auch nie gut ist, aber *unendlich gut* werden kann – dies seit mindestens zweihundert Jahren" (TERHART 2000b: 75).

Literatur

BASTIAN, J./HELSPER, W./REH, S./SCHELLE, C. (Hrsg.): Professionalisierung im Lehrerberuf. Von der Kritik der Lehrerrolle zur pädagogischen Professionalität. Opladen 2000.

BAYER, M./BOHNSACK, F./KOCH-PRIEWE, B./WILDT, J. (Hrsg.): Lehrerin und Lehrer werden ohne Kompetenz? Professionalisierung durch eine andere Lehrerbildung. Bad Heilbrunn/Obb. 2000.

BECK, Chr./HELSPER, W./HEUER, B./STELMASZYK, B./ULLRICH, H.: Fallarbeit in der universitären LehrerInnenbildung. Professionalisierung durch fallrekonstruktive Seminare? Eine Evaluation. Opladen 2000.

BEHÖRDE FÜR SCHULE, JUGEND UND BERUFSBILDUNG (Hrsg.): Bestandsaufnahme zur Reform der Lehrerbildung in den deutschen Bundesländern. Zusammenstellung der Antworten der Länder zu Reformoptionen, Planungen und Maßnahmen im Rahmen der Reform der Lehrerbildung. Ms Hamburg 2000.

BERICHT der Sächsischen Hochschulentwicklungskommission. Ms Dresden 2001.

CLOER, E./KLIKA, D./KUNERT, H. (Hrsg.): Welche Lehrer braucht das Land? Notwendige und mögliche Reformen der Lehrerbildung. Weinheim, München 2000.

COMBE, A./HELSPER, W. (Hrsg.): Pädagogische Professionalität. Frankfurt a.M. 1996.

EXPERTENRAT im Rahmen des Qualitätspakts. Abschlussbericht. Manuskript Münster 2001.

FACHKOMMISSION WEITERENTWICKLUNG DER LEHRERBILDUNG UND DER SCHUL- UND UNTERRICHTSFACHBERATUNG bei der Ministerin für Bildung, Wissenschaft, Forschung und Kultur, Empfehlungen zur Weiterentwicklung der Lehrerbildung und der Schul- und Unterrichtsfachberatung in Schleswig-Holstein. Kiel 2001.

FEINDT, A./MEYER, H. (Hrsg.): Professionalisierung und Forschung. Studien und Skizzen zur Reflexivität in der Lehrerinnenbildung. Oldenburg 2000.

GEMEINSAME KOMMISSION FÜR DIE STUDIENREFORM IM LANDE NORDRHEIN–WESTFALEN (Hrsg.): Perspektiven: Studium zwischen Schule und Beruf. Analysen und Empfehlungen zum Übergang Schule – Hochschule, zur Lehrerbildung, zur Ingenieurausbildung. Neuwied, Berlin 1996.

HOFMANN, St.: Im Spannungsfeld von Standardisierung und Profilbildung: Bachelor- und Masterstudiengänge an der Philosophischen Fakultät der Ernst-Moritz-Arndt-Universität Greifswald. In: Tagungsdokumentation 2000, S. 119-126.

KEUFFER, J./OELKERS, J. (Hrsg.): Reform der Lehrerbildung in Hamburg. Abschlussbericht der von der Senatorin für Schule, Jugend und Berufsbildung und der Senatorin für Wissenschaft und Forschung eingesetzten Hamburger Kommission Lehrerbildung. Weinheim, Basel 2001.

KOMMISSION ZUR NEUORDNUNG DER LEHRERAUSBILDUNG AN HESSISCHEN HOCHSCHULEN: Neuordnung der Lehrerausbildung. Opladen 1997.

KRUMM, V.: Löst eine bessere Lehrerausbildung die „Schulkrise"? – Über Bedingungen von Lehrerverhalten. In: HERBER, H.-J./HOFMANN, F. (Hrsg.): Schulpädagogik und Lehrerbildung. Innsbruck, Wien 1998.

MEYER, M.A.: Über Gewißheit im Lehr-Lern-Prozeß. In: Zeitschrift für Didaktik der Philosophie, Heft 2/1987, S. 63-77.

MEYER, M.A.: Trampelpfade und neue Wege. Bildungsgangdidaktik als didaktisches Instrument zur Verbesserung von Unterrichtsplanung und -gestaltung. In: Landesinstitut für Schule und Weiterbildung (Hrsg.): Auf dem Weg zu einer Bildungsgangdidaktik. Dokumentation zum 5. Kollegschulkongress in Köln. Soest 1996, S. 273-312.

MEYER, M.A./REINARTZ, A. (Hrsg.): Bildungsgangdidaktik. Denkanstöße für pädagogische Forschung und schulische Praxis. Opladen 1998.

MEYER, M.A./KÜSTER, L. (Hrsg.): Theorie-Praxis-Vermittlung in der Lehrerbildung unter besonderer Berücksichtigung der ersten Phase. Bilanz und Perspektiven für Hamburg. Abschlussbericht der Theorie-Praxis-Arbeitsgruppe vom 18. März 1999. Ms. Hamburg 1999.

OELKERS, J.: Niveau schwankend, Kanon verloren. Gymnasialpädagogik und Lehrerbildung. In: Forschung und Lehre, Heft 9/1999, S. 469-472.

OELKERS, J.: Überlegungen zum Strukturwandel der Lehrerbildung. In: BAYER, M. u.a. (Hrsg.), Bad Heilbrunn 2000, S. 124-147.

OELKERS, J.: Die Wissenschaftlichkeit der Lehrerbildung. Ms. Zürich 2001.

ORGANISATION FÜR WIRTSCHAFTLICHE ZUSAMMENARBEIT UND ENTWICKLUNG (OECD), Zentrum für Forschung und Innovation im Bildungswesen: Bildungspolitische Analyse 1999. Deutsche Übersetzung im Auftrag des Bundesministeriums für Bildung und Forschung. OECD 2000.

OSER, F.: Standards in der Lehrerbildung. Teil 1: Berufliche Kompetenzen, die hohen Qualitätsmerkmalen entsprechen. Teil 2: Wie werden Standards in der schweizerischen Lehrerbildung erworben? Erste empirische Ergebnisse. In: Beiträge zur Lehrerbildung, Heft 1/1997, S. 26-37 und 2/1997, S. 210-228.

OSER, F.: Standards in der Lehrerbildung. In: OSER/OELKERS 2001.

OSER, F./OELKERS, J. (Hrsg.): Die Wirksamkeit der Lehrerbildungssysteme in der Schweiz. Chur, Zürich 2001. (im Erscheinen).

RADTKE, F.-O. (Hrsg.): Lehrerbildung an der Universität. Zur Wissensbasis pädagogischer Professionalität. Frankfurt a.M. 1999.

TAGUNGSDOKUMENTATION zum Workshop Modularisierung von Studiengängen, hrsg. vom Rektorat der TU Ilmenau. Saalfeld 2000.

TERHART, E. (Hrsg.): Perspektiven der Lehrerbildung in Deutschland. Abschlussbericht der von der Kultusministerkonferenz eingesetzten Kommission. Weinheim, Basel 2000 (= TERHART 2000 a).

TERHART, E.: Reform der Lehrerbildung. In: CLOER u.a. 2000, S. 75-103 (= TERHART 2000 b).

ZENTRALE EVALUATIONS- UND AKKREDITIERUNGSAGENTUR HANNOVER ZEvA (Hrsg.): Chancen oder Holzweg? Konsekutive Studiengänge in der Lehrerbildung. Hannover 2001.

Christian F. Görlich / Ludger Humbert

Bildungsgangforschung in der Wissensgesellschaft – Ausbildungsdidaktische Perspektiven für die 2. Phase der Lehrerbildung

Einleitung

Mit unseren Darlegungen zur Bildungsgangforschung in der Wissensgesellschaft und zu ausbildungsdidaktischen Perspektiven für die 2. Phase der Lehrerbildung skizzieren wir im ersten Abschnitt den gegenwärtigen Stellenwert der Bildungsgangdidaktik in der 2. Phase der Lehrer(aus)bildung - orientiert an der Zielsetzung, durch eine konsequentere Berücksichtigung der Grundannahmen dieses Denkansatzes die Lehrer(aus)bildung qualitativ zu verbessern. Im zweiten Abschnitt werden diese Grundannahmen über ihre zentralen Begriffe im Sinne einer sachstrukturellen Klärung und Verständigung unter Berücksichtigung der Berufssozialisation heutiger Referendarinnen[1] rekonstruiert. Da Lehrerbildung nur historisch und in der Wechselwirkung von Individuum, Institution und Gesellschaft angemessen begriffen werden kann, skizzieren wir im dritten Abschnitt unser Verständnis der gegenwärtigen Gesellschaft als „Wissensgesellschaft" sowie einige der grundsätzlich damit verbundenen Gestaltungsmöglichkeiten und -notwendigkeiten. Diese Problemlage wird abschließend am Beispiel kollaborativen Arbeitens an virtuellen Lernstationen in der Lehrer(aus)bildung konkretisiert. Es ist das Ziel eines entsprechenden Modellversuchs, der zur Zeit am Studienseminar für das Lehramt für die Sekundarstufe II in Hamm (Nordrhein-Westfalen)[2] durchgeführt wird, den Referendarinnen praxisorientiert individualisierte Lernwege zu eröffnen. Wir schließen mit der Frage, inwieweit die Ergebnisse der prozessbegleitenden Evaluation das Forschungsspektrum der Bildungsgangforschung erweitern könnten.

---

1   In diesem Beitrag wählen wir die weibliche Form in Bezeichnungen (das so genannte generische Femininum). Männer mögen sich dadurch nicht ausgeschlossen fühlen.

2   Diese Ausführungen sind an der Praxis der Lehrerausbildung orientiert, wie wir sie in NRW erleben. Bei allen Unterschieden der Seminarlandschaft in der Bundesrepublik dürfte eine gewisse Übertragung der Ergebnisse erlaubt sein. Im Folgenden wird der Begriff Studienseminar oder Seminar verwendet - gemeint ist in diesem Text in der Regel das Studienseminar Sek II in Hamm.

1. Studienvoraussetzungen der Referendarinnen

Zu Beginn des Ausbildungsjahrganges 2001-2003 sind die Referendarinnen im Studienseminar auf ihre Studienvoraussetzungen hinsichtlich des angestrebten Lehrerinnenberufs befragt worden. Die uns vorliegenden schriftlichen Antworten von 30 Referendarinnen aus einer Hauptseminargruppe (der Organisationsbasis von Studienseminaren) ähneln im Wesentlichen den Antworten aus früheren Befragungen. So haben sich die Lehramtsstudentinnen in der I. Phase der Lehrerbildung mit den unterschiedlichsten Themen von Allgemeiner Didaktik über Schultheorie bis zur Zensurengebung in unterschiedlicher Intensität und Häufigkeit beschäftigt. Ein ähnlich heterogenes Bild ergibt sich bei der Frage nach vorgängigen Praktika. Eine Schnittmenge im Sinne einer gemeinsamen Ausbildungsgrundlage ist kaum auszumachen (vgl. in diesem Sinne auch ERICHSEN u.a. 2001).

Aufschlussreich ist, dass die mit Blick auf die hier vorgelegte Publikation gestellte Frage nach bildungsgangdidaktischen Kenntnissen oder Erfahrungen von allen Referendarinnen verneint wurde. Dies schließt jedoch nicht aus, dass das unter Bildungsgangforschung und -didaktik Gemeinte möglicherweise unter einer anderen Bezeichnung Element der bisherigen beruflichen Sozialisation war und die Antworten bei anders formulierter Fragestellung anders lauten würden. In der Tat werden wir im Folgenden einige korrigierende Differenzierungen vornehmen müssen. Dabei ist auch die Ambivalenz der Frage nach der Rolle der Bildungsgangforschung und -didaktik im Ausbildungsprozess zu sehen. Sie kann einmal in Sinne eines Ausbildungsbausteines gemeint sein, etwa: Welchen Stellenwert können Bildungsgangforschung und -didaktik neben anderen Didaktikangeboten für die theoretische und handlungsleitende Orientierung der zukünftigen Lehrerinnen haben? Dieser Gesichtspunkt wird in diesem Text nicht das Thema sein. Hier geht es um ein selbstreferentielles Interesse: Inwieweit ist durch eine konsequentere Berücksichtigung der Grundannahmen der Bildungsgangforschung und -didaktik bei der Gestaltung des Ausbildungsprozesses eine qualitative Verbesserung der 2. Phase der Lehrerbildung zu erreichen?

2. Bildungsgangforschung und -didaktik – ein Rekonstruktionsversuch aus der Perspektive der Seminarausbilderinnen

Wenn in den ersten Seminarsitzungen eines neuen Ausbildungsjahrganges die ersten Hospitationserfahrungen der Referendarinnen ausgetauscht und diskutiert werden, wird in der Regel das Bild einer als „beängstigend" erlebten Komplexität gezeichnet. Didaktiken können vor diesem Hintergrund zunächst schlicht als Hilfen im Sinne einer Reduktion von Komplexität begriffen werden, die je nach Positionierung der Beobachter diese oder jene Unterscheidung treffen und benennen. Durch diese Reduktion wird nicht nur eine gemeinsame Sprache gewonnen, sondern auch die Handlungsfähigkeit der Subjekte wieder hergestellt. Da es sich bei diesen Reduktionen in Abgrenzung zu szientistischen Ansätzen nach unserer Ansicht immer um ein hermeneutisches Verstehen handelt, sind Neuinterpretationen beim Aufkommen von Irritationen, bei sich wandelnden Kontexten und Interessenlagen nicht nur möglich, sondern geradezu zwingend. So erklären sich die Genese, die Pluralität, die Konkurrenz oder auch Konvergenz didaktischer Theorien. In diesem Rahmen die Konturen der Bildungsgangdidaktik zu erkennen, fällt heute noch nicht leicht. Wer sich um Hilfe an gängige erziehungswissenschaftliche Lexika wendet, wird vielfach die Begriffe noch nicht finden. Gleiches gilt, wenn man häufig in der Referendarausbildung eingesetzte Literatur bemüht (z. B. BOVET/HUWENDIEK 1994).

Ein Zugang zum bildungsgangtheoretischen Ansatz lässt sich am ehesten über seine zentralen Begriffe und Unterscheidungen finden. Uwe HERICKS, auf den wir uns bei der folgenden Rekonstruktion stützen, unterscheidet zwischen objektiven und subjektiven Bildungsgängen (HERICKS 1998: 173f).

Auf die Lehrerausbildung bezogen beschreibt z. B. eine Ausbildungs- und Prüfungsordnung einen objektiven Bildungsgang. Und immer, wenn wir über die Ausgestaltung einer Ausbildungsordnung sprechen – über Zielsetzungen, über die Organisation von Ausbildungsveranstaltungen, über Kooperationen und vieles mehr –, sprechen wir implizit auch über einen objektiven Bildungsgang, ohne dass der Begriff expliziert wird.

Mit Blick auf die schulische Bildung gilt es nach Schulformen zu differenzieren. Für die berufsbildenden Schulen und damit auch für die berufsbildenden Lehrerseminare ist der objektive Bildungsgang eine zentrale Kategorie. Angesichts der komplexeren Struktur der Berufsausbildung, angesichts der vielen sich wandelnden oder neu entstehenden Berufe kommt dem Begriff eine organisatorische Funktion zu. In der BASS (Bereinigte Amtliche Sammlung der Schulvorschriften) in NRW findet sich der Begriff Bildungsgang im Sinne von Ausbildungsordnung, Versetzung und Stundentafel auch auf die allgemein bildenden Schulen bezogen. Sicher spielen diese Begriffsfacetten auch in der Lehrerausbildung für allgemein bildende Schulen eine gewisse Rolle, sie werden jedoch unseres Wissens kaum unter der zentrierenden Kategorie eines objektiven Bildungsganges thematisiert. Hier wird aber zu bedenken sein, dass auch in den allgemein bildenden Schulen eine zunehmende

Differenzierung zu beobachten ist (vgl. die Diskussionen um G8 – Gymnasium in 8 Jahren) und in Zukunft eine verstärkte Reflexion objektiver Bildungsgänge erforderlich sein wird.

Diesem Begriff des objektiven Bildungsganges setzt die Bildungsgangforschung einen subjektiven gegenüber. Gemeint ist damit die jeweils individuelle Lernbiographie – eingebettet in die allgemeine Lebensbiographie. Bei aller Anerkennung einer relativen Reichweite der herkömmlichen Didaktiken kritisiert die Bildungsgangforschung deren Konzentration auf den objektiven Bildungsgang und die Vernachlässigung subjektiver Faktoren. Mit dieser Unterscheidung zwischen objektivem und subjektivem Bildungsgang verbindet die Bildungsgangforschung und -didaktik die These, dass Misserfolge und Irritationen im Lehr- und Lernprozess sich vor allem auch aus der mangelnden Berücksichtigung dieser individuellen Lernbiographien erklären und durch entsprechende Aufklärung beheben lassen. Um das Anliegen der Bildungsgangforschung auf den Punkt zu bringen, verfremden wir ein Zitat mit Blick auf die Lehrerausbildung:

> Um zu verstehen, wie und was Referendare lernen, reicht es nicht aus, zu untersuchen, was sie lernen sollten (in bildungstheoretischer Hinsicht) oder was sie lernen könnten (in einem sorgfältig geplanten und durchgeführten Seminarbetrieb), man muss vielmehr zu verstehen suchen, was die Referendare selbst lernen wollen, und in Seminar und Schule tatsächlich ablaufenden Lern- und Verstehensprozessen nachspüren (nach HERICKS 1998: 176).

Genau zu dieser Frage wird im Folgenden durch die Konzeptionierung der virtuellen Lernstationen ein in der Lehrerausbildung neues Lehr- und Lernangebot vorgestellt, das auch ein Angebot an die Bildungsgangforschung sein könnte. Dass damit systembedingt die Interessen der Bildungsgangforschung nur hinsichtlich eines schmalen Segmentes bedient werden, sei durch die Darlegung eines dritten zentralen Begriffes der Bildungsgangforschung, der Entwicklungsaufgaben, erläutert.

Der Rekurs auf die jeweils individuelle Lernbiographie birgt forschungstechnisch und ausbildungspraktisch die Gefahr, sich in der Narration des jeweils Einmaligen zu verlieren. Die Bildungsgangforschung etabliert hier, gleichsam als intervenierende Variable zwischen objektiver und subjektiver Ebene, den Begriff der Entwicklungsaufgaben. Entwicklungsaufgaben sind der Versuch einer Verallgemeinerung von Anforderungen, die Menschen in bestimmten historischen, biographischen Situationen erfahren – etwa die möglicherweise konfligierenden Erwartungen unterschiedlicher Bezugsgruppen bei der Vorbereitung auf einen Beruf oder bei der Vorbereitung auf die Pensionierung, um nur zwei für Lehrer wichtige biographische Situationen zu benennen.

Wir halten es für hilfreich, den hier gemeinten Sachverhalt noch einmal weiter differenziert in sozialisationstheoretischen Begriffen zu reformulieren. Im Anschluss an G.H. MEAD kann man Identität und damit auch berufliche Identität als einen geglückten Balanceakt zwischen personaler und beruflicher Identität beschreiben. Während die personale Identität – jenes berühmte *I* von MEAD – mehr der individuellen Lernbiographie entspricht, sind unter sozialer Identität – dem *Me* – die Rollenerwartungen der jeweiligen Bezugsgruppen zu sehen (MEAD/STRAUSS 1969). In NRW kann man hinsichtlich der letzteren auf die viel zitierten Lehrerfunktionen verweisen, wie sie im so genannten Seminarrahmenkonzept[3] formuliert sind. Eine Lehrerin soll unterrichten, erziehen, beurteilen, beraten, organisieren/verwalten und innovieren. Aus dem jeweiligen Ausbalancierungsprozess zwischen I und Me ergibt sich dann, wie der zukünftige Lehrer die einzelnen Funktionen gewichtet und Funktionskonflikte löst.

Auch hier kann wieder gesagt werden, dass solche Fragen durchaus in der Lehrerausbildung in den Blick genommen werden, ohne dass dabei explizit von der Reflexion des subjektiven Bildungsganges gesprochen wird. Es dürfte wohl kaum ein Hauptseminar geben, in dem nicht zu Beginn der Ausbildung vorgängige Schulerfahrungen und möglicherweise latente Lehrerbilder thematisiert werden. Damit ist natürlich nichts über den Grad der Nachhaltigkeit gesagt. Durch die Einrichtung eines so genannten Planungs- und Entwicklungsgespräches in der Mitte der Ausbildung hat die subjektive Selbstvergewisserung auch einen institutionellen Niederschlag gefunden. Unsere Erfahrungen mit solchen Gesprächen lassen jedoch berechtigte Zweifel offen, ob sie jene personale Intensität erreichen, wie sie die Bildungsgangdidaktik einfordert. Wieder ein verfremdetes Zitat:

> Tatsächlich [...] muß jeder Referendar die Anforderungen erst als Anforderungen an die eigene Person interpretieren und aus ihnen Aufgaben eigener Entwicklung formen, damit sie in seiner Biographie wirksam werden können. [...] es gilt, dass jeder Mensch die Anforderungen, mit denen er konfrontiert wird, nach Maßgabe seiner Persönlichkeitsstruktur [...] und seiner aktuellen Kompetenz anders wahrnimmt und deutet und so seine Entwicklungsaufgaben selbst konstituiert (nach HERICKS 1998: 178ff.).

Wenn man diese sensiblen Findungsprozesse hinsichtlich einer Berufsidentität gezielt und bewusst in den Blick nimmt, sieht sich der Seminarausbilder auf Grenzen verwiesen. Der Ausbilder ist in der Regel auch Beurteilender und Vorgesetzter, so dass die Kommunikation – wie man Ende der 60er Jahre zu sagen pflegte – durch Herrschaft verschnitten ist. Damit sind für den Aus-

---

3 Formuliert durch eine Arbeitsgruppe des MSWWF des Landes NRW (vgl. Arbeitsgruppe 1998).

bilder Fragen nach biographischen Details, die möglicherweise für die Gestaltung des Lehr- und Lernprozesses von Bedeutung sein können, nur in engem Rahmen zulässig. Die Problematik sei anhand der Altersstatistik unseres gegenwärtigen Ausbildungsjahrganges kurz erläutert. Die Geburtsdaten dieses Jahrgangs verteilen sich auf die Jahre 1959-1976; mit anderen Worten: die jüngste Referendarin ist 24 und die älteste 41. (Zwei Drittel der Referendarinnen sind unter 30, ein Drittel über 30 Jahre alt.) Hinter solchen Zahlen verbergen sich erfahrungsgemäß recht unterschiedliche Biographien. Während einige Referendarinnen zeitlebens staatliche Institutionen wie Schule und Universität kaum verlassen haben, finden sich andere, die in den unterschiedlichsten Berufsfeldern Erfahrungen sammeln konnten. Eine ähnliche Variantenbreite dürfte sich ergeben, wenn man den Blick auf die familiäre Situation oder die Partizipation am gesellschaftlichen Leben richtet. Solche für das Lernen wesentlichen Differenzierungen werden durch die pauschale Forderung einer erwachsenengemäßen Lehrerbildung eher zudeckt und nivelliert.

3. Bildung in der Wissensgesellschaft

Reden über Bildung – und damit auch Reden über Lehrerbildung – ist kaum denkbar ohne Konnotationen von Aufklärung und Autonomie. Rainer KUHLEN hat, für uns sehr überzeugend, die Problematik der Bildung in der heutigen Wissensgesellschaft wie folgt zusammengefasst:

> „Wissensautonomie ist möglicherweise ein nicht einlösbares Bildungsziel in der bürgerlichen Gesellschaft; in der Lage sein, aus eigener Wissenskompetenz die anstehenden Probleme selber lösen zu können. Realistisches Ziel ist heute informationelle Autonomie [...] Informationelle Autonomie bedeutet nicht, selber alles schon zu wissen [...] Das Ergebnis der in informationeller Autonomie erzielten Informationsarbeit läßt aktuelle Wissensautonomie entstehen, d. h. die erforderlichen Informationen sind dann vorhanden." (Zitatenkollage aus KUHLEN 1999: 410, 421)

Für pädagogische Ohren mag solche Rede befremdlich klingen. KUHLEN, dessen eigener Bildungsgang durch die begriffshistorische Schule um Joachim RITTER entscheidend mitbestimmt ist, dürfte zu unterstellen sein, dass er seine Begriffe mit Bedacht gesetzt hat – und zwar mit Blick auf Diskussionen, wie sie zur Zeit vor allem, aber nicht nur von Informatikern geführt werden.

KUHLENS Zweifel an einer universalen Wissensautonomie als einlösbarem Bildungsziel dürften augenscheinlich berechtigt sein. Interessant für Bildungsbemühungen dürften hier seine anthropologischen Überlegungen sein, wie Menschen die Unerreichbarkeit einer universalen Wissensautonomie durch Vertrauen kompensieren (oder auch nicht kompensieren) können und sollten. Vertrauen ist hier als anthropologisches Grundphänomen gemeint, dass nach LUHMANN „konkreter Deckungsgarantien" bedarf (vgl. KRAUS 1999). Das heißt, dass Vertrauen im Zweifelsfalle nicht auf die Fähigkeit verzichtet, Sachverhalte auch unter den Gesichtspunkten von Chancen und Gefahren kritisch zu beurteilen. Dies gilt insbesondere im Hinblick auf die neuen Medien. Nur durch konkretes reflektiertes Handeln auf fachlicher Basis kann das Individuum in diesem Felde seine Rechte wahren und sich mitgestaltend Chancen eröffnen, die qualitativ erheblich über das hinausgehen, was bisher realisiert wurde. Dazu bedarf es der Kenntnis der prinzipiellen Möglichkeiten und Grenzen sowie der Gestaltbarkeit auf der Basis der zugrunde liegenden Fachwissenschaft. Das Konzept einer so verstandenen Medienpädagogik ist aber zur Zeit allenfalls in Grundlinien zu erkennen.

4. Virtuelle Lernstationen zum Thema „Lernen" – eine Projektskizze

In dem Modellversuch der virtuellen Lernstationen und seiner Evaluation sehen wir nun eine Möglichkeit, objektiven und subjektiven Bildungsgang nachvollziehbar aufeinander zu beziehen bzw. – bescheidener formuliert – eine Möglichkeit, individuelle und kollaborative Lernprozesse zumindest partiell und unter Berücksichtigung der Persönlichkeitsrechte nachzuvollziehen und so Rückschlüsse für eine Weiterentwicklung der Ausbildungsdidaktik zu gewinnen.

Das Konzept der Lernstation lässt sich bis auf reformpädagogische Ansätze in der ersten Hälfte des vorigen Jahrhunderts zurückverfolgen. Gemeinsam sind solchen Überlegungen die Kritik des konventionellen und eindimensionalen Frontalunterrichts und die daraus erwachsene Suche nach Lernarrangements, die den Lernenden die Möglichkeit eröffnen, je nach Lernbiographie und nach Lernertyp vielfältige und vor allem eigenständige Lernwege zu finden. Die gegenwärtige Renaissance solcher Konzeptionen erklärt sich wohl aus mehreren nachvollziehbaren Gründen: zum einen lernpsychologisch durch die Attraktivität und Überzeugungskraft von konstruktivistischen Ansätzen und zum anderen methodisch durch die Hoffnung auf eine Mediation zwischen offenem und geschlossenem Unterricht. Neben diesen pädagogischen Gründen ist ein weiterer wichtiger Aspekt in der allgemeinen Flexibilisierung der Arbeits- und damit auch Ausbildungszeiten zu sehen. Die Arbeit an virtuellen Lernstationen ist im Grundsatz unabhängig von Zeit und Ort und ermöglicht im Wechsel mit den nach wie vor wesentlichen Präsenzveranstaltungen im Seminar oder an den Schulen vor allem in Flächenseminaren mit langen Fahrtzeiten eine deutlich ökonomischere Gestaltung des Arbeitspensums. Es sei aber ausdrücklich betont, dass die Arbeit an virtuellen Schreibtischen nicht als Ersatz der konventionellen Arbeitsformen, sondern als Ergänzung zu diesen konzipiert ist.

Das Konzept der Lernstation ist also im Prinzip nicht neu; innovativ ist – wenn man denn so sprechen will –, dass im Zeitalter der so genannten neuen Medien neue Gestaltungsmöglichkeiten – die des virtuellen Raumes – auf ein altes reformpädagogisches Konzept bezogen werden.

Dabei ist mit Ressentiments zu rechnen. In der Lehrerausbildung hat die Sensibilisierung für verbale, paraverbale und nonverbale Kommunikation einen hohen Stellenwert – ganz zu schweigen von einem ganzheitlichen Lernen mit Kopf, Herz und Hand. Dies soll und wird auch so bleiben. Allerdings warnen wir hier besonders mit dem Blick auf den Handlungsbegriff vor einer Fetischisierung des Haptischen. Auf einem gewissen Kultur- und Entwicklungsniveau halten wir Formen symbolischen Handelns oder das indirekte Handeln in Form des Denkens für die erwachsenengemäßere Art, sich mit Gesellschaft, Natur oder Transzendenz auseinander zu setzen.

Unter gegenwärtigen Bedingungen steht uns ein CSCW-System[4] (in der Ausprägung BSCW – Basic Support for Cooperative Work) (vgl. BENTLEY u.a. 1997) zur Verfügung. Dem technischen Laien erschließt sich dieses System am ehesten über die Metapher eines (virtuellen) Schreibtisches, der (als Extranet) einem geladenen Kreis von Kolleginnen ortsunabhängig die gemeinsame Arbeit an bestimmten Themen, Problemen oder Aufgaben erlaubt. So ist z. B. der vorliegende Text an einem solchen Schreibtisch entstanden, auf den die Autoren von ihren jeweiligen realen Schreibtischen in Hagen, Dortmund, Hamm und Münster zugreifen konnten. An diese Form gemeinsamen, technisch vermittelten Arbeitens – in Fachkreisen auch kollaboratives Tun genannt – ist nun die zentrale Forderung zu stellen, dass sie es ermöglichen muss, den Anderen über den reinen Sachbezug hinaus als Partner in einer direkten Kommunikation wahrzunehmen. Diese Erkenntnis hat zur Entwicklung der im angelsächsischen Sprachraum mit *Awareness* bezeichneten Möglichkeit geführt.[5] Das zum Einsatz gebrachte CSCW-System hat sich seit vielen Jahren praktisch bewährt und ist nach Rückkopplungsprozessen mit Nutzern verbessert und weiterentwickelt worden. Gerade im Bereich der Benutzung sind über die Zeit erhebliche Verbesserungen erzielt worden, die diese technische Variante als ausgereiftes Werkzeug für kollaborative Lehr-/Lernprozesse geeignet erscheinen lassen (SCHUBERT 2000).

---

4   *computer supported cooperative work*
5   Das deutsche Wort „Gewahrwerden" wird leider kaum benutzt, dabei trifft es die intendierte Funktionalität bestens.

Die Praxis der Lehrer(aus)bildung und ihre Weiterentwicklung unterliegen bestimmten Zwängen. Deshalb ist der Modellversuch zu den virtuellen Schreibtischen sehr konkret an dem bewährten Ausbildungsplan und pragmatisch an den Möglichkeiten und Grenzen des durchführenden Studienseminars Sek II in Hamm orientiert. Der Versuch wird mit Interesse von der Ausbildungsbehörde beim Regierungspräsidenten in Arnsberg verfolgt, da hier ein mögliches Ausbildungsmodell auch für andere Seminare gesehen wird. Besondere Unterstützung beim Aufbau der Infrastruktur und bei der Evaluation findet der Modellversuch durch die Kooperation mit der Didaktik der Informatik an der Universität Dortmund.

Die Konzeption der virtuellen Schreibtische in der Lehrer(aus)bildung ist grundsätzlich jahrgangsübergreifend zu sehen, sodass jeder Jahrgang neue Voraussetzungen vorfinden wird und neue Wege erkunden muss. In jedem Ausbildungsjahrgang ist beispielsweise die Frage, wer die Themen vorschlägt und wer Materialien und Aufgaben bereitstellt, neu zu beantworten.

Im 1. Halbjahr des Ausbildungsjahrganges 2001-2003 verläuft die Ausbildung noch ganz konventionell in Fach-, Hauptseminaren und Kooperationsveranstaltungen, da diese ersten Monate benötigt werden, um bei Ausbilderinnen und Referendarinnen die nötigen kommunikativen und informationstechnologischen Voraussetzungen für das Arbeiten an virtuellen Schreibtischen zu schaffen. Möglicherweise kann diese Phase bei der zu beobachtenden zunehmenden Medienkompetenz der Betroffenen bei späteren Ausbildungsjahrgängen erheblich verkürzt werden.

In der jetzigen Einführungsphase wird, mit Blick auf inhaltliche Vorgaben des Ausbildungsprogramms für das 2. Ausbildungshalbjahr, das Thema „Lernen" prototypisch über virtuelle Schreibtische zu erarbeiten versucht. Dabei sind gewisse Vorgaben durch die Seminarausbilder kaum zu vermeiden. So wird das Thema zunächst in Präsenzveranstaltungen sachstrukturell im Sinne eines Orientierungswissen zu erschließen sein. Mittelfristig könnte dieses Orientierungswissen als eigene virtuelle Lernstation bereitgestellt werden.

In einem zweiten Schritt wird allen Referendarinnen der Prototypus einer Lernstation zum Thema „Üben" vorgestellt. Dies geschieht auch aus arbeitsökonomischen Entlastungsüberlegungen unter Rückgriff auf die Erfahrungen und Materialien eines Seminartages zum Thema. So ist vorgesehen, auf der elektronischen Arbeitsplattform eines BSCW-Servers ein *Bundle* von thematisch relevanten Dokumenten bereitzustellen und zu vernetzen, etwa eine themenbezogene Darstellung der neueren lernpsychologischen Forschung, darauf abgestellte Kriterienkataloge für gute Übungen, erläuterte Übungsbeispiele. Eine durchaus sinnvolle Aufgabe wird darin bestehen, weitere fachspezifisch und konkret auf Unterricht bezogene Übungen zu entwickeln und in einer Datenbank verfügbar zu machen. Eine weitere Aufgabe könnte die Entwicklung von altersspezifischen Übungshilfen für Schüler sein. Damit wäre zunächst seminarintern ein erster Baustein für ein zunehmend zu vernetzendes Hypertextsystem gelegt (vgl. KUHLEN 1991).

In einem dritten Schritt soll im Seminar oder in der Schule der Aufbau weiterer Lernstationen initiiert werden. Dies geschieht nach dem Prinzip der Diversifikation: Mit Blick auf die dann bekannten Vorgaben und mit Blick auf die in der schulischen Praxis gegebenen Fragen und Probleme werden von den Referendarinnen weitere Lernstationen entwickelt. So könnte es z.B. hilfreich sein, der Frage nachzugehen, unter welchen Bedingungen es lernpsychologisch sinnvoll ist, einen fragend-entwickelnden Unterricht einzusetzen. Wesentlich ist, dass die Konzeption weiterer Lernstationen von den Bedürfnissen der Referendarinnen selbst ausgeht. Den Ausbildern kommt hier zunächst eine beratende und helfende Funktion zu, ohne dabei ihre Gesamtverantwortung für eine gewisse Integration der Einzelaktivitäten im Sinne der angestrebten allgemeinen Lehrerbildung aus den Augen zu verlieren. Die Kooperation mit den Fachseminaren wird angestrebt. Die Erarbeitung der Lernstationen erfolgt aus pragmatischen Gründen in den Schulgruppen, in der die einer Schule zugewiesenen Referendare organisatorisch zusammengefasst werden. Natürlich könnte die Organisation auch ganz anders gestaltet werden. Beispielsweise ist an ein Arbeiten in Gruppen zu denken, die sich hauptseminarübergreifend zusammensetzen.

Die neuen Lernstationen stehen in den verbleibenden zwei Ausbildungshalbjahren allen Referendarinnen bei der Lösung ihrer Probleme und möglicherweise zur Weiterarbeit zur Verfügung. Zusammenfassend muss hinsichtlich dieser Initialphase gesagt werden, dass hier die Hauptarbeit zunächst noch im Aufbau der Lernstationen in arbeitsteiliger Gruppenarbeit besteht. Von einer eigentlichen Arbeit an den Stationen wird man dann erst in einem zweiten Schritt sprechen können.

Nach einer Evaluation wird für den Jahrgang 2003-2005 zu erörtern sein, welche der bestehenden Lernstationen verbindlich und welche fakultativ zu bearbeiten sein werden, ebenso welche neuen Lernstationen zusätzlich aufgebaut werden sollten.

Ein entscheidendes Problem besteht in der Frage, ob in der Evaluation eine beratende Hilfe für die Entwicklung der Einzelnen, der Gruppen und der Institution der Lehrer(aus)bildung gesehen werden kann. Es ist technisch ohne großen Aufwand möglich, nebenbei – also parallel zum Ausbildungsprozess – diesen zu evaluieren, indem eine Befragung in den virtuellen Arbeits- und Ausbildungsraum eingebunden wird. Im Kontext der Seminarausbildung, die auch ein Abhängigkeits- und Beurteilungsverhältnis begründet, könnte eine solche Evaluation aber auch als ein effektives Kontrollorgan über Referendarinnen interpretiert werden. Es kann hier nur angedeutet werden, in welchen grundsätzlichen Richtungen hierfür eine Lösung zu suchen ist.

Zum einen wird die Organisation der Informationstechnik Rahmenbedingungen schaffen müssen, die Einzelnen und Gruppen einen geschützten Raum für ihre Personem und Arbeiten garantieren, was die Möglichkeiten von Evaluation im Sinne einer Selbstaufklärung der Akteure nicht ausschließt. Erst wenn die Betroffenen sich entschließen, mit ihren Produkten in die Öffentlichkeit zu gehen, können diese kritik- und beurteilungsrelevant werden. Zum anderen wird mit Blick auf die neuen Medien die Berufsethik der Ausbilderinnen weiterzuentwickeln und um eine medienethische Komponente zu ergänzen sein. Ihre Implementierung könnte ähnlich wie bei anderen Berufsgruppen durch eine entsprechende Leitbildarbeit geschehen. Damit zusammenhängend ist auf einen grundsätzlichen Mentalitätswandel in der sich abzeichnenden Wissensgesellschaft zu hoffen bzw. auf ihn hinzuarbeiten. Die externe wissenschaftliche Begleitung durch die Arbeitsgruppe Didaktik der Informatik der Universität Dortmund ist sich ihrer diesbezüglichen Verantwortung bewusst. Die heutige Technik eröffnet ein Feld der Evaluation, in dem der moralische und rechtliche Rahmen unter Beteiligung aller Akteure zu gestalten ist. Damit ergibt sich die Chance einer konstruktiven Begleitung im Ausbildungsprozess, die sich auf die einzelne Person bzw. spezielle Gruppe beziehen kann. Nicht Standardisierung determiniert die Lernsituation, sondern Individualisierung in einem nie gekannten Maß ist die Bedingung, unter der klare Hilfestellungen, Fragen, Anforderungen gestellt und erfüllt werden müssen.

Es ist durchaus denkbar, die gleichsam interne, informationstechnisch gestützte Evaluation extern durch herkömmliche Evaluationsverfahren flankierend zu begleiten. Sicher dürften die hier gewonnenen Einsichten in bestimmte Abschnitte der Lernbiographie von Individuen und Gruppen auch für die Bildungsgangforschung von Interesse sein. Umgekehrt ist aus einem sich daraus ergebenden Austausch für das Seminar die weitere Ausdifferenzierung der eigenen Fragestellungen zu erhoffen.

Literatur

ARBEITSGRUPPE DES MSWWF DES LANDES NRW: Seminarrahmenkonzept für Studienseminare für das Lehramt für die Sekundarstufe II. 1998. http://www.uni-paderborn.de/schulen/sem/download/sem_rahm.pdf.

BENTLEY, Richard u.a.: Basic Support for Cooperative Work on the World Wide Web. In: International Journal of Human-Computer Studies 6, Nr. 46, 1997, S. 827-846.

BOVET, Gislinde/HUWENDIEK, Volker (Hrsg.): Leitfaden Schulpraxis – Pädagogik und Psychologie für den Lehrberuf. Berlin 1994.

ERICHSEN, Hans-Uwe u.a.: Empfehlungen des Expertenrates – Abschlussbericht. Expertenrat im Rahmen des Qualitätspakts – berufen durch das Ministerin für Schule, Wissenschaft und Forschung, Nordrhein-Westfalen, Februar 2001. http://www.mswf.nrw.de/miak/aktuell/topthema/Expertenrat/Abschlussbericht. html.

HERICKS, Uwe: Der Ansatz der Bildungsgangforschung und seine didaktischen Konsequenzen. Darlegungen zum Stand der Forschung. In: MEYER, Meinert A./ REINARTZ, Andrea (Hrsg.): Bildungsgangdidaktik. Denkanstöße für pädagogische Forschung und schulische Praxis. Opladen 1998, S. 173-188.

KRAUS, Detlef: Luhmann-Lexikon. Stuttgart ^{2}1999.

KUHLEN, Rainer: Hypertext – ein nicht lineares Medium zwischen Buch und Wissensbank. Heidelberg 1991.

KUHLEN, Rainer: Die Konsequenzen von Informationsassistenten. Was bedeutet informationelle Autonomie oder wie kann Vertrauen in elektronische Dienste in offenen Informationsmärkten gesichert werden? Frankfurt a. M. 1999.

MEAD, George H./STRAUSS, Anselm (Hrsg.): Sozialpsychologie. Neuwied am Rhein, Berlin 1969.

SCHUBERT, Sigrid: The impact of modelling in education of informatics on collaborative learning with school Intranets. In: IFIP WG 3.1 (Hrsg.): Chile 2000 - The Bookmark of the school of the future – Selected Papers - Invitation Conference April 9th – 14th 2000. Viña del Mar, Chile: Universidad Metropolitana De Ciencias de La Education, April 2000, S. 9.

Kerstin Sabine Heinen-Ludzuweit

„Im Referendariat kann ich kein guter Lehrer sein!" Entwicklungsaufgaben von Referendaren

1. Einleitung

„*Im Referendariat kann ich kein guter Lehrer sein!*" – „*Ich schon!*" Diese Aussagen von zwei Referendaren, nennen wir sie Christoph und Elena, könnten nicht unterschiedlicher sein. Welche Motive führen zu diesen beiden Äußerungen? In welchem Zusammenhang stehen sie zur Lebens- und Lerngeschichte unserer Protagonisten? Im Rahmen dieses Beitrags möchte ich die Bildungsgänge der beiden Referendare unter folgender Fragestellung untersuchen: Stellt das Referendariat lediglich ein „Nadelöhr" oder aber einen biographisch bedeutsamen Zeitraum für den Bildungsgang eines Lehrers dar?

Um der Beantwortung dieser Frage etwas näher zu kommen, habe ich im Rahmen meines Dissertationsvorhabens nach möglichen Entwicklungsaufgaben von Referendaren geforscht, die aus dem Aufeinandertreffen von „subjektiven Interessen und Bedürfnissen" und „objektiven Anforderungen" entstehen. Auf der Suche nach solchen Entwicklungsaufgaben gehe ich zum einen von den von HAVIGHURST (1972) postulierten Entwicklungsaufgaben aus, zum anderen beziehe ich die Untersuchung von GRUSCHKA (1985) ein, der sich mit Entwicklungsaufgaben von Schülern beschäftigt hat, die Erzieher werden wollen.

Um Sichtweisen von Referendaren zu ermitteln und über deren subjektive Interessen und Bedürfnisse Aufschluss zu erhalten, habe ich folgende Forschungsmethoden gewählt: Interviews, Fragebögen sowie eine Auswertung von E-Mails, die in einem Forum für Referendare im Internet[1] eingegangen sind. Inspiriert von der *Grounded Theory* (GLASER/STRAUSS 1998) bemühe ich mich, mir meines „vorbelasteten" Blickes bewusst, offen für Kategorien zu sein, die neue Entwicklungsaufgaben vermuten lassen.

Ausgangspunkt für die Erfassung der „objektiven Anforderungen" bildeten Befragungen der von den Referendaren unterrichteten Schüler, informelle Gespräche mit Anleitern und Mentoren, die Auswertung von Notizen, die in oder nach Hospitationsbesprechungen von Seminarleitern gemacht worden

---

1 www.referendar.de/forum/index.html.

sind, sowie die Ausbildungsrichtlinien für Referendare (vgl. RICHTLINIEN 2000).

Ich hoffe durch die unterschiedlichen Forschungsmethoden Daten zu erhalten, die es mir ermöglichen, Kategorien von subjektiven Interessen und Bedürfnissen sowie objektiven Anforderungen zu bilden, die eventuell Rückschlüsse auf Entwicklungsaufgaben zulassen. Mein Ziel ist die Aufstellung und Überprüfung eines Entwicklungsstufenmodells für Referendare, das ihren Weg zum professionellen Lehrer verdeutlicht.

In diesem Aufsatz möchte ich ein solches Entwicklungsstufenmodell im Sinne einer Forschungshypothese vorstellen und auf die Lebens- und Lerngeschichte der beiden oben erwähnten Referendare anwenden. Es geht mir dabei um die Bedeutung des Referendariats für die Professionalisierung. Als Datengrundlage dienen narrative Einzelinterviews mit Christoph und Elena. Zum Zeitpunkt dieser Interviews hatten beide ihr Referendariat bereits seit vier Monaten abgeschlossen.

2. Auf dem Weg zu einem Entwicklungsstufenmodell für Referendare

In Anlehnung an das von OERTER und MONTADA (1998: 121) entwickelte Strukturmodell der Entwicklungsaufgabe und an die Annahme HAVIGHURSTs (1972), dass aus gesellschaftlichen Anforderungen und individuellen Bedürfnissen Aufgaben der eigenen Entwicklung geformt werden, möchte ich zunächst Kategorien subjektiver Interessen und Bedürfnisse den objektiven Anforderungen gegenüberstellen, die sich aus den von mir untersuchten Daten[2] ableiten ließen. Daraus ergibt sich das auf der folgenden Seite wiedergegebene Schaubild (Abb.1).

Darin fällt auf, dass es anscheinend eine große Übereinstimmung zwischen den Kategorien der objektiven und der subjektiven Seite gibt, die sich auf die Person des Lehrers, auf Unterricht, Interaktionen und Reflexion beziehen. Die Lernbiographie sowie das private Umfeld werden von den Kategorien der objektiven Anforderungen naturgemäß nicht erfasst.

Im nächsten Schritt habe ich versucht, für mögliche Entwicklungsziele, die innerhalb der Kategorien auftreten können, Stufen der Entwicklung zum professionellen Lehrer zu finden und diese in einem Stufenmodell darzustellen. Abb. 2 gibt ein solches, zunächst als Forschungshypothese aufgestelltes

---

2   Diese Daten stammen aus Fragebögen und Interviews mit Schülern, Studenten, Referendaren, Lehrern und Seminarleitern.

Modell wieder, dessen Tragfähigkeit im Rahmen der Dissertation noch untersucht werden wird.

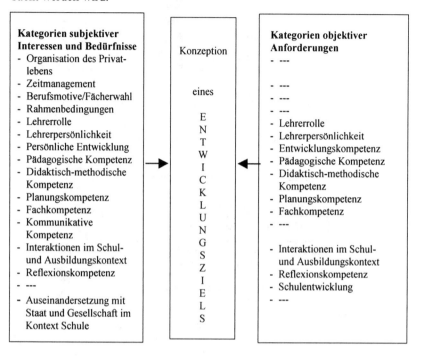

Abb. 1: Schematische Darstellung der Konzeption eines Entwicklungsziels

Die Stufen können individuell als hoch und breit empfunden werden und unterschiedlich schnell erklommen werden. Es können auch Stufen übersprungen und eventuell bei Bedarf zu einem späteren Zeitpunkt doch noch betreten werden. Entwicklung wird hier gesehen als ein „Auf und Ab" und nicht als ein geradliniger Prozess. Die Abfolge der Stufen von unten nach oben ergibt sich aus ihrem zunehmenden Abstraktheitsgrad.

Der Blickfänger rechts unten im Schaubild ist die „Abschlusssicherung". Sie gerät auf alle Fälle zum Ende der Ausbildung wieder verstärkt in den Blick des Referendars.

Selbst wenn ein Referendar aufgrund der Bewältigung von Entwicklungsaufgaben von der Abschlusssicherung „abgelenkt" war, so wird er kurz vor dem Ausbildungsende der Abschlussprüfung seine Aufmerksamkeit schenken (vgl. KORDES 1996: 86).

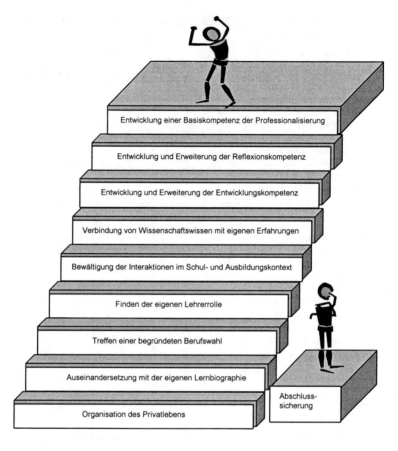

Abb. 2: **Entwicklungsstufenmodell eines Referendars zum professionellen Lehrer**

3. Anwendung des Entwicklungsstufenmodells auf die Bildungsgänge von Christoph und Elena mit bildungsgangstheoretischer Interpretation

Zur Erinnerung: Christoph sagt: „Im Referendariat kann ich kein guter Lehrer sein!", Elena erwidert: „Ich schon." In diesem Abschnitt soll das Entwicklungsstufenmodell auf die Bildungsgänge von Christoph und Elena angewendet werden, um mögliche Motive für die unterschiedlichen Haltungen in ihrer Lern- und Lebensgeschichte zu finden. Dazu werde ich Daten aus den narrativen Interviews den hypothetischen Entwicklungsstufen zuordnen, soweit dies möglich ist.

3.1 Organisation des Privatlebens

Christoph ist 31 Jahre, als er mit dem Referendariat beginnt.

> „Ich bin in Hamburg geboren, habe hier studiert und das Referendariat gemacht. Seit vier Jahren lebe ich mit meiner Freundin zusammen. Zwei Monate vor Beginn des Referendariats kam unser Sohn auf die Welt. Ich machte gerade Erstes Staatsexamen. Geplant war das alles so nicht. Finanziell und überhaupt ist das alles jetzt nicht mehr so einfach."

Elena ist zu Beginn des Referendariats 26 Jahre alt.

> „Geburt, Schule, Studium und Referendariat alles in Hamburg. Aber zwischendurch war ich immer mal für längere Zeit im Ausland, z.B. während ich auf einen Referendariatsplatz gewartet habe. Ich bin erst jetzt nach dem Referendariat von Zuhause ausgezogen. Hat sich vorher eben nicht ergeben. Klar hatte ich immer mal einen Freund, aber ..."

Als Christoph sein Referendariat beginnt, befindet er sich in einer lebensgeschichtlichen Umbruchphase. Innerhalb von zwei Monaten gibt es drei Ereignisse, die sein Leben entscheidend verändern: die Geburt seines ersten Kindes, der Abschluss des Studiums und der Beginn des Referendariats.

Elena konnte sich „mental" auf das Referendariat vorbereiten. Sie nutzte die Zeit, um ihre Sprachkenntnisse im Ausland anzuwenden und zu erweitern. Während des Referendariats wohnt sie noch bei ihren Eltern. Nichts „stört" die berufliche Ausbildung.

3.2 Auseinandersetzung mit der eigenen Lernbiographie

Christoph:

> „Ich war immer ein mittelmäßiger Schüler. Nur in einem Fach war ich sehr gut. Da habe ich auch außerhalb der Schule viel gemacht. Das Fach habe ich dann auch studiert. Bei uns in der Familie ist keiner Lehrer. Mein eigener Fremdsprachenunterricht in der Schule war katastrophal. Nur Arbeit mit dem Buch. Immer dieselbe Methode. Das wollte ich als Lehrer anders machen."

Elena:

> „Ich gehörte immer zu den guten Schülern. Lernen fällt mir im Allgemeinen leicht. Was mich interessiert, da knie ich mich ordentlich rein und bin zum Teil

recht ehrgeizig. Ich hatte einige tolle Lehrer, die mich gefördert und geprägt haben. Die mir Zeit ließen, geduldig waren und auch fachlich total kompetent waren. So möchte ich auch gerne als Lehrerin sein."

Christoph ist bereit, viel zu tun, wenn ihn etwas interessiert. Das Interesse für sein Studienfach wurde bereits in der Schule geweckt. Er nimmt bewusst wahr, dass seine Erfahrungen als Schüler sein Konzept von Unterricht beeinflussen.

Auch Elenas Einsatzbereitschaft wird stark durch ihr Interesse beeinflusst. Ihr Leitbild des guten Lehrers wird geprägt durch positive Erfahrungen aus ihrer Schulzeit.

3.3 Treffen einer begründeten Berufswahl

Christoph:

„Das Studium fing ich an, weil mich die Fächer interessierten. Da ein Staatsexamen doch anerkannter war als so ein Magisterabschluss, habe ich eben auf Lehramt studiert. Tja, und nach dem Ersten Staatsexamen kommt eben dann das Referendariat. Ich fing das Referendariat mit einem ziemlich flauen Gefühl im Magen an. Vielleicht weil ich eigentlich nie Lehrer werden wollte, aber ich wollte es aber auch nicht nicht werden."

Elena:

„Ich wollte eigentlich immer Lehrerin werden. Und deswegen musste ich eben studieren. Die Praktika während des Studiums fand ich mit am besten. Endlich unterrichten. Konkret und nicht immer nur Theorie. Als ich hörte, dass es mit dem Referendarsplatz geklappt hat, habe ich mich tierisch gefreut. Meine Eltern haben mich in meinem Berufswunsch immer unterstützt."

Christoph hat sich nicht bewusst für den Lehrerberuf entschieden. Der vorgezeichnete Weg wurde von ihm unreflektiert beschritten: Erstes Staatsexamen – Referendariat – Lehrer.

Elena hatte ihren Berufswunsch klar vor Augen. Sie wollte unbedingt Lehrerin werden. Da ein Studium dafür Voraussetzung war, fing sie „eben an" zu studieren. Die erste Ausbildungsphase mit ihrem hohen theoretischen Anteil gefiel ihr weniger.

3.4 Finden der eigenen Lehrerrolle[3]

Christoph vollzieht den Perspektivenwechsel, der ihm aber den ungezwungenen Umgang mit Schülern erschwert. Die Rolle des Wissensvermittlers und Beraters fällt ihm leichter als die Rolle der Bezugsperson und des Bewerters.

Elena übernimmt die Rolle des Wissensvermittlers und der Bezugsperson. Ihr fällt der Umgang mit Jugendlichen auch in ihrer Rolle als Lehrerin leicht. Den Erfolg beziehungsweise Misserfolg von Schülern bezieht sie auf ihre Kompetenz als Lehrerin.

3.5 Bewältigung der unterschiedlichen Interaktionen im Schul- und Ausbildungskontext

Interaktionen mit Schülern, die über den eigentlichen Unterricht hinausgehen, möchte Christoph weitgehend vermeiden. Gute Anleiter (Mentoren) definiert er nicht über seine eigenen Bedürfnisse, sondern über die Anforderungen der Seminarleiter an Unterricht. Er möchte Auseinandersetzungen bezüglich seines Unterrichts möglichst vermeiden, obwohl er bemerkt, dass sie für seine individuelle Weiterentwicklung hilfreich sind. Die Persönlichkeit des Seminarleiters ist für Christoph entscheidend dafür, ob er das Verhältnis zwischen Referendar und Seminarleiter als hierarchisch ansieht oder nicht.

Außerunterrichtliche Interaktionen sind für Elena wichtig. Sie sieht in ihnen ein Zeichen der Zugehörigkeit und fühlt sich ernst genommen. Das Verhältnis Referendar und Anleiter wird von Elena als angenehm empfunden, wenn sie die Möglichkeit hat, selbständig zu unterrichten und sich auszuprobieren. Für sie bilden Anleiter und Referendar in den Hospitationen eine Einheit und stehen dabei dem Fachseminarleiter gegenüber.

3.6 Verbindung von Wissenschaftswissen mit eigenen Erfahrungen

Christoph:

> „Manchmal fällt es mir unheimlich schwer, eine Stunde zu planen, besonders wenn ich schon mal was dazu gelesen habe. Da mag ich gar keinen Bleistift in die Hand nehmen, weil ich weiß, dass ich es nur schlechter machen kann. Theoretisch ist mir vieles klar, aber das dann auch umzusetzen. Daher improvisiere ich lieber."

---

3 Um den Rahmen dieses Beitrags nicht zu sprengen, verzichte ich bei 3.4 und 3.5 auf einen Auszug aus den Interviews.

Elena:

> „Was zählt ist die Praxis. Wenn ich vor der Klasse stehe, nützt mir die ganze Theorie nichts."

Christoph versucht, seine fachdidaktischen Kenntnisse in der Praxis anzuwenden. Die von ihm festgestellte Diskrepanz zwischen „theoretischem Ideal" und „seinem Real" verunsichert ihn. Da er seine Planung gern theoretisch fundiert, besteht für ihn eine enge Verbindung zwischen Planung und Theorie. Um der „vorbildlichen Theorie" auszuweichen, zieht er es vor zu improvisieren. Inwieweit er auf ein bereits erworbenes Handlungsrepertoire zurückgreift, dessen er sich vielleicht nicht bewusst ist, kann an dieser Stelle nicht geklärt werden.

Elena ist Praktikerin. Inwiefern ihr Handeln theoretisch fundiert ist, lässt sich aus den Daten nicht erschließen. Auf jeden Fall scheint es ihr nicht möglich, in der Situation selbst Theorie und Praxis zu verbinden.

3.7 Entwicklung und Erweiterung der Entwicklungskompetenz

Christoph:

> „Das Referendariat hat mir in erster Linie etwas für den Umgang mit Schülern gebracht. Dieses genaue Planen und Immer-Begründen-Müssen fand ich schrecklich. Außerdem sind die Unterrichtsentwürfe nur wichtig für die Lehrproben. Die ‚Fesseln des Referendariats' sind ab und jetzt improvisiere ich mehr."

Elena:

> „Für mich war das Referendariat eine gute Erfahrung. Aus den Fachseminaren nehme ich viele Ideen mit. Ich glaube, ich habe mich auch persönlich weiterentwickelt. Mir ist vieles klarer geworden. Mit meiner Examensnote bin ich sehr zufrieden, das zeigt mir, dass ich kompetent bin. Und das motiviert, noch besser zu werden."

Christoph ist der Auffassung, dass das Referendariat nur etwas für ihn in Bezug auf die Interaktionen mit Schülern gebracht hat. Bei ihm wird eine Weiterentwicklung vermutlich über das Ausprobieren erfolgen, d.h. Lernen aus eigenen Erfahrungen.

Für Elena hat das Referendariat professionalisierenden Charakter. Ihre Professionalisierung bezieht sie auf die Kategorien „didaktisch-methodische Kompetenz" und „persönliche Entwicklung". Mit dem Referendariat sieht sie ihre Entwicklung nicht als abgeschlossen an.

3.8 Entwicklung und Erweiterung der Reflexionskompetenz

Christoph:

> „Am liebsten war es mir, wenn ich allein unterrichtet habe, weil man nicht immer hinterher alles diskutieren musste. Vieles war eh klar – hinterher meine ich. Wenn ich vom Unterricht genervt war, musste ich erst einmal Sport machen, mit Leuten, die mit Schule nichts am Hut haben.
> Manchmal haben die Sachen, die ich in der Hospi gemacht habe, einen üblen Nachgeschmack behalten. Deswegen habe ich zum Beispiel nie Lieder in der Hospi gemacht, auch wenn ich es hinterher dann effizienter gemacht hätte."

Elena:

> „Oft merkst du selbst, wenn du aus dem Unterricht kommst, was schief gelaufen ist, was du nächstes Mal anders machen würdest. Aber manchmal ist es auch gut, wenn da einer zugeschaut hat, der bekommt ja ganz andere Dinge mit als du, wenn du deinen Unterricht machst. Und hinterher darüber zu reden, finde ich schon hilfreich. Das bringt einen doch oft weiter.
> Ich spreche auch Zuhause viel über das, was ich so in der Schule erlebe. Zum Leidwesen meiner Freunde."

Inwieweit Christoph seinen Unterricht tatsächlich reflektiert, wird nicht deutlich. Ihm ist bewusst, dass die von ihm gewählte Vermeidungsstrategie seine Entwicklung bezüglich der didaktisch-methodischen Kompetenz hemmt.

Elena reflektiert ihren eigenen Unterricht und sieht im Erfahrungsaustausch eine Möglichkeit, sich weiterzuentwickeln. Ihre schulischen Erfahrungen tauscht sie auch außerhalb der Schule aus.

3.9 Entwicklung einer Basiskompetenz der Professionalisierung

Diese Entwicklungsstufe ist die Kombination aus den vorangegangenen Stufen und bildet den Ausgangspunkt der Professionalisierung, d.h., das bestmögliche, biographisch „passende" Handlungs- und Rollenprofil (vgl. DIRKS 2000) zu erreichen. Aus den oben (3.1-3.8) kommentierten Äußerungen von Christoph und Elena ergibt sich bezüglich der Basiskompetenz der Professionalisierung das folgende Bild.

Christoph zeigt noch Defizite in der Reflexionskompetenz. Die fehlende Auseinandersetzung mit den Berufsmotiven erschwert ihm das Übernehmen der Lehrerrolle. Die Interaktionsmuster außerhalb des Unterrichts sind von ihm noch zu erweitern. Eine Bereitschaft zum „lebenslangen Lernen" äußert er nicht explizit. Er hat im Referendariat keine Basiskompetenz der Professionalisierung erworben; für ihn stellte das Referendariat lediglich ein „Nadelöhr" dar.

Elena zeigt aus meiner Sicht lediglich auf einer Stufe Defizite und zwar bezüglich der Verbindung von Praxis und Theorie. Da sie sich weiterhin entwickeln möchte, ist zu vermuten, dass dann, wenn „sie nicht mehr weiter weiß", ein Bedürfnis nach Klärung entsteht und sie eventuell auf Wissenschaftswissen zurückgreifen wird. Sie beginnt ihr Referendariat vier bis fünf Jahre früher als der durchschnittliche Referendar und das Referendariat ist der einzige Auslöser für eine „Umbruchphase" in ihrem Leben. Inwieweit sich diese beiden Aspekte positiv auf den Verlauf des Referendariats auswirken, lässt sich an dieser Stelle nur vermuten. Elena hat die letzte Stufe des Modells mit Beendigung des Referendariats erreicht, wenn auch noch nicht „mit beiden Füßen". Um die Stufe der „Basiskompetenz der Professionalisierung" vollständig zu erreichen, muss Elena folgende Entwicklungsaufgabe für sich erkennen und bearbeiten: „mit eigenen unterrichtspraktischen Defiziten professionell umgehen", d.h. Defizite erkennen, reflektieren und beheben unter Berücksichtigung des Wissenschaftswissens.

Anders als bei Christoph stellt das Referendariat im Bildungsgang von Elena einen berufsbiographisch wichtigen Zeitraum dar.

3.10 Abschlusssicherung

Christoph:

> „Eigentlich bringt das Referendariat Spaß, die ersten drei Semester, und dann wird es grausam. Dann ballt sich das nämlich zum Schluss alles zusammen. Also die ganzen Prüfungen. Lehrproben, Examensarbeit, mündliche Prüfung. Und ich finde, das ist kein schönes Gefühl für die letzten drei Monate. Ich habe es allerdings geschafft, die vorherigen drei Semester mir das sehr gut vom Leibe zu halten."

Elena:

> „Klar hatte ich vor den Lehrproben und mündlichen Prüfung ein Grummeln im Magen, aber so ist das nun mal mit Prüfungen. Denn die Note ist ja schließlich entscheidend, ob du die Chance hast, deinen Beruf auszuüben."

Zwar sagt Christoph, dass er sich die Prüfungen in den ersten drei Semestern des Referendariats „vom Leibe gehalten hat", seine Äußerungen lassen jedoch vermuten, dass die Abschlusssicherung die ganze Zeit für ihn präsent ist. Bei Elena scheint die Abschlusssicherung erst zum Ausbildungsende ins Zentrum des Interesses zu rücken.

4. Schlussfolgerungen aus den Bildungsgeschichten von Christoph und Elena

In einer ersten, vorsichtigen Verallgemeinerung wird man vielleicht die folgenden Schlussfolgerungen aus den Interpretationen der Bildungsgeschichten von Christoph und Elena ziehen können. Um ein guter Lehrer im Referendariat zu sein oder um zumindest das Gefühl zu haben, ein guter Lehrer zu sein, sollte sich ein Referendar folgende Fragen beantworten:

- Wie wirkt sich meine eigene Lernbiographie auf meine Lehrerpersönlichkeit und auf meinen Unterricht aus?
- Was sind meine Stärken und Schwächen?
- Warum möchte ich Lehrer werden?
- Wer oder was hat mein Konzept von Unterricht als Berufsanfänger beeinflusst?

Als Faktoren, die die Zufriedenheit im Referendariat begünstigen, sind die folgenden zu nennen:

- „stabiles" Privatleben,
- keine finanziellen Probleme, die einen Nebenjob erforderlich machen,
- Erfahrungen im Umgang mit Kindern und Jugendlichen,
- Bereitschaft, Verantwortung zu übernehmen, und
- genügend Selbstvertrauen, um bei Kritik zwischen Sachebene und persönlicher Ebene unterscheiden zu können.

Inwieweit Zufriedenheit als ein entwicklungsfördernder Zustand im Referendariat angesehen werden kann, hängt meiner Meinung nach stark von der Persönlichkeit des Referendars ab.

Diese Deutungen möchte ich nun in fünf Hypothesen zusammenfassen:

1. Die eigene Lernbiographie hat einen Einfluss auf das didaktische Konzept sowie auf die Interaktionsmuster zwischen Referendar und Schülern, Eltern, Kollegen und Seminarleitern.
2. Klare Berufsmotive unterstützen das Übernehmen der Lehrerrolle.
3. Ein bewertungs- und beobachtungsfreier Raum zum Ausprobieren und Experimentieren ist wichtig, um sich weiterzuentwickeln.
4. Die Fähigkeit, Defizite zu erkennen, zu verarbeiten und zu beheben, hängt von der Entwicklungsstufe ab.
5. Eine hohe Reflexionskompetenz wirkt sich positiv auf die Professionalisierung aus.

4. Verallgemeinerung und Ausblick

Der Übergang vom Studenten zum Referendar wird häufig als emotionaler und beunruhigender Zeitabschnitt empfunden. Referendare werden mit der Komplexität des Unterrichts und mit Verpflichtungen konfrontiert, derer sie sich zuvor nicht bewusst waren (vgl. KORTHAGEN/KESSELS 1998). Referendare fühlen sich durch die neue Situation zum Teil verunsichert. Die Frage ist, wie Ausbilder den Referendaren Sicherheit geben können, ohne sie zu bevormunden. Eine solche Sicherheit wäre eine gute Grundlage, um sich weiterzuentwickeln.

Ein weiteres Problem sehe ich im Übergangsstatus vom Referendar zum Lehrer. Die Situation in Schule und Unterricht erfordert, nicht nur ein „bisschen" Lehrer zu sein, sondern es gilt das Motto „Ganz oder gar nicht". Wie sagte ein Referendar: „Im Referendariat kann ich ein guter Referendar sein, aber ich brauche Zeit und Raum, um auch ein guter Lehrer zu werden."

In Hamburg liegt das Eintrittsalter der Referendare der Gymnasien und Gesamtschulen in den Vorbereitungsdienst zwischen 30 und 31 Jahren, d.h., Erwachsene beginnen ihre praktische Berufsausbildung, wenn sie die allgemeinen Entwicklungsaufgaben des frühen Erwachsenenalters bereits weitgehend bewältigt haben (vgl. GRUSCHKA 1985). Von daher ist es verständlich, dass viele Referendare sensibel auf ein hierarchisches Ausbildungssystem reagieren und nach einer „erwachsenengerechten" Ausbildung verlangen.

Ich selbst möchte in diesem Zusammenhang lieber von einer „bildungsganggerechten" Ausbildung sprechen, da die Kriterien, die oft in Zusammenhang mit einer erwachsenengerechten Ausbildung genannt werden, z.B. ernst genommen zu werden, selbständig und selbsttätig zu sein und eigenes Handeln zu reflektieren, auch auf die Lernsituation von Schülern zutreffen sollten.

Welchen Stellenwert das Referendariat im eigenen Bildungsgang einnimmt, liegt beim Referendar. Er entscheidet, welche Entwicklungsaufgaben er bearbeitet oder nicht bearbeitet, und er muss dafür auch die Verantwortung übernehmen. Die Bewertung des Referendariats geht von „nutzlos für den Bildungsgang" bis zum „Erreichen einer Basiskompetenz für die weitere Professionalisierung". Referendare, deren alleiniges Ziel die Abschlusssicherung ist und die daher „offizielles" Lernen vom „eigentlichen" Lernen abspalten (vgl. KORDES 1996: 22), vertreten häufig das Motto „Augen zu und durch". In diesem Fall wird das Referendariat wahrscheinlich für den Bildungsgang bedeutungslos bleiben.

Die mir zur Zeit vorliegenden Daten lassen vermuten, dass sich die Berücksichtigung der folgenden Aspekte positiv auf die Referendarsausbildung auswirken könnte, um einerseits aus dem Referendariat eine für den Bildungsgang bedeutsame Zeit zu machen, andererseits eine individuelle Professionalisierung zu ermöglichen beziehungsweise zu erleichtern.

Das Verhältnis zwischen Referendaren und Seminarleitern sollte nicht hierarchisch als Lerner-Lehrer-Verhältnis strukturiert sein. Die Seminarleiter sollten sich vielmehr als Berater, Begleiter, Initiatoren, Coachs oder Moderatoren verstehen, die den Reflexionsprozess unterstützend begleiten. Der Reflexionszirkel, ein Ausbildungselement in der holländischen Lehrerausbildung[4], stellt eine gute Möglichkeit dar, z.B. bei Hospitationen das „reflektierte Lernen" zu fördern, das eine Weiterentwicklung der Professionalisierung ermöglicht.

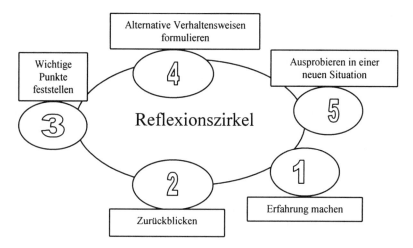

Es wird deutlich, dass der Referendar aufgefordert ist, seinen Unterricht selbstkritisch zu reflektieren. Dies in einem nicht-bewertungsfreien Raum tun zu müssen, halte ich für problematisch und hemmend für die Entwicklung der Reflexionskompetenz.

Die institutionelle Antinomie „der Seminarleiter als Berater und Bewerter" bleibt sicherlich im Kern bestehen, wenn auch dem Beratungsaspekt eine deutlich größere Bedeutung zukommt.

Wesentlich erscheint mir auch der Aspekt einer bildungsganggerechten Seminargestaltung, d.h., die Seminarleiter sollten Aufgaben bereitstellen, die die Referendare auf ihren Wegen zur Professionalisierung weiterbringen (vgl. den Beitrag von GÖRLICH und HUMBERT in diesem Band).

---

4   Vorgestellt von Ko MELIEF in seinem Vortrag am Staatlichen Studienseminar Hamburg am
     19.12.2000.

Dieser Aufsatz stellt eine Momentaufnahme meiner aktuellen Untersuchungen dar. Die Erhebung weiterer Daten ist geplant. Ich werde weitere Bildungsgänge näher beleuchten, und zwar einerseits von Referendaren, die ihre Ausbildung abgebrochen haben, andererseits von Lehrern, die bereits mindestens ein Jahr Berufserfahrung nach dem Referendariat gesammelt und daher Abstand vom Referendariat gewonnen haben.

Im Rahmen meines Dissertationsvorhabens werde ich mich mit folgenden Fragen intensiver beschäftigen:

1. Was gehört zu Beginn des Vorbereitungsdienstes zur Startkompetenz eines Referendars?
2. Was sollte am Ende des Referendariats als professionelle Basiskompetenz vorzufinden sein?
3. Was kann das Referendariat zur Professionalisierung beitragen?

Mein Ziel ist es, das hier dargestellte Entwicklungsstufenmodell zu überprüfen, gegebenenfalls zu verändern und zu ergänzen, besonders im Hinblick auf Teilaspekte der einzelnen Stufen, um etwaige „Prototypen" (vgl. GRUSCHKA 1985: 180ff.) von Referendaren zu entdecken, um den individuellen Bildungsgang sinnvoll unterstützen zu können und nicht zu behindern, d.h., dem Referendariat im Bildungsgang eines Lehrers eine förderliche Bedeutung zukommen zu lassen.

Literatur

DIRKS, Una: Wie werden EnglischlehrerInnen professionell? Eine berufsbiographische Untersuchung in den neuen Bundesländern. Münster, New York, München, Berlin 2000.

GLASER, Barney G./STRAUSS, Anselm L.: Grounded Theory. Strategien qualitativer Forschung. Bern, Göttingen, Toronto, Seattle 1998.

GRUSCHKA, Andreas: Wie Schüler Erzieher werden. Studien zur Kompetenzentwicklung und fachlichen Identitätsbildung in einem doppeltqualifizierenden Bildungsgang des Kollegschulversuchs NW. Wetzlar 1985.

HAVIGHURST, Robert J.: Developmental Tasks and Education. New York [3]1972.

KORDES, Hagen: Entwicklungsaufgabe und Bildungsgang. Münster 1996.

KORTHAGEN, Fred A.J./KESSELS, Jos P.A.M.: Linking theory and practice: changing the pedagogy of teachers education. Forschungsbericht 1998. www.ivlos.uu.nl/kortf.htm.

OERTER, Rolf/MONTADA, Leo (Hrsg.): Entwicklungspsychologie. Weinheim [4]1998.

RICHTLINIEN über Ziele, Gestaltung und Organisation der Ausbildung im Vorbereitungsdienst für die Lehrämter an Hamburger Schulen. Amt für Schule, Hamburg 2000.

Reinhard Golecki

Desiderate der Bildungsgangdidaktik aus der Sicht der Lehrerfortbildung

Gesellschaftliche Veränderungen erfordern neue Orientierungen bei der Unterrichts- und Schulentwicklung und damit auch für die Lehrerfortbildung, nicht zuletzt auch Hilfen für den intergenerationellen Dialog zwischen Lehrerinnen und Lehrern und ihren Schülerinnen und Schülern. Die Bildungsgangdidaktik, die schulische Lehr- und Lernprozesse aus der Perspektive der Kinder und Jugendlichen betrachtet, kann dafür wertvolle Anregungen geben. Nach einer schlaglichtartigen Darstellung einiger Bildungsprozesse von Schülerinnen und Schülern der Sekundarstufe I und II formuliere ich deshalb Fragen und Wünsche an die Bildungsgangdidaktik, insbesondere im Zusammenhang mit ihrem zentralen Konzept der Entwicklungsaufgaben.

1. Unterrichts- und Schulentwicklung

Es wird immer schwerer, gute Antworten auf die Frage zu geben, welche Kenntnisse, Fertigkeiten und Fähigkeiten Kinder und Jugendliche in der Schule erwerben sollen, um für die Zukunft möglichst gut gerüstet zu sein. Die Gründe sind bekannt, deshalb genügen hier Stichworte: Das gesellschaftlich verfügbare Wissen steigt exponenziell, ohne dass sich das individuell verfügbare wesentlich steigern lässt; die kulturelle und die soziale Heterogenität unserer Gesellschaft werden weiter zunehmen, ebenso die Individualisierung und die Pluralität der Lebensstile und -welten; höhere Schulabschlüsse sind eine immer mehr notwendige und immer weniger hinreichende Bedingung für beruflichen Erfolg; das Normalarbeitsverhältnis der Vergangenheit – feste Vollzeitstelle und Arbeit im selben Beruf bis zur Rente – wird zur Ausnahme werden; Flexibilität und Mobilität, die Fähigkeit, sich von veraltetem Wissen, von Routinen und Strukturen zu lösen und immer wieder völlig Neues zu lernen, werden zum lebenslänglichen Zwang.[1]

Innovative Lehrerinnen und Lehrer reagieren als Fachleute für die Planung, Gestaltung, Reflexion, Bewertung und Evaluation von Lehr- und Lernprozessen auf diese Probleme oder, wie es im aktuellen Jargon meist genannt wird, auf diese Herausforderungen mit einer Veränderung des Unterrichts:

---

1 Vgl. für eine ausführlichere Darstellung die Abschnitte 1 und 2 von GOLECKI 1999.

- mehr Aufmerksamkeit für die Prozesse des Lernens statt nur für ihre Ergebnisse, für individuelle Lernwege, für Arbeitstechniken und Lernmethoden,
- offenere Aufgabenstellungen und mehr Raum und Zeit für individualisierte Lern- und Arbeitsphasen an als persönlich bedeutsam identifizierten Themen statt der Illusion einer homogenen Vermittlung von Wissen für die gesamte Lerngruppe,
- mehr Raum für unterschiedliche Wege der Bearbeitung und der Präsentation der Ergebnisse,
- gegenseitige Rückmeldungen und gemeinsame Auswertung und Reflexion des Unterrichts, Förderung der Metakognition und der eigenen Verantwortung für das Lernen,
- Öffnung des Unterrichts für außerschulische Lernorte und
- Aufweichung der starren Fächergrenzen, z.B. für Querschnittsaufgaben wie Berufsorientierung, Umwelt- und Medienerziehung, geschlechtsbewusstes, interkulturelles und globales Lernen und zeitgemäße Formen der politischen Bildung.

Das erfordert und fördert die Kommunikation und Kooperation im Klassenteam und im Kollegium, die Zusammenarbeit mit Schülerinnen und Schülern, Eltern und außerschulischen Partnern, die gemeinsame Entwicklung von Regeln und Ritualen, die Gestaltung des Schullebens, der Räume und Flächen in sozialer und ökologischer Verantwortung und der Lernumgebungen bis hin zur Bereitstellung von räumlichen und medialen Möglichkeiten zur individuellen Arbeit. Nicht nur die Einsicht der Politik und Schulverwaltung, dass sich die Entwicklung des Bildungssystems nur noch begrenzt zentral steuern lässt und deshalb größere Freiräume der Schulen für deren Gestaltung und Verwaltung in eigener Verantwortung erforderlich sind, sondern auch die genannten Veränderungen rücken neben der Unterrichtsentwicklung u.a. die Schulentwicklung ins Zentrum des Interesses. Dazu gehören auch die Entwicklung eines Schulprogramms und -profils, die Entwicklung schulspezifischer Curricula im Rahmen des Übergangs von Lehrplänen zu Bildungs- und Rahmenplänen sowie die Auswahl und Weiterbildung des Lehrpersonals und der Leitung.

2. Lehrerfortbildung

Dem Klischee nach wollen Lehrerinnen und Lehrer in der Fortbildung am liebsten fertige Arbeitsblätter für ihren Unterricht nächste Woche – eine Erwartungshaltung, die durch die starke Betonung der fachlichen Fortbildung in der Vergangenheit häufig auch bedient oder erzeugt wurde. Die Einführung neuer Fächer (z.B. Darstellendes Spiel, Informatik, Ethik), neue fachliche Inhalte (z.B. Molekularbiologie, Chaostheorie) und neue Tendenzen der Fachdidaktik erfordern auch weiter eine fachbezogene Fortbildung, hinzu kommen neue überfachliche Anforderungen wie Gewaltprävention, „Lernen mit neuen Medien", Erweiterung des Repertoires von Arbeitstechniken und Methoden.

Wegen der im vorigen Abschnitt dargestellten Entwicklung werden Hilfen zur Professionalisierung bei der Unterrichts- und Schulentwicklung zunehmend wichtiger, also Unterstützung für die Schule als System: Profitieren soll nicht (nur) die einzelne Lehrerin, der einzelne Lehrer, sondern die Schule als ganze – und somit vor allem die Schülerinnen und Schüler. Dazu gehören beispielsweise schulinterne Fortbildungen mit Klassen- und Entwicklungsteams zur Verbesserung der Kommunikation, Kooperation, Selbstwahrnehmung und Evaluation, zu neuen Lernarrangements und zur Gestaltung der Lernumgebungen im Spannungsfeld von Standardsicherung und individuellen Entfaltungsmöglichkeiten, zum produktiven Umgang mit Heterogenität, zur Entwicklung inhaltlicher und methodischer Curricula vertikal und horizontal durch den Fachunterricht hindurch, zur Umsetzung des Schulprogramms, zur Zusammenarbeit mit den Eltern und mit außerschulischen Institutionen. Um dabei nicht nur im eigenen Saft zu schmoren und das Rad immer wieder neu zu erfinden, zählt zu den neuen Aufgaben der Lehrerfortbildung auch die Organisation von Foren zum Erfahrungsaustausch der Schulen und zur Vorstellung von *Best-Practice*-Beispielen, von Netzwerken innovativer Schulen. Wichtig ist bei alledem, dass gangbare Wege gemeinsam mit den Kolleginnen und Kollegen an den Schulen entwickelt werden und sie diese nicht nur als neue Ansprüche und Belastungen, sondern auch als Entlastung erleben können, etwa wenn Schülerinnen und Schüler zunehmend selbständig und eigenverantwortlich lernen, statt dass Lehrerinnen und Lehrer gegen ihren Widerstand „den Stoff durchziehen" müssen.

Das alles ist inzwischen Allgemeingut bei aufgeklärten Schulverwaltungen und bei den Organisations- und Entwicklungsgruppen der Lehrerfortbildungsinstitute. Darüber hinaus sehe ich eine weitere wichtige Aufgabe der Lehrerfortbildung: Vielen Lehrerinnen und Lehrern, und das hängt mit den eingangs genannten veränderten Sozialisationsbedingungen und der Altersstruktur der Lehrerkollegien zusammen, sind ihre Schülerinnen und Schüler, deren Ansichten und Ansprüche, deren Werthaltungen und deren Umgang mit der Zukunft, schlicht fremd geworden (bis hin zur persönlichen Enttäuschung und heimlichen Verachtung). Diese Lehrerinnen und Lehrer sind dann sehr dankbar für den Austausch darüber, für Deutungen und Erklärungen, für Analysen der Veränderungen durch Modernisierungs-, Individualisierungs- und Globalisierungsprozesse, für Ergebnisse der Kinder- und Jugendsoziologie, die die Reaktionen darauf und den Wertewandel (statt des vielfach konstatierten Werteverfalls) aufzeigen. Daraus ergeben sich neue Entwicklungsaufgaben für Lehrerinnen und Lehrer für die kompetente Teilhabe am Dialog mit ihren Schülerinnen und Schülern. Dazu gehört auch der Abschied von lieb gewonnenen pädagogischen Paradigmen und Gewohnheiten der 70er Jahre, beispielsweise von sehr informellen Stilen des Auftretens. Nachholbedarf besteht bei der Ästhetisierung von Lehr- und Lernprozessen und bei der Inszenierung von „wohldosierten Fremdheiten" (ZIEHE 1997: 40ff.; vgl. auch ZIEHE 2001) als Gegenmittel zur unter Schülerinnen und Schülern verbreiteten selbstbewussten Ignoranz.

3. Bildungsgangdidaktik

Jede nachwachsende Generation steht immer wieder neu vor der für die weitere kulturelle und gesellschaftliche Entwicklung unverzichtbaren Aufgabe, „in Auseinandersetzung mit einer überlieferten Kultur und mit der bestehenden Gesellschaft eine eigene Lebensform und dabei ein individuelles Selbstverständnis zu finden" (PEUKERT 1998: 17). Hierbei ist es Sache der Schule, die Anforderungen und Erwartungen der erwachsenen Generationen im Hinblick auf die Zukunft – z.B. die Sicherung und Weiterentwicklung der erreichten sozialen, kulturellen, gesellschaftlichen, politischen, ethischen, ökonomischen, rechtlichen, technologischen und ökologischen Standards – mit den Bildungsrechten, Lerninteressen und Bedürfnissen der heranwachsenden Kinder und Jugendlichen – z.B. Hilfen bei der Identitäts- und Persönlichkeitsbildung, bei der Bewältigung ihrer Entwicklungsaufgaben, für Orientierungen in unserer immer komplexeren Welt, für den Erwerb von Qualifikationen zur Behauptung am Arbeitsmarkt und der Fähigkeit zur eigenen Lebensgestaltung – zu vermitteln und sie dabei zu befähigen, selbst am gesellschaftlichen, sozialen und kulturellen Leben verständig und verantwortlich teilzuhaben, es aktiv zu gestalten und weiterzuentwickeln.

Aus der Sicht der Bildungsgangdidaktik besteht dabei die Aufgabe der Allgemeinen Didaktik „nicht nur in der überzeugenden Anleitung zur Unterrichtsplanung im Sinne der handlungsorientierten Didaktik oder in der Bestimmung dessen, was wir heute (noch, wieder) unter Bildung verstehen können. Es geht vielmehr um die systematische Betrachtung und Erforschung von

Schule und Unterricht aus der Perspektive derjenigen, für die Schule und Unterricht da ist, der Schülerinnen und Schüler."[2]

Zentral für die Bildungsgangdidaktik ist das von Robert J. HAVIGHURST (1948) entwickelte Konzept der *Entwicklungsaufgaben*. Darunter werden Ziele und Lernaufgaben für Fähigkeiten und Fertigkeiten verstanden, die – als Vermittlung zwischen individuellen Interessen und Bedürfnissen einerseits und gesellschaftlichen Anforderungen andererseits – jeweils in spezifischen Lebensabschnitten bewältigt werden müssen, um ein persönlich befriedigendes Leben in einer Gesellschaft zu führen (vgl. den Beitrag von HERICKS und SPÖRLEIN in diesem Band.) Im Rahmen der Bearbeitung solcher Entwicklungsaufgaben bringen die Heranwachsenden „ihre eigene Lebensgeschichte, ihre Persönlichkeit, ihre sich entwickelnden Stärken und Schwächen in die unterrichtlichen Lernsituationen ein" und entfalten „eine Perspektive für das eigene Lernen". Damit lassen sich „objektive" Bildungsgänge, gestaltet „über die Institutionen, die organisatorischen Maßnahmen und die Lehrprogramme, die die Schüler von der ersten Klasse bis zum Schulabschluss begleiten", unterscheiden von „subjektiven" Bildungsgängen als das, „was die Schüler tatsächlich aus dem Lernangebot der Schule herausfiltern und in Kombination mit anderen Lernangeboten nutzen, um ihre „Entwicklungsaufgaben" zu lösen" (MEYER 2000: 245).

Schule kann die Bearbeitung von Entwicklungsaufgaben behindern oder fördern: „*Bildungsgangdidaktik* ist deshalb die Theorie und Praxis des Lehrens und Lernens unter Fokussierung auf die Frage, wie der Bildungsgang der Schüler unter den Rahmenbedingungen der Institution Schule von ihnen selbst gestaltet werden kann." Ihre Zielsetzung „*als Handlungswissenschaft* für praktizierende und zukünftige Lehrerinnen und Lehrer ist die *Erforschung der Bildungsprozesse Heranwachsender aus der Perspektive des Lehrens und Lernens*" (MEYER 1999: 127f.).

4. Einige meiner Schülerinnen und Schüler

Zu meiner vorigen Tutandengruppe gehörten Abdulkadir A., der „Türke", Francisco E., der „Spanier", Jorge A., der „Portugiese", und Rusmin C., der „Jugoslawe". Sie waren eine richtige „Viererbande", seit der Grundschule zusammen und unzertrennlich im Unterricht der Sekundarstufe I, verbrachten

---

2 Daraus ergibt sich auch die „Kritik an zwei didaktischen Kurzschlüssen: dem der bildungstheoretischen Didaktik, bestimmten Problemen ‚an sich' bildenden Wert zuzusprechen, und dem der handlungsorientierten Didaktik, eine bestimmte Methode (das *learning by doing*) vor anderen Methoden auszuzeichnen" (MEYER/REINARTZ 1998: 304).

sie auch einen großen Teil ihrer Freizeit miteinander. Auf der Oberstufe gab es dann erste Risse, Entfremdungen und eigene Wege, nicht nur weil Francisco ein Jahr wiederholen musste. Abdulkadir war nun immer deutlicher nicht „Türke", sondern „Kurde", und wir sprachen öfter über sein Bedürfnis zur Solidarität mit der kurdischen Unabhängigkeitsbewegung (die von Aktivisten der PKK auch durchaus offensiv eingefordert wurde) und meine Erfahrungen mit den irischen, palästinensischen, baskischen Unabhängigkeitsbewegungen in den Siebzigerjahren (und darüber, was ich heute von Organisationen wie IRA, PFPL, ETA halte). Jorge, bis dahin eher schüchtern und unauffällig, kam groß raus mit einer Hauptrolle in einem sehr erfolgreichen Musical des Schultheaters; das Theater (und die Schauspielerinnen in der Gruppe) interessierten ihn nun sehr viel mehr als die früheren Videoabende, Spielhallen- und Discobesuche der „Viererbande". Rusmin war nun nicht mehr „Jugoslawe", sondern „Serbe" bosnischer Herkunft. Er kam immer schlechter damit zurecht, dass er sicher und vergleichsweise privilegiert in Hamburg lebte, während die Verwandtschaft in der Heimat seines Vaters mit ganz anderen Problemen konfrontiert war und seine Cousins ganz anderen Aktivitäten nachgingen. Er wollte nicht abseits stehen, fuhr anfangs nur in den Ferien hin, dann immer länger, und musste die Schule ohne Abitur verlassen.

Zu den echten Gewinnerinnen der Modernisierung gehört Gülsen D.; sie, die wie mehr oder weniger alle Mitschülerinnen und Mitschüler neben der Schule arbeitete, brachte es dank ihrer Kompetenz und dadurch, dass sie neben ihren deutschen auch ihre türkischen Sprachkenntnisse pflegte und ausbaute, bis zu einer Tätigkeit am Kundenschalter der Deutschen Bank, wo sie zweimal wöchentlich türkischstämmige Kunden beriet – eine Anerkennung, die für sie genauso wertvoll war wie das Abitur. Für Tinuviel M., Tochter einer französischen Mutter und eines deutschen Vaters, war der einjährige Aufenthalt in den USA, in Texas auf dem Land, auf einer großen Farm mit vielen Tieren, an einer Highschool mit einem regen Gemeinschaftsleben als kultureller Mittelpunkt der Region, ein großer Gewinn. Zurück in Hamburg bereicherte sie mit ihren neuen Erfahrungen nicht nur ihren Freundeskreis und die Tutandengruppe, sondern auch das Schulleben, indem sie Treffen organisierte und zu neuen Unternehmungen und Aktivitäten anregte.

Seit einigen Jahren sind individualisierte Lern- und Arbeitsphasen zu selbst gewählten und entwickelten Forschungsfragen (innerhalb eines Rahmenthemas und unter gemeinsam verabredeten Bedingungen[3]) Bestandteil meines Unterrichts. Einige Beispiele: Beim Rahmenthema „Biotechnologie und Ethik" im Ethikunterricht der Klasse 10 wählten Daniel S., Oktawian K.

---

3   Vgl. zur Begründung und zu den förderlichen Rahmenbedingungen die Abschnitte 3 und 4 in GOLECKI (1999) sowie die Unterrichtsbeispiele im selben Heft.

und Onur H. das Thema „Biologische Waffen" und wunderten sich dann, dass es dazu so wenig leicht zugängliches Material gibt. Mona J., ein Mädchen mit stark ausgeprägtem christlichem Hintergrund, beschäftigte sich mit der Präimplantationsdiagnostik. Zum Rahmenthema „Menschenrechte" wählten Burcu S., Isabell W. und Jawaneh G. das Thema „Sexismus in der Werbung" und befragten Menschen unterschiedlichen Geschlechts und Alters nach ihrer Meinung zu ausgewählten Beispielen; in einer pfiffigen Präsentation verbanden sie ihre empirischen Ergebnisse mit eigenen Thesen und Vorschlägen für Grenzen und Regeln einer die Menschenwürde achtenden Werbung und lösten damit in der Klasse eine nachhaltige Diskussion über Umgangsformen und Sprechweisen aus. Baik-Hwa C. und Pinar T. besuchten Einrichtungen im Stadtteil und interviewten Einheimische und Immigranten über gegenseitige Erwartungen im Spannungsfeld von kultureller Identität, Integration und Assimilation; noch beeindruckender als das Ergebnis der Arbeit waren ihre Arbeitsprozessberichte, die u.a. die Veränderungen im Denken, das Ringen um eine eigene Position – auch angesichts der Differenzen innerhalb der Zweiergruppe – widerspiegelten.

Im Philosophieunterricht des Jahrgangs 11 zum Thema „Anthropologie" stellte sich Lidija J., deren Familie jedes halbe Jahr neu um ein Bleiberecht in der Bundesrepublik Deutschland kämpfen musste, selbst die Aufgabe, SCHELERs Satz „Der Mensch ist das X, das sich in unbegrenztem Maße ‚weltoffen' verhalten kann" wirklich zu verstehen; sie landete dann bei NIETZSCHE und das Thema ihrer Arbeit war die naturalistische und die ethische Bestimmung von „Gewissen". Daniel K. und Jessica W. wählten als Thema „Das Leben nach dem Tod und vor der Geburt"; zu den Quellen ihrer Arbeit zählten – durchaus stimmig – sowohl Klassiker der Philosophie als auch Äußerungen von Prominenten in der *Yellow-Press* und Donald-Duck-Geschichten der Sechzigerjahre.

Im Kurs „Naturverständnis und Umgang mit der Natur" des dritten Semesters der Studienstufe fertigte Hebun E. eine hervorragende Arbeit über den Einfluss der Naturphilosophie auf die Literatur, speziell Lyrik, der Romantik an. Jakob K. wählte ein ähnliches Thema, die Entwicklung in der Philosophie und der Wandel der Landschaftsmalerei in unterschiedlichen Epochen (einer seiner Leistungskurse war Bildende Kunst); allerdings hielt er keinen Termin ein und wurde mit seiner Arbeit nicht fertig, da er viele Nächte hindurch mit seiner Graffiti-Clique unterwegs war und dabei auch schon mal in Gewahrsam genommen wurde. Bülent K. – aktives Mitglied und engagierter Botschafter des alevitischen Kulturzentrums – wollte untersuchen, ob die Aleviten ein spezifisches Naturverständnis haben; überrascht stellte er fest, dass es dazu auch auf Türkisch kaum Literatur gab, und entdeckte so die vorwiegend narrative Tradition seiner Religion. Laksman C., ältester von drei Söhnen einer allein erziehenden Mutter afrikanischer Herkunft in schwierigen Verhältnissen (mehr als einmal wurde er von der Schulsekretärin aus dem Unterricht geholt, um bei Problemen seiner Brüder zu helfen), wollte über „Naturvölker" forschen, nicht über ein bestimmtes oder über zwei, drei im Vergleich, sondern, worauf er nachdrücklich bestand, „ganz allgemein", was mir bei der Beratung einige Schwierigkeiten bereitete. Er holte sich viel Literatur, ein Verweis führte zur nächsten, eine Zwischenstation war *Totem und Tabu* und zum Schluss kämpfte er sich durch LÉVI-STRAUSS' *Das wilde Denken*. Erstaunlich war für mich nicht nur diese Leistung, sondern dass Laksman, einer der Basketball-Stars unserer Schule, dadurch den Umgang mit anspruchsvollen Sachtexten, mit Theorie, als Teil des Spektrums seiner Möglichkeiten entdeckte – und Spaß daran gewann.

5. *Fragen und Wünsche an die Bildungsgangdidaktik*

Für jemanden, der (wie ich) das Zusammenspiel von Ontogenese, Individuation und Sozialisation, von individuellen Anlagen und Interessen und natürlicher und sozialer Umwelt, ohne den einen oder anderen Faktor zu verabsolutieren oder zu vernachlässigen, für sowohl äußerst interessant als auch für weitgehend ungeklärt hält, und der (wie ich) immer wieder erlebt hat, welche Ziele und Themen den Kindern und Jugendlichen wirklich wichtig sind, ist das Konzept der Entwicklungsaufgaben mit seiner Verbindung von Pädagogik, Entwicklungspsychologie und Soziologie zunächst *prima facie* sehr attraktiv und überzeugend – und es ist auch ein Gewinn für die am Schluss von Abschnitt 2 genannte Aufgabe der Lehrerfortbildung.

Auf den zweiten Blick tauchen einige Fragen auf. Sind die Entwicklungsaufgaben universell gültig, anthropologisch-soziale Konstanten, oder sind sie zeit-, kultur- und geschlechtsabhängig, Konstrukte (der Entstehungszusammenhang bei HAVIGHURST könnte das nahe legen) aus der Sicht der weißen, männlichen Mittelschicht in einer Industrienation in der Mitte des letzten Jahrhunderts (vgl. die Kritik an den Stufen der moralischen Entwicklung nach KOHLBERG)?[4] Wenn gesagt wird, dass sich in Entwicklungsaufgaben das

---

4   Uwe HERICKS, für den Lernbiographien „zwar einmalig", jedoch „keinesfalls beliebig" sind, sondern sich in einem Rahmen entfalten, „der durch objektive, d.h. gesellschaftliche Anforderungen abgesteckt ist, die für alle Menschen in jeweils ähnlichen Lebenssituationen weitgehend verbindlich sind" (1998: 178), bringt das Problem drastisch auf den Punkt: Was aus dem Modell der Entwicklungsaufgaben „geworden wäre, wenn HAVIGHURST es für Deutschland in den 30er Jahre hätte schreiben müssen, mag man sich gar nicht vorstellen" (ebenda: 179, Anm. 6). Eine weitere offene Frage ist, ob es sich bei den Entwick-

findet, was in Biographien „für eine bestimmte historische Epoche verallgemeinerungsfähig ist" (HERICKS 1998: 179), wenn nach den „wirklichen"
Entwicklungsaufgaben *der* nachwachsenden Generation gefragt wird (MEYER
1999: 127), dann wird nahe gelegt, dass es sich um überindividuelle Aufgaben zumindest einer Generation in einer historisch gegebenen Gesellschaft
handelt. Aber lassen sich Generationen hinreichend gut abgrenzen, etwa die
der 68er, die „Generation Golf" oder die „Generation @"? Ist unsere pluralistische und individualisierte Gesellschaft hinreichend homogen, um solche
Aussagen zuzulassen, wenn beispielsweise nur 3% der Führungskräfte weib-
lich sind, wenn mehr als 20% der Kinder von Immigranten keinen Schulabschluss erwerben, wenn der Anteil von Arbeiterkindern an den Universitäten
wieder sinkt, wenn in Freiburg 46% der Kinder aufs Gymnasium wechseln,
im Landkreis Wyhl aber nur 20% (vgl. HEINEMANN 2001)? Im Interesse eines
gelingenden inter- und transgenerationellen Dialogs bei den genannten Aufgaben der Unterrichts- und Schulentwicklung habe ich den dringenden
Wunsch nach einer Präzisierung des theoretischen Konzepts der Entwicklungsaufgaben in Zusammenarbeit und in der Auseinandersetzung mit den
Nachbardisziplinen der Kinder- und Jugendsoziologie und der Entwicklungspsychologie; letzteres gerade auch deswegen, weil es neuere Publikationen
zur Entwicklungspsychologie älterer Kinder und Jugendlicher kaum gibt.

Das Konzept der Bildungsgangdidaktik ist „im Schnittpunkt von allgemeiner und beruflicher Bildung" im Rahmen des Modellversuchs der Kolleg-
schulen zur Integration der Sekundarstufe II entstanden.[5] In diesem Kontext
hat es eine hohe Plausibilität, denn die Jugendlichen wählen hier im Hinblick
auf ihr selbst gestecktes berufliches Ziel einen objektiven Bildungsgang unter
mehreren Möglichkeiten aus. Aber welchen Beitrag kann die Bildungsgangdidaktik zur Curriculum-, Unterrichts- und Schulentwicklung anderer Schulstufen und für nicht auf eine konkrete berufliche Ausbildung bezogene Bildungsgänge leisten?

Eine sehr wichtige Rolle kann sie sicher bei den oben kurz erwähnten
überfachlichen Bildungs- und Erziehungsaufgaben[6] spielen, denn sie orientieren sich einerseits an spezifischen gesellschaftlichen Problemen der Gegenwart und der absehbaren Zukunft (meist an KLAFKIs epochaltypischen Schlüs-
selproblemen), andererseits springt der vielfältige Bezug zu den Entwick-

---

lungsaufgaben tatsächlich um ein Entwicklungsmodell mit notwendig aufeinander aufbau-
enden Stufen in zeitlicher Abfolge handelt; vgl. MEYER/ REINARTZ (1998: 307f.).

5   Barbara SCHENK (1998: 264) betont, dass das kein Zufall ist.

6   Im Hamburger Schulgesetz (§ 5, Absatz 3) werden die Aufgabengebiete Berufsorientie-
    rung, Gesundheitsförderung, Interkulturelle Erziehung, Medienerziehung, Sexualerziehung,
    Sozial- und Rechtserziehung, Umwelterziehung und Verkehrserziehung genannt, hinzu
    kommt neuerdings globales Lernen. Andere Bundesländer haben ähnliche Regelungen.

lungsaufgaben der Kinder und Jugendlichen geradezu ins Auge. Für die gerade erst beginnende Konzeption, Ausgestaltung und unterrichtliche Umsetzung ist jede Hilfe seitens der Bildungsgangdidaktik hoch willkommen, damit eben nicht die Erwachsenen die von ihnen selbst gesehenen und geschaffenen Probleme kurzschlüssig (und paternalistisch) auch den Kindern und Jugendlichen zuschreiben.

Weniger deutlich ist, was die Bildungsgangdidaktik zur Neuorientierung des Fachunterrichts der allgemein bildenden Schulen beitragen kann, wie sich hier gesellschaftliche Anforderungen und Entwicklungsaufgaben so aufeinander beziehen lassen, dass Schülerinnen und Schüler daraus Perspektiven für das eigene Lernen entfalten können. Ich sehe dafür bisher keine wirklich überzeugenden Beispiele.[7] Nicht nur, aber eben auch die Bildungsgangdidaktik steht vor dem Problem, ihren Ansatz mit einem befriedigenden Konzept von Allgemeinbildung zu verbinden. Denn noch ist ungeklärt, „ob das, was wir als Allgemeinbildung in den Schulen vermitteln, wirklich eine Entwicklungsaufgabe" für alle darstellt, oder – ironischerweise – „eigentlich nur für junge Leute, die selbst Lehrerinnen oder Lehrer werden wollen" (MEYER 1999: 131f.).

Andererseits: Es gibt viele gute Gründe dafür, im Unterricht mehr Raum und Zeit zu geben für individualisierte Lern- und Arbeitsphasen zu selbst gewählten und persönlich als bedeutsam empfundenen Themen und Fragestellungen. Wenn man das – jenseits der Vorstellung, dass Selbständigkeit der Schülerinnen und Schüler lediglich bedeutet, ohne Hilfe ihre Hausaufgaben pünktlich anzufertigen und gelegentlich aus der von den Lehrerinnen und Lehrern vorgelegten Liste von Referatsthemen eins auszuwählen – zulässt, fordert und fördert, wird man erstens wieder einmal feststellen, dass die Welt sehr bunt ist, und zweitens, dass dadurch viele überraschende, aber exemplarische, anschlussfähige, zukunftsfähige, eigenständige, selbst gestaltete und selbst verantwortete, an den eigenen Interessen und an den gesellschaftlichen Bedingungen und Anforderungen orientierte Lernprozesse stattfinden. Welchen Nutzen haben dann eigentlich Schülerinnen und Schüler, Lehrerinnen und Lehrer, Lehrerfortbildner und Schulgestalter durch das zusätzliche Wissen, ob und welche Entwicklungsaufgaben dabei bearbeitet werden?

---

7   Uwe HERICKS (1998: 183) nennt als Beispiele subjektiver Deutungen von Entwicklungsaufgaben bezogen auf den Physikunterricht – neben dem (vielleicht etwas weit hergeholten) „Kennenlernen der prinzipiellen Möglichkeiten des Menschen in seinem Umgang mit Natur" – nur noch zwei mit der beruflichen Perspektive verbundene (Vorbereitung auf einen „Beruf im Bereich Naturwissenschaft/Technik" und „gesellschaftliche Verantwortung als Techniker in einem Betrieb wahrzunehmen"). Welchen Sinn macht dann der Physikunterricht für die künftige Rechtsanwältin oder für den Bankkaufmann?

Zum Schluss: Die Bildungsgangdidaktik legt die Ansicht nahe, dass Schülerinnen und Schüler nur etwas „wirklich" lernen, wenn es für sie biographisch bedeutsam ist.[8] Nun wissen wir alle aus Brechts Flüchtlingsgesprächen, vom Konstruktivismus und aus eigener Praxis, dass Kinder und Jugendliche *immer* etwas lernen, auch gezwungenermaßen, auch von schlechten Lehrern, und sei es nur für die nächste Klassenarbeit oder dafür, wie man sich erfolgreich den Anforderungen entzieht oder das geforderte Lernen vortäuscht. Spannend fände ich in diesem Zusammenhang eine kritische und fruchtbare Auseinandersetzung der Bildungsgangdidaktik mit den Konzepten des „expansiven" und „defensiven" Lernens von Klaus HOLZKAMP (1993: 190ff.).

Literatur

DREHER, Eva/DREHER, Michael: Wahrnehmung und Bewältigung von Entwicklungsaufgaben im Jugendalter: Fragen, Ergebnisse und Hypothesen zum Konzept einer Entwicklungs- und Pädagogischen Psychologie des Jugendalters. In: OERTER, Rolf (Hrsg.): Lebensbewältigung im Jugendalter. Weinheim 1985, S. 30–61.

GOLECKI, Reinhard: Selbständigkeit – ein Leitbegriff für die gymnasiale Oberstufe. In: Behörde für Schule, Jugend und Berufsbildung (Hrsg.): Selbständig Lernen und Arbeiten. Beispiele aus dem Fachunterricht der gymnasialen Oberstufe. Hamburg, Amt für Schule, 1999, S. 75–100.

HAVIGHURST, Robert J.: Developmental Tasks and Education, New York 1948 (4. Auflage 1982).

HEINEMANN, Karl-Heinz: Ungleiches ungleich behandeln? Die Benachteiligten von heute. In: Erziehung und Wissenschaft, 2/2001, S. 6–12.

HERICKS, Uwe: Der Ansatz der Bildungsgangforschung und seine didaktischen Konsequenzen – Darlegungen zum Stand der Forschung. In: MEYER/REINARTZ (Hrsg.) 1998, S. 173–188.

HOLZKAMP, Klaus: Lernen. Subjektwissenschaftliche Grundlegung. Frankfurt/New York 1993.

MEYER, Meinert A./REINARTZ, Andrea (Hrsg.): Bildungsgangdidaktik: Denkanstöße für pädagogische Forschung und schulische Praxis. Opladen 1998.

MEYER, Meinert: Bildungsgangdidaktik. Auf der Suche nach dem Kern der Allgemeinen Didaktik. In: HOLTAPPELS, Heinz Günter/ HORSTKEMPER, Marianne (Hrsg.): Neue Wege in der Didaktik? Analysen und Konzepte zur Entwicklung des Lehrens und Lernens. Die Deutsche Schule, 5. Beiheft. Weinheim, München 1999, S. 123–140.

MEYER, Meinert A.: Didaktik für das Gymnasium: Grundlagen und Perspektiven. Berlin 2000.

---

8   „Wenn Jugendliche etwas lernen, dann unter der Bedingung, dass es biographisch bedeutsam ist und dass es *auf der Linie ihres Lebens* liegt." (HERICKS 1998: 182)

MEYER, Meinert A./REINARTZ, Andrea: Nachwort. In: MEYER/REINARTZ (Hrsg.) 1998, S. 173–188.

PEUKERT, Helmut: Zur Neubestimmung des Bildungsbegriffs. In: MEYER/REINARTZ (Hrsg.) 1998, S. 17-29.

SCHENK, Barbara: Bildungsgangdidaktik als Arbeit mit den Akteuren des Bildungsprozesses. In: MEYER/REINARTZ (Hrsg.) 1998, S. 261–270.

ZIEHE, Thomas: Engagement und Enthaltung. Jugendliche und Schule in der zweiten Modernisierung. In: LIEBAU, Eckart/MACK, Wolfgang/SCHEILKE, Christoph (Hrsg.): Das Gymnasium: Alltag, Reform, Geschichte, Theorie. Weinheim, München 1997, S. 33–45.

ZIEHE, Thomas: Überbrückungsarbeit: Womit Lehrkräfte heute zurechtkommen müssen. In: PÄDAGOGIK, 2/2001, S. 8–12.

Matthias Trautmann

Welchen Beitrag leistet die Bildungsgangdidaktik für die Professionalisierung von Lehrkräften? Eine Überlegung anhand eines Fallbeispiels

Die Geschichte der modernen Schule ist zugleich eine Geschichte der Schulkritik und der unablässigen Schulreformbemühungen. Gegenwärtig sind es neben den Universitäten die Gymnasien, die – nicht zuletzt durch die TIMSS-Studie – in das Blickfeld der Öffentlichkeit geraten sind. Obwohl die erziehungswissenschaftliche Forschung momentan eher die Verschiedenheit der Einzelschulen in den Blickpunkt gerückt hat, geht die öffentliche Wahrnehmung nach wie vor davon aus, dass Gymnasien bestimmte Kriterien gemeinsam sind, die sie von anderen Schulen einigermaßen hinreichend unterscheiden. Anders könnte nicht davon gesprochen werden, dass „das Gymnasium die beliebteste Schulform in Deutschland ist". Allerdings korrespondiert diese Beliebtheit im Urteil der Experten keineswegs mit einer besonderen didaktischen Qualität: Vielmehr gebe es für das Gymnasium einen „Reformstau" (z.B. MEYER 2000: 9).

Dieser von Medien und Experten diagnostizierte Stau, dessen Folgen immer wieder beschrieben werden, soll durch meist „grundlegende" Reformen überwunden werden. Allgemein kann man sagen, dass die diesbezüglichen Forderungen wachsen, unabhängig von der Frage, ob die Diagnosen im Einzelfall zutreffen und ob Gymnasien imstande sind, diese Forderungen neben ihrem ursprünglichen Auftrag einzulösen. Neben Organisationsentwicklung, Schulmanagement, Schulautonomie, der Bildung anregender Lernmilieus, dem Einsatz von neuen Medien werden die Professionalisierung der Lehrer, die Beachtung der Konstruktivität der Schüler, die Auflösung des 45-Minuten-Taktes, Team-Teaching, Projektarbeit, kurz, das ganze Arsenal der internationalen Reformpädagogik aufgeboten, um die Gymnasien zu reformieren (MESSNER 1998). Ein gerade entstehendes Angebot, einen Beitrag zur Aktivierung des Potentials des Gymnasiums zu leisten, bildet schließlich auch die Bildungsgangdidaktik[1]. Die Didaktik des Bildungsganges nimmt

---

1   Die Bildungsgangdidaktik ist nicht speziell für die Bedürfnisse und Bedingungen des Gymnasiums entstanden, sondern schulformenübergreifend konzipiert. Ich beziehe mich bei der Darstellung auf MEYER 2000 und die Beiträge in MEYER/REINARTZ 1998. Ich gehe auch davon aus, dass die Bildungsgangdidaktik eine vollwertige Didaktik sein und nicht etwa nur den Komplex „Schüler" abdecken will.

Anleihen bei dem Psychologen HAVIGHURST und bei der Biographieforschung, sucht deren Überlegungen mit praktischen Erfahrungen zu verknüpfen und kommuniziert ihr Anliegen in einer reformpädagogischen Sprache.
Ihr zentrales Kennzeichen ist die Umstellung der Reflexion vom Lehrer auf
die Schüler:

> „Bildungsgangdidaktik ist (...) die Theorie und Praxis des Lehrens und Lernens
> unter Fokussierung auf die Frage, wie der Bildungsgang der Schüler unter den
> Rahmenbedingungen der Institution Schule von ihnen selbst gestaltet werden
> kann." (MEYER 2000: 245)

HERICKS formuliert im gleichen Sinne, dass „das Subjekt als Gestalter seines
eigenen Bildungsweges ernstgenommen" werden soll. Didaktik müsse auch
erforschen, was Jugendliche selbst lernen wollen, und den tatsächlich ablau-
fenden Lern- und Verstehensprozessen nachspüren (HERICKS 1998a: 174 und
176). Man kann also sagen, dass die Schüler oder Lerner den Fokus für die
didaktische Theoriebildung abgeben sollen. Dazu werden ein objektiver und
ein subjektiver Bildungsgang unterschieden, was man sich zunächst etwa mit
Lehrplan sowie Interessen/Bedürfnissen der Schüler übersetzen kann. Letztere sollen in der Bildungsgangdidaktik einen größeren Stellenwert erhalten.
Als Konsequenz dieser Betrachtungsweise werden eine Verbesserung des
berufsbiographischen Selbstverständnisses der Lehrkräfte (HERICKS 1998b:
296) und eine Verbesserung des Unterrichts in Aussicht gestellt (MEYER
2000: 245 und HERICKS 1998b: 297).

Ich möchte in diesem Beitrag ausgehend von einem Fallbeispiel zeigen,
an welchen Punkten Erfahrungen eines praktizierenden Lehrers mit der Semantik der Bildungsgangdidaktik kollidieren. Meine Pointe wird sein, dass
eine Neuorientierung der Lehrkräfte oder auch nur der didaktischen Theorie
auf subjektive Bildungsgänge keine besonders neue Idee ist. Pädagogische
Ideale der Schülerorientierung von Schule und Unterricht[2], wie sie auch von
der Bildungsgangdidaktik in neuer Terminologie kommuniziert werden, lassen sich bei Studienanfängern, Referendaren und Lehrkräften gleichermaßen
belegen, aber strukturelle Gegebenheiten, Erwartungen und Erwartungserwar-
tungen – also die Institution und der öffentliche Auftrag – kommen auf diese
Weise zu wenig in den Blick. Zentral für Schule sind nicht die Bedürfnisse
oder der subjektive Bildungsgang von Schülern, sondern das *Verhältnis* von
Lehrplan und Schülern; unterrichtet werden *Themen* (OELKERS 1995/1996:
55), ohne dass bei Kollisionen von vornherein feststeht, ob dem Lehrplan
oder den Schülerinteressen der Vorrang gebührt. Die Konsequenz für die

---

2   Dass die Bildungsgangdidaktik in der Praxis darauf hinausläuft, entnehme ich ihren Bei-
    spielen für gelungenen Unterricht.

weitere Entwicklung der Bildungsgangdidaktik wäre m.E. – und darauf läuft mein Beitrag hinaus – neben Schülerforschung im Sinne von HERICKS auch Curriculumforschung und allgemein mehr empirische Forschung zu beider Verknüpfung, d.h. zur Unterrichtswirklichkeit, zu betreiben.

1. Das Fallbeispiel: Michael F., 17 Jahre

Donnerstagmorgen einer ziemlich normalen Schulwoche. Ich habe bisher neben einer Vertretungsstunde in einer mir unbekannten Klasse drei weitere Stunden Englisch- und Deutschunterrichts hinter mir und dabei innerhalb kurzer Zeit zwischen Wales (Jahrgang 7), Kalendergeschichten (Jahrgang 7) und Stereotypen über die Vereinigten Staaten (Jahrgang 11) gewechselt. Die jüngeren Schüler waren heute aus (mir, jetzt) unerfindlichen Gründen lauter und in der Mehrzahl nicht bereit, „mitzumachen". Dafür waren sie in den Pausen mehr als aktiv und bedrängten mich zu Dutzenden mit Fragen und Bemerkungen. Vier Minuten nach Ende der Stunde beschließe ich, den Klassenraum zu verlassen und mich zu meiner nächsten Klasse zu begeben. Die Pause zwischen diesen beiden Stunden dauert nur fünf Minuten, ein Zugeständnis an die Notwendigkeit einer längeren Mittagspause.

Ich finde den Raum und höre beim Betreten das Klingelzeichen zur nächsten Stunde. Achtundzwanzig Siebzehnjährige sind eben noch dabei, ihre Plätze zu besetzen. Eigentlich halte ich es für unmöglich, mit einer solch großen Zahl von Gymnasiasten einen anständigen Englischunterricht zu machen, aber, tröste ich mich, so ist das halt in derartigen Organisationen wie Schule: Sie ist verordnete Geselligkeit, und man tut gut daran, sich mit den Gegebenheiten zu arrangieren. Mit diesen leicht resignativen Überlegungen habe ich meinen Platz am Lehrertisch erreicht, habe ausgepackt, gesucht und geordnet. Es kann losgehen. Nach etwa vier Monaten Unterricht kenne ich die allermeisten Schülerinnen und Schüler, abgesehen von drei Dianas, wo die Dinge etwas komplizierter liegen. Mit Manuel, der vor mir sitzt, habe ich nebenbei einige flapsige Bemerkungen getauscht, um die Atmosphäre zu testen: Wie ist die Klasse drauf? Irgendwelche Tests oder Klassenarbeiten vor oder nach meiner Stunde? Ich habe auch bemerkt, dass zwei Schüler noch fehlen, Schüler, die mich (ebenso wie ich sie) beim Klingeln von ihrem umwölkten Platz auf dem Raucherhof deutlich bemerkt haben und die ich mit einer Geste aufgefordert habe, rechtzeitig in die Klasse zu kommen. Während ich die Stunde mit einleitenden Bemerkungen (zum Thema *What is an American?*) beginne, überlege ich, wie ich mich verhalten soll. Im Nachhinein sieht das etwa so aus:

1. Normalerweise ist es mir egal, ob zwei von dreißig Schülern etwas später kommen, zumal bei einer derartig kurzen Pause.
2. Ich habe auch keinen Grund, in der Klasse besonders streng wirken zu wollen; ein Mitnahmeeffekt ist eher nicht zu erwarten.
3. Mindestens der eine von beiden kommt ständig, auch in anderen Stunden, zu spät. Fairerweise sollte ich alle Schüler in dieser Hinsicht gleich behandeln; einige Schüler haben ihren Unwillen früher schon bekundet und mich mit erwartungsvollen Augen angeschaut.
4. Regelverletzend ist insbesondere die Tatsache, dass die beiden offenbar meiner direkten Aufforderung nicht nachgekommen ist.

Nach etwa acht Minuten öffnet sich die Tür; die beiden kommen herein und nehmen ohne ein Wort der Entschuldigung Platz. Es scheint, als ob ein erzieherisches Wort am Platze wäre, ich also meiner Rolle in der Institution gerecht werden müsse. Ziemlich streng im Tonfall rüge ich die beiden vor der Klasse für ihr Verhalten und stelle klar, dass ich in Zukunft pünktliches Erscheinen bzw. mindestens ein Wort der Entschuldigung erwarte. Eine Entgegnung findet nicht statt; der Stoff verlangt jetzt meine volle Aufmerksamkeit.

Soweit eine sicher eher alltägliche Situation eines Lehrers an einem deutschen Gymnasium. Während einer der beiden Ermahnten die Klasse nach dem Klingeln ohne ein Wort verlässt, steht der andere überraschenderweise vor mir und bittet mich um ein kurzes Gespräch, um sein Zuspätkommen zu rechtfertigen. Was er sagt, stellt mich vor neue Probleme.

Michael hat vor etwa acht Monaten einen schweren Verkehrsunfall erlitten, als ihn jemand mit seinem Moped angefahren hat. Er hat dauerhafte (aber nicht sichtbare) körperliche Schädigungen davongetragen, in deren Folge er seinen angestrebten Beruf eines Physiotherapeuten nicht mehr wird ausüben können. Er wiederholt momentan die elfte Klasse, schafft es aber in den meisten Fächern nicht, ausreichende Leistungen zu erlangen. (Ich ahne mittlerweile, dass er sich vor meinen schriftlichen Lernkontrollen aus Angst drückt.) Aufgrund familiärer Probleme rauche er zur Zeit etwa dreißig Zigaretten täglich; er halte den Stress kaum aus. Er entschuldigt sich förmlich, und ich drücke verlegen mein Verständnis für seine Lage aus. Auf meine Bemerkung, ein dauerhafter Weg zur Stressbewältigung seien Zigaretten aber auch nicht, zuckt er die Schultern und schweigt. Wir müssen beide weiter, zur nächsten Stunde und zur nächsten Klasse.

Michael ist ein Schüler, an dem sich ein Fachlehrer in Planung und Durchführung seines Unterrichts nicht orientiert. Zunächst ist er nicht in dem Sinne verhaltensauffällig, dass er den Unterricht stört; er sitzt den überwiegenden Teil der Stunde „ab", mit gebeugtem Oberkörper in einer Haltung des

Über-sich-Ergehen-Lassens. Zur fachlichen Teilnahme an meinem Unterricht fehlen ihm die allermeisten Grundlagen; er kann spontan keinen Satz in der Fremdsprache bilden und zuckt auf Anfrage meist nur mit den Schultern. Aufgabenstellungen versteht er nicht. Er vergisst seine Lernmaterialien, macht keine Hausaufgaben, stellt keine Fragen. Im unterrichteten Zeitraum von zirka vier Monaten sind keine Effekte beobachtbar, die auf eine irgendwie verbesserte Leistung, ein tieferes Verständnis, ein methodischeres Arbeiten schließen lassen. Zwei Gespräche bleiben ohne Folgen. Sein Verhalten ist unauffällig freundlich, aber konstant desinteressiert. Mein Nachforschen ergibt, dass der Klassenlehrer das Problem kennt, aber keine Lösung parat hat. Der Unfall, stellt sich heraus, war nicht selbstverschuldet. Indes ist Michael bereits früher durch rasantes und risikobereites Motorradfahren vor dem Schulgelände aufgefallen. Vor dem Unfall waren seine Leistungen ebenfalls sehr schlecht und seine Chancen, die Schule mit dem Abitur zu verlassen, gering. In vielen anderen Fächern steht er auf 5 und 6. Ein nochmaliges Gespräch ergibt, dass er auf eine Lehrstelle wartet und bei einer Zusage sofort das Gymnasium verlassen wird, leider aber schon monatelang vergeblich sucht. Soweit das Fallbeispiel, an dem ich nun Schwierigkeiten, die ich als Praktiker mit der Bildungsgangdidaktik habe, verdeutlichen möchte.

2. Schwierigkeiten mit der Bildungsgangdidaktik

Michael – so meine Diagnose – ist fachlich nicht aufnahmefähig, da mit massiven psychologischen Problemen präokkupiert. Zur Wahrung seiner Selbstachtung hat er sich vom schulischen Leistungsstreben völlig abgekoppelt. Dass er den Anforderungen nicht genügt, hat vermutlich massive negative Effekte auf sein Selbstverständnis. Er sieht sich als Versager und nutzt den Unfall inzwischen strategisch als universelle Entlastung vor Anforderungen. Auf der einen Seite ist es gut, dass er diese Schule weiter besucht, solange er noch keine Lehrstelle hat; andererseits könnte er sich tagtäglich gedemütigt und überfordert fühlen, was seiner weiteren Entwicklung sicher nicht zuträglich ist. Schule jedenfalls ist für ihn gelaufen. Welche Handlungsweise würde in dieser Situation das Attribut „professionell" verdienen? Eine typisch pädagogische Erwartungshaltung besteht darin, dass die Lehrkraft jetzt über die Herstellung eines intensiven persönlichen Bezuges, des Kontaktes zu den Eltern, der Schaffung von Erfolgssituationen etc. Michael zu neuem Schwung verhilft oder, im aktuellen pädagogischen Jargon ausgedrückt, ihm die Möglichkeit zur Selbstorganisation auf seinem Niveau gibt. Diese Reaktion nenne ich die aktivistische oder idealistische. Die entgegengesetzte und wegen der starken moralischen Kodierung der Profession verwerfliche Haltung ist die des Zynikers, der das Problem weitgehend ignoriert und dies damit begründet, dass Michael mit seinen Leistungen sowieso nicht ans Gymnasium gehöre. Offen werden das vielleicht die wenigsten zugeben und sich doch in der Praxis aus Zeitmangel meist mit einer Als-Ob-Strategie behelfen.[3]

Die Bildungsgangdidaktik empfiehlt die „Arbeit mit den Akteuren am Bildungsprozeß" (HERICKS 1998b: 295). Soweit ich das verstehe, sollte ich hier (natürlich noch fachdidaktisch konkretisiert) gemeinsam mit Michael Möglichkeiten erkunden, meinen Unterricht und seine Erfahrungen zusammenzubringen. Hier taucht meine *erste* Schwierigkeit mit der Bildungsgangdidaktik auf: Lehrer unterrichten nicht einfach Schüler, sondern Gruppen von Schülern, deren heterogene Interessen nur im Idealfall im Stoff konvergieren. Unterricht verträgt aber nur begrenzt Individualisierung. Michael ist sicher ein extremer Fall, und extreme Fälle werden in der Regel an Experten „ausgelagert"[4], aber er ist doch auch paradigmatisch für die Frage, inwieweit Unterricht so angelegt sein muss, dass Schüler (hier: Michael) ihre Interessen einbringen können, und welche Rolle die subjektive Bedeutsamkeit des Unterrichts spielen kann. Intuitiv würde ich zunächst sagen, dass Lehrkräfte solche Interessen berücksichtigen und fördern, die der Erreichung ihrer Unterrichtsziele dienlich erscheinen, die anderen aber ignorieren oder die betreffenden Schüler entmutigen. Sie rechnen – als Praktiker – nicht damit, dass alle Schüler ständig interessiert sind, und ändern ihre Strategie nur mit guten Gründen, wenn nämlich ein erheblicher Teil der Schüler oder manchmal auch nur die Schüler, an denen sie ihren Unterricht durchschnittlich orientieren, kein oder zu wenig Interesse für die Erreichung der Lehrziele zeigen. Derartige Unterscheidungen, so scheint mir, fehlen in der Bildungsgangdidaktik.

Meine *zweite* Schwierigkeit besteht darin, dass die Kenntnis meiner Schüler (ihrer „Lernerbiographien", „Lern- und Verstehensprozesse", „Lernstrategien") sich auf sporadisch erworbene, in den seltensten Fällen auf systematische Informationen beschränkt und dies *keine* Frage mangelnden Engagements ist. Michaels Verhalten beobachte ich als Lehrer in drei Unterrichtsstunden pro Woche und in Kopplung mit dem Verhalten von neunundzwanzig anderen Schülern allein in dieser Klasse. Lehrkräfte, um es anders zu sagen, können faktisch auf Motivationen und biographische Probleme nur begrenzt Rücksicht nehmen, und das ist kein Problem einer falschen Sicht, sondern eines organisatorischen Dilemmas. Michael ist einfach deshalb eine Ausnahme, weil er zufällig zu spät gekommen ist. Unterricht geschieht unter Bedingungen der ständigen Zeitknappheit und begrenzten Aufmerksamkeit, und

---

3   Ingrid KUNZE hat mich darauf hingewiesen, dass man noch die Strategie einer „wohlwollenden Duldung" nennen könnte, die vielleicht in etwa meiner Haltung entspricht.
4   Zum Beispiel an den Schulpsychologen (den es in diesem Falle nicht gibt).

den größten Teil dieser Aufmerksamkeit brauche ich als Lehrer für die thematische Entwicklung (Beiträge sammeln, ordnen, verweisen, integrieren...). Selbst bei methodischen Alternativen könnte ich Michaels Probleme nur deshalb thematisieren, weil andere Schüler mit dem Mittelmaß gut bedient sind und *nicht* individuell behandelt werden.

Meine *dritte* Schwierigkeit mit dem Fokus der Bildungsgangdidaktik besteht darin, dass mir am Beispiel von Michael nicht klar wird, was es heißt, seinem subjektiven Bildungsgang einen systematischen Rang einzuräumen. So sympathisch die Formulierung ist und so wenig man sich dem Slogan auch entziehen kann, frage ich mich doch, ob das Modell nicht wieder in die Probleme der geisteswissenschaftlichen Pädagogik führt, die Bildung als Prozess der persönlichen Kultivation fasst und nicht als öffentliches Gut, das demokratischen Zwecken dient. Im bloßen Rückblick auf die eigene (oder fremde) Biographie können sich alle Schulerfahrungen als bildend erweisen, während das Problem darin besteht, diese Beliebigkeit irgendwie zu verringern.

Bildungsgangdidaktiker würden hier vielleicht entgegnen, dass es noch den objektiven Bildungsgang gibt. Im Konzept der Bildungsgangdidaktik verkörpern so genannte „Entwicklungsaufgaben" die objektive Anforderungsstruktur der Gesellschaft, welche die Schule aufgreifen und bearbeiten müsste. HERICKS (1998a: 179) schreibt:

> „In den Entwicklungsaufgaben begegnen dem einzelnen die objektiven Anforderungen und Ansprüche, welche die engere soziale Umwelt und die Gesellschaft als Ganze an Menschen richtet, die sich wie er in der jeweiligen typischen Lebenssituation befinden. In ihnen findet sich also, was in Biographien (...) für eine bestimmte historische Epoche verallgemeinerungsfähig ist."

Schulehalten legitimiert sich aus bildungsgangdidaktischer Sicht durch die „adäquate" Bearbeitung dieser Entwicklungsaufgaben. Ich verstehe zunächst nicht, worin der Unterschied – abgesehen von der abstrakteren Terminologie und der psychologisierenden Komponente – zu herkömmlichen Theorien besteht, denn normalerweise wird dieser Komplex Lehrplan oder Curriculum genannt. Das größere Problem sehe ich jedoch darin, dass erst noch zu bestimmen ist, *was „verallgemeinerungsfähig" ist*. Im obigen Zitat ist die Rede von der „engeren" sozialen Umwelt, ohne zu sagen, was weit ist, sowie von der „Gesellschaft als Ganze[r]", während die heutige Erfahrung doch eher die vieler widersprüchlicher Forderungen an Schule und Schüler ist, ohne ein Zentrum ausmachen zu können. Fragen stellen sich für mich insbesondere hinsichtlich der *Konkretion* und der *Selektion*: Was genau heißt die Entwicklungsaufgabe „Vorbereitung auf einen Beruf" für den Unterricht an der Schule und im konkreten Fach? Das Curriculum ist immer nur eine Vermutung, was relevant („adäquat") ist, aber gerade deshalb so breit angelegt, weil niemand genau wissen kann, was später benötigt werden wird. Offenbar besteht das Problem gerade darin, dass nicht klar ist, was Adäquatheit bedeutet. Schule kann schließlich *nicht alle* Entwicklungsaufgaben bearbeiten und will es auch gar nicht, weil sie kein Abbild von Gesellschaft ist; objektiv werden auch Markenbewusstsein oder Konkurrenz gefordert, aber dies sind typischerweise keine pädagogischen Ziele. Wäre es nicht besser zu sagen, dass das heutige Problem der Schule darin besteht, dass die Auswahl der Bildungsinhalte nicht dem Schüler überlassen werden darf, obgleich damit oftmals die bekannten stresserzeugenden Folgeprobleme (Disziplin, Motivation) für beide Seiten verbunden sind?

Tatsache ist, um auf mein Beispiel zurückzukommen, dass ich Michael nach wie vor unterrichte, obwohl Chancen zur Erreichung meiner Unterrichtsziele kaum gegeben sind. Unterricht betrachte ich aber als meine Hauptaufgabe, nicht Persönlichkeitsentwicklung[5] und auch nicht Therapie. Mir ist unklar, wie ich mich fachdidaktisch und erzieherisch richtig verhalte, und auch andere Lehrer, die ich um Rat frage, wissen nicht weiter. Ich verlasse mich also auf den *common sense*, der aber genauso gut ein *common nonsense* sein könnte: Ich spreche Michael mit sehr einfachen Aufgaben an, lasse ihn Tafelanschriebe vorlesen, suche einen Schüler, der sich um ihn kümmert, gebe ihm zusätzliche Hinweise, immer mit der Überlegung, dass die anderen 29 Schüler dies genauso nötig hätten und es im Hinblick auf deren Schulkarriere wohl auch hilfreicher wäre. Dazu benötige ich aber weder eine psychologische noch allgemeindidaktische noch fachdidaktische Ausbildung, und so scheint das aktuelle ministerielle Vorhaben, Spezialisten ohne Lehrausbildung in den Schuldienst zu nehmen, um dem prognostizierten Lehrermangel abzuhelfen, durchaus legitim und machbar (SZ vom 13.2.2001). Was genau ich tun kann und soll, scheint keines irgendwie gearteten didaktischen Modells zu bedürfen. Soll und kann – welche? – Didaktik hier helfen?

3. Bildungsgangdidaktik als Weg zur Professionalisierung des Lehrerhandelns?

Jürgen OELKERS beschreibt die Macht der Pädagogik als ihr Vermögen, Defizite verbindlich zu machen, ohne die nachfolgende Praxis verantworten zu müssen (OELKERS 1999: 6). Die Bildungsgangdidaktik benennt erneut Nachteile des Systems Schule in seiner jetzigen Form. Die Defizite der Schu-

---

5   Davon zu unterscheiden ist Erziehung, die aber faktisch nur insoweit stattfindet, als Unterricht tangiert ist. Unterrichtet und bewertet wird also in erster Linie Kompetenz in Englisch und erst sekundär Teamfähigkeit.

le sind ziemlich klar; sie sind auch den Lehrkräften bekannt und werden seit dem Ende des 19. Jahrhunderts unermüdlich beschrieben, ohne dass es bis jetzt für das Gymnasium zu einer grundlegend neuen Lösung gekommen wäre. Die Frage nach der nachfolgenden Praxis: Was soll ich in einer derartigen Situation tun? kann ich der Bildungsgangdidaktik als Handelnder jedoch nicht ersparen.[6] Sie will nach wie vor eine Didaktik für die Lehrkräfte (die „Macher") sein. Wozu sonst sollte sie entstehen? Schüler lesen keine Didaktiken. Wenn die Bildungsgangdidaktik aber auch für Praktiker interessant sein und zu deren Professionalisierung beitragen will, dann muss sie sich auch auf tatsächliche Verhältnisse im Feld beziehen und mit tragfähigen Konzepten zeigen, dass hier nicht einfach zusätzliche Aufgaben auf die Lehrkräfte zukommen. Unter Professionalität verstehe ich dabei ein ausgeglichenes Verhältnis zwischen Erwartungen bzw. Idealen auf der einen und Erfahrungen auf der anderen Seite sowie den sinnvollen Einsatz von Ressourcen, insbesondere der Zeit als der wichtigsten. Mein Vorschlag zur Weiterentwicklung der Bildungsgangdidaktik, den ich zum Schluss näher erläutern möchte, lautet deshalb: Abbau von reformpädagogischer Semantik und Aufbau von wissenschaftlicher Kompetenz.

Die Bildungsgangdidaktik sollte *erstens* ihre Fragestellung (Wie müssen Schule und Unterricht angelegt sein, damit die Schüler ihre Interessen einbringen können?) ergänzen durch die Komplementärfrage: Wie müssen Schule und Unterricht angelegt sein, damit die öffentlichen Erwartungen (das Curriculum) erfüllt werden können? Eine Konkurrenz zwischen Schülerorientierung und Sachorientierung bedient nur die pädagogischen Klischees, nach denen die alte Schule sich an Lehrplänen, die neue dagegen an den Schülern orientiert. Notwendig ist eine Ausmittlung der beiden Faktoren im Unterricht, wobei der sachliche Aspekt dem psychologischen auch übergeordnet werden kann (bzw. die zweite Frage der ersten), wenn fachliche Ansprüche nicht vor Bedürfnissen der Schüler zurücktreten können; auch wenn kein Bedürfnis nach Beherrschung grundlegender grammatischer Kategorien besteht (oder deren Bedeutsamkeit vom Schüler nicht erkannt wird), ist ihre Vermittlung Teil der Aufgabe der Schule.[7] Lernen kann nur der Schüler, aber das ist kein Argument gegen Lehren. Konkret: Michael zum Beispiel interessiert sich für Autos, aber dies kann bestenfalls der Ansatz, nicht aber Ziel meines Eng-

---

6 Das heißt natürlich nicht, dass Bildungsgangdidaktik sich mit genau dem Problem Michael F. beschäftigen, sondern dass sie sich auf das Handlungsfeld beziehen sollte; die Übersetzung in die konkrete Situation muss die Lehrkraft leisten. Anders gesagt: Die Bildungsgangdidaktik kann auch als Reflexionsmedium konzipiert sein, aber sie sollte die Realität unserer Schulen reflektieren.

7 Je konkreter und je akademischer die Inhalte werden, desto umstrittener sind sie natürlich, aber die Auswirkung dieses Problems auf die Didaktik kann ich hier nicht erörtern.

lischunterrichtes sein: Er soll Wissen erlangen, das oberhalb der alltäglich erlebten Konsum- und Unterhaltungsindustrie liegt, also auch politische Strukturen kennen lernen, ein Gefühl für Stil entwickeln, Shakespeare lesen.[8] Autos kommen im Alltag vor, aber Shakespeare wird er ohne mich vielleicht nie kennenlernen und so nie die Chance haben, seinen Geschmack für Literatur zu bilden. Die Differenz zwischen BigBrother im Fernsehen und George ORWELLS „1984" macht den bildenden Unterschied und den öffentlichen Auftrag des Gymnasiums aus. Mögen die Schüler sich auch ersteres wünschen, so können Gymnasien nicht unbedingt darauf eingehen. Anders wäre die Lage, wenn traditionelle Formen der Verschulung nicht mehr griffen, die Schüler also mit dem Angebot überhaupt nichts mehr anfangen könnten.

Wie welche fachlichen Anforderungen für welche Schüler bedeutsam werden können, sehe ich als Kernfrage der Fachdidaktiken an. Was in allgemeindidaktischen Theorien wie der hier diskutierten eine viel größere Rolle spielen sollte, sind z. B.:

- „die permanente Knappheit der Zeit
- die unscharfen und doch dringlichen Prioritäten
- der ständige Druck des Unerledigten
- die begrenzte Lösungskapazität bei steigender Problembelastung
- die scharfe Selektivität aller Maßnahmen
- das hohe Bewusstsein des Nichtrealisierten
- die Unabschließbarkeit der Aufgaben
- die vage Grenze aller Probleme" (OELKERS 2000: 5; vgl. auch das Schlusswort in COMBE/BUCHEN 1996).

Meine Antwort auf die selbst gestellte Frage im Titel lautet: Die Bildungsgangdidaktik in ihrer derzeitigen Form scheint mir die Ansprüche an Lehrkräfte zu multiplizieren, ohne Ressourcen oder Handlungsrestriktionen in Rechnung zu stellen. Ich behaupte nicht, das Individuum Michael in allen oder auch nur vielen seiner Facetten zureichend beschrieben zu haben, sondern gebe nur zu bedenken, dass dies der faktische Stand an Informationen ist, den ich als Lehrkraft besitze, und dass sich dieser nur auf Kosten anderer Faktoren, also mit hohem Aufwand und Abstrichen an anderen Stellen, erhöhen ließe. Auf der anderen Seite ist es auch nicht hilfreich, zu wissen, dass eine Entwicklungsaufgabe Michaels „Berufsvorbereitung" ist, weil nicht klar ist, was das für meinen Unterricht bedeutet. Auf diese Schwierigkeiten muss

---

8   Bei der Bearbeitung dieser fachlichen Anforderungen werden dann auch moralische Orientierungen entwickelt und bereitet sich Michael auf das Berufsleben vor.

sich die Bildungsgangdidaktik meiner Meinung nach einstellen, wenn sie von Praktikern als nützliche Theorie angesehen werden will.

Bildungsgangdidaktiker wollen zeigen, dass sich mit mehr Schülerorientierung die fachlichen Leistungen verbessern lassen. Aber dies ist nicht empirisch abgesichert, lässt sich vermutlich in dieser Generalisierung auch nicht zeigen, sondern ist bestenfalls eine starke Überzeugung. Es käme auf den Versuch und auf den Vergleich an.[9] Notwendig ist deshalb *zweitens* Forschung, die mit brauchbaren empirischen Ergebnissen aufwarten kann, nicht zunächst und allein Normen wie „Schülerorientierung" setzt oder sich auf die Rekonstruktion okkasioneller Lernerfolge zurückzieht. Sonst bleibt die Bildungsgangdidaktik nur ein weiteres Ideal, das zur Belastung wird, da es im Unterricht nicht realisierbar ist. Vielleicht stellt sich heraus, dass durchschnittlicher Unterricht öfter, als wir dies erwarten würden, ein optimaler Kompromiss zwischen Lehrplananforderungen und Schülerorientierung ist. Empirisch geklärt werden müssten also etwa folgende Fragen:

- Was halten welche Lehrer für Schülerinteressen? Welche Interessen glauben Schüler zu haben?
- Was wissen Lehrer über ihre Schüler? Was glauben sie zu wissen? Woher?
- Wann berücksichtigen sie welche Schülerinteressen *nicht*?
- Erzielen Lehrer und Schüler mit Hilfe der Bildungsgangdidaktik bessere Ergebnisse?
- Welche Anforderungen werden von welchen gesellschaftlichen Gruppen an Schüler und an Schule herangetragen und welche werden warum berücksichtigt?

Ich will mit meinem Beitrag nicht als Bremser erscheinen, denn auch ich halte Verbesserungen von Unterricht für sinnvoll. Die Pädagogik bedarf sehr wohl eines Utopieüberschusses, aber der muss sich auf ihr Feld beziehen. Die „Distanz" zwischen Theorie und Praxis liegt in der objektiven Datenerhebung und methodischen Skepsis zur allgegenwärtigen moralischen Semantik. Andernfalls endet auch die Karriere der Didaktik des Bildungsganges wie die aller vorherigen Didaktiken: Die Reform hat sich (wie beim Konzept des handlungsorientierten Unterrichts) nicht durchgesetzt und man fragt sich verwundert und enttäuscht, warum eigentlich nicht – bei den guten und allerbesten Absichten. Mein Schluss ist vorsichtig optimistisch: Der Weg dahin ist vermutlich lang und steinig. Michael ist eine reale Person, aber schon ROUSSEAUs Emile war ein fiktiver Schüler. Die Bildungsgangdidaktik könnte ein

---

9   Hier kann ich die Forderung von HERICKS nach empirischer Forschung nur bekräftigen.

Versuch werden, diesem Mangel durch Fallanalysen und die Einbeziehung empirischer Daten abzuhelfen.

Literatur

COMBE, Arno/BUCHEN, Silvia: Belastung von Lehrerinnen und Lehrern. Fallstudien zur Bedeutung alltäglicher Handlungsabläufe an unterschiedlichen Schulformen. Weinheim 1996.

HERICKS, Uwe: Der Ansatz der Bildungsgangforschung und seine didaktischen Konsequenzen – Darlegungen zum Stand der Forschung. In: MEYER, M.A./REINARTZ, A. (Hrsg.): Bildungsgangdidaktik. Denkanstöße für pädagogische Forschung und schulische Praxis. Opladen 1998, S. 173-188 (1998a).

HERICKS, Uwe: Schule verändern, ohne revolutionär zu sein?! Bildungsgangforschung zwischen didaktischer Wissenschaft und Schulpraxis. In: MEYER/REINARTZ (Hrsg.) 1998, S. 290-302 (1998b).

MESSNER, Rudolf, u.a. (Hrsg.): Die Zukunft der gymnasialen Oberstufe. Beiträge zu ihrer Weiterentwicklung. Weinheim, Basel 1998.

MEYER, Meinert A.: Didaktik für das Gymnasium. Grundlagen und Perspektiven. Berlin 2000.

OELKERS, Jürgen: Vorlesung zur Schultheorie und Schulkritik, Ms. Bern Wintersemester 1995/96.

OELKERS, Jürgen: Pädagogik: wozu? (Vortrag auf dem Symposion „Wozu Pädagogik", veranstaltet von der Hanns Seidel Stiftung in Zusammenarbeit mit der Universität Würzburg am 14. Januar 1999 in der Würzburger Residenz) www.paed.unizh.ch/ap/vortraege.html (am 15.2.2001).

OELKERS, Jürgen: Stress und Last im Lehrerberuf heute. (Vortrag im Lehrerverein Chur am 11. September 2000). www.paed.unizh.ch/ap/vortraege.html (am 15.2.2001).

Uwe Hericks / Barbara Schenk

Unterricht gestalten, ohne zum Macher zu werden – Bildungsgangdidaktische Perspektiven für professionelles didaktisches Handeln

1. Einleitung

Eine zentrale Forderung der Bildungsgangdidaktik lautet, die Lernenden als Gestalter ihrer eigenen Bildungsgänge ernst zu nehmen. Diese Forderung wird gründlich missverstanden, wenn man sie so interpretiert, als ob die individuellen Bedürfnisse, Interessen und persönlichen Probleme der Schülerinnen und Schüler mehr oder weniger direkt zu Kernkategorien der Unterrichtsgestaltung zu machen seien (vgl. den Beitrag von TRAUTMANN in diesem Band). Eine solche Interpretation müsste letztlich in die Forderung nach extremer Binnendifferenzierung münden, in der der Lehrer in genauer Kenntnis der Fähigkeiten und Befindlichkeiten jedes einzelnen Schülers diesem eine genau „passende" Aufgabe zuteilt – eine Forderung, die bereits angesichts der großen Zahl von Schülern, die ein einzelner Lehrer in der Regel zu unterrichten hat, absurd ist. Sie wäre aber auch grundsätzlich nicht einlösbar, weil niemand, nicht einmal ein Lehrer, die Fähigkeiten und Befindlichkeiten auch nur eines anderen Menschen sicher einschätzen kann. Sie ist Ausdruck eines Missverständnisses über den Charakter der im Rahmen der Bildungsgangdidaktik getroffenen Aussagen.

Die Bildungsgangdidaktik trifft Aussagen, die ihrer Struktur nach zunächst *deskriptiv* sind: Lernende *sind* Gestalter ihrer eigenen Bildungsgänge; ob der Lehrer dies weiß oder nicht, ist sekundär. Lernende *deuten* unterrichtliche Anforderungen im Lichte von Entwicklungsaufgaben (vgl. MEYER 2000: 245). Lernende inszenieren *von sich aus* authentische Situationen, indem sie unterrichtliche Anforderungen in authentische Handlungen transformieren. Als *authentisch* werden dabei solche Situationen und Handlungen bezeichnet, die sich mit Entwicklungsaufgaben der Schülerinnen und Schüler verknüpfen lassen, die den Lernenden subjektiv bedeutungsvoll sind und in denen sie ihre eigenen Ziele verfolgen (vgl. dazu ausführlich HERICKS 1998: 293). Man missversteht alle diese Aussagen vollständig, wenn man sie *normativ* interpretiert, als ob der Lehrer all dies zu „machen" und für jeden einzelnen seiner Schüler sicherzustellen habe. Es entspricht allerdings typischem

Lehrerhabitus, die Aussagen der Bildungsgangdidaktik in genau dieser Weise aus einer „Macherperspektive" heraus zu interpretieren.

Im Folgenden werden wir die angesprochenen Sachverhalte illustrieren und diskutieren. Zunächst zeigen wir anhand eines Transkriptes die engagierte Inszenierung einer authentischen Situation durch eine Schülerin im Unterricht (Abschnitt 2). Anschließend dokumentieren wir die Sicht von Teilnehmerinnen und Teilnehmern einer Lehrerfortbildung auf diese Szene (Abschnitt 3) und kontrastieren sie mit unserer eigenen Position (Abschnitt 4). Schließlich deuten wir eine aus unserer Sicht wünschenswerte Forschungsperspektive an: die Weiterentwicklung der Bildungsgangdidaktik zu einer *Handlungstheorie*, die es Lehrern ermöglicht, Unterricht zu gestalten, ohne zum Macher zu werden (Abschnitt 5).

2. Die Inszenierung einer authentischen Situation im Physikunterricht

Die Szene, um die es im Folgenden gehen soll, stammt aus einer Unterrichtsreihe zum Thema „elektrische Stromkreise" (Gymnasium, Jahrgang 10), die von Wolff-Gerhard DUDECK Anfang der 90er Jahre im Rahmen eines Dissertationsprojektes geplant und durchgeführt worden ist (vgl. DUDECK 1997)[1]. Die zentralen physikalischen Konzepte „Spannung" und „Strom" werden in dieser Reihe mit Hilfe einer hochentwickelten Wasseranalogie eingeführt. Wichtigstes Element der Unterrichtsreihe ist die so genannte *Doppelwassersäule* (DWS), die im Wassermodell für die Batterie steht. Die DWS erzeugt einen konstanten Wasserniveau-Unterschied zwischen zwei Säulen A und B, der zum Antrieb von äußeren Wasserstromkreisen genutzt werden kann. Durch einen solchen äußeren Stromkreis fließt Wasser von A nach B; die Pumpe in der DWS pumpt das Wasser von B nach A zurück und hält so den Wasserpegel in Säule A immer in einer bestimmten Höhe. Dabei wird sie von elektrischen Kontakten am oberen Rand der Säule A gesteuert (Abb. 1).

Während der Unterrichtsreihe konnten die Schülerinnen und Schüler in Vierergruppen selbst mit Doppelwassersäulen und Wasserstromkreisen experimentieren. In der ersten Doppelstunde sollten sich die Gruppen zunächst anhand eines Arbeitsblattes mit den grundlegenden Eigenschaften der DWS vertraut machen. Die transkribierte Szene gehört in den Kontext der Ergebnisdiskussion dieser ersten Experimentierphase. Gefilmt und transkribiert wurde die Arbeit der Gruppe von Gabi, Tanja, Frank und Sebastian. Es geht

---

1   Die Verwendung der Szene, die in der Dissertation selbst nicht vorkommt, erfolgt mit freundlicher Erlaubnis des Autors.

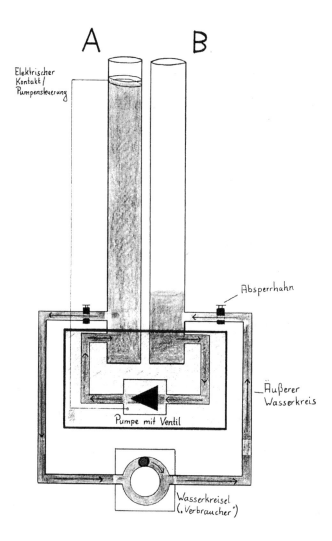

Abb. 1: Doppelwassersäule

um die Frage: „Was macht die Doppelwassersäule, wenn alle Hähne geschlossen sind?" Die vom Lehrer gewünschte und erläuterte Antwort lautet:
„Nichts. Da kein Wasser fließen kann, bleibt der einmal hergestellte Wasserniveau-Unterschied bestehen und die Pumpe arbeitet nicht." Hier setzt die
Szene ein:

1   L.: Es gibt einen Ruhezustand, es gibt einen Hochwasserpegel, es gibt einen Niedrigwasserpegel und es ändert sich nichts. Gut. Und die Pumpe arbeitet auch nicht. ...

2   Tanja und Gabi (beide): Mhm?

3   L.: ... weil, es kann kein Ausgleich stattfinden.

4   Gabi: Wieso? Ist denn die Pumpe an oder nicht?

5   Tanja (gleichzeitig zu Frank): Mach' mal bitte die Hähne zu und mach' mal die Pumpe an.

6   Frank: (zurückgelehnt): Wir haben das doch stehen, wir haben das doch.

7   L.: Du, mach' den Versuch.

8   Tanja: Nein, wir haben das anders, wir haben das total anders.

9   Frank: Nein.

10 Gabi und Tanja: Natürlich.

11 Frank: Das Wasser läuft von Röhre B in Röhre A – Pumpe – bis zum oberen Rand von Säule A; dann stoppt sie.
(Während Frank redet, machen Gabi und Tanja den Versuch.)

12 Tanja: Jetzt schalte mal bitte an, Gabi.

13 L.: Ist angeschaltet?

14 Tanja: Nein, ist noch nicht.
(Die Schülerinnen schalten ein; die Pumpe beginnt zu arbeiten; Wasser strömt von B nach A.)

15 Frank: Ja, das hab' ich aber genau so stehen.

16 Tanja: Ja, da passiert aber doch was.

17 Gabi (gleichzeitig): Es passiert doch was.
(Wasserspiegel erreicht Kontakte am oberen Rand der Röhre A; die Pumpe stoppt.)

18 L.: So, jetzt passt mal auf – jetzt ...

19 Frank: Jetzt!

20 L.: ... ist der Punkt. Jetzt sollt ihr gucken.

21 Gabi und Tanja: Ach so, jetzt.

22 L.: Ja, immer mit dem eingeschalteten Zustand im laufenden System.

23 Gabi: Ich dachte ...

24 Tanja: Wir haben immer die ganze Zeit ...

25 L.: Also, da müsst ihr mich sofort fragen, wenn irgendwas unklar ist.

26 Tanja: Aber dann können wir das ja stehen lassen, was wir haben. (Pause) Und jetzt hat sich die Pumpe ausgeschaltet?

27 L.: Ja.

28 Tanja: Das hätt' ich wieder gar nicht gemerkt.

29 L.: Die Pumpe muss jetzt nicht mehr arbeiten, weil der Wasserniveau-Unterschied hergestellt ist.

Anschließend bemühen sich Gabi, Tanja und Sebastian um eine angemessene Formulierung des Ergebnisses. Frank beteiligt sich an den Bemühungen der Gruppe nicht. Er ist der Auffassung, die „richtige" Lösung schon aufgeschrieben zu haben. Nach einer längeren Gesprächspause, in der die Schülerinnen und Schüler schreiben, spricht Tanja ihn an.

30 Tanja: Die hat praktisch ihr Ziel erreicht, ne, das, was sie machen will.
31 Frank: Das haben wir aber geschrieben, also ich jedenfalls.
32 Tanja: Nee, wir haben das vergessen – wir haben es bis dahin geschrieben, dass es nicht überlaufen kann, weil die Kontakte geschlossen sind.
33 Frank: Ich hab' geschrieben: Das Wasser wird von Röhre B in Röhre A gepumpt, bis zum oberen Rand von Säule A. Dann stoppt die Pumpe, weil durch die elektronischen Kontakte die Stromzufuhr abgeschaltet wird.
34 Tanja: Ich dachte, weil 'ihr Ziel ist erreicht', das ist für mich logischer an der ganzen Sache.
35 Frank: Ach ja (gähnt).
36 L.: So Kinners, viertens. Schaffen wir's noch? Ja, schaffen wir noch.

Für jemanden, der die Unterrichtsreihe genauer kennt, ist bemerkenswert, wie viel eine kurze Szene wie diese bereits von der Gruppenstruktur und von den Selbst- und Fremdeinschätzungen der beteiligten Schülerinnen und Schüler offenbart, wie sie in späteren Szenen immer wieder zur Geltung kommen. Dies wollen wir beispielhaft an Hand der Aktivitäten und Äußerungen Tanjas erläutern. Für uns zeigt die Szene eine engagierte Auseinandersetzung der Schülerin Tanja mit einer durch den Lehrer gestellten Aufgabe. Der Grad ihres Engagements am Zustandekommen einer angemessenen Lösung ist schon einmal auffällig. Schließlich dreht sich die Aufgabe um eine sehr spezielle Eigenschaft eines wiederum sehr speziellen Experimentiergerätes. Die Aufgabe macht Sinn erst im Ganzen der Unterrichtsreihe, wenn nämlich später die Analogie zwischen DWS und elektrischer Batterie hergestellt werden soll, was die Schülerin hier natürlich noch nicht wissen kann. Doppelwassersäulen gibt es ansonsten weder im täglichen Leben noch in der Physik.

Tanjas Aktivität setzt in dem Moment ein, als sie eine Differenz bemerkt zwischen der offiziellen Antwort des Lehrers und der Antwort, die sie selbst geben würde. Interessant ist, *wie* sie in die Auseinandersetzung eintritt: Sie äußert keine Verständnisschwierigkeiten, stellt auch keine Frage, sie kritisiert nicht die Antwort des Lehrers, sie bezieht überhaupt nicht inhaltlich Stellung, sondern inszeniert unaufgefordert und unvermittelt, zusammen mit ihrer Freundin Gabi, die Wiederholung des Versuchs: *„Mach' mal bitte die Hähne zu und mach' mal die Pumpe an"* (Äußerung 5). Tanja verhandelt nicht, sie handelt, sie zeigt etwas vor und sie lässt sich dabei weder von Frank noch vom Lehrer irritieren. Der Lehrer seinerseits bleibt mehrfach hinter der Dynamik der Szene zurück. *„Du, mach' den Versuch!"* (7), sagt er zu Tanja, als diese längst von sich aus begonnen hat, das Experiment zu wiederholen. *„Also, da müsst ihr mich sofort fragen, wenn irgendwas unklar ist"* (5), ermahnt er die Schülerinnen, obgleich sie erstens genau dies getan haben und ihnen zweitens, bei genauerem Hinsehen, eben gar nichts *„unklar"* ist. Unsere These lautet, dass es Tanja tatsächlich erst in zweiter Linie um die herbeizuführende inhaltliche Klärung geht, primär aber um eine im Rahmen der inhaltlichen Klärung geführte, offensive Auseinandersetzung mit ihrem Erleben von Physik und ihren Schwierigkeiten im Physikunterricht.

Weder Gabi noch Tanja halten sich selbst für gute und potenziell erfolgreiche Physiklernerinnen. Für Tanja findet man ein entsprechendes Indiz dafür in Äußerung 28: *„Das hätt' ich wieder gar nicht gemerkt."* Diese Äußerung steht objektiv im Widerspruch zu Äußerung 26, auf die sie sich bezieht. Tanja *hat* gemerkt, dass sich die Pumpe ausgeschaltet hat, sonst hätte sie die Frage so nicht formulieren können. Ihrem Selbstbild entsprechend geht die Schülerin aber offenbar davon aus, dass im Physikunterricht die wichtigen Dinge regelmäßig an ihr vorbeigehen; so hätte sie (fast) auch die Sache mit der Pumpe *„wieder"* nicht gemerkt. Differenzen zwischen ihrem Verständnis und dem „offiziell" Richtigen werden denn von Tanja auch zunächst einmal als *„total"* (8) interpretiert.

Tanja hat sich trotz dieser latent negativen Selbsteinschätzung als Physiklernerin zur Teilnahme an dieser „besonderen" Unterrichtsreihe gewinnen lassen. Man kann spekulieren, dass sie dies in der unausgesprochenen Hoffnung getan hat, es würde hier anders zugehen als im normalen Physikunterricht, in der Hoffnung, dass sie hier verstehen und selbst verstanden werden würde.

Was also soll und kann in dieser Szene verstanden werden? Unsere These ist, dass Tanja sich hier mit *ihrem* Erleben von Physik auseinander setzt, anders gesagt, dass Tanja hier „vorführt", warum sie mit Physik Schwierigkeiten und entsprechend warum sie inzwischen latente Animositäten gegen den Physikunterricht entwickelt hat. Der Grund für beides wäre dann, dass sie sich im Physikunterricht der Zumutung ausgesetzt sieht, komplexe Aussagen und Konstrukte *gegen* den Augenschein akzeptieren zu müssen. Die physikalischen Konzepte zur gedanklichen Rekonstruktion von Wirklichkeit „überwuchern" die Wirklichkeit, das ist Tanjas Erfahrung mit Physik. In unserer Szene aber sieht sie die Chance, sich zur Wehr zu setzen, sich die Wirklichkeit gegen die Physik zum Verbündeten zu holen, und sie ergreift diese Möglichkeit sofort. Tanjas Reaktion ist produktiv. Vorzuzeigen, was sie meint, gibt dem Lehrer Gelegenheit, seinerseits zu zeigen, was er meint.

Ein weiterer interessanter Punkt zeigt sich gegen Ende des Transkriptes. Betraf der erste Punkt die Dominanz der Theorie über die Erfahrung, so betrifft der zweite die Dominanz der Technik und der Fachsprache im Physikunterricht. Man beachte, dass Frank in seiner Zusammenfassung (Äußerung 33) auf den technisch-kausalen Aspekt der Pumpensteuerung abhebt. Tanja hält nach einer Pause des Schreibens und Nachdenkens einen anderen, man könnte sagen, den teleologischen Aspekt für festhaltenswert: *„Die hat praktisch ihr Ziel erreicht, ne, das, was sie machen will"* (30). Ein Antwortsatz, der nur die technische Realisierung beschreibt, ist in Tanjas Augen zwar nicht falsch, aber unvollständig: *„Wir haben das vergessen – wir haben es* (nur) *bis dahin geschrieben, dass es nicht überlaufen kann, weil die Kontakte geschlossen sind"* (32). Und sie hält diesen Aspekt gegen Franks komplexe Antwort aufrecht, weil er für sie *„logischer an der ganzen Sache"* ist (34).

Man beachte, dass in alltäglichen Kontexten der teleologische Aspekt eines Sachverhaltes, d.h. die Frage nach dem Wozu, häufig wichtiger ist als die Frage nach dem Wie und Warum. Wenn ich auf einer Party unerwartet einen guten Bekannten treffe und ihn frage: „Wie kommst du denn hierher?", dann möchte ich hören, was ihn mit dem Gastgeber verbindet, nicht, welches Verkehrsmittel er benutzt hat. Unter diesem Gesichtspunkt kann man sagen, dass Tanja in unserer Szene darum bemüht ist, alltagssprachliches Verstehen auch in Bezug auf physikalische Sachverhalte durchzuhalten. Der erklärte Physik-Experte Frank hat dies nicht nötig (oder es passt nicht in sein Selbstbild als Physik-Experte). Es ist möglich, dass Tanja selbst die Notwendigkeit solchen Bemühens, insbesondere in Kontrast zu Frank, als Schwäche deutet, paraphrasiert etwa: „Ich muss es so für mich formulieren, weil ich es mir anders nicht merken und erschließen kann." Auch Lehrer interpretieren ja das Bemühen von Schülern um alltagssprachliche Formulierung physikalischer Sachverhalte häufig in dieser Weise als Schwäche. Tatsache ist aber, dass Tanjas Formulierung hier die angemessene ist. Um die DWS als Systemgröße zu verstehen, muss man genau diese Sichtweise von Tanja gewinnen. Nicht um einen trickreichen „Überlaufschutz" geht es (vgl. Äußeung 32), sondern um die Realisierung eines *„Zieles"*; letzteres ist bedeutsam; seinetwillen wurde die DWS gebaut.

In unseren Augen stellt die Szene ein Musterbeispiel einer authentischen Auseinandersetzung dar, die hier von Tanja inszeniert wurde. „Objektiv" geht es um die inhaltliche Klärung einer Sachfrage. Tanja „macht" daraus etwas anderes; sie nutzt die Situation dazu, ihre eigene Rolle in diesem Unterricht abzuklären und etwas von ihren latenten Schwierigkeiten mit Physik zu offenbaren; sie tut dies mutmaßlich in der Hoffnung, Möglichkeiten aufgewiesen zu bekommen oder selbst zu entdecken, wie ihre eigenen Verstehenszugänge mit den im Physikunterricht geforderten vermittelt werden könnten. Es spricht für die Konzeption der Unterrichtsreihe, dass sie genau solche Möglichkeiten eröffnet.

Bisher haben wir uns bei der Interpretation der Szene auf die Aktivitäten von Tanja konzentriert. Abschließend möchten wir noch einen kurzen Blick auf ihre beiden Mitschüler, Frank und Sebastian, werfen. Frank hatten wir oben bereits als erklärten Physik-Experten bezeichnet. Frank bewegt sich im Physikunterricht auf seinem ureigensten Betätigungsfeld. Er zeigt die Attitüde des Experten. Er beteiligt sich an den Bemühungen der Gruppe, das Experiment zu wiederholen und einen angemessenen Antwortsatz zu formulieren, so gut wie gar nicht. Er weiß sich in Übereinstimmung mit dem Lehrer, er weiß, dass er die richtige Antwort „hat", und er präsentiert sie, stellt sie aber nicht zur Diskussion. In Kontrast zu Tanja hebt er den technischen Aspekt besonders heraus, indem er in einer gewissen Übersteigerung von „*elektronischen*" anstatt von elektrischen Kontakten redet (33).

Sebastian würde man nach üblichen Bewertungsmaßstäben eher als schwächeren Schüler bezeichnen. Anders als Tanja und Gabi ergreift er in der Gruppe nur selten die Initiative oder macht eigene Beiträge. Mit seinen Fragen aber wendet er sich (wie hier) fast immer an Tanja, selten an Frank. Tanja, so kann man interpretieren, ist ihm mit ihrem Bemühen, zu verstehen und die richtigen Worte zu finden, näher als der Experte Frank.

3. Erfahrungen auf einer Lehrerfortbildung

Im Rahmen einer Lehrerfortbildung zur Methodenvielfalt in den mathematisch-naturwissenschaftlichen Fächern im Sommer 2000 hatte einer von uns (Uwe HERICKS) die Gelegenheit, die vorgestellte Szene in mehreren Workshops mit verschiedenen Gruppen von Lehrerinnen und Lehrern ausführlich zu diskutieren. Es waren Lehrerinnen und Lehrer aller allgemeinbildenden Schulformen der Sekundarstufen I bzw. II (Haupt-, Real- und Gesamtschulen sowie Gymnasien) vertreten.

Dabei war sehr überraschend, dass Tanja und Gabi zunächst von allen Kolleginnen und Kollegen in allen Gruppen ausnahmslos als fachlich „schwache" Schülerinnen eingeschätzt wurden. Insbesondere wurden Tanjas Bemühungen um eine alltagssprachliche Formulierung des experimentellen Ergebnisses übereinstimmend als Indiz für fachliche Schwierigkeiten und Defizite gewertet. Ihre Formulierung „*Die hat praktisch ihr Ziel erreicht*" (30) wurde als „ganz unphysikalisch" und animistisch bezeichnet, so als würde hier die Pumpe als eine „Persönlichkeit" angesehen. Weil sie nicht akzeptieren wollte, dass man in der Physik eben „immer" am laufenden System messe, konstatierten einzelne Kollegen bei Tanja auch Schwächen im Beobachtungsbereich. Ein Kollege äußerte sinngemäß: „Mädchen wie Tanja und Gabi sind für die Welt der Physik von vornherein verloren." Eine Kollegin bewertete Tanjas eigenmächtige Wiederholung des Experimentes als „Aufmüpfigkeit"; sie sei „physikalisch schwach", habe aber offensichtlich ein „gutes Selbstbewusstsein". Frank wurde umgekehrt ausnahmslos als „leistungsstark" und „physikalisch interessiert" beurteilt. Seine Ergebnisformulierung „bringt die Sache auf den Punkt, aber die Mädchen kümmern sich nicht drum". Manchmal übertrug sich die positive Bewertung für Frank auch direkt auf Sebastian: „Frank und Sebastian, die haben's kapiert."

Anschließend wurde unsere oben dargestellte Interpretation der Szene zur Diskussion gestellt. Die Lehrerinnen und Lehrer konnten sich auf diese Interpretation, wenngleich überrascht, in der Regel durchaus einlassen. Das heißt, es wurde weitgehend akzeptiert, dass Tanja sich ernsthaft und „eifrig" um die Physik bemüht und mit ihrer alltagssprachlichen Formulierung durchaus etwas Richtiges und Wesentliches erfasst hat. Wiederum sehr überraschend war der weitere Fortgang der Diskussion. Die Lehrerinnen und Lehrer hoben darauf ab, dass nur die intensive Beschäftigung mit dem Transkript eine solche Interpretation möglich gemacht habe. Im normalen Schulalltag sei aber für eine solch intensive Reflexion der im Unterricht abgelaufenen Kommunikation keine Zeit, zumal das Unterrichtsgeschehen in der Regel ja auch nicht aufgezeichnet werde. Es fielen dann sinngemäß Sätze wie diese: „Ich habe 25 ‚Tanjas' in meiner Klasse sitzen. Ich kann nicht auf alle Rücksicht nehmen und mir überlegen, wie sie es meinen oder was sie brauchen." Der Physikunterricht habe sich in erster Linie an denen zu orientieren, die es in diesem Fach wirklich zu etwas bringen können: „Die ‚Tanjas' gehen in unsrem Unterricht unter. Wenn dies nicht so wäre, gingen uns die ‚Franks' unter." Eine Kollegin ergänzte: „Es ist nicht tragisch, dass die ‚Tanjas' untergehen. Sie gehen auch so ihren Weg. Sie brauchen die Physik nicht."

4. Unterricht aus unterschiedlicher Perspektive

Wer also soll „untergehen" – die 25 „Tanjas" oder die vier „Franks" einer Klasse? So polemisch zugespitzt beantworten wir die Frage, ohne dem Handlungsdruck der Praxis ausgesetzt zu sein, selbstverständlich mit guten Ratschlägen zu einer Binnendifferenzierung (vgl. BRUHN et al. 1996), die den Tanjas wie den Franks gerecht wird. Allerdings ist das offenbar leichter gesagt als getan. Es scheint, als richte sich trotz dezidiert anders lautender Zielsetzungen, die in Lehrplänen, Empfehlungen der Lehrerverbände, Fachdidaktiken usw. festgeschrieben sind, der Physikunterricht doch nur an die „Franks" – die wenigen für Physik begabten Schüler –, während die „Tanjas" für die Physik verloren gegeben werden (müssen?). Schon 1978 konstatierten BORN und EULER auf Grund einer breiten Befragung von Physiklehrern und -schülern:

> „Unsere Kinder lernen keine Physik, weil der Lehrer über ihre Köpfe hinweg doziert. ... Anfängliches Interesse an dem Fach ist offenbar sehr gründlich ausgetrieben worden. (...) Der Physikunterricht im Spiegel der Schülermeinungen ist ... etwas für Spezialisten." (BORN/EULER 1978: 77f.)

Dieser Sachverhalt ist heute mit vielen Facetten bekannt: Wir kennen die Differenzen zwischen Unterrichtsinhalten und fachlichen Interessen der Schülerinnen und Schüler (vgl. HOFFMANN et al. 1998), die sich in den Kurswahlen abbildende Unbeliebtheit des Unterrichtsfachs Physik (vgl. ROEDER/GRUEHN 1996), die „Fehlvorstellungen" der Kinder und Jugendlichen zu physikalischen Sachverhalten (vgl. DRIVER et al. 1994), das geringe physikalische Wissen und Können, das Jugendliche in kontextarmen Aufgaben sicher einzusetzen vermögen (vgl. BAUMERT et al. 2000). Alles das sind deutliche Signale, dass sich Förderung und fachliche Herausforderung im Physikunterricht an wenige „Spezialisten" richten. Die nicht so begabten Kinder „brauchen die Physik nicht". „Sie gehen auch so ihren Weg."

Wir behaupten: Die Lehrerin aus der Fortbildung irrt. Tanja „braucht" Physik. Sie hat nicht ohne Grund an diesem besonderen, universitär verantworteten Physikkurs teilgenommen. Ob sie Physik in der späteren Berufsausbildung oder im Studium braucht, ist zur Zeit zwar noch offen; mag sein, dass die erfahrenen Entmutigungen sie von einer Berufsausbildung, in der sie Physik brauchte, abhalten werden. Aber so weit ist Tanja noch gar nicht. Sie möchte – vermuten wir – erst einmal herausfinden, wer sie ist und wer sie werden will; und um das herauszufinden, muss sie sich auf Fremdes einlassen, muss in fachlichen Herausforderungen entdecken, was sie lernen kann und wofür sie sich interessieren könnte. Vermutlich ist die Auseinandersetzung mit Physik auch mit ihrer Entwicklungsaufgabe, ihre Rolle als Frau zu finden, verbunden. Sicher merkt sie, dass „man" – manche Lehrer, manche Mitschüler, manche Erwachsene im Familienkreis – ihr als Mädchen physikalische Begabung und Fähigkeiten nicht zutraut. Wer sie ist, wer sie werden will, schließt die Frage ein, wie sie „Frau" werden will: eine Frau, die sich im Widerspruch zu herrschenden Erwartungen für Physik interessiert; eine Frau, die dabei Physik nicht auf das technisch Funktionierende reduziert, sondern sich auch durch Physik ein Bild von der Welt machen will; oder eine Frau, die gemäß den gängigen Rollenklischees einfach nichts von Technik und Physik versteht?

Wir haben hier, ausgehend von den Entwicklungsaufgaben des Jugendalters, darüber nachgedacht, welche Motive Tanja für ihr Physik-Lernen haben könnte. Dass Tanja Physik lernt, haben die Lehrerinnen und Lehrer in der oben beschriebenen Fortbildungsveranstaltung auch gesehen. Aber sie haben das abgewehrt mit der durchgängigen Argumentationsfigur, als Lehrer könne man sich um solche eigensinnige, vom Standard richtigen Schülerverhaltens im Physikunterricht weit abweichende Lernprozesse nicht kümmern. Im normalen Unterricht habe man einfach nicht die Zeit, die Zugangsweisen all der vielen weniger begabten Schülerinnen und Schüler zur Physik so genau zu analysieren und zu verstehen, dass man diesen Jugendlichen den Weg zum richtigen Umgang mit Physik weisen könne. Deshalb müsse man sich auf die wenigen begabten Schüler konzentrieren, deren physikalisches Verständnis so weit entwickelt sei, dass man richtiges Verhalten – etwa die Verwendung von Fachsprache oder experimentelles Vorgehen – bestätigen bzw. fehlerhaftes Verhalten korrigieren könne.

Obwohl die oben analysierte Lernsituation deutlich so angelegt war, dass die Schülerinnen und Schüler selbständig arbeiten konnten (und wohl auch sollten), hat sich der Lehrer sogar in diesem pädagogischen Experiment nach diesem Muster des „Machers" verhalten: Ganz selbstverständlich sieht er sich im Mittelpunkt des Geschehens (,, da müsst ihr mich sofort fragen"). Tanja, Gabi und Sebastian aber sind ganz bei der Sache, bei dem Experiment, das sie verstehen wollen. Der Lehrer stört sie nicht, aber sie brauchen ihn in dieser Phase des Unterrichts auch nicht. Tanja kann sich mit den Mitschülern viel besser und überzeugter über die Funktionsweise des Gerätes unterhalten und dabei ihr Verständnis klären, als sie das (nach ihrer bisherigen Erfahrung) mit einem Lehrer könnte. Tanja bestimmt in dieser Situation ihr Lernen selbst: Sie schafft sich gemeinsam mit Gabi und Sebastian eine authentische Lernsituation. Es ist ihr gelungen, aus dem Statement des Lehrers (*"die Pumpe arbeitet nicht"*) eine eigene Frage zu machen, die sie mit einem erneuten Experiment klären will. Sie ist nicht „aufmüpfig" – sie lernt! Das heißt, sie entwickelt eine eigene sinnvolle Fragestellung; sie prüft die Frage im Experiment; und sie beantwortet die Frage so, dass der Sinn des Experiments für sie deutlich wird.

5. Schluss: Bildungsgangdidaktik als Handlungstheorie

Obwohl Lehrer natürlich wissen, dass man Schüler zwar belehren kann, dass aber die Aneignung des Wissens ein eigenständiger und nicht steuerbarer

Prozess ist, verhalten sich viele doch oft so, als könne man Lernen „machen".
Sie nehmen den „vom Lehrplan vorgeschriebenen Stoff" durch, ohne allzu
genau wissen zu wollen, was die Schüler jenseits der Tests verstanden und
behalten haben; sie meinen, dass Projekte – und sogar Schülerexperimente –
so viel Zeit kosteten, dass dadurch der Stoff zu kurz komme; sie bestehen auf
der Verwendung von Fachsprache, auch wenn die Schüler dadurch fast
sprachlos werden. Nach 13-jähriger Schulerfahrung ist entsprechend auch bei
Lehramtsstudierenden, die ihren ersten eigenen Unterricht vorbereiten, eine
große Sorge, ob sie die Schüler „in den Griff" bekommen; und wenn sie das
geschafft haben und den für die Stunde geplanten „Stoff durchgenommen
haben", registrieren sie ungeachtet der eigenen Schülererfahrung in der nächsten Unterrichtsstunde entsetzt, die Schüler hätten nichts von dem behalten,
was sie ihnen in der vorigen Stunde „beigebracht" hätten.

Unsere Perspektive ist, um es noch einmal zu sagen, eine andere. Lernen
ist nicht machbar und doch ereignet es sich. Die Schülerinnen und Schüler
sorgen, so unglaublich es für manchen Lehrer klingen mag, selbst dafür.
Gleichwohl ist die von TRAUTMANN (in diesem Band) polemisch aufgewor-
fene Frage, für wen die Bildungsgangdidaktik eigentlich da sei, natürlich
berechtigt. In der Tat: Schüler lesen keine Didaktiken. Die Bildungsgangdidaktik als eine *Handlungstheorie* für Lehrer weiterzuentwickeln, erscheint
notwendig, um ihr auf Dauer einen festen Platz in Schule und Lehrerbildung
zu sichern. Wir können dies hier nur als Desideratum für weitere Forschungen
festhalten und müssen unsere eigenen Überlegungen hierzu auf wenige Sätze
beschränken.

Während Lehrer alles im Griff haben wollen, brauchen Schüler Unter-
richtsphasen, die ihnen erlauben und sie dazu herausfordern, Sachverhalte
selbständig zu durchdenken und zu erforschen. Wir wollen nicht missverstanden werden: Es geht nicht darum, dass die Schülerinnen und Schüler „das
Rad neu erfinden", aber sie sollten Zeit und Gelegenheit haben, zu präsentier-
ten Sachverhalten eigene Vorstellungen zu entwickeln. Die hohe Kunst des
Lehrers bestünde dann darin, solche Lernsituationen vorzubereiten – oder
Entwicklungen von Lernsituationen zuzulassen –, in denen die Schüler an der
Sache situationales Interesse entwickeln, wie das Tanja, Gabi und Sebastian
gezeigt haben. Solche Lernsituationen sind von sich aus „binnendifferenziert"
in der besonderen Form der „Selbstdifferenzierung". Sie sind es, weil die
Schülerinnen und Schüler selbst das in diesen Situationen suchen, inszenieren
und finden, was sie brauchen, auch ohne dass der Lehrer für jeden die richtige
Aufgabe parat hätte. Seine eigene Aufgabe bestünde im Zulassen: dass die
Schüler selbst mit ihren unterschiedlichen Fähigkeiten, Fragen und Deutungen sich gemeinsam mit einer Sache befassen, über die in einem anschließen-

den Unterrichtsgespräch physikalisch, aber noch nicht unbedingt fachsprachlich korrekt, zu verhandeln wäre. Dabei hätte dann wieder der Lehrer das Wort.

Literatur

BAUMERT, Jürgen/BOS, Wilfried/LEHMANN, Rainer (Hrsg.): TIMSS/III. Dritte Internationale Mathematik- und Naturwissenschaftsstudie. Mathematische und naturwissenschaftliche Bildung am Ende der Schullaufbahn. 2 Bände. Opladen 2000.

BORN, Gernot/EULER, Manfred: Physik in der Schule. Unsere Kinder lernen keine Physik, weil der Lehrer über ihre Köpfe hinweg doziert. In: Bild der Wissenschaft 2 (1978), S. 74-81.

BRUHN, Hermann/KIRSTEN, Hans-Peter/MÜLLER-DAWEKE, Renate et al.: Binnendifferenzierung. Dokumente, Informationen, Arbeitsmaterialien. Essen [2]1996.

DUDECK, Wolff-Gerhard: Analyse von Denkprozessen in einem analogie-orientierten Elektrizitätslehreunterricht – eine Fallstudie in einer 10. Gymnasialklasse, Dissertation, Bremen 1997.

HERICKS, Uwe: Schule verändern, ohne revolutionär zu sein?! In: MEYER, Meinert A./ REINARTZ, Andrea (Hrsg.): Bildungsgangdidaktik. Denkanstöße für pädagogische Forschung und schulische Praxis. Opladen 1998, S. 290-302.

HOFFMANN, Lore/HÄUßLER, Peter/LEHRKE, Manfred: Die IPN-Interessenstudie. (Reihe: IPN 158). Kiel 1998.

MEYER, Meinert A.: Didaktik für das Gymnasium. Grundlagen und Perspektiven. Berlin 2000.

Nachwort

Barbara Schenk

Perspektiven für Bildungsgangdidaktik und Bildungsgangforschung

> Menschen lernen, indem sie Erfahrungen mit ihrer sozialen und dinglichen Umwelt und mit sich selbst machen, diese Erfahrungen verarbeiten und sich selbst verändern. Lernen ist somit ein eigenständiger Prozess in der lernenden Person, der von außen nicht gesteuert, wohl aber angeregt, gestützt und gefördert werden kann. (Behörde für Schule, Jugend und Berufsbildung 2001: 21)

In Lehrplänen – im zitierten Fall die derzeit an Hamburgs Schulen diskutierten Entwürfe der Bildungspläne für die Sekundarstufe I – wird die Eigenständigkeit des Lernens unterstellt; die Aufgabe der Lehrenden besteht nicht im „Beibringen" von Wissen und Fähigkeiten, sondern in der didaktisch reflektierten Gestaltung von Lernsituationen, in denen die Kinder und Jugendlichen ihren Interessen und Begabungen entsprechend „gefördert und gefordert" werden sollen, ihr Wissen und Können zu entwickeln. Mit Unterrichtsmethoden wie Projektunterricht oder handlungsorientiertem Unterricht sollen in dieser Weise Lernsituationen so gestaltet werden, dass die Jugendlichen Alltagserfahrungen einbringen, Handlungsspielräume entdecken und nutzen und Freude an den Produkten ihres Handelns erleben können. Allerdings bleibt ungewiss, was jenseits der situativen Attraktivität der einzelnen Lernsituation, die ein Lehrer auf Grund professioneller Erfahrung mit einiger Sicherheit erzeugen kann, der „innere Motor" des Lernens ist: An welchen der unzähligen Alltagserfahrungen sind Kinder und Jugendliche interessiert? Welche Ziele verfolgen sie? Hier setzt *Bildungsgangforschung* ein. Wir gehen davon aus, dass Bildungsgangdidaktik – die Lehre, wie Unterricht so zu gestalten ist, dass er Kinder und Jugendliche in der Verfolgung ihrer individuellen Bildungswege unterstützt und sie zur Entdeckung von Bildungsperspektiven anregt – die Erforschung der subjektiven Bildungsgänge voraussetzt. Bildungsgangforschung geht vom Konstrukt der „Entwicklungsaufgaben" als dem „Motor" des Lernens aus. Entwicklungsaufgaben entstehen auf Grund nicht hintergehbarer gesellschaftlicher Anforderungen, mit denen sich Menschen auseinandersetzen müssen, die sie aber eigen-sinnig oder vorgegebenen Mustern folgend deuten und bearbeiten können und in deren Bearbeitung sie sich entwickeln. Ob und wie weit dieses Konstrukt tragfähig ist und sich in ein didaktisches Modell – „Bildungsgangdidaktik" – umsetzen lässt, wird im vorliegenden Band facettenreich diskutiert.

Ingrid GOGOLIN hält der Bildungsgangdidaktik entgegen, das Konzept der „objektiven Anforderungen" blende kulturelle Pluralität aus. Das herrschende Verständnis von „Kultur" als der je nationalspezifisch eigenen Kultur verstelle dem Bildungsgangdidaktiker den Blick auf die besonderen Anforderungen, mit denen sich beispielsweise die Migrantin Claudia auseinander setzen muss, um ihren Bildungsweg in der multikulturellen Gesellschaft zu finden. Die Rekonstruktion von Claudias Bildungsweg macht entsprechend deutlich, dass auch GOGOLIN davon ausgeht, dass jeder Didaktik Forschung vorangehen muss. Die Bildungsgangforscherin muss die „Kultur", in der sich die Lernende bewegt, kennen und verstehen. Es ist nicht damit getan zu erkennen, dass Claudia eine Berufsperspektive im Einklang mit ihren eigenen Vorstellungen von sich und einem für sie befriedigenden Leben aufbauen muss. Die Bildungsgangforscherin muss ein konzeptionelles Verständnis für die Kulturen einbringen, in denen Claudia wandert. Allerdings ist auch dieses interkulturelle Verständnis eine Abstraktion der einmaligen Lebenswelt von Claudia. Zugleich ist Claudia aber auch ein Beispiel für den Eigen-Sinn und die Kraft, mit der eine Jugendliche gegen die homogenisierenden Anforderungen von Schule ihren Weg findet. Ganz im Sinne der Bildungsgangdidaktik kritisiert GOGOLIN eine Schule, die Claudias Bildungsweg durch den „objektiven Bildungsgang" so rahmt, dass Claudia ihre Stärke, ihr kulturelles Kapital, nicht in der Schule als Institution, sondern nur in je zufällig geglückten personalen Konstellationen, etwa im Verhältnis zu dem am Portugiesischen interessierten Lehrer, zur Geltung bringen kann.

Ingrid GOGOLINs Anfragen machen auch auf das unzureichend geklärte Verhältnis von Bildungsgangforschung und Bildungsgangdidaktik aufmerksam: Bildungsgang*forschung* will den Zusammenhang von „subjektiven Bildungsgängen" und „objektivem Bildungsgang" aufklären. Schule, die pädagogisch optimistisch gern als ein Schonraum verstanden wird, in dem die nachwachsende Generation vor einem allzu unvermittelten Zugriff gesellschaftlicher Anforderungen geschützt werden soll, vermittelt tatsächlich kaum die objektiven Anforderungen, aus denen die Lernenden den Sinn der intendierten Lernprozesse erschließen könnten. Und sie hilft auch nicht – oder nur zufällig – bei der Auseinandersetzung mit Anforderungen, denen die Kinder und Jugendlichen im Leben außerhalb der Schule ausgesetzt sind. Stattdessen setzt die Schule eigene, aus der nationalen Tradition legitimierte Anforderungen, die von den Lernenden weitestgehend als „Schulaufgaben" verstanden und bearbeitet werden. Bildungsgang*didaktik* will nun Erkenntnisse der Bildungsgangforschung nutzen, um der Schule Hinweise für eine die subjektiven

Bildungsgänge besser unterstützende Gestaltung des objektiven Bildungsgangs zu geben. Damit aber wird die von GOGOLIN angesprochene Frage erneut und mit größerer Schärfe gestellt: Wird die schulische Förderung tragfähiger Bearbeitungen von Entwicklungsaufgaben nicht wiederum die Durchsetzung herrschender (monokultureller) Normen fördern?

Reinhard GOLECKIs spannende Schilderung von Jugendlichen, die zwischen Hamburg und ihrem Herkunftsland ihren Standort in der Welt, ihre Identität, ihre berufliche Perspektive, ihr Wertesystem suchen und bei diesen Suchbewegungen von der Schule – genauer: von ihrem Tutor – anerkannt und unterstützt werden, ist ein eindrucksvolles Beispiel dafür, wie weit ein Lehrer sich auf die subjektiven Bildungsgänge seiner Schülerinnen und Schüler einlassen und ihnen unterrichtliche Freiräume zur Bearbeitung ihrer Entwicklungsaufgaben geben kann. Wir erfahren, wie intensiv Jugendliche selbst gewählte und vor allem selbst ausgelegte Themen bearbeiten; wir erfahren allerdings kaum etwas darüber, welchen Gewinn diese jungen Erwachsenen aus ihrem „normalen" Unterricht gezogen haben. GOLECKI fragt, welchen Nutzen denn „Schülerinnen und Schüler, Lehrerinnen und Lehrer, Lehrerfortbildner und Schulgestalter durch das zusätzliche Wissen (haben), ob und welche Entwicklungsaufgaben (...) bearbeitet werden?" Der Nutzen entsteht – so wäre die Frage aus der Sicht der Bildungsgangdidaktik zu beantworten – tatsächlich erst im Zusammenspiel von Bildungsgangforschung und Bildungsgangdidaktik. Wenn Bildungsgangforschung, so wie Ingrid GOGOLIN das andeutet, Auskunft gibt über die kulturellen Bedingungen, unter denen diese Jugendlichen ihre Entwicklungsaufgaben bearbeiten, wäre es möglich, fachliche Lernsituationen bildungsgangdidaktisch zu gestalten, sodass Jugendliche im regulären Curriculum Möglichkeiten zur Bearbeitung ihrer Entwicklungsaufgaben entdecken und damit ihrem fachlichen Lernen einen Sinn geben könnten. Erst wenn die wilden Suchbewegungen der Jugendlichen nach Themen, die für sie nach GOLECKIs Erfahrungen zum Teil lebenswichtig, zumindest aber hoch interessant sind, durch das *fachliche* Lernangebot unterstützt werden, können die für die Jugendlichen bedeutsamen Themen im Unterricht systematisch zur Geltung gebracht werden. GOLECKI deutet an, welche Potentiale beispielsweise die Fächer Biologie und Philosophie im Sinne der Bildungsgangdidaktik enthalten (vgl. den Beitrag von MINNEMANN sowie die Darstellung der nicht genutzten Chancen im Fach Chemie bei HERICKS/SPÖRLEIN).

Hannelore FAULSTICH-WIELAND setzt ihren Focus auf die soziale Heterogenität der Schülerschaft und weist auf Benachteiligungen der Kinder aus so genannten bildungsfernen Milieus hin. Sie stellt fest, dass gesellschaftliche Ungleichheit – entgegen dem Selbstverständnis der Schule – durch schulische

Bildung *nicht* abgebaut wird, aber abgebaut werden *könnte*, wenn Schule die von ihr vermittelte Bildung nicht selbst zu Gunsten des tradierten Habitus des Bildungsbürgers negierte. Nicht der Bildungsgang des Einzelnen solle in den Blick genommen werden, vielmehr müsse schulische Bildung – in der Sprache der Bildungsgangdidaktik „der objektive Bildungsgang" – so verändert werden, dass die Erfüllung schulischer Anforderungen und nicht der aus „gebildetem Elternhaus" mitgebrachte Habitus als schulische Leistung zertifiziert wird. Auch sollten praktische, handwerkliche, technische Komponenten ins Curriculum aufgenommen werden und damit der Bezug zur Lebenspraxis von Personen aus allen Soziallagen hergestellt werden. Aus der Sicht der Bildungsgangforschung würden wir vermuten, dass eine solche Veränderung des objektiven Bildungsgangs dazu beitragen könnte, dass Jugendliche mehr als bei den gegenwärtigen schulischen Anforderungen Anregungen zur Bearbeitung ihrer Entwicklungsaufgaben erhielten. Auch müsste Bildungsgangforschung, das erscheint auf Grund von FAULSTICH-WIELANDs Ausführungen dringlich, empirisch überprüfen, ob und inwieweit die Orientierung der Lehrenden am tradierten Habitus zurückgedrängt werden könnte durch ein Curriculum, das dem Lernen Sinn gibt, indem es die Bearbeitung von Entwicklungsaufgaben ermöglicht, ermutigt und fördert. Wäre es nicht immerhin denkbar, dass Jugendliche, die im schulischen Lernen eigene Ziele verfolgen und damit zugleich schulische Anforderungen erfüllen, den Bonus des Bildungsbürgerhabitus entwerten? Könnten sich Jugendliche gegen Benachteiligungen nicht eher zur Wehr setzen, wenn sie – anders als heute überwiegend – schulische und eigene Ziele und Leistungen zueinander in Beziehung setzen und schulische Anforderungen vor dem Hintergrund eigener Ziele in Frage stellen könnten? Könnten nicht vielleicht sogar die auf Grund ihres Habitus belohnten Jugendlichen in der Bearbeitung der Entwicklungsaufgabe WERTE (eventuell auch in Kopplung mit ABLÖSUNG; zur Beschreibung dieser Entwicklungsaufgaben vgl. HERICKS/SPÖRLEIN) diesen Bonus zurückweisen? Das heißt, könnten und müssten nicht gerade die Jugendlichen selbst sich mit der Habitusfrage auseinander setzen?

FAULSTICH-WIELAND sieht hier nur eine Aufgabe der Lehrerinnen und Lehrer. Diese müssten umfassende Informationen über die Lebenssituation jeder einzelnen Schülerin und jedes einzelnen Schülers erheben können. Bildungsgangforschung müsse entsprechende methodische Verfahren entwickeln und Wissen vermitteln, das Lehrerinnen und Lehrer in Stand setzt, die erforderlichen Informationen zu gewinnen und in ihrer Unterrichtspraxis umzusetzen.

Auch Matthias TRAUTMANN geht davon aus, dass ein Lehrer außerordentlich detaillierte Kenntnisse über jeden einzelnen Schüler und jede einzel-

ne Schülerin haben müsse, solle er sie oder ihn in der von der Bildungsgangdidaktik „geforderten" Weise auf dem je eigenen „subjektiven Bildungsgang"
begleiten und die je individuellen Lernprozesse angemessen fördern. Die
plastische Schilderung seines Lehreralltags macht deutlich, dass TRAUTMANN
dies für unmöglich hält. Und er würde sicherlich auch den Gedanken zurückweisen, eine bessere Erstausbildung oder Weiterbildung könne ihn befähigen,
solche Erhebungen durchzuführen. Dieser Einschätzung ist seitens der Bildungsgangdidaktik zuzustimmen: Wenn bereits die Forderung nach einer
Binnendifferenzierung, die sich im Wesentlichen an den Differenzen *fachlicher* Leistungsfähigkeit orientiert, praktisch nicht erfüllbar ist (stattdessen
haben wir die „oberen" und „unteren" Kurse in den Gesamtschulen), wie
sollten Lehrer dann Handlungspraxen entwickeln, die die soziale und kulturelle Heterogenität der nachwachsenden Generation in ihrer vollen Komplexität in ihrer Unterrichtsplanung berücksichtigen?

TRAUTMANN beschreibt Unterricht aus der Perspektive eines Lehrers, der
seinen Unterricht macht: „... dass *ich* Michael nach wie vor unterrichte, obwohl Chancen zur Erreichung *meiner* Unterrichtsziele kaum gegeben sind"
(Hervorhebungen BS). Der Lehrer *agiert*, die Schüler *reagieren*. Versteht
man Unterricht in diesem Sinne als eine Aufgabe, für deren Erfolg – oder
Misserfolg – allein der Lehrer bzw. die Lehrerin verantwortlich ist, dann stellt
Bildungsgangdidaktik tatsächlich unsinnige Forderungen an Lehrerinnen und
Lehrer, wie TRAUTMANN dies ausführt. Allerdings geht Bildungsgangdidaktik
von einem anderen Verständnis von Lernen und Unterricht aus. Es geht der
Bildungsgangdidaktik nicht um „Prinzenerziehung en gros", eine Erziehung,
in der *ein* Lehrer 30 Schülerinnen und Schüler in genauer Kenntnis der Ent-
wicklung jedes und jeder Einzelnen so lenkt wie Jean-Jacques seinen Zögling
Emile. Emile sollte *glauben*, dass er Handlungsspielräume habe und selbst
entscheiden könne, während Jean-Jacques ihn so sorgfältig erzog, dass er jede
Handlung seines Zöglings mit Sicherheit steuern konnte. In einem bildungsgangdidaktisch gestalteten Unterricht dagegen sollten Lehrerinnen und Lehrer
in Kenntnis der *allgemeinen* Entwicklungsaufgaben der Kindheit und des
Jugendalters fachliche und fächerübergreifende Themen so planen und gemeinsam mit den Schülerinnen und Schülern gestalten, dass die Jugendlichen
selbst, so wie GOLECKI das schildert, innerhalb der vom Lehrer bzw. dem
Bildungsplan vorgegebenen thematischen Rahmung eigene Deutungen, Bear-
beitungswege und Ziele entwickeln, miteinander aushandeln und gemeinsam,
ggf. auch kontrovers, bearbeiten können.

Durch die kritisch-konstruktiven Rückfragen der Autorinnen und Autoren
dieses Bandes sind die Konturen des Theorierahmens von Bildungsgangdidaktik deutlicher geworden. Bildungsgangforschung, die vor allem die Per-

spektiven der Schülerinnen und Schüler rekonstruiert, steckt noch in den Anfängen; umso bedeutsamer sind die vielfältigen Verbindungen zu anderen Forschungsprogrammen, die in diesem Band gezeigt werden. Die Berichte aus dem Lehreralltag zeigen die Dringlichkeit der Aufgabe, die nachwachsende Generation besser, als dies heute gelingt, dabei zu unterstützen, ihre Bildungswege in einer unbestimmten und sich schnell verändernden Gesellschaft verantwortungsbewusst und selbstbewusst zu gestalten.

Literatur

BEHÖRDE FÜR SCHULE, JUGEND UND BERUFSBILDUNG (Hrsg.): Bildungsplan Sekundarstufe I – Gymnasium. Hamburg: BSJB 2001.

Verzeichnis der Autorinnen und Autoren

Dr. Bodo von Borries, Jg. 1943, Professor für Erziehungswissenschaft unter besonderer Berücksichtigung der Didaktik der Geschichte am Institut für Didaktik der Geographie, Geschichte, Politik und des Sachunterrichts, Fachbereich Erziehungswissenschaft der Universität Hamburg

Dr. Petra Bosenius, Jg. 1958, Lehrkraft für besondere Aufgaben am Institut für Englische Sprache und ihre Didaktik an der Universität zu Köln

Dr. Arno Combe, Jg. 1940, Professor für Theorie der Schule am Institut für Schulpädagogik und Pädagogische Psychologie, Fachbereich Erziehungswissenschaft der Universität Hamburg

Dr. Hannelore Faulstich-Wieland, Jg. 1948, Professorin für Erziehungswissenschaft, Schwerpunkt Sozialisationsforschung, am Institut für Schulpädagogik und Pädagogische Psychologie, Fachbereich Erziehungswissenschaft der Universität Hamburg

Christian F. Görlich, Jg. 1944, Studiendirektor, stellvertretender Leiter des Studienseminars für das Lehramt für die Sekundarstufe II, Hamm

Dr. Ingrid Gogolin, Jg. 1950, Professorin für International Vergleichende Erziehungswissenschaft und Interkulturelle Bildungsforschung am Institut für International und Interkulturell Vergleichende Erziehungswissenschaft, Fachbereich Erziehungswissenschaft der Universität Hamburg

Dr. Reinhard Golecki, Jg. 1951, Lehrer für Philosophie, Ethik, Mathematik und Informatik und Leiter des Arbeitsbereiches Sekundarstufe II sowie des Beratungsfeldes Philosophie am Institut für Lehrerfortbildung der Freien und Hansestadt Hamburg

Kerstin Sabine Heinen-Ludzuweit, Jg. 1963, Lehrerin für Spanisch und Französisch am Gymnasium Kirchdorf/Wilhelmsburg und Fachseminarleiterin für Spanisch am Staatlichen Studienseminar der Freien und Hansestadt Hamburg

Dr. Werner Helsper, Jg. 1953, Professor für Schulforschung und Allgemeine Didaktik am Institut für Pädagogik, Fachbereich Erziehungswissenschaften der Martin-Luther-Universität Halle-Wittenberg

Dr. Uwe Hericks, Jg. 1961, Wissenschaftlicher Assistent am Institut für Schulpädagogik und Pädagogische Psychologie, Fachbereich Erziehungswissenschaft der Universität Hamburg

Ludger Humbert, Jg. 1955, Doktorand der Informatikdidaktikgruppe, Fachbereich Informatik der Universität Dortmund, Informatiklehrer an der Willy-Brandt-Gesamtschule, Bergkamen, und Fachleiter für Informatik am Studienseminar für das Lehramt für die Sekundarstufe II, Hamm

Silke Jessen, Jg. 1973, Doktorandin am Institut für Schulpädagogik und Pädagogische Psychologie, Fachbereich Erziehungswissenschaft der Universität Hamburg

Dr. Josef Keuffer, Jg. 1958, Wissenschaftlicher Direktor, Referent für die Entwicklung von Konzepten der Lehrerbildung in der Behörde für Schule, Jugend und Berufsbildung der Freien und Hansestadt Hamburg

Kräft, Hans Christof, Jg. 1963, Studienreferendar für die Fächer Philosophie und Biologie am Staatlichen Studienseminar der Freien und Hansestadt Hamburg

Dr. Ingrid Kunze, Jg. 1962, Vertretungsprofessorin für Erziehungswissenschaft mit dem Schwerpunkt Allgemeine Didaktik, Fachbereich Erziehungswissenschaft, Psychologie, Sport- und Bewegungswissenschaft der Universität Essen

Joachim Minnemann, Jg. 1949, Lehrer für Philosophie, Ethik, Darstellendes Spiel, Pädagogik, Deutsch und Kreatives Schreiben am Gymnasium Blankenese in Hamburg und Autor

Dr. Barbara Schenk, Jg. 1938, Professorin für Didaktik der Naturwissenschaften am Institut für Didaktik der Mathematik, der Naturwissenschaften, der Technik und des Sachunterrichts, Fachbereich Erziehungswissenschaft der Universität Hamburg

Eva Spörlein, Jg. 1963, Doktorandin am Institut für Didaktik der Mathematik, der Naturwissenschaften, der Technik und des Sachunterrichts, Fachbereich Erziehungswissenschaft der Universität Hamburg

Dr. Matthias Trautmann, Jg. 1968, Lehrer für Deutsch und Englisch am Kurfürst-Joachim-Friedrich-Gymnasium Wolmirstedt (Sachsen-Anhalt)

Dr. Witlof Vollstädt, Jg. 1945, Professor, Wissenschaftlicher Mitarbeiter im Fachbereich Humanwissenschaften und Erziehungswissenschaft an der Universität Gesamthochschule Kassel